수출입 대금결제론

이병렬·최해범

pnc publishing and culture
피앤씨미디어

머리말

국제물품매매계약이 체결되면 이를 이행하기 위한 종 계약의 형태로 여러 가지계약을 체결하게 된다. 즉, 매매계약은 근거계약이고 이를 정상적으로 이행하기 위한 하위계약의 형태로 대금결제를 비롯한 운송, 보험 등 다양한 계약을 당사자간에 별도로 합의하여 체결하여야 한다. 따라서 수출입대금결제시스템을 정확히 이해하기 위해서는 무역계약을 비롯한 무역실무와 연계성을 선행하여 학습하는 것이 필요하다고 생각하였다. 본 저서는 이와 같은 학문의 사실관계를 직시하여 무역실무에 바탕을 둔 결제론 이라 할 수 있다. 저술의 목적에 부합시키기 위하여 본 저서의 제1편에서는 5개장을 할애하여 무역실무에 기반이 되는 무역관리, 무역계약, 대금결제, 국제운송 그리고 무역보험으로 구성하였다.

다음 제2편에서는 지금까지 국제무역거래의 대금결제수단으로 많이 활용되고 있는 신용장으로 구성하였다. 사실 신용장은 적어도 한국의 수출거래에서는 많이 퇴조하고 있는 실정이다. 왜냐하면 한국 수출무역을 주도하고 있는 주종품목들은 대부분 대기업들의 본사와 지사간의 거래로 이루어지기 때문이다. 따라서 한국의 수출거래에서는 대금결제수단으로서 신용장의 사용비율은 20%이하로 떨어진지 오래되었다. 그러나 한국의 수입거래 및 국제무역계에서는 아직도 주종 결제수단으로 신용장의 입지는 공공하게 보인다. 이는 글로벌 경제가 진행되면서 종래 거래가 발생하지 않았거나 할 수 없었던 지역과의 거래가 창출되면서 새로운 시장이 등장하였고, 새로운 상대방과의 거래는 예상치 못한 위험을 수반함으로써 은행의 조건부 지급확약의 기능을 하는 신용장의 필요성을 인정하였기 때문인 것으로 해석된다.

제3편에서는 팩토링이나 포페이팅과 같은 신용장의 한계를 보완해줄 수 있는 결제수단에 대한 내용으로 구성하였다. 예를 들면, 신용장에서 수출상의 대금회수수단으로 사용하고 있는 환어음은 기한부어음일지라도 신용공여기간이 180일 이내가 주류이다. 그러나 포페이팅과 같은 결제수단은 최장 10년까지 신용을 공여할 수 있어 필요한 당사자에게 적합한 결제수단으로 자리를 잡아가고 있는 중이다.

마지막으로 전자무역의 등장으로 최근 사용이 급증하고 있는 전자결제수단들에 대한 내용을 보완하였다. 특히 국제전자자금이체시스템의 구축과 발전은 미래에 대금결제수단의 중심으로 자리를 잡을 가능성이 있어 본 교재에서 상세히 다루었다. 전자자금이체시스템은 미국에서 최초로 1970년대에 도입하여 상거래에 적용하기 시작하였다. 현재는 유럽연합에서도 거액자금은 타겟(Trans－European Automated Real－Time Gross Settlement Express Transfer System; TARGET)으로 결제하고 있고 소액자금은 세파(Single Euro Payments Area; SEPA)로 구분하여 적용시킬 정도로 분화되어 발전하고 있는 시스템이다. 그리고 대부분의 선진국들도 자국실정에 맞는 전자자금이체시스템을 1980년대 후반부터 도입하여 자금결제에 적용하기 시작하였다.

정리하면, 본서는 상기의 이유로 총 4편 17장을 포함하고 있다. 제1편은 무역실무편으로 무역관리, 무역계약, 대금결제, 국제운송 그리고 무역보험 등 5개장으로 구성하였다.

제2편은 신용장편으로써 UCP와 신용장관련 서류들을 중심으로 총 3개장으로 구성하였다.

셋째, 제3편은 무신용장편으로 송금환결제, 추심결제, 팩토링 및 포페이팅 등 4개장으로 구성하였다.

마지막으로 제4편은 전자결제편으로 전자자금이체시스템을 중심으로 전자상거래결제시스템 등 5개장으로 구성하였다.

그러나 본서를 완성하고 보니 부족한 점이 적지 않다. 이 부분은 앞으로 계속 보완하여 나갈 예정이다. 마지막으로 본 저서를 출간해 준 피앤씨미디어의 박노일 사장님께 감사를 드린다.

저자 일동

차 례

1 PART 무역실무편

2 PART 신용장편

3 PART 무신용장편

4 PART 전자결제편

제 1 편

무역실무편

제 1 장　무역관리
제 2 장　무역계약
제 3 장　대금결제
제 4 장　국제운송
제 5 장　무역보험

chapter 1

무역관리

제1절 무역거래의 특성

국제간의 상거래인 국제무역은 국내 상거래에 비하여 국경을 달리하여 이루어진다. 또한 문화적, 정치적, 경제적, 법제적 및 상관습이 상이하고 각 국마다 독특한 통화제도를 운용하고 있다. 따라서 국제무역거래는 일부 특수한 거래를 제외하고는 대부분 외국환을 통하여 이루어져 국내 상거래에 비하여 결제방법이 복잡하고 통제할 수 없는 다양한 위험을 수반한다는 점이 특징이다.

국제무역거래를 원만히 수행하기 위해서는 무역거래의 각 단계마다 발생하는 거래과정을 파악하고 그에 따른 여러 가지 위험에 잘 대응하는 것이 중요하다. 국내무역환경과는 전혀 다른 국제무역환경에서 비롯되는 위험에 대하여 정리하면 다음과 같다.

1. 대금수취의 불확실성

국제무역거래는 대금수취의 불확실성이 존재한다. 이는 물품인도와 대금수취가 거의 동시에 발생되는 국내거래와 달리 물품의 인도시점과 대금의 결제시점사이에 상당한 시간적 격차가 존재하기 때문이다. 사실상 상거래에서 발생되는 위험은 상거래의 3대 주요 요소인 계약체결, 물품인도 및 대금결제시점이 상이할수록, 그리고 시간적 격차가 길수록, 개입하는 당사자가 많을수록 증가하는 경향이 있다. 따라서 동일시점에서 이루어지는 국내거래보다는 국제상거래가 매매당사자간의 불확실성이 커서 많은 위험부담을 안게 된다.[1)]

2. 이행불능

국제무역거래는 상이한 국가에 소속된 상인(당사자)들간의 거래이기 때문에 양국의 정

1) 이를 지급위험(payment risk)이라 한다.

치적 환경에 지배를 받기 쉽다. 따라서 당사자 본인의 귀책사유가 아닌 이유로 계약서대로 정상적으로 이행될 수 없는 경우가 종종 발생한다. 이행불능위험은 다음에서 설명하는 무역계약 당사자의 계약위반과는 다른 수출입매매 관련 당사자들이 소속된 국가에서 쿠데타와 같은 정치변화 및 경제사정의 악화로 정부가 일방적으로 지급유예(moratorium)를 선포하면서 발생하는 수출입계약이행불능의 위험이다.[2)]

3. 대가성 있는 거래

무역계약은 쌍무계약 및 유상계약의 특성을 갖는다. 따라서 무역계약이 성립하면 수출상은 물품인도의무를 비롯한 제 의무를, 수입상은 대금지급의무를 비롯한 여러 가지의무를 동시에 부담하여야 한다. 그러나 상기에서도 설명하였듯이, 국제무역거래에서는 수출상과 수입상이 동시에 의무를 이행하기 어렵기 때문에 선대신용장(전대신용장, packing credit)과 같은 일부 결제방법을 제외하고는 수출상이 계약에 적합한 물품을 인도 한 후 일정시점이 경과한 후에 수입상은 대금을 결제하게 된다. 그러므로 수출상이 물품인도를 하였어도 수입상은 결제의무를 불이행하는 경우가 종종 발생하여 수출상은 경제적 손실을 입게 된다.[3)] 수입상이 대금지급의무를 불이행하는 경우는 자의적인 경우와 타의적인 경우로 구분할 수 있다. 타의적인 경우에는 수입상의 파산(bankruptcy), 지급불능(insolvency), 그리고 은행의 신용악화(trust deterioration) 등이 있고 자의적인 경우에는 지급거절(repudiation), 지급지체(protracted default) 및 수입물품의 인수거절(non-acceptance) 등이 포함된다.

4. 운송위험의 증가

국제무역거래는 국경을 달리하는 상거래로써 장거리운송을 전제로 하는 것이기 때문에 운송과정에 예기치 않은 수많은 위험이 상존하게 된다. 계약물품이 수출국의 창고에서 수입국의 최종목적지까지 운송하는 과정이 길수록 위험이 발생될 확률은 높아진다. 특히 국제무역거래는 거래규모 및 운송시간을 고려하면 운송비가 전체 결제금액에서 차지하는 비중이 높기 때문에 이를 해소하기 위하여 대부분의 물품의 이동은 선박을 이용한 해상운송을 통하여 이루어진다. 따라서 해상에서는 다양한 위험이 발생되는데, 일반적인 해상위험은 다음과 같이 구분할 수 있다. 먼저, 해상고유의 위험으로서 침몰(sinking), 좌초(stranding), 충돌(collision) 및 악천후(heavy weather)가 있다. 또한 해상위험에는 화재(fire, burning), 투하(jettison), 선원의 악행(barratry), 해적(pirates), 표도(rovers), 강도(thieves) 및

2) 이를 비상위험(country risk)이라 한다.
3) 이를 신용위험(credit risk)이라 한다.

군함(men of war), 외적(enemies), 습격과 포획(assault and capture), 해상탈취 및 납포(taking at sea & captures) 등 인적과실로 인하여 발생되는 위험이 상존한다.[4)]

5. 물품수취의 불안

무역계약이 체결되면 수출상은 물품을 인도(선적)한 후 대금을 회수하기 위하여 선화증권과 같은 관련 서류를 준비하여 거래은행에 환어음의 매입을 의뢰하게 된다. 매입의뢰를 받은 은행은 적법한 절차에 따라 서류심사를 거쳐 환어음을 매입하고 관련서류를 수입상의 거래은행에 송부하게 된다. 따라서 수입상은 거래은행으로부터 선화증권을 비롯한 선적서류를 인수하여야 계약에 명시한 적합물품을 지정된 항구 및 일시에 수취를 받을 수 있다. 그러나 이 과정에서는 선적서류의 미비, 물품의 하자로 인한 보수 및 선화증권의 양도로 인한 선적서류의 지연 도착으로 무역계약시 확정한 계약에 적합한 물품을 지정된 항구 및 일시에 수취하지 못할 위험에 처할 수 있다.[5)] 즉 계약에 적합한 물픈을 적재한 선박은 지정된 일시 및 항구에 도착을 하였다 할지라도 선적서류가 도착하지 못하면 수입상은 약정된 기일에 물품을 수취할 수 없다. 이를 해결하기 위하여 무역거래어서는 다양한 보완책을 제시하고 있는데 대표적인 방법이 해상화물 운송장(sea waybill) 및 수입화물 선취보증서(Letter of Guarantee; L/G)등을 활용하고 있다.

6. 환위험에 노출

국제무역거래는 계약체결시점과 대금결제시점이 달라 수출입기업들은 환위험(exchange risk)에 노출되기 쉽다. 예를 들면 계약시점에 1달러에 1,000원이었지만 3개월 후 대금결제시점에는 1달러에 1,100원으로 원화가치가 하락할 경우, 만약 한국의 수출상이 달러로 대금결제를 받을 경우 환차익이 발생하지만 원화로 결제를 받을 경우 환차손이 발생한다. 이와 같은 문제를 해결하기 위하여 3개월 선물환으로 계약을 체결하기도 하고 키코[6)]에 가입하는 방법도 있다. 그러나 환위험과 환노출(exchange exposure)은 구분되는 개념이다. 즉, 환노출은 환율변동에 따른 환차손과 동시에 환차익(exchange gain)탈생가능성까지 포함하는 종합적인 개념이고 환노출은 환율 변동에 따른 환차손의 발생가능성만을 의미한다.

---

4) 이를 운송위험(transportation risk)이라 한다.

5) 계약위험(contract risk)이 존재한다.

6) 키코, 즉, 녹인 녹다운 방식(Knock－In Knock－Out)이란 환율이 일정 범위 안에서 변동할 경우, 미리 약정한 환율에 약정금액을 팔 수 있도록 한 파생금유상품이다. 약정환율과 변동의 상한선(Knock－In) 및 하한(Knock－Out)선을 정해놓고 환율이 일정한 구간이내에서 변동한다면 약정환율을 적용받는 대신 하한선 이후로 떨어지면 계약을 무효화하고 반면 상한선 이후로 올라가면 약정액의 1－2배를 약정한 환율로 매도하는 방식을 의미한다.

7. 가격변동위험

계약체결시점과 물품의 인도시점사이에 갭(gap)의 존재로 가격변동위험(price risk)이 존재한다. 예를 들면 한국의 사과 수출상이 과일이 출하되기 전인 3월에 작년 사과의 수출가격을 고려하여 동일한 품질의 사과를 1박스 100,000원에 수출하기로 계약을 체결하였지만 6월과 7월에 태풍으로 낙과된 사과가 많아 공급량이 감소할 수 있다. 따라서 사과 가격이 한국에서 폭등하여 한국의 사과수출상은 계약체결과 이행으로 막대한 손해를 입게 된다. 물론 반대의 경우도 발생할 수 있다. 다시 말하면, 계약시점보다 물품의 인도시점에서 가격이 상승하면 수출상이 손해를 보게 되고 가격이 하락하면 수입상이 손해를 보게 된다. 이 경우 마켓클레임(market claim)이 발생할 수도 있다.

8. 기업위험에 노출

마지막으로 즉 수출상, 생산자 및 수출자금을 융자한 금융기관 등이 시장흐름 및 경향 즉, 공급과 수요량 및 환율 변동 폭 등을 잘못 예측하여 기업위험이 발생할 수 있다. 상기에서 언급한 운송위험을 회피하기 위하여 해상보험에 가입하듯이, 기업위험을 회피하기 위한 방법으로 무역보험에 가입할 수 있다.[7)]

결제조건은 매매당사자간에 가장 중요한 사안이며 계약의 최종적인 목적이 될 수 있다. 즉, 얼마나 안전하게 대금회수가 가능한지에 따라 국제무역계약의 체결여부가 결정된다. 따라서 국제무역계약을 체결하고 이행할 경우 이들 위험들을 회피하면서 계약이행을 보장할 수 있도록 계약상의 각 조건들을 명확하게 합의하여야 한다.

제2절 수출절차와 품목관리

1. 수출절차

1) 수출자격의 획득

수출절차를 이행하기위해서 우선 수출행위를 할 수 있는 자격을 취득하여야 한다. 과

7) 무역보험을 취급하는 기관으로 한국무역보험공사가 있다. 무역보험공사에서는 수출보험으로 단기성보험(선적 후 단기수출보험, 포페이팅 단기수출보험, EFF 단기수출보험, 농산물패키지 단기수출보험, 중소기업 plus+보험), 중장기성보험(선적 전 보험으로 공급자신용, 구매자신용, 해외사업금융보험, 해외투자보험, 해외공사보험, 서비스종합보험, 수출보증보험, 이자율 변동보험, 수출기반보험, 해외지원개발펀드보험, 환 변동보험 및 기타 보험) 및 수출신용보증보험(선적 전, Nego, 문화 콘텐츠)을 취급하고 있다. 또한 수입보험 등을 취급하고 있다.

거의 무역업 또는 무역 대리업은 허가제, 신고제 및 등록제였으나 현재는 상기와 같은 요건은 폐지되었고 완전히 자유화되어 무역업고유번호만 있으면 가능하다.

2) 수출계약의 체결

수출상은 우선 수출하고자 하는 관련물품이 수출이 허용되는 품목인지 확인하여야 한다. 그 후 시장조사, 상대방선정, 조회, 신용조회, 청약, 반대청약 및 승낙의 단계를 거쳐 계약이 이루어진다. 국제무역계약은 낙성계약으로서 일방의 청약에 대하여 상대방이 승낙하면 계약은 일단 성립한다.

3) 신용장의 접수 및 내용검토

수출계약이 체결되면 동 계약을 이행하기 위한 절차를 진행하게 된다. 즉, 국제물품매매계약이라는 주 계약(근거계약)을 이행하기 위한 종 계약으로서 수출상의 가장 큰 이해관계가 걸린 대금수취를 안전하게 하기 위하여 신용장거래약정을 체결하는 경우가 많다. 수입상은 먼저 수출상앞으로 신용장발행을 거래은행에게 요청한다. 신용장발행을 요청받은 거래은행은 신용장을 발행하여 수출상소재 환거래은행 및 지점을 통하여 신용장을 통지하게 된다. 신용장을 수취한 통지은행은 수출상에게 신용장을 통지할 때 신용장 통지번호를 부여하고 신용장의 진정성을 확인하고 이상이 없을 경우 신용장을 통지한다.

신용장을 통지받은 수출상은 신용장이 조건부 지급확약이라는 특수성을 가지고 있기 때문에 신용장조건이 이행가능한지 다음의 내용을 확인하여야 한다. 예를 들면, 신용장의 진정성 여부, 매매계약조건과 일치여부, 신용장형식 요건구비여부, 발행은행의 신용상태확인, 신용장의 특수조건 및 조건부 문언검토 등을 확인하여야 한다.

4) 수출승인

수출승인(Export License)이란, 대외무역법에서 규정하고 있는 특정물품에 대해서 개별수출에 대한 사전승인을 받아야 하는 것을 말한다. 수출승인대상물품은 수출입공고상 수출제한 품목이다. 수출승인기관의 장은 지식경제부장관이지만 수출절차를 간소화하기 위하여 대부분의 권한은 현재 지식경제부장관이 지정하여 고시하는 관계 행정장관 또는 단체의 장에게 위탁되어 있다. 또한 수출승인 유효기간은 수출승인한 날로부터 1년이며 필요에 따라 유효기간을 달리 정할 수 있다.

5) 수출물품의 확보

수출상은 수출승인을 받은 후 완제품을 국내완제품 공급상으로부터 구매하여 수출하던지 아니면 자가 생산하여야한다. 자가 생산하기 위해서는 원자재를 수입하거나 국산원자재를 구매하여야 한다. 원자재를 외국에서 수입하는 경우 수입계약을 별도로 체결하고 외화획득용 원자재 수입승인을 받아 일련의 수입절차와 수입통관을 거쳐야 한다. 국산원자재를 조달하는 경우, 무역금융에 의하여 원자재 구매자금을 융자받거나 원자재 공급상에게 내국신용장(Local L/C)이나 구매승인서를 발급해주고 자기자금의 부담 없이 국산원자재를 조달하여 수출할 수 있다.

6) 해상운송 및 보험계약체결

수출품이 확보되면 약정된 일시에 선적을 하기 위하여 선박을 수배하고 선적을 예약하여야 한다. 운송계약은 수출품에 따라 정기선 운송과 부정기선 운송계약으로 나누어 체결하여야 한다. 일반적으로 컨테이너를 이용하는 일반 잡화는 정기선에 의한 개품운송계약이 체결되고 곡물, 목재 및 철광석과 같은 1차산품은 전용선이 필요하기 때문에 부정기선에 의한 용선운송계약이 체결된다.

만약 수출상이 인코텀즈(Incoterms) 11가지조건 중 CIF 및 CIP조건으로 체결되었다면, 수출상이 해상보험계약을 체결하여야 한다. 보험계약의 증거서류로서 보험증권(insurance policy)을 발급받아야 하며 포괄보험일 경우 선적이 발생할 때마다 보험증명서(insurance certificate)을 발급받아 은행에 제시할 수도 있다.

7) 수출통관

수출통관(customs clearance for export)은 관세법의 절차에 따라 세관에 수출신고(export declaration: E/D)를 하여 수출신고수리가 완료되는 과정을 의미한다. 수출통관절차는 먼저 보세구역에 물품의 반입 → 수출신고서 작성 후 제출 → 세관에서 수출신고서 심사 및 수리 → 세관검사(수출신고서와 수출품이 동일품인지 확인) → 세관장의 수출신고서 수리 → 수출신고필증 교부의 순으로 이루어진다.

8) 수출품 선적준비

수출통관이 마무리되었다면 보세구역에서 반출하여 선적을 이행하게 된다. 보세구역에서 반출하기위해서는 세관장에게 반출신고를 하여야 하며 선적할 경우에는 수출신고필중을 제시하여야 한다. 화주는 수출신고가 수리된 물품을 수출신고수리일로부터 30일 이내에 선적을 하여야 한다.

선적절차는 컨테이너화물과 재래화물이 다르다. 컨테이너화물은 컨테이너 운영자(container operator)의 개입이 필수불가결하다.

9) 수출대금회수

신용장을 통하여 대금을 회수하기 위해서는 신용장에서 요구하는 선적서류를 구비하여야 한다. 우선 선적이 완료되면 운송인으로부터 선화증권을 교부받고 이를 담보로 환어음을 발행한다. 그 외 수출상은 상업송장을 작성하고 포장명세서 및 원산지증명서 등을 구비하여 외국환은행에 매입신청을 하게 된다.

매입신청을 할 때 수출환어음매입신청서, 수출신용장 원본, 수출환어음, 신용장 또는 선수출계약서에서 요구하는 운송서류전통(full set), 수출신고필증(대금결제용) 및 기타 필요한 서류를 구비하여야 한다.

매입은행은 수출상이 제출한 환어음 및 선적서류 등이 신용장에서 요구하는 서류가 신용장조건과 일치하며 상호 모순된 내용이 없는 지를 상세히 검토하여야 한다. 특히 상업송장과 신용장은 엄밀일치의 원칙에 따라 세밀히 검토하여야 한다. 매입은행은 서류심사를 제5은행 영업일이내 끝내고 수출상에게 결과를 통지해야 한다.

10) 관세환급 및 사후관리

수출상이 원재료를 수입하여 수출물품을 제조 및 가공하여 수출하였다면 원재료 수입 시 이미 납부한 제세금을 환급받을 수 있다. 납부한 제세금에는 관세, 특별소비세, 주세, 교육세 및 부가가치세 등이다. 특히 관세를 환급받을 경우 환급금의 산출방법은 개별환급[8]과 간이정액환급방법[9]을 이용할 수 있다.

대외무역법상 수출입공고에 의해 수입이 제한되는 물품이 사후 관리 대상이 된다. 외화획득용 원료 등으로 수입승인을 얻어 수입된 원료는 해당 원료르 제조된 물푼이 수출되어 외화획득이 이행되었는지 여부를 확인하여야 한다.

2. 수출입공고

1) 수출입공고 표시방법

(1) Positive List System

수출입공고에서 수출 또는 수입이 허용되는 품목만 표시하는 방법이다. 표시되지 않은 품목은 원칙적으로 수출 또는 수입이 금지되거나 제한되는 품목으로 인정하는 방식이다.

---

8) 수출 등에 제공한 물품을 제조가공할 때 소요된 원재료의 수입 시 납부한 관세 등의 세액을 소요 원재료별로 확인, 계산하여 환급금을 산출하는 방법이다.

9) 수출품목별로 환급할 금액을 정액환급율표에 게기하여 놓고 해당물품을 수출하고, 수출신고필증만 제시하면 환급금을 그대로 환급해주는 방법이다.

〈서식 1-1〉

USD 1,106.55
JPY 11.3366

수출신고필증(적재전, 갑지)

UNI-PASS

※ 처리기간 : 즉시

제출번호 22233-13-500474U ①신 고 자 해동합동관세사무소 권정영이지영	⑤ 신고번호 053-10-13-01139430	⑥ 신고일자 2013/08/16	⑦ 신고구분 H 일반P/L신고	⑧ C/S구분 A

②수출대행자 건식무역(주) (통관고유부호) 건식무역-1-00-1-01-2 수출자구분 A 수 출 화 주 건식무역(주) (통관고유부호) 건식무역-1-00-1-01-2 (주소) 경남밀양무안면무안리1116-32 (대표자) 윤미월 (소재지) 627 (사업자등록번호) 105-86-16475	⑨ 거래구분 11 일반형태	⑩ 종류 A 일반수출	⑪ 결제방법 LS 일람출급신용장
	⑫ 목적국 JP JAPAN	⑬ 적재항 KRPUS 부산항	⑭ 선박회사 (항공사)
	⑮ 선박명(항공편명)	⑯ 출항예정일자	⑰ 적재예정보세구역 03912047
	⑱ 운송형태 10 ETC	⑲ 검사희망일 2013/08/16	
	⑳ 물품소재지 627 건식무역(주)/밀양시무안면무안리1116-32 /		
③제 조 자 건식무역(주) (통관고유부호) 건식무역-1-00-1-01-2 제조장소 627 산업단지부호 999	㉑ L/C번호 041-0251801	㉒ 물품상태 N	
	㉓ 사전임시개청통보여부 A	㉔ 반송 사유	
④구 매 자 MIYAMA CO LTD (구매자부호) JPMIYAMA0005Z	㉕ 환급신청인 2 (1:수출대행자/수출화주, 2:제조자) 자동간이정액환급 NO		

●품명 · 규격 (란번호/총란수 : 001/001)

㉖ 품 명 KIMCHI ㉗ 거래품명 KANKOKU SHINSEN CYOKOBIN KIWAMI KIMCHI	㉘ 상표명 NO

㉙ 모델.규격	㉚ 성분	㉛ 수량(단위)	㉜ 단가(JPY)	㉝ 금액(JPY)
	1 란 을지	계속		

㉞ 세번부호	2005.99-1000	㉟ 순중량	4,845.0 (KG)	㊱ 수량	0 ()	㊲ 신고가격(FOB)	$15,423 ₩17,065,874
㊳ 송품장부호	GS-6161	㊴ 수입신고번호	()	㊵ 원산지 KR-A--		㊶ 포장갯수(종류)	2660(CT)
㊷ 수출요건확인 (발급서류명)							

㊸ 총중량	6,711.9 (KG)	㊹ 총포장갯수	2,660(CT)	㊺ 총신고가격 (FOB)	$15,423 ₩17,065,874
㊻ 운임(₩)	1,200,000	㊼ 보험료(₩)	0	㊽ 결제금액	CFR-JPY-1,584,000.00
㊾ 수입화물 관리번호				㊿ 컨테이너번호	N

※신고인기재란	51 세관기재란 CHANGWON CUSTOMS 창원세관 THE REPUBLIC OF KOREA

52 운송(신고)인 53 기간 부터 까지	54 적재의무기한	2013/09/15	55 담당자		56 [illegible]	2013/08/16

발 행 번 호 : 2013155595701(2013.08.16) Page : 1/2

(1) 수출신고수리일로부터 30일내에 적재하지 아니한 때에는 수출신고수리가 취소됨과 아울러 과태료가 부과될 수 있으므로 적재사실을 확인하시기 바랍니다. (관세법 제251조, 제277조) 또한 휴대탁송 반출시에는 반드시 출국심사(부두,초소,공항) 세관공무원에게 제시하여 확인을 받으시기 바랍니다.

(2) 수출신고필증의 진위여부는 수출입통관정보시스템에 조회하여 확인하시기 바랍니다.(http://portal.customs.go.kr)

USD 1,106.55
JPY 11.3366

수출신고필증(적재전, 을지)

※ 처리기간 : 즉시

제출번호 22233-13-500474U ①신 고 자 해동합동관세사무소 권정영이지영	⑤ 신고번호 053-10-13-01139430	⑥ 신고일자 2013/08/16	⑦ 신고구분 H 일반P/L신고	⑧ C/S구분 A

●품명 · 규격 (란번호/총란수 : 001/001)

㉖품 명 KIMCHI ㉗거래품명 KANKOKU SHINSEN CYOKOBIN KIWAMI KIMCHI	㉘상표명 NO

㉙모델.규격	㉚성분	㉛수량(단위)	㉜단가(JPY)	㉝금액(JPY)
(NO. 01) KANKOKU SHINSEN CYOKOBIN KIWAMI KIMCHI(300GR)		15,840 (EA)	100	1,584,000
(NO. 02) SAMPLE KIMCHI(KIWAMI300GR)(FREE OF CHARGE JPY600)		6 (EA)	0	0
(NO. 03) SAMPLE KIMCHI(ZIMAN400GR)(FREE OF CHARGE JPY26,630.4)		228 (EA)	0	0

= 이 하 여 백 =

발 행 번 호 : 2013155595701(2013.08.16) Page : 2/2

(1) 수출신고수리일로부터 30일내에 적재하지 아니한 때에는 수출신고수리가 취소됨과 아울러 과태료가 부과될 수 있으므로 적재사실을 확인하시기 바랍니다.
(관세법 제251조, 제277조) 또한 휴대탁송 반출시에는 반드시 출국심사(부두,초소,공항) 세관공무원에게 제시하여 확인을 받으시기 바랍니다.

(2) 수출신고필증의 진위여부는 수출입통관정보시스템에 조회하여 확인하시기 바랍니다.(http://portal.customs.go.kr)

(2) Negative List System

수출입공고에 수출입이 금지 또는 제한되는 품목만 표시하는 방법이다. 표시되지 않는 나머지 품목은 수출입이 허용되는 품목으로 인정하는 방식이다. 현재 무역자유화가 확산됨에 따라 포지티브방식에서 네가티브방식으로 전환하고 있는 추세이다. 한국도 1967년 7월 25일부터 종래 포지티브방식에서 네가티브방식으로 전환하였다. 따라서 수출입공고에 열거되지 않은 품목은 자동승인품목으로 간주되기 때문에 수출입이 자유롭다.

2) 품목분류기준

수출입공고상 품목은 수출금지품목(export banned items), 수출제한품목(export restricted items), 수출자동승인품목(export automatic approval items), 수입금지품목(import banned items), 수입제한품목(import restricted items) 및 수입자동승인품목(import automatic approval items) 등 여섯 가지로 구분할 수 있다.

(1) 수출금지품목(export banned items)

수출입공고상 수출할 수 없는 품목이며 현행 수출금지품목은(별표 1)에 게기되어있다.

(2) 수출제한품목(export restricted items)

수출입공고상 각 품목별 수출요령에 따라 수출승인을 받아야 수출할 수 있는 품목이다. 수출제한품목은(별표 2)에 게기되어있다.

(3) 수출자동승인품목(export automatic approval items)

수출입공고상(별표)에 게기되지 아니한 품목으로 자동적으로 수출승인이 된 것으로 인정되어 자유롭게 수출할 수 있다.

(4) 수입금지품목(import banned items)

수출입공고상 수입할 수 없는 품목이며 현행 수입금지품목은 한 품목도 표시하고 있지 않다.

(5) 수입제한품목(import restricted items)

수출입공고상 각 품목별 수입요령에 따라 수입승인을 받아야 수출할 수 있는 품목이다. 예를 들면 수출입공고상 "○○○조합(협회)의 승인을 받아야 수입할 수 있음"과 같이 단서의 승인요건을 충족한 품목에 대해서만 수입이 허용된다. 그러나 일부 예외도 인정하고 있다. 즉, 수입제한 품목일지라도 다음의 사례에 해당되는 경우에는 수입승인을 받을 수 있다.

첫째, 외화획득용 원료 및 외화획득용 제품수입

둘째, 지식경제부장관이 인정하는 대한민국 잉여재산의 수입

셋째, 시장 및 군수가 추천하는 국내제작을 위한 견본 수입

(6) 수입자동승인품목(import automatic approval items)

수출입공고상(별표)에 게기되지 아니한 품목으로 자동적으로 수입승인이 된 것으로 인정되어 자유롭게 수출할 수 있다.

3) 무역상품 분류방식

(1) 표준국제무역상품분류

표준국제무역상품분류(Standard International Trade Classification; SITC)방식은 1950년 7월 UN경제사회이사회에서 선포된 후 1960년에 전면 개정되었다. SITC는 10부(section), 46류(division), 177군(group), 1,312기본항목(basic item) 등 총 45,000여개의 품목으르 구분하고 있다. 장점은 경제분석과 상품별 무역자료의 통계작성에 편리하다.

(2) 관세협력이사회 품목분류

관세협력이사회 품목분류(CCCN)방식은 관세협력이사회(Customs Cooperation Council; CCC)가 상품분류의 국제적 통일을 위하여 1937년에 제정한 제네바 관세품목분류집(Geneva Tariff Nomenclature)을 기초로 1971년에 발행한 BTN(Brussels Tariff Nomenclature)방식에서 CCC기구의 명칭에 따라 변경된 방식이다. CCCN은 21부(section), 99류(chapter), 1,101품목(heading) 등 총 60,000여개의 품목으로 구분하고 있다. 장점은 관세를 부과하기 쉽게 상품의 유형을 구분하였다는 사실이다.

(3) HS 품목분류

HS품목분류(Harmonized Commodity Description and Coding System)는 관세협력이사회가 종래 SITC와 CCCN의 이원화된 상품분류로써 개관적으로 상품분류하고 검정하는데 어려움이 있다고 판단하고 이를 해결하기 위하여 제정된 시스템이다. HS는 기본적으로 CCCN체계를 따르고 있기 때문에 21부(section), 99류(chapter)를 기본 분류를 중심으로 10단위까지 분류할 수 있으며 약 10만 종류의 상품을 분류할 수 있다. HS는 관세, 통계, 운송 및 보험 등에 공통으로 사용할 수 있다.

제3절
수입절차

일반적으로 수입(import)이라 함은 외국에서 생산 및 가공된 물품을 우리나라 세관을 통과하여 들여오는 과정을 말한다. 즉 수입절차는 수출과정과 비교해볼 때 이전되는 상품을 기준으로 반대방향에 속하는 국제거래를 의미하는 것이라 할 수 있다.

수입계약은 매도인(수출상)이 매수인(수입상)에게 물품의 소유권을 양도하여 인도할 것을 약속하고 매수인은 반대급부로 대금을 지급할 것을 약정하는 국제간에 발생되는 거래계약이다. 이와 같은 수입절차는 국내거래에 비해 그 절차와 내용이 다소 복잡하나 일반적으로 수출입공고에 의하여 수입이 허용되는 품을 선정하여 수입계약을 체결하고 난 후, 물품매도확약서(offer sheet)를 수취하여 필요시 수입승인을 받고 수입신용장을 발행한 후에 수입화물과 무역서류가 내도하면 수입대금을 결제하고 수입물품을 통관하는 일련의 과정을 거친다.

1. 수입승인

수입업자가 특정상품을 수입하고자 할 때에는 당해상품에 대한 수입승인(Import License; I/L)의 필요여부를 판단해야 한다. 즉 수출입공고에서 정하는 바에 따라 수입자동승인 또는 수입제한승인 여부(수입지역·수입자격·수입방법·수입대금의 결제·특별법과의 관계 등)를 검토한 후, 수입제한품목인 경우 관련기관으로부터 수입승인 또는 사전수입허가를 받아야 한다.

현재 수입승인과 관련하여 대외무역법에서는 헌법에 의하여 체결·공포된 조약과 일반적으로 승인된 국제법규에 의한 의무의 이행, 생물자원의 보호 등을 위하여 지정하는 물품 및 무역의 균형화를 촉진하기 위하여 대통령령이 정하는 기준에 따라 지정하는 물품을 수출입하고자 하는 자는 지식경제부장관의 승인을 얻도록 하고 있어, 수입승인과 관련된 권한은 지식경제부장관에게 있다고 할 수 있다. 그러나 국가정책상 지식경제부장관의 직접 인·허가의 필요성이 있는 업무를 제외하고는 수입승인업무를 위임받은 관련협회나 조합 등 관계기관들이 수입승인 업무를 대행하고 있다.

2. 수입신용장의 발행

수입업자는 매매계약의 내용에 따라 유효기간 내에 거래은행을 통하여 신용장 발행을 신청해야 한다. 일반적으로 수입대금결제방법에는 신용장, 송금결제, D/P, D/A, International Factoring 등의 방법이 있으나, 수입계약에서 대금결제를 신용장에 의한다고 약정되어 있는 경우에는 수입업자는 거래은행에 신용장발행을 의뢰하여야 한다.

신용장이란 수입업자(발행의뢰인)의 요청에 의하여 수입업자의 거래외국환은행(발행은행)이 수출업자(수익자)를 위해서 신용장조건과 일치하는 무역서류의 제시가 있으면 그 수출화물의 대금을 틀림없이 지급하겠다는 발행은행의 조건부 지급확약을 의미한다. 이처럼 신용장발행은행은 신용장의 수익자에게 대금지급을 확약하고 있으므로 신용장발행은행은 수입업자와 신용장발행에 관한 전반적인 사항을 규제하는 신용장거래약정서(Commercial Letter of Credit Agreement)에 의한 약정을 체결한다. 이 약정으로 발행의뢰인은 신용장거래와 관련된 일체의 채무와 제 비용을 부담한다. 또한 수출상이 발행한 어음이 결제될 때까지 수입화물은 발행은행의 담보물로써 은행의 소유가 된다.

그리고 수입상은 자기의 거래은행에 신용장발행신청서(Application and Agreement for Irrevocable Documentary Credit)를 제출하게 된다. 그런데 이 신용장발행신청서에 기재될 내용이 해당거래의 신용장 조건이 되므로 그 작성에 있어 정확하고 간결한 표현을 써야 하며 특히 거래계약서의 내용과 신용장 조건이 일치하는지를 유의해서 작성해야 하는 등 각별한 주의가 요구된다.

3. 무역서류의 내도와 수입대금의 결제

신용장이란 신용장발행은행이 신용장조건에 일치하는 무역서류의 제시에 대하여 그 대금을 지급하겠다는 조건부 지급 약속이다. 따라서 수출국 소재 매입은행이 발송한 어음과 무역서류가 내도하게 되면 발행은행은 당해 무역서류가 신용장조건과 일치하는가를 정확히 확인하여야 한다. 또한 환어음의 필수적 기재사항과 임의적 기재사항이 명확히 기재되었는지의 여부를 확인하고 기타 무역서류의 요식성과 하자가 있는지의 여부를 검토해야 한다. 무역서류의 심사결과 신용장조건과 일치하여 하자가 발견되지 않을 경우 무역서류는 신용장발행의뢰인, 즉 수입상에게 인도된다. 무역서류의 내도는 원본(original documents)과 부본(duplication documents)이 각각 별도로 내도되므로 그중 먼저 도착한 것에 의하여 인도가 이루어지면 다른 하나는 그 효과를 상실하게 된다.

발행은행은 화환어음과 이에 첨부된 무역서류의 심사가 마치면 발행의뢰인에게 대금의 결제를 청구하게 된다. 또한 발행은행은 화환어음이 신용장조건에 의하여 발행의뢰인 앞으로 발행되도록 된 경우에는 동 지급인에게 관계무역서류의 명세를 기입한 통지서와 함께 어음을 제시하여 지급 또는 인수를 청구하게 된다.

4. 수입통관

우리나라로 들어오는 모든 외국물품은 관세법에서 규정하고 있는 수입통관절차를 거쳐야 한다. 외국물품은 곧 수입물품을 의미하지만 관세법에서는 우리나라에 도착된 물품으로 수입신고가 수리되지 않은 물품과 수출신고가 수리된 물품을 외국물품으로 간주하고 있다. 이러한 외국물품은 수입신고수리를 위한 통관절차를 필해야만 내국물품이 되어 국내로 들어 올 수 있다.

우리나라는 1996년부터 전자문서교환(EDI) 수입통관 자동화시스템을 운영하여 수입통관절차가 매우 간소화되었다. 수입물품을 적재한 선박이 입항한 후 부두를 배정받아 물품을 하역하고 동시에 수입업자는 해당 세관에 수입신고를 한다. 현품을 확인하거나 검사할 필요가 있으면 보세구역 등에 물품을 장치하고, 필요한 경우 수입신고 서류심사와 물품검사를 거친 후 수입신고가 수리된다.

수입신고가 수리되면 수입물품에 대한 관세 및 내국세를 납부한 후 물품을 국내로 반입한다. 이 과정에서 수입신고, 수입신고 서류심사 및 물품검사, 수입신고수리 등이 수입통관절차에 해당된다.

우리나라의 통관제도는 수출입신고제이므로 납세의무자는 원칙적으로 수입신고수리 후 15일 이내에 관세 및 내국세를 납부하도록 되어 있어 통관절차와 과세절차가 분리되어 있다. 그리고 수입화물 선별검사시스템(cargo selectivity system; C/S)을 도입하여 전체 수입화물 모두를 검사하지 않고 C/S를 통해 미리 등록된 기준에 따라 우범 가능성이 높다고 예상되는 물품을 골라 집중적으로 검사함으로써 검사의 효율성을 높이고 있다.[10)]

5. 사후관리

대외무역법에서는 수출을 진흥하여 대외무역의 건전한 발전을 촉진하기 위하여 수출입의 거래방법, 거래지역, 거래가격 등에 관한 사전관리와 함께 수입이 법령대로 실시되었는지의 여부를 심사하는데 이를 수입의 사후관리라 한다.

사후관리의 실시는 수출입질서를 확립할 수 있고 결과적으로 수입관리의 목적을 달성할 수 있다. 즉 우리나라는 수출의 증대를 통하여 국제수지균형과 안정적인 국민경제성장을 도모하고자 외화획득용원료의 수입 시에는 금융, 외환, 관세 등의 측면에서 각종의 혜택을 부여하고 있다. 이와 같은 외화획득원료에 대한 차별적인 혜택은 수입업자가 수출용으로 수입된 원자재를 제조·가공하여 정하여진 기간 내에 대응수출을 이행할 것을 전제로 하고 있어 수입업자가 이러한 조건들을 성실히 이행하는지의 여부를 사후관리 할 필요가

10) 구종순 외, 「무역개론」, 박영사, 2007, pp.377~378.

있기 때문이다.

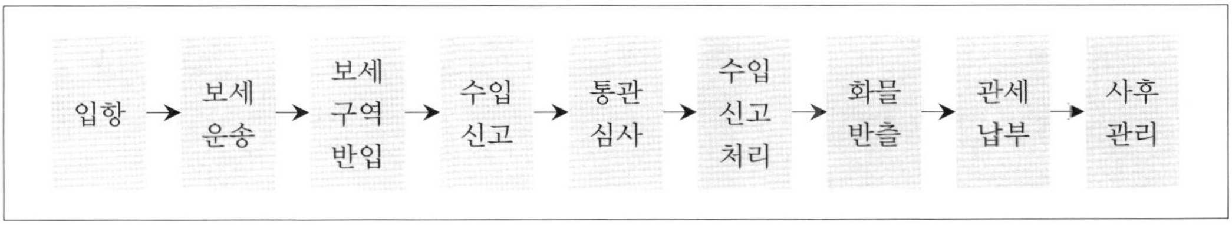

[그림 1-1] 수입통관절차

chapter 2

무역계약

제1절 무역계약의 체결과정

국제무역거래는 일방의 청약(offer)에 대하여 상대방이 승낙(Acceptance)함으로써 계약이 성립됨에 따라 진행된다. 그러나 청약을 하기 전에도 다음의 몇 가지 단계를 거쳐야 한다.

1. 해외시장조사

해외시장조사단계에서는 여러 가지 내용이 조사되어야 한다. 먼저 시장수요조사에서는 현재 시장크기 및 표적 시장에 참여하는 소비자 인구 성장율 등 성장잠재력 등에 대한 조사가 필요하다. 둘째, 소비자자체에 대한 조사로써 여기에는 소비자의 연령별, 지역별 및 소득별로 조사할 뿐만 아니라 구매동기 및 구매능력 등을 조사하여야 한다. 셋째, 경쟁사에 대한 조사로써 이미 진출해 있는 업체, 현지 동종업체에 대한 시장 점유율 및 스왑(SWOP) 분석이 필요하다. 넷째, 제품조사가 필수적이다. 현지에서 생산되는 제품의 품질과 가격대, 현지에서 선호되는 제품의 디자인 및 성능 등에 대한 조사이다. 다섯째, 가격 및 해외제품과 가격비교 및 계절에 따른 가격변동 등을 조사하여야 한다. 여섯째, 유통경로조사로써 현지유통구조에 대한 조사가 주로 이루어져야 한다. 마지막으로 촉진조사로써 현지 소비자들은 제품에 대한 정보를 어디서 획득하며 어떤 광고매체가 소비자들에게 친화적인지를 조사하여야 한다.

최근 전자무역이 등장하면서 해외시장조사도 전통적인 방법보다는 인터넷을 이용하는 경우가 많아졌다.

2. 거래선 발굴 및 무역대상자 선정

거래선 발굴을 위해서 거래 권유장(Circular Letter)을 직접 발송하기 전에 거래선에 대한 정보를 획득할 필요가 있다. 가장 일반적인 방법으로는 KOTIS가 제공하는 일본무역통계, 미국무역통계, 세계무역통계(DOTS) 및 세계경제통계(IFS) 등 무역통계를 이용하여 거래선과 수출입정보를 획득할 수 있다. 또한 전통적인 방법으로서는 각 국의 상공회의소, 세계무역센터협회(World Trade Centers Association; WTCA), 각 국의 세계무역센터(World Trade Center)를 이용하거나 무역박람회, 각종 전시회에 참가하거나 아니면 직접 방문할 수도 있다.

그러나 최근에는 방대한 정보를 가진 거래알선 사이트를 이용하면 훨씬 정확한 정보를 기초로 상대방과 접촉이 가능하다.

3. 거래권유장 발송 및 조회

거래 상대방이 어느 정도 좁혀지면 조회(Inquiry)단계를 거치게 된다. 거래권유장을 발송 받은 수입상은 수출상이 발송한 권유장의 내용에 관심이 있다면 수입희망물품의 가격, 수량, 선적시기 및 결제조건 등에 대한 구체적인 조건을 제시한다. 또한 상대방의 신용조사에 협조하기 위하여 은행 조회처(Bank Reference) 또는 동업자 조회처(Business Reference)에 관한 정보를 제공하게 된다.

4. 신용조회

신용조회는 일반적으로 3's(Character, Capacity, Capital) 또는 5's(Condition, Collateral, Currency, Country 중 2가지를 추가) 형식으로 이루어진다. 그 내용을 구체적으로 살펴보면 첫째, 평판도(Character)에서는 해당업체의 성격, 영업태도 및 의무이행의지 등을 살펴본다. 둘째, 거래능력(Capacity)에서는 연간매출액, 시장점유율 및 해당 업종에 종사한 경력 등을 조사한다. 셋째, 지급능력(Capital)부분에서는 업체의 재무상태, 수권자본과 납입자본, 자기자본과 타인자본 및 기타 자산상태를 조사한다. 3'c 외에 거래조건(condition), 담보능력(collateral) 거래통화의 국제성과 유동성(currency), 소속국가의 정치적 안정성(country) 중 2가지를 추가시킬 수 있다.

신용조회방법으로는 은행을 비롯한 금융기관 및 동종업계에 종사하는 동업자를 통하여 거래상대방의 신용상태를 확인할 수 있다. 그 외 신용조사 전문기관을 통하여 조사할 수도 있는데 여기에는 다음과 같은 기관이 이용된다. 먼저 국내기관으로서 한국신용정보회사(www.nice.co.kr), 한국무역보험공사의 수출신용정보센터(www.keic.co.kr), 한국신용보증기금 해외업무팀(www.shinbo.co.kr), 한국무역진흥공사(KOTRA)의 고객상담부(www.kotra.or.kr), 한국 신용평가정보회사(wwwkisinfo.com), 기술신용보증기금(www.kibo.kr) 등이 있다. 그리고 세계적인 상업흥신소로서는 D&B(Dun & Bradstreet)와 같은 회사를 이용하거나 거래상대방이 영업지로 두고 있는 지역 및 국가의 해외지사나 사무소를 통해 신용조사를 하게 된다. 신용조사를 의뢰받은 신용조사기관은 신용조사를 한 후 그 결과에 대한 내용만 통지를 하고 결과에 대한 평가는 하지 않는 것이 일반적이다.

5. 청 약

수출상은 신용조회처로부터 신용조회결과를 통지 받은 후 해당 신용조회처에 감사편지를 답장의 형식으로 발송한다. 그 후 신용조사결과를 분석하여 적격여부를 판단을 하여 거래상대방으로서 적합하다고 판단하게 되면 청약(offer)을 한다. 그러나 청약으로써 효과를 발생시키기 위해서는 다음의 3가지 기본조건을 충족시켜야 한다.

첫째, 청약서내용에 가격조건, 지급조건, 선적조건, 품질조건, 보험조건, 포장조건 및 수량조건 등 주요 내용을 포함시켜야 한다.

둘째, 자기구속의지를 제시하여야 한다. 상대방이 본인의 청약에 대하여 승낙하면 본인은 청약의 내용에 구속된다는 의사표시가 있어야 한다.

셋째, 상대방을 정확히 지정해야 한다. 즉, 거래제의가 1인 및 특정인 앞으로 발행되어야 한다. 만약 1인 또는 특정인을 제외한 불특정 다수에 의한 제의는 청약의 유인(Invitation to offer)으로 간주한다. 정리하면, 상기의 세 가지 조건 중 일부 조건이 누락 및 불일치하다면 청약이라기보다는 청약의 전 단계(예비적 청약)의 성격인 청약의 유인에 해당된다.

6. 승 낙

일방의 청약에 대하여 상대방이 승낙하면 무역거래는 성사된다. 그러나 승낙(acceptance)도 청약과 마찬가지로 다음의 요건이 필요하다.

첫째 승낙은 절대적이고 무조건적이어야 한다. 둘째, 승낙의 조건과 청약의 조건이 일치하여야 한다. 여기서 청약의 조건과 일치한다는 의미는 경상의 원칙[1)](mirror image rule)과 엄밀일치의 원칙(the principle of strict compliance)의 적용을 받는다는 의미이다. 만약 승낙의 내용이 조금이라도 청약의 내용과 다를 경우 반대청약이 되며 계약이 성립하지 않는다. 셋째, 승낙은 유효기간이내에 행해져야 한다. 승낙의 유효기간은 청약 시 유효기간이 명시된 확정청약(firm offer)을 발행할 경우 정해진다.

승낙의 방법도 우편, 전보, 팩스, 이메일 및 텔렉스 등 지정된 경우에는 지정된 방법으

1) 승낙의 내용과 청약의 내용이 완전히 일치하여야 하며 상대방의 승낙의 내용이 청약의 내용과 다를 경우(또는 일부 수정 한 경우) 승낙은 인정되지 않고 반대청약으로 인정된다. 이는 상대방의 승낙이 필요하기 때문에 계약이 성립하지 않는다는 영미법상의 계약성립의 대 원칙에 근거한 것 임.

로 승낙하면 된다. 승낙의 방법이 지정되지 아니한 경우에는 피 청약자는 거래사정이나 상황에 맞는 매체나 수단을 이용하여 승낙하면 된다. 그러나 국경을 달리하는 당사자간에는 각 국마다 정치, 경제, 문화 및 상관습이 달라서 여러 가지 부분에서 이해관계를 달리하기 때문에 청약이 발행 된 이후 상대방간의 복잡한 반대청약(counter offer) 단계를 거친 후 무역거래가 성립되는 것이 일반적이다.

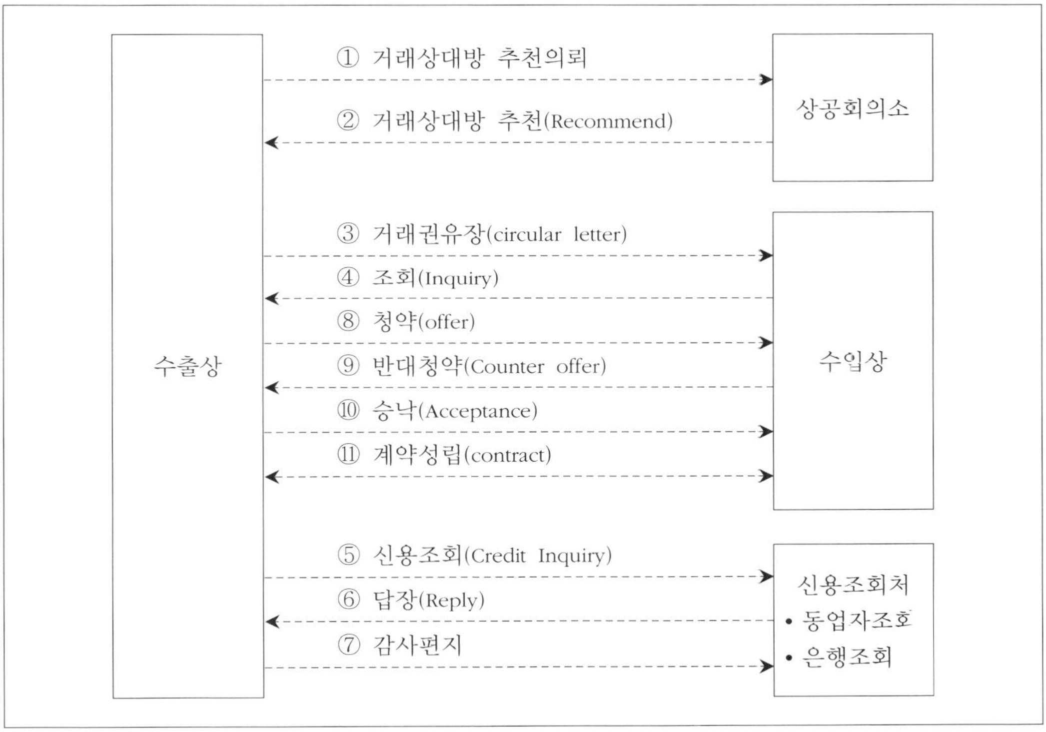

[그림 2-1] 무역거래절차

제2절 무역계약의 성격

국제물품매매계약으로서 무역계약은 다음의 법적성격을 가지고 있다.

1. 낙성계약

무역계약은 일방의 청약에 대하여 상대방의 승낙이 있으면 계약은 성립하는 합의계약 또는 낙성계약(consensual contract)이다. 무역계약의 성립에 계약서의 작성이나 교부와 같은 특별한 형식은 요구되지 않는다.

2. 쌍무계약

무역계약의 성립은 당사자에게 동시에 의무를 부담시키는 쌍무계약(bilateral contract)이다. 즉, 무역계약이 성립하면 매도인은 물품인도의 의무를 부담하고 매수인은 대금지급의 의무를 부담한다.

3. 유상계약

무역계약은 상호 대가적 관계를 수반하는 유상계약(remunerative contract)이다. 따라서 일방의 급부에 대하여 상대방의 반대급부를 필요로 한다. 즉, 매도인이 계약에 적합한 물품을 인도하면 매수인은 대금을 지급하여야 한다.

4. 불요식계약

무역계약은 성립에 어떠한 요식행위로 필요하지 않다는 불요식계약(informal contract)이다. 구두, 서면, 전자우편 및 팩스 등 다양한 방법으로 당사자간의 합의가 이루어지면 합의한 방법으로 계약이 성립된다. 이는 무역이 당사자간의 자유의사를 존중하는 계약자유의 원칙이 적용되기 때문이다. 무역은 언어, 문화, 종교, 법률 및 상관습이 다른 당사자간에 이루어진다.

따라서 일정한 형식을 제시하면 요구되는 상관습에 따라 상관습에 익숙한 당사자와 반하는 당사자간에 상호 이해관계가 복잡해진다. 결국 불편하거나 불리한 입장에서 상거래를 이행하게 되는 당사자들은 국제무역에 참여하는 문턱이 높아져 장기적으로 국제무역의 발전에 장애물이 될 수 있다.

5. 최대선의의 계약

무역계약이 체결되어 매도인과 매수인은 각 의무를 이행함에 있어 신의에 따라 성실히 이행하여야 한다. 최대선의의 원칙은 모든 계약에 적용되는 대 원칙으로서 특별히 격지간에 존재하는 당사자간에 체결되는 무역계약에서는 상호 신뢰를 회복하고 정상적인 무역거래의 완료를 위해 적용되어야 한다.

제3절
무역계약서와 서식분쟁

1. 무역계약서의 종류

1) 정형화된 서식을 이용하는 경우

정형화된 서식의 특징은 표면에 작성되는 내용과 이면에 기재되는 내용이 구분되어 있다. 또한 표면에 작성되는 내용도 수기 및 타이핑으로 기재해야 할 부분과 이미 인쇄되어 있는 부분으로 구분된다. 그러나 계약서의 이면에는 약관이 인쇄되어 있다.[2] 일반적으로 계약서 표면에는 계약체결일, 계약당사자, 상품명세, 수량, 금액, 대금결제조건, 포장, 선적조건, 보험, 검사 및 특별조건에 관한 사항이 기재되어 있다. 그리고 이면에는 일반거래조건 협정서(agreement on general terms and conditions of business)가 거래에 관한 기본약정사항으로 인쇄되어 있다.

2) 정형화된 서식을 이용하지 않는 경우

대부분의 기업에서는 정형화 된 서식을 이용하는 것이 보편적이다. 왜냐하면 상이한 상관습, 문화 및 법률에 노출되어 있는 당사자간에 상거래의 예측불허의 위험을 사전에 예방하기 위해 정형화된 표준계약서를 사용하는 것이 안전하기 때문이다. 따라서 무역위험을 방지하고, 정상적인 계약을 체결하여 거래를 완료하기 위해서는 이미 정형화 된 무역거래방법을 이용하는 편이 안전하다. 그러나 특별한 경우 정형화된 서식을 이용하지 못하는 경우에는 거래의 기본사항과 당사자간에 이해관계가 얽혀 있는 부분에는 각별히 주의하여 체크하여야 한다.

2. 서식분쟁

무역계약은 일방의 청약에 대하여 상대방의 승낙으로 성립한다. 그러나 일방이 청약할 때 거래조건을 상세하게 제시하게 됨에 따라 모든 조건 즉, 품질, 가격, 결제, 수량, 선적, 포장, 보험 및 분쟁 및 클레임해결조건에 대하여 상대방이 일시에 승낙하기는 힘들다. 더구나 처음 거래를 시작하는 당사자간에는 다양한 분야에서 입장 차이를 느끼게 되면서 여러가지 복잡한 반대청약의 단계를 거치게 된다.

또한 승낙하는 과정에서 표면의 내용에 대해서만 검토하여 각자의 입장을 관철시켜 합

---

2) 계약서의 해석상 우선순위는 조항의 형식면에서 표면약관내용이 이면약관내용보다 우선하고 특수조항이 일반조항보다 우선한다. 조항내용면에서는 우선순위가 수기(handwriting), 타이프(typewritten), 인쇄(printed)순으로 적용된다.

의하였지만 이면의 일반거래조건에 대해서는 자세히 검토하지 않아 계약체결 후 상호간의 계약내용에 관한 잘못된 이해로 입장이 일치하지 않을 수 있다. 즉, 서식분쟁(battle of form)이 발생하여 계약서의 일반거래조건의 내용과 반대청약과정에서 이면내용의 불일치로 계약이행 후 당사자간에 이의를 제기하면서 계약성립자체에 논쟁을 유발시킬 수 있다.

실제 무역거래에서는 무역계약체결에만 우선순위를 두어 표면기재내용에만 신경을 쓰고 이면내용에는 소홀히 하여 상세한 조항들에 대해서 일일이 합의에 도달하지 못했음에도 불구하고 중요한 조건들이 합의 되면 계약이 성립한 것으로 간주하는 경향이 있다.

이와 같은 서식분쟁이 발생하면 최후에 송부한 서식이 우선하는 최후서식발송이론(the last shot doctrine)이 적용된다. 왜냐하면 영미법에서는 경상의 원칙(mirror image rule)을 고수하기 때문에 최후에 보낸 서식이 매수인의 승낙 또는 반대청약으로 인정되어 매도인은 물품을 선적하게 되면 매수인의 계약서를 수용하는 것으로 간주되기 때문이다.

제4절 Incoterms와 정형무역거래조건

1. 인코텀즈의 이해

인코텀즈(Incoterms)는 국제물품매매에서 매매당사자간의 의무에 대한 불확실성을 해소하기 위하여 국제상업회의소(ICC)가 마련한 표준관습인 「국내 및 국제 거래조건의 사용에 관한 ICC 규칙」(ICC Rules for the Use of Domestic and International Trade terms)을 말한다.

정형무역거래조건(trade terms)이란, 물품이 매도인으로부터 매수인에게 이르기까지 운송과 수출입통관을 비롯하여 여러 비용과 위험부담의 당사자를 구분해 주는 정형화된 거래요소를 말한다. 국제간 거래에서 매매당사자들은 동일한 계약을 여러 번 반복하여 이용하게 되면 일상적으로 많이 사용하는 조항을 인쇄한 계약서식에 의하여 계약을 체결하고자 한다. 이는 계약서 작성시간을 절약하여, 특히 국제거래에서 표준화된 계약서식(standard contracts)을 이용하게 되면 매매당사자는 거래를 간소화 및 합리화할 수 있을 뿐 아니라 자기가 원하는 계약조항을 상대방에게 승낙시킴으로써 자기의 입장을 유리하게 그리고 안전하게 할 수 있다.[3)]

오늘날 국제거래는 주로 FOB나 CIF와 같은 정형무역거래조건에 의하여 수행되고 있다. 이러한 정형무역거래조건은 매매당사자간에 명시적으로 체결된 국제거래계약에 대한 보완적 기능과 매매당사자간 복잡한 법률문제의 해석기준으로서의 기능을 가지고 있다. 그러나

3) 최해범 · 전외술, 「최신무역학원론」, 2009, pp.424~456.

이 같은 정형무역거래조건은 모두 동시에 발생한 것이 아니고 각 시대의 제 제도에 따라 발생하는 동시에 그 제도는 진보와 변화에 따라 변하게 된다. 따라서 정형무역거래조건의 내용의 변화와 새로운 거래관습에 의해 매매거래가 수행된다.

즉, 국제거래관습과 이에 기준한 각종 경제단체가 작성한 통일규칙은 다 같이 국제상거래의 질서를 유지한다는 목적하에서 유사성을 지니고 있으나 양자간의 성질은 다르다. 먼저 국제상관습은 그 시대의 제 제도를 배경으로 계속 발전·변화하므로 그 내용이 고정된 통일규칙과는 다르다.[4] 국제상관습은 그 실태조사의 시점에서 통일규칙 가운데 고정되어 10－20년씩 이용되므로 세월이 흐름에 따라 실제의 상관습과 통일규칙간에는 괴리현상이 생긴다. 이에 통일규칙은 일정한 기간이 지난 후에는 변화된 거래 관습의 해석기준에 맞추어 변경되어야 한다.[5]

2. 국제통일규칙

국제거래계약은 일반적으로 언어·관습·법률이 다르며, 역사적·경제적·사회적 배경이 상이한 국가간에 이루어지므로 국내거래에서 고려할 수 없는 여러 가지 위험이 야기된다. 그런데 무역조건은 실제의 거래에서 용어나 관습이 국제적으로 통일되어 있지 않기 때문에 매매당사자 사이에 여러 가지 오해가 발생하여 분쟁이 야기되는 경우도 많다. 이와 같은 오해와 분쟁을 회피하기 위하여 해석기준으로서의 국제적 통일규칙이 몇몇의 국제기관에 의하여 제정되었다.

국제적 해석기준으로서의 통일규칙은 상관습법의 경우와 마찬가지로 그 안에 채용된 거래관습은 그 시점에서 통일규칙으로 고정화된다. 따라서 상거래의 배후에 있는 여러 제도의 발달에 의해서 부단히 변화하고 발전하는 성질이 있는 거래관습과는 별개의 것이다. 그러나 국제거래계약의 근간이 되는 FOB, CIF 등에 관한 거래관습이 국제무역에서 국제적 적용력을 가짐으로써 정형거래조건화하게 된 것은 이에 대한 국제적인 통일규칙이 제정됨으로써 가속화되었다고 할 수 있다.

이와 같이 국제거래계약조건의 정형화는 민간수준의 국제기관이나 동업자조합에 의하여 제1차 세계대전 후인 1920년 이래 계속하여 기획·추진되어 왔으며, 그 결과 ① Incoterms (International Rules for the Interpretation of Trade Terms)와 ② 개정 미국무역정의(Revised American Foreign Trade Definition, 1941) ③ Warsaw－Oxford Rules for CIF Contract, 1932 등이 주요 국제거래규칙으로 탄생된 것이다. 하지만 여기에서는 국제거래에서 일반적으로 가

4) I.C.C., *Incoterms 1953*, The purpose § 3, p.6.
5) 주의해야 할 것은 통일규칙이 과거시점에서 거래관습의 해석기준이지, 변화되고 있는 현시점에서의 해석기준이 아니라는 점이다. 옥선종, 「무역관습론」, 법문사, 1984, pp.45~47.

장 널리 통용되고 최신의 내용을 담고 있는 Incoterms 2010에 의한 정형무역거래조건을 중심으로 살펴보고자 한다.

3. INCOTERMS 2010

1) Incoterms 2010의 의의

Incoterms란 국제거래에 있어서 각국 거래관행상의 차이에 따른 무역조건 해석상의 상이로 발생하는 국제거래분쟁을 없애고 국제거래의 관습과 용어의 통일을 위하여 제정한 국제통일규칙이다. 1920년 국제상업회의소(ICC)가 창립된 후 최초의 사업으로 착수한 것이 정형무역거래조건의 통일이었다. 파리의 ICC본부 안에 정형무역거래조건위원회(Trade Terms Committee)를 설치하여 우선 각국에 관용되고 있는 정형무역거래조건에 대한 실태조사를 요청, 정형무역거래조건의 해석에 관한 국제적 통일규칙의 초안을 만들었는데 이것이 'International Rules for the Interpretation of Trade Terms'(무역조건의 해석에 관한 국제규칙) – 약칭 'Incoterms 1936'이다.[6]

Incoterms 1936은 제정된 이후 새로운 국제무역환경의 변화에 적극적으로 대응하고자 그동안 제1차(1953년), 제2차(1967년), 제3차(1976년), 제4차(1980년), 제5차 개정(1990년) 및 제6차 개정(2000년)을 거쳐 2년 반 동안의 개정작업을 마치고 2010년 9월에 공포되었고 국제상관습위원회(Commission on International Commercial Practice)에 의하여 공식적으로 채택되어 2011년 1월 1일부터 Incoterms 2010으로 거듭나게 되었다.

Incoterms 2010에서 규정된 정형무역거래조건은 구성면에서 실무적으로 식별하기 쉽게 11개의 무역조건을 E, F, C 및 D그룹으로 그룹화하여 분류하였고, 거래조건을 운송수단에 따라 모든 운송방식용과 수상운송방식의 2개 부류로 분류하였다. 첫째 부류는 모든 운송방식에 이용이 가능하고 또한 운송방식이 두 개 이상인 경우도 이용이 가능하고, 해상운송이나 내수로 운송이 포함되지 않은 경우에도 이용이 가능하다. 첫째 부류의 거래조건에는 EAW, PCA, CPT, CIP, DAT, DAP, DDP 등 7개가 있다. 둘째 부류는 해상 및 내수로 운송에만 이용이 가능한 거래조건으로 물품인도지점과 매수인에게 운송되어져야 하는 장소가 모두 항구인 경우에만 이용이 가능하다. 둘째 부류에는 FAS, FOB, CFR, CIF 등 4개가 있다. 또한 Incoterms 2010에서는 이용이 적은 거래조건 DAF, DES, DEQ, DDU 등 4개를 삭제하고, 현행 무역관행을 반영하여 관행에 맞는 거래조건 DAT, DDP를 추가하였다. 이에 따라 전체 거래조건의 수는 13개에서 11개로 축소되었다.[7]

---

6) 上篇西三, 「貿易慣習」, 東洋經濟新報社(東京), 1959, p.44.

7) 김상만, Incoterms 2010의 개정내용에 대한 법적 고찰, 「홍익법학」, 제12권 제2호, 2011, pp.64~65.

〈표 2-1〉 Incoterm 2010

구 분	자격 조건		전신약호
	인도형태	내륙수운/해운운송에만 가능한 조건	
출발지 인도조거 (Group E)	작업장인도(E Works)		EXW
운임미지급 인도조건 (Group F)	운송인인도 (Free Carrier)	선측인도 (Free Alongside Ship) 본선인도 (Free On Board)	FCA FAS FOB
운임지급 인도조건 (Group C)	운임지급인도 (Carriage Paid To) 운임·보험료지급조건(Carriage and Insurance Paid To)	운임포함인도 (Cost and Freight) 운임·보험료포함인도 (Cost, Insurance and Freight)	CPT CIP CFR CIF
도착지 인도조건 (Group D)	관세지급인도 (Delivered Duty Paid) 도착터미널인도 (Delivered at Terminal) 도착장소인도 (Delivered at Place)		DDP DAT DAP

2) Incoterms 2010의 내용

Incoterms 2010에서는 국제거래조건을 다음과 같이 4가지 세분하여 구정하고 있다. 첫 번째 유형은 오직 상품을 제조하기만 하는 수출자에 의해 붙여진 유형으로 E-terms인 EX works 조건이다. EX works 조건에서 수출자는 자신의 공장이나 건물 안에서 직접 수입자에게 상품을 매매한다. 두 번째 유형은 수입자가 지명한 운송인에게 수출자가 상품을 인도하는 것으로 F-terms인 FCA, FAS 및 FOB 등이 있다. 세 번째 그룹은 G-terms인 CFR, CIF, CPT 및 CIP들로 매도인인 수출자가 운송계약을 체결하지만, 선적 및 출항 후 발생하는 물품의 멸실이나 훼손 그리고 추가비용들에 대해서 수출자가 부담하지 않는다. 네 번째 유형은 DAT, DAP 및 DDP 등과 같은 D-terms들로 매도인인 수출자가 물품을 바이어의 국가까지 운송하는데 따른 모든 위험과 비용을 부담하는 조건이다.[8)]

(1) 출발지인도조건(Group E : Departure)

매도인 자신의 작업장 구내에서 매도인이 매수인에게 물품을 인도하는 유일한 조건

8) 송채헌 외, 「무역경영론」, 두남, 2011, p.159.

① Ex Works(작업장인도조건; EXW) : EXW는 매도인이 계약물품을 매도인의 건물(예 작업장, 공장, 창고 등)에서 인도가 가능하도록 매수인의 임의처분상태로 준비하는 것만이 매도인의 인도의무를 다하는 것이다. 특히, 별도의 합의가 없는 한, 매도인은 매수인이 준비한 차량에 계약물품을 적재하여야 할 책임은 없다. 매수인은 계약물품을 매도인의 건물에서 원하는 목적지까지의 운송과정에서 발생하는 모든 비용과 위험을 부담하게 됨으로써 매도인에게는 최소의무를 부담시키는 조건이다.

(2) 운임미지급조건군(Group F : Main Carriage Unpaid)

매도인은 매수인이 지명한 운송인에게 물품을 인도하도록 요구되는 조건들

① Free Carrier(운송인인도조건; FCA) : FCA조건은 매도인이 지정장소 또는 지정지점에서 매수인이 지정한 운송인의 관리하에 수출통관된 계약물품을 인도할 때 매도인의 인도의무가 완수되는 무역거래조건이다. FCA는 복합운송에 많이 이용된다.

② Free Alongside Ship(선측인도조건; FAS) : FAS조건은 물품이 지정선적지항의 부두에서 또는 부선으로 선측에 점유·이전될 때 매도인의 물품인도의무는 종료되며 이 시점에서 그 이후의 계약물품에 대한 모든 비용과 위험이 매수인에게 이전되는 거래조건을 의미한다. FAS조건은 해상 및 내수로 운송에 사용되며, 일반화물의 수출입에는 별로 이용되지 않고 주로 본선에 선적하는 데 비용이 많이 드는 원목·원면·곡물 등 대량의 화물에 주로 이용된다.

〈표 2-2〉 인도장소가 매도입의 구내인 경우 EXW규칙과 FCA규칙의 차이점[9)]

비용의 내용	EXW 규칙	FCA 규칙
① 매도인의 구내에서의 수취용 차량에의 적재비용	매수인	매도인
② 수출행정절차와 관련된 다음의 공적 비용		
㉮ 매수인의 요청에 따라 수출허가 또는 공적인가의 취득에 협조를 제공하기 위하여 매도인이 부담한 비용	매수인	-
㉯ 수출허가 도는 기타 공적인가의 취득비용	매수인	매도인
㉰ 수출통관절차의 수행비용	매수인	매도인
㉱ 수출관세 · 조세 및 기타 요금	매수인	매도인
③ 수출국 당국이 명령한 선적전 검사의 비용	매수인	매도인

자료: 전순환, “Incoterms 2010의 비용분배조항에 관한 연구”, 「통상정보연구」, 제14권 3호, 2012, p.490.

9) 전순환, “Incoterms 2010의 비용분배조항에 관한 연구”, 「통상정보연구」, 제14권 3호, 2012, p.490.

③ Free on Board(본선인도조건; FOB) : FOB조건이란 물품이 지정선적항에서 본선의 난간을 통과할 때 매도인의 의무가 종료되는 것을 말한다. 즉, 이 지점에서부터 계약물품의 멸실 또는 훼손의 모든 비용과 위험을 매수인이 부담하여야 하는 거래조건을 말한다.

즉, 이 조건은 매도인이 선적항에서 계약물품을 매수인이 지정한 본선상(on board)에 인도함으로써 그 때부터 비용과 위험의 부담으로부터 면제되며, 매수인이 그 후 발생하는 제 비용과 위험을 부담하는 조건이다. Incoterms 상의 여러 조건들 가운데 가장 많이 채용되고 있는 국제매매관습의 하나로서, CIF계통의 매매조건과 함께 수출항에서 물품인도를 조건으로 하는 '선적지매매'의 대표적인 거래조건으로 해상 및 내수로 운송에 이용된다.

(3) 운임지급조건군(Group C : Main Carriage Paid)

매도인이 목적지까지 운임이나 보험료를 부담하지만 그 책임은 선적지항의 본선이나 운송인에게서 끝나도록 하는 조건들

① Cost and Freight(운임포함조건; CFR) : CFR조건에서는 매도인은 계약물품의 대금과 그 물품을 목적지항까지 운송하는데 필요로 하는 운임을 지급하여야 하며 운송 중의 멸실과 훼손에 대한 위험부담 및 기타 비용의 증가분에 대한 책임은 계약물품이 선적지항에서 본선의 난간을 통과할 때 매도인으로부터 매수인에게 이전되는 거래조건이다. CFR조건은 선적지항에서의 계약물품의 선적원가(cost), 목적지항까지의 운임(freight)을 병산한 복합가격으로 계약을 체결하는 조건으로 해상운송 및 내수로운송에 이용된다.

② Cost, Insurance and Freight(운임보험료포함조건; CIF) : CIF조건이란 매도인이 도착항까지의 운임과 보험료를 부담하는 조건이다. 즉 CIF조건은 계약가격이 선적항에서의 계약물품의 선적원가(cost), 목적항까지의 보험료(insurance) 및 운임(freight)으로 구성되는 것을 의미하며, 전술한 FOB조건과 함께 가장 많이 이용되는 정형거래조건이다. 동조건에서는 매도인은 단지 최소의 담보범위로 보험을 부보할 것이 요구되며, 본 조건은 매도인이 수출품을 통관할 것을 요구하는데, 단지 해상운송 또는 내륙수로운송에만 사용될 수 있다.

또한 CIF계약은 계약물품 그 자체의 매매계약이 아니고 계약물품과 관련된 서류의 매매계약이다. 즉, 계약물품이 도착될 것이라는 계약이 아니고 다만 매매계약에 일치하는 계약물품을 선적하고 별도의 특약이 없는 한, 목적지까지의 일반적인 운송계약을 체결하고 항해 중 계약물품에 대한 일반적인 보험계약을 체결하여 이들

서류를 계약물품의 대금지급과 상환으로 제시할 것을 약정하는 계약인 것이다. 그러므로 일반적인 CIF계약에서 매도인의 물품인도의무는 그 계약물품을 표시하는 선화증권을 제시함으로써 완수되는 것이다.

③ Carriage Paid To(운임지급조건; CPT) : CPT조건은 매도인이 지정목적지까지의 운임을 지급하는 거래조건이다. 그러나 일체의 비용증가는 물론 계약물품의 멸실 또는 훼손에 대한 위험은 본선상의 난간에서가 아니라 운송인(carrier)에게 또는 후속운송인이 참여하게 되는 경우 최초의 운송인에게 인도완료되었을 때 매도인으로부터 매수인에게로 이전되는 것이다. 그리고 본 조건은 매도인이 수출품을 통관할 것을 요구하는데, 이는 복합운송을 포함한 여하한 방식의 운송이 될 수 있다.

④ Carriage and Insurance Paid To(운임보험료지급조건; CIP) : CIP조건은 CPT조건과 동일한 것이지만, 단지 매도인이 운송 도중 계약물품의 멸실 또는 훼손에 관한 매수인의 위험에 대하여 적하보험을 수배하여야 한다. 그러므로 본 조건은 보험에 관한 조항을 제외하고는 진술한 CPT조건과 동일하다. CIP조건에서는 매도인이 보험계약을 체결하고, 보험료를 지급하여야 하며, 매수인은 CIP조건하에서 매도인이 단지 최소의 담보범위로 보험을 부보할 것이 요구된다는 점에 유의하여야 한다.

또한 본 조건은 매도인이 수출품을 통관할 것을 요구하는데, 이는 복합운송을 포함하여 여하한 방식의 운송에 사용될 수 있다.

(4) 도착지인도조건군(Group D : Arrival)

매도인이 목적국가까지 물품을 운반하는데 소요되는 모든 비용과 위험을 부담하여야 하는 조건들

① Delivered At Terminal(터미널인도조건; DAT) : DAT조건이란 매도인이 지정목적항 또는 지정목적지에 소재하는 지정터미널까지 운송하여 그 지정터미널에서 매수인의 임의처분상태에 놓는 거래조건이다. 여기서 '터미널'은 부두, 창고, 컨테이너 야드, 도로·철도·항공터미널 등을 포함하며, 지붕의 유무를 불문한다. 매도인은 지정목적항 또는 지정목적지까지 운송하는 주운송수단에서 하역하고 나아가 지정터미널까지 다시 운송하여 지정터미널에서 하역해야 한다. 매도인은 물품을 운송하고 지정항구나 목적지의 터미널에서 양하하는데 필요한 모든 위험을 부담한다.[10] 지정목적항까지만 운송하고 하역하지 않은 상태로 매수인에게 인도하는 Incoterms 2000의 DES, 또는 지정목적항에서 하역까지 하는 Incoterms 2000의 DEQ 보다는 매도인의 의무가 더 크다.

10) 송채헌 외, 전게서, p.177.

② Delivered At Place(도착인도조건; DAP) : DAP조건이란 매도인이 지정목적지(또는 지정목적지의 합의지점)에서 도착운송수단의 하역준비상태로 매수인의 임의처분상태에 놓는 거래조건이다. 지정장소까지의 모든 위험은 매도인이 부담한다. 매도인이 수입통관 없이 지정목적지에서 인도한다는 점에서 Incoterms 2000의 DDU와 유사하다. DAP는 매도인이 수입통관을 하지 않는다는 점을 제외하고는 DDP와 동일하다.[11)]

③ Delivered Duty Paid(관세지급인도조건; DDP) : DDP조건이란 매도인이 계약물품을 수입지국의 지정장소에서 매수인이 인수가능하게 될 때 매도인은 그의 인도의무를 완료하게 되는 거래조건이다. 매도인은 계약물품을 그 지정장소에 매수인이 인수가능하게 될 때까지의 관세, 조세 및 기타 물품인도비용을 포함하여 모든 위험과 비용을 부담하야야 한다. 물론 본 조건에서는 매도인이 수입통관도 하여야 한다.

본 조건은 만약 매도인이 직·간접적으로 수입허가의 취득이 불가능한 경우에는 사용되어서는 안 된다. 만약, 매수인이 물품을 수입통관하고 관세를 지급하기를 당사자들이 원한다면 DDU조건이 사용되어야 한다. 또한 당사자들이 매도인의 의무로부터 물품의 수입에 지급되는 일부비용(부가가치세 VTA 등)을 제외하기를 원한다면 'Delivered Duty Paid. VAT unpaid, . . . (named place of destination)'와 같이 이러한 효과를 가지는 용어를 추가함으로써 이를 명백히 하여야 한다.

본 조건 운송방식에 관계없이 여하한 경우에도 사용할 수 있으며, '작업장인도조건(EXW)'이 매도인측에서 볼 때 최소의 의무를 나타내고 있는데 반면 '관세지급인도조건(DDP)'은 최대의 의무를 나타내고 있다.

11) 김상만, 전게서, p.74~76.

chapter 3

대금결제

제1절 메카니즘에 따른 무역결제의 구분

1. 신용장방식

국제무역거래가 격지 간에 이루어지기 때문에 수출상은 물품인도 후 항상 대금수취에 대한 불안을 느껴왔다. 신용장(Letter of Credit; L/C)은 이와 같은 수출상의 대금수취불안을 해소해주기 위하여 수입상(신용장 발행의뢰인)의 요청과 지시에 의하여 신용장발행은행이 수출상에게 발행한다. 신용장을 소지한 수출상(신용장의 수익자)이 신용장조건에 일치하는 서류를 제시하면 신용장발행은행은 수출상 또는 수출상이 지시하는 당사자에게 신용장 대금을 지급, 수출상이 발행한 환어음을 인수, 지급 및 매입해야 한다. 따라서 신용장은 발행은행의 조건부 지급확약서(conditional bank undertaking of payment)로써 역할을 한다.

즉, 신용장방식은 대금결제과정에 은행을 개입시킴으로써 무역거래의 신뢰를 높여주는 역할을 한다. 즉 수출상은 국경을 달리하는 외국의 이름 모를 수입상에게 대금지급을 보장받기 보다는 외환업무를 취급하는 국제적으로 공인된 은행을 통하여 지급을 보장받는 편이 보다 안전하다. 따라서 신용장은 무역거래 당사자의 신용보다 검증되고 공신력이 높은 은행의 신용을 이용하여 대금결제를 원활히 하기 위한 제도이다. 특히 신용장방식은 결제메카니즘에 은행이 개입하는 다른 결제방식 즉, 추심방식이나 송금방식 등에 비하여 은행이 신용제공 및 지급보증의 역할을 하고 있어 개입의 정도 커서 수출입 당사자의 금융적 불편이나 신용위험을 대폭 감소시킬 수 있는 장점이 있다. 이와같은 이유로 신용장은 처음 거래를 개시하는 당사자간에 유용한 결제방식이라 할 수 있다.

2. 무신용장방식

1) 송금환결제방식

송금환방식(remittance)은 수출상이 물품을 선적하기 전에 지정결제통화로 수입상이 미리 송금하고 일정 기일 내에 이에 상응하는 물품을 수출하는 거래를 말한다.

송금방식은 당사자간의 계약 또는 주문만으로 결제가 이루어진다는 면에서 물품선적 후 결제하는 신용장방식이나 추심결제방식인 D/A(인수인도결제방식) 및 D/P(지급인도결제방식)방식 등과 구분된다. 송금방식은 수출상의 입장에서 보면 수출대금을 미리 받기 때문에 거래조건이 상당히 유리하며 완벽히 물품대금을 회수할 수 있다는 장점이 있다. 반면 수입상의 입장에서 보면 수입대금을 미리 송금하기 때문에 자금운용의 부담이 크고 수입물품의 인수에 대한 확실한 보장이 어렵다는 단점이 있다.

송금방식도 사전 송금방식과 사후 송금방식으로 구분할 수 있다. 사전송금방식으로는 수표송금방식(demand draft: D/D), 우편송금방식(mail transfer: M/T) 및 전신송금방식(telegraphic transfer: T/T)이 있다. 사후 송금방식으로는 청산결제방식(open account: O/A), 물품인도결제방식(cash on delivery: COD) 및 서류인도결제방식(cash against document: CAD)이 있다.

2) 추심결제방식

추심결제방식은 취소불능화환신용장 없이 화환어음으로 대금결제를 하는 방식이다. 따라서 추심결제방식은 수출대금의 지급을 은행이 보증하지 않는다는 면과 환어음이 수입상 앞으로 발행된다는 면에서 신용장결제방식과 차이가 있을 뿐 나머지 거래절차는 동일하다. 즉, 신용장이 개입되지 않아 은행의 지급보증이 없기 때문에 처음 거래를 개시하는 당사자간에는 적합하지 않을 수 있으며 본사와 지사간 거래나 오랜 신용관계가 있는 기업들간에 적합한 결제방식이다. 즉, 추심결제방식은 거래 당사자간의 신용을 바탕으로 이루어지는 결제방식으로써 추심관련은행은 단순히 수출대금의 추심 및 추심의뢰 업무만 수행하는 것이다. 추심결제방식에도 발행하는 환어음의 종류에 따라 지급인도결제방식(Document Against Payment; D/P)과 인수인도결제방식(Documents Against Acceptance; D/A)이 있다.

지급인도결제방식(Document Against Payment; D/P)은 수출상이 계약적합품을 선적한 후 선적서류를 담보로 수입상을 지급인으로 하는 일람출금 환어음(documentary sight bill)을 발행하여 추심의뢰은행에 추심을 의뢰하며, 추심의뢰은행은 수입상의 거래은행인 추심은행에 다시 추심을 요청한다. 추심은행은 어음의 지급인인 수입상에게 선적서류를 인도하는 대가로 대금을 수취하여 추심의뢰은행에 송금하면 추심의뢰은행이 수출상에게 물품대금을 결제해 주는 방식이다.

인수인도결제방식(Document Against Acceptance; D/A)은 수출상이 계약에 적합한 물품을 선적한 후 수입상을 어음지급인으로 하는 기한부 환어음(documentary usance bill)을 발행하여 추심의뢰은행에 추심을 의뢰하며, 추심의뢰은행은 수입상의 거래은행인 추심은행에 다시 추심을 요청한다. 추심은행은 어음의 지급인인 수입상에게 어음의 인수 및 서명을 받으며 선적서류를 인도하고 어음의 만기일에 대금을 수취하여 추심의뢰은행에 송금하면 추심의뢰은행이 수출상에게 물품대금을 결제해 주는 방식이다.

3) 포페이팅 결제방식

포페이팅(forfaiting)이란 불어의 '포기하다'는 a' forfait에서 유래한 용어로 현금을 대가로 채권을 포기 및 양도한다는 의미이다. 수출상이 물품이나 용역의 연불수출로 획득한 수출채권 즉, 환어음을 고정 이자율로 매입하는 결제방식이다. 이전의 당사자에게 소구권(without recourse)을 행사할 수 없고, 발행되는 기한부어음의 만기일이 길다는 면에서 신용장방식과 다르다. 포페이팅은 1950년 중반에 스위스의 Credit Swiss가 이를 취급하면서 본격적으로 발전하기 시작하였다.

4) 국제팩토링 결제방식

팩토링(factoring)이란 factor+ing, 즉 팩터로서 활동한다는 의미이다. 이 결제방식은 판매자(supplier)가 구매자(debtor)에게 상품이나 서비스를 제공하여 발생되는 외상매출채권(account receivables)을 팩토링(factor)회사가 판매자를 대신하여 신용조사, 지급보증, 매출채권의 기일관리, 대금회수 등의 업무를 제공하는 결제방식이다. 즉, 수출상과 수입상간에 상호 신용을 바탕으로 신용장을 발행하지 않고 팩토링 금융기관이 대금지급을 보증하는 일종의 외상무역 결제방법이다. 국제팩토링은 전 세계 팩터의 회원 망을 통하여 수입상의 신용을 바탕으로 이루어지는 신용장을 사용하지 않은 새로운 무역거래방법이다. 따라서 기존의 신용장방식에 의한 거래에 비하여 매우 간편한 것이 특징이다. 미국 및 유럽지역에서 그리고 중소규모의 무역거래에서 그 사용이 빈번한 편이다.

5) 전자결제방식

전자결제(Electronic Payment)란, 정보통신기술의 발달로 기존의 결제방법의 일부 또는 전부를 전자적 방법으로 결제하는 것을 의미한다. 즉 무역의 대상인 물품이나 서비스의 대가를 전자적인 수단을 통하여 지급 및 결제하는 것을 의미한다.[1] 그러나 전자무역거래를 위한 전자결제시스템(Electronic Payment Systems)은 전자결제수단, 운영네트워크 그리고 이

1) 일반적으로 지급은 주체 간 채권 및 채무관계에서 지급을 행하는 행위를 의미하고 결제는 대금지급과정을 의미한다.

와 관련된 모든 제도적 장치가 함께 연동되어야 한다.

전자결제방식의 유형에는 신용카드(Credit Card), 직불카드(Debit Card), 전자화폐(Electronic Money), 전자수표(Electronic Check), 전자자금이체(Electronic Fund Transfer), 무역카드 시스템(TradeCard System) 및 스위프트 시스템(SWIFT System)에 의한 전자신용장(Electronic L/C) 등을 들 수 있다. 하지만 이와 같은 전자결제시스템 중에서 신용카드, 직불카드, 전자화폐 및 전자수표는 기업과 소비자간(B2C)거래의 소액결제에 주로 활용되고 트레이드카드시스템과 전자신용장은 기업간(B2B) 거액결제에 주로 이용된다. 그리고 전자자금이체는 미국의 ACH(Automated Clearing House; 자동정산소)처럼 C2C 및 B2C에 이용되기도 하고 미국의 Fedwire처럼 B2B 및 B2C에 이용되기도 한다.

제2절 결제시기에 따른 무역결제의 구분

1. 선지급

무역결제의 시기를 구분하는 기준은 수출상의 선적(물품인도)을 기준으로 그 이전에 이루어지면 선 지급방식, 거의 동시에 이루어지면 동시지급방식, 수출물품을 인도한 이후에 결제가 이루어지면 후 지급방식으로 구분할 수 있다. 따라서 선 지급방식(Advanced Payment)은 계약물품이 선적 또는 인도되기 전에 미리(in advance) 지급 또는 결제하는 방법이다. 이에 해당되는 대금지급방법으로는 물품의 구매를 위한 주문과 동시에 현금으로 대금지급이 이루어지는 주문동시지급방식(Cash With Order; CWO), 주문과 함께 전신환 등에 의한 방법으로 송금하는 단순송금방식(Simple Remittance), 그리고 신용장의 수익자인 수출상의 신용장 수취와 더불어 미리 일부의 대금이 지급되는 전대신용장(Red Clause L/C, Packing L/C) 방식 등을 들 수 있다.

이러한 선지급 조건은 수출상에게 가장 안전하고 유리한 대금수령방법이다. 또한 선지급을 받는 시점이 선적예정시기보다도 상당히 이른 경우에는 선 지급을 받은 자금을 이용하여 계약물품의 조달도 가능하기 때문에 수출상은 자금운용에 여유가 있다.

반대로 수입상은 선 지급 후 수출상이 계약대로 선적해 줄 것인지 불안감을 가지고 있을 수 있다. 따라서 동 결제방식은 고액거래에 이용하기에는 수입상에게는 상당한 부담을 주게 되기 때문에 그 이용이 많지 않다. 부득이 고액거래에 대하여 선지급금을 송금하는 경우에는 수입상은 수출상의 거래은행이 발행한 선수금반환보증(Repayment Guarantee)을 징수한 다음 송금하든지 아니면 그것과 상환으로 지급한다는 조건부의 송금을 하는 경우가 있다. 이와 같은 은행의 보증은 보증장 또는 보증 신용장에 의하여 이루어지고 있다.

따라서 은행이 확실한 지급보장을 하고 있는 전대신용장방식을 제외하고는 수입상이 수출상을 전폭적으로 신뢰하지 않으면 수출상이 계약물품의 선적을 한다는 담보가 보장되지 않기 때문에 소액거래에 제한적으로 사용되고 있다.

2. 후지급

후지급방식(연지급, Deferred Payment)은 물품 선적 또는 운송서류를 인도한 후 일정기간이 경과된 이후에 대금지급이 이루어지는 결제방식으로서 일종의 외상거래방식이며 연지급 형태라고 할 수 있다.

후지급방식에는 기한부 환어음을 사용하는 연지급신용장방식 및 추심결제방식 중 인수인도결제방식(D/A), 중장기연지급방식(deferred payment on long or mid-term basic), 외상판매방식[2](sales on credit basis), 청산결제방식(open account) 및 기탁결제방식[3](escrow ac-count), 위탁판매방식[4](consignment sales basis) 등이 있다.

3. 동시지급

동시지급(concurrent payment)방식은 물품의 선적 또는 인도나 물품을 화채화(貨體化)한 운송서류의 인도와 동시에 대금결제가 이루어지는 결제방식이다. 이와 같은 동시지급방식에는 물품인도결제방식[5](Cash on Delivery; COD), 서류인도결제방식[6](Cash Against Document; CAD), 추심결제방식 중 일람불 어음을 발행하는 지급인도결제방식(Document Against Payment; D/P) 및 일람출급신용장방식[7](at sight) 등으로 구분된다.

---

2) 선적서류가 수입지에 도착할 때 또는 도착 후 일정기간이 경과한 후 지급하는 방식 임.
3) 거래관계가 빈번히 발생하는 무역거래당사자간에 상호 신용을 바탕으로 거래가 일어날 때 마다 물품대금을 결제하기보다는 장부에만 기록하다가 일정기간 말에 차액을 청산하여 결제하는 방식 임.
4) 수출상이 물품의 소유권은 수입상에게 이전하지 않고 무환으로 물품을 위탁(인도)한 후 수입상이 판매한 범위이내에서 대금을 결제하는 방식 임. 수입상의 입장에서는 수탁판매방식이 됨.
5) 물품인도결제방식(Cash On Delivery; COD)은 현물의 인도와 동시에 현금결제가 이루어지는 방식 임.
6) 서류인도결제방식(Cash Against Documents; CAD)은 선화증권을 비롯한 선적서류의 인도와 동시에 현금결제가 이루어지는 방식 임.
7) 수출상이 어음발행인(Drawer)으로서 발행한 환어음을 수출상의 거래은행(매입은행)에게 제시하면 거래은행은 환어음상의 대금을 즉시 지급하여야 하는 어음으로써 일람불신용장방식에 이용 됨.

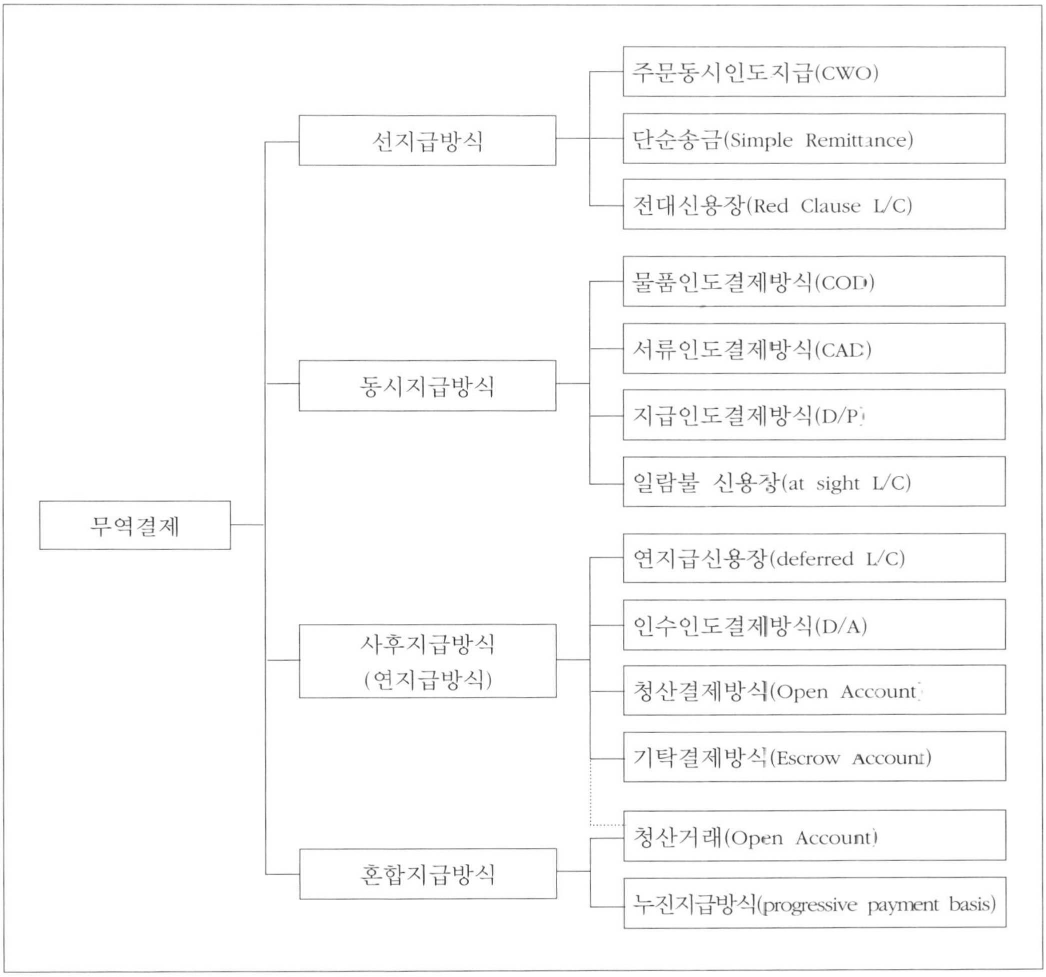

[그림 3-1] 수출입대금결제방식의 분류

4. 혼합지급

혼합지급방식(Mixed Payment)은 선지급, 동시지급 및 사후지급의 방식이 혼합되어 있는 결제방법으로 플랜트, 조선 등과 같이 거래금액이 크고 물품대금 회수에 장기간이 소요되는 중장기 연불수출입방식이 여기에 속한다. 또한 대금을 일시에 지급 또는 결제하지 않고 계약 시, 선적 시 그리고 도착 시 등의 방법으로 구분하거나 또는 일정한 공정이나 계약기간에 따라 분할로 지급하는 분할지급방식(instalment payment) 또는 누진지급방식(progressive payment basic)도 있다.

제3절 무역결제수단 및 결제통화

1. 무역결제수단

1) 현금결제

현금결제(cash payment)는 현금으로 무역대금을 직접 결제하는 방식이다. 현금결제방식에는 현금선지급방식(cash in advance; CWO), 주문동시지급방식(CWO), 물품인도결제방식(COD), 서류인도결제방식(CAD) 그리고 수취증상환지급신용장방식(payment on receipt L/C) 등이 있다.

2) 환결제

환결제방식도 크게 송금환결제와 추심환 결제방식으로 구분된다. 송금환 결제는 채무자인 수입상이 채권자인 수출상에게 우편환이나 전신환으로 송금하여 무역대금을 결제하는 방식이다. 송금환 결제도 단순송금방식(송금수표, 우편환, 전신환방식), 선수금, 착수금 및 공정별 지급이 송금방식으로 이루어지는 누진지급 또는 분할지급방식 및 중장기연불수출입방식 등이 있다.

추심환 결제는 환어음 결제(draft payment)라고도 하는데 채권자인 수출상이 채무자인 수입상을 지급인으로 하는 환어음을 발행하고 매입은행에서는 이 환어음을 매입 또는 추심하여 무역대금을 결제하는 방식이다. 추심환 결제에서 사용되는 어음은 화환어음[8](documentary bill/draft)이 일반적이고 경우에 따라서는 무담보어음[9](clean bill/draft)도 이용된다.

3) 물품결제

물품결제방식(barter trade system)이란, 물품을 수출하는 대가로 다른 물품을 수입하거나 또는 수입하는 대가로 다른 물품을 수출하는 결제방식을 의미한다. 물품결제는 거래당사자간에 물품의 수출과 수입의 연계여부, 대응구매기간, 대금청산의 형태 및 교환되는 물품과의 관계에 따라 물물교환(barter trade)방식, 대응구매(counter purchase)방식, 구상무역(compensation trade)방식 및 산업협력(industrial cooperation)방식 등으로 구분할 수 있다.

---

8) 화환어음이란, 수출상이 대금을 회수하기 위하여 선화증권을 포함한 선적서류를 담보로 발행하는 어음이다. 만약 지급불능(default) 및 지급거절(unpaid)과 같은 어음사고가 발생하였을 경우 선화증권으로 물품을 찾아 이를 매각하거나 보험증권으로 보험금을 수취하여 전보(塡補)를 받을 수 있는 안전한 어음이다.

9) 무담보어음이란, 어음을 발행할 때 선화증권과 같은 선적서류의 담보 없이 발행하는 불안전한 어음이다. 따라서 은행의 매입이 자유롭지 못하다는 점이 단점이다.

2. 결제통화

국제무역거래는 상이한 국가간에 이루어지기 때문에 결제통화(currency)는 거래상대방에 따라 다양하게 이용될 수 있다. 이는 국가마다 고유의 통화를 사용하고 있어 매매당사자간 어느 국가의 통화로 대금결제수단으로써 사용할 것인지에 대하여 결제조건을 약정해 두지 않으면 당사자간에 큰 혼란이나 분쟁의 원인이 될 수 있다. 결제통화는 자국 통화로 결제하는 방법, 상대방 국가의 통화로 결제하는 방법 및 제3국통화로 결제하는 방법 등 세가지 방법이 있다. 그러나 일반적으로 무역거래에서는 환시세의 변동이 크지 않으면서 국제적인 통용성과 안정성 등 공신력이 높은 통화가 인기가 많다.

따라서 국제무역거래에서 주로 사용되는 통화는 달러($), 유로화(€), 엔화(¥) 및 위안화(¥) 등이다. 그러나 결제통화를 결정할 때 주의할 것은 달러의 경우 사용하는 국가가 많아 어느 국가의 달러인지에 따라 가치가 다르기 때문에 반드시 국가의 명칭을 붙여 표기하여야 오해의 소지가 없다. 예를 들면, 단순히 달러(Dollar)라고만 표시했을 경우 달러를 사용하는 국가가 미국을 비롯하여 캐나다 · 호주 · 싱가포르 · 홍콩 등 여러 나라가 있고 그 대외가치도 서로 달라 가격 채산시에 문제가 된다. 그러므로 미국달러는 USD(또는 US$), 캐나다달러는 CAD(또는 C.$), 호주 달러는 AUD(또는 A.$), 싱가포르 달러는 SGD(또는 S.$), 그리고 홍콩달러는 HKD와 같이 국가별 통화 단위를 명확히 표시함으로서 후일의 분쟁의 원인을 제거해야 한다.

chapter 4

국제운송

제1절 해상운송

1. 해상운송의 의의와 형태

운송(transportation)이란 '사람이나 재화를 어떤 장소에서 다른 장소로 이동시키는 것으로서, 그 사이 재화의 형태나 성질을 물리적 또는 화학적으로 변화시키지 않는 것'[1]이 운송의 가장 기본적인 개념이다. 따라서 국제운송(international transportation)이라 하면 사람이나 재화의 이동이 국제간에 이루어지는 것을 의미한다.[2]

전통적인 국제물품운송에는 해상·육상 및 항공운송이 있으나 이중에서 오늘날까지 국제물품운송을 주도하고 있는 운송형태는 해상운송이라고 할 수 있다. 해운의 기원은 수세기 이전부터 발전하고 있는데, 이는 수산업과 국가 간의 교역이 이루어짐에 따라 필연적으로 발전하였다고 볼 수 있다. 역사적으로 상선항로는 기원 전 30세기경에 이집트인이 레바논과 곡물, 파피루스지, 목재 등의 해양무역을 영위하면서 시작되었다고 볼 수 있다.[3] 해운은 그 특성상 비교적 안전·정확·신속성이 있고 대량의 화물을 염가로 운송할 수 있기 때문에 국제거래에서 중요한 운송수단의 위치를 차지하고 있으며, 특히 3면이 바다로 둘러싸인 우리나라의 경우 수출입화물은 일부의 항공운송을 제외하고 거의 전부를 해상운송에 의존하고 있기 때문에 해상운송의 중요성은 더욱 크다고 할 수 있다. 그러나 최근에 들어와서 항공기의 발달로 항공운송이 증가일로에 있을 뿐만 아니라 해상운송의 컨테이너화를 계기로 복합운송 또한 비약적인 발전을 하고 있다.

한편 해상운송은 선박의 운송형태에 따라 정기선운송, 부정기선운송 및 특수전용선운

1) 임석민, 「국제운송론」, 유천서원, 1992, p.5.
2) 최해범 외, 전게서, pp.348~357.
3) 岡庭博, 「海運成長の理論」, ダイヤモイソト社, 1978, p.16.

송 등으로 구별되는데 이들 운송에 투입된 선박을 각각 정기선·부정기선 및 특수전용선이라고 한다. 먼저, 선박회사가 동일 항로에 정기적으로 선박을 운항할 경우를 정기선(liner) 운송이라 하며, 정기선은 운송품의 과소에 상관없이 운송을 하므토 고정비용이 많이 소요되어 부정기선에 비하여 일반적으로 운임이 높다.

이에 반해 부정기선(tramper)은 고정된 운항일정과 항로가 없기 때문에 항로의 자유선택 가능과 곡물·광석 등을 비롯한 일반원료공급을 주요 대상으로 하고 있다. 그리고 운임은 그 당시의 수요와 공급에 의하여 선주와 화주간의 협의로 결정된다.

특수전용선운송은 광의로는 부정기운송의 일종이나 특수전용선에는 특정 종류의 화물의 운송에 적합한 특수한 시설이 갖추어져 있다. 특수전용선에는 수산물과 청고를 운송하는 냉동선(refrigerated ship), 유류를 수송하는 유조선(tanker), 곡물에 쓰이는 전용선, 목재전용선(log carrier, lumber carrier), 자동차수송전용선(car carrier) 등이 있다. 이러한 특수전용선은 그 대상 화물에 관한 한 일반화물선에 비해서 운송비용의 저하와 운송의 질적 향상을 가져온다.

2. 해상운송의 특징

해상운송이란 물품을 옮겨줌으로써 효용을 극대화시킬 수 있는 장소적 효용을 창출하는 생산행위이며[4], 바다를 그 활동무대로 하고 있기 때문에 독특한 성격을 지닌다.

첫째, 해상운송의 가장 현저한 특징은 화물의 대량운송과 관련된 것인데, 한 번에 대량의 화물을 운반할 수 있는 운송수단으로는 선박을 필적할 만한 운송수단이 없다.

둘째, 해상운송의 운송비는 다른 운송수단의 철도·항공 등의 운송비와 비교할 때 굉장히 저렴하다고 할 수 있다. 선박은 바다라는 천연의 통로를 비교적 저속으로 운항하여 철도 및 도로와 같이 막대한 투자를 요구하지 않을 뿐 아니라, 항공기처럼 극도로 정밀한 것을 요구하지 않기 때문에 상대적으로 운송원가가 낮아서 저렴한 운송서비스를 창출해 내고 있다.

셋째, 대부분의 해상운송은 대륙을 잇는 장거리운송에 이용되고 있다. 물론 항공기에 의한 항공운송 또한 주로 장거리운송에 사용되고 있다는 점에서 해상운송과 공통성을 지니고 있다고 할 수 있다.

넷째, 해상운송은 철도·자동차와 같이 일정한 통로의 제약을 받지 않는 바다라는 천연의 통로를 자유로이 이용할 수 있다는 것도 해상운송의 중요한 특징 중의 하나로 지적할 수 있다.

4) 전외술, "한·일 해운업의 국제경쟁력에 관한 실증적 연구", 경희대학교, 1994, p.14.

다섯째, 물론 국내에서의 연안해운도 존재하지만 대부분의 해상운송은 국제간에 이루어진다고 할 수 있다. 이를 해상운송의 국제성이라 한다. 이는 철도나 자동차가 주로 국내만을 활동무대로 하고 있음에 비추어 해상운송과 항공운송이 지니는 공통적인 특징이라고 할 수 있다.

여섯째, 오늘날 운항되고 있는 대부분의 선박은 저속으로 운항되고 있는데, 항공기뿐만 아니라 자동차, 기차에 비교해서도 가장 느린 운송수단이 해상운송이다. 이와 같이 속도가 느리기 때문에 다른 운송수단에 비해 운임이 저렴해서 경쟁력을 유지할 수가 있다.

3. 해상운송계약

국제매매계약에서 수출입화물을 해상운송하기 위해서는 수출입화물을 적재할 선복(船腹)을 확보하여야 한다. 이러한 선복을 확보함에 있어서는 화물의 종류와 수량에 따라 선박회사와 화물의 운송을 의뢰하는 송화인 사이에 체결된다.

개품운송계약은 선박회사가 다수의 화주로부터 화물을 개별적으로 집화·인수하여 화물운송계약을 각 화주와 개별적으로 체결하는 것을 말하며 많은 화물을 여러 화주로부터 인수하여 혼적(混積)하므로 주로 정기선에 의하는 경우가 많다. 운송계약의 증거로 선화증권(Bill of Lading; B/L)이 통상 발행된다. 오늘날에는 물류자동화시스템인 KL-Net가 구축되어 있어 화주와 선주 간의 운송계약절차가 간소화되었고, EDI 시스템 등을 이용하여 시간과 비용도 많이 절약할 수 있다. 주요 정기 선박회사들은 중·단기 운항계획을 자사의 홈페이지에 고시하거나 화주들에게 정기적으로 제공하기 때문에 화주는 선박의 운항계획을 쉽게 알 수 있고 표준화된 선적신청서를 사용하기 때문에 적합한 선박을 인터넷으로 자동 예약할 수 있다.[5]

이에 반해 용선운송계약(contract of carriage by charter party)은 송화인이 선박회사로부터 선복의 전부 또는 일부를 빌려 화물을 운송하는 경우에 사용되며, 이는 개품운송계약과는 달리 계약서의 작성형식을 취하는데, 이를 용선운송계약서(Charter Party; C/P)라 한다.

제2절 컨테이너운송

1. 컨테이너운송의 의의

컨테이너(container)란 물적 유통(physical distribution) 부문의 포장, 수송, 하역, 보관 등

5) 구종순 외, 전게서, p.318.

모든 과정에서 육·해·공로상의 세 가지 원칙인 경제성, 신속성, 안정성을 최대한으로 충족시키고 화물운송 도중 화물의 이적 없이 일관 운송을 실현시킨 혁신적인 운송도구를 말한다. 따라서 이러한 컨테이너라는 운송도구를 사용하여 국제물품을 운송하는 경우를 컨테이너 운송이라 한다.

컨테이너 운송은 세계경제의 성장과 함께 교역량의 증대에 따른 원활한 수송을 위하여 화물운송의 고도화, 전문화, 대형화와 함께 이를 뒷받침할 기술의 혁신을 필요로 하게 되어 Door to Door Service라는 획기적인 운송혁명이 이룩됨에 따라 화주와 선박회사에 제반 편의를 제공하고 있다.

컨테이너 운송은 복합일관 수송을 전제로 하여 문에서 문으로(Door to Door)란 복합어가 된 것이므로 운송수단도 해상운송만의 것이 아니라, 트럭이나 철도 등의 육상운송, 항공기에 의한 항공운송도 당연히 그 일익을 담당한다.

2. 컨테이너운송의 장단점

컨테이너운송은 물적 유통과정에서 운송의 3대 원칙인 경제성, 신속성, 안전성을 최대한 충족시킴으로써 화주, 선박운송업자, 도로운송업자, 철도운송업자, 항공운송업자 등 여러 부문의 이용자에게 상당한 이점을 제공하고 있다.

첫째, 화물포장비, 해상운임, 육로수송비, 창고비, 하역비, 인건비, 사무비 등의 절감과 안전성에 의한 보험조건이 완화되어 경제성을 가진다. 둘째, 컨테이너선은 최근에 고속엔진으로 제조되었기 때문에 일반운송에 비하여 하역이나 운송시간을 단축할 수 있고 사무절차의 간소화에 따른 업무의 능률화를 기할 수 있어 신속성을 제공한다. 셋째, 모든 화물이 안전하고 견고하며, 밀폐된 용기에 의해서 운반되므로 하역작업 및 수송에 있어서 파손 및 도난의 염려없이 안전하게 관련 작업을 전천후적으로 할 수 있다.

그러나 컨테이너 운송은 이상과 같은 장점에도 불구하고 컨테이너 운송기구 준비에 따른 거대 자금의 필요와 컨테이너의 내적화로 인한 규격화되지 않은 화물의 이용 곤란성 그리고 컨테이너선 갑판적 이용에 따른 갑판적재 화물에 대한 높은 할증보험료적용으로 인한 단점도 동시에 가지고 있다.

3. 컨테이너운송의 형태

1) CFS/CFS[6] 운송

선적항의 CFS로부터 목적항의 CFS까지 컨테이너에 의해서 운송하는 방법으로서 가장

6) CFS(Container Freight Station)란 컨테이너 화물조작장으로 선박회사나 그 대리점이 선박할 화물을 화주로부터 인수하거나 양하된 화물을 화주에게 인도하기 위하여 지정한 장소를 말한다.

초보적인 이용방법이다. CFS/CFS 운송은 Pier to Pier 또는 LCL/LCL[7] 운송이라도 부르며 운송인이 여러 화주로부터 컨테이너에 가득 채울 수 없는 소량화물(LCL 화물)은 목적지별로 분류하여 한 컨테이너에 혼재운송하여 목적항의 CFS에서 여러 수화인에게 화물을 인도하는 운송방법이다.

2) CFS/CY[8](LCL/FCL[9]) 운송

운송인이 지정한 선적항의 CFS로부터 목적지의 CY까지 컨테이너에 의해서 운송되는 화물운송형태로서 운송인이 여러 송화인들로부터 화물을 선적항의 CFS에 집하하여 컨테이너에 적입한 후 최종목적지의 수화인의 공장 또는 창고까지 화물을 운송한다. 이 운송형태는 CFS/CFS에서 한 단계 발전한 운송방법으로서, 일반적으로 대규모 수입업자가 여러 송화인들로부터 각 LCL 화물들을 인수하여 일시에 자기 지정창고까지 운송하고자 하는 경우에 이용하기 좋으며, 현재 우리나라에 가장 많이 보급되고 있다.

3) CY/CFS(FCL/LCL) 운송

CY/CFS 운송형태는 적양지를 뒤바꾼 형태로서 선적지의 운송인이 지정한 CY로부터 목적항의 지정 CFS까지 컨테이너에 의한 화물운송방식이며, 한 사람의 송화인과 여러 사람의 수화인으로 구성되고 있다. 이 방법은 한 수출업자가 수입국의 여러 수입업자에게 일시에 화물을 운송하고자 할 때에 많이 이용된다.

4) CY/CY(FCL/FCL : door to door) 운송

컨테이너의 장점을 최대한도로 이용한 운송방법으로서, 수출업자의 공장 또는 창고에서부터 수입업자의 창고까지 육·해·공을 연결하는 컨테이너에 의한 일관운송형태로 수송되는 방법이며, 운송 도중 컨테이너의 개폐없이 운송된다. 이것은 운송의 3대 원칙인 신속성·안전성·경제성을 최대한으로 충족시켜 컨테이너의 목적을 완전하게 달성시키는 운송형태로서, 수입업자의 창고까지 상품을 운송하고자 하는 경우에 이용된다.

---

7) LCL이란 Less than Container Load의 약자로서, 컨테이너 혼재용 소량화물을 말한다.

8) CY(Container Yard)란 컨테이너 야드로서 한 개의 컨테이너에 완전히 채울 수 있는 분량의 화물, 즉 FCL Cargo의 경우에 선박회사나 그 대리점이 화주에 의하여 화물이 내재된 컨테이너를 선적하기 위하여 화주로부터 인수하거나 양륙된 컨테이너를 화물이 적재된 상태로 화주에게 인도해 주기 위하여 지정된 장소를 말한다.

9) FCL이란 Full Container Load의 약자로서 컨테이너 만재화물을 말한다.

제3절 국제복합운송

1. 복합운송의 의의 및 요건

복합운송(combined transport)[10]이란 특정화물을 해상운송·내수운송·항공은송·철도운송·도로운송과 같은 운송형태 중에서 두 가지 이상의 운송형태(운송수단)를 복합적으로 이용하여 출발지에서 최종목적지까지의 운송구간을 일관수송하는 것을 말한다. 이러한 국제복합운송은 1960년대 이후 컨테이너가 해상운송에 본격 도입되면서 육상과 해상을 중심으로 괄목하게 성장하여 왔는데, Door to Door수송을 목적으로 출발지에서 도착지까지의 일관수송을 특히 복합일관수송이라 부르고 있으며 화물포장의 간이화, 하역의 합리화, 수송의 정확·신속화, 화물사고의 감소, 비용의 절감 등 많은 이점을 가지고 있다.

복합운송에서는 반드시 이종(異種) 운송수단의 결합에 의하여 이루어져야 하고 복합운송인 1인에게 전운송구간의 책임을 집중시킬 수 있으며, 복합운송증권(Combined Transport Document; CTD)이 발행된다.

한편 이상에서 살펴본 복합운송의 개념을 종합하여 볼 때 복합운송은 ① 운송에 대한 모든 책임에 있어 복합운송인이 전 연결운송에 대하여 운송중개인이 아닌 주체로서 전구간 단일책임(uniform liability)을 부담, ② 반드시 두 가지 이상의 서로 다른 운송방법의 이용, ③ 단일운임의 청구권, ④ 복합운송증권(Combined Transport Document; CTD) 발행과 같은 몇 가지 요건을 지니고 있어야 한다.

2. 복합운송인과 책임형태

복합운송서류를 발행하는 자를 복합운송인(Combined Transport Operator; CTO, Multimodal Transport Operator; MTO)이라고 한다. 복합운송인은 VOCTO(Vessel Operating Combined Transport Operator)와 NVOCTO(Non-Vessel Operating Combined Transport Operator)로 구분된다. VOCTO란 자신이 직접 운송수단(선박, 항공기 등)을 보유하면서 복합운송인의 역할을 수행하는 자, 즉 실제운송인(actual provider of transport) 형태의 복합운송인을 말한다. 이에 반하여 NVOCTO란 실제 운송수단을 보유하지 않으면서 복합운송인의 역할을 수행하는 자, 즉 계약상의 운송인(contractual carrier)으로서 운송중개인을 말한다.

한편 여러 가지 운송방식의 결합으로 이루어지는 복합운송의 전 구간에 대하여 책임을

10) UNCTAD, *United Nations Convention on International Multimodal Transport of Goods*, 1980, Article 1. & UNCTAD/ICC, *Rules for Multimodal Transport Documents*, 1991, Rule 2-1.

지는 복합운송인의 책임문제는 많은 경우에 분쟁을 초래하기 때문에 중요하다고 할 수 있다. 이러한 복합운송인의 책임체계와 관련해서는 단일책임체계와 복수책임체계로 구분하여 살펴볼 수 있다. 단일책임체계(uniform liability system)란 송화인이 최초의 운송인인 복합운송인과 전 운송구간에 대하여 운송계약을 체결하고 이 운송인이 모든 책임을 지며 후속운송인은 하청운송인으로서 운송하는 것이다. 즉, 전구간운송 중에 물품의 멸실이나 손상 등 손해가 발생하면 처음의 운송인이 책임을 지는 형태이다. 이에 반해 복수책임체계(network liability system)는 이종책임체계라고도 하며, 이 제도는 송화인이 최초의 운송인인 복합운송인과 전운송구간에 대하여 운송계약을 체결하고 후속운송인은 최초의 운송인과 송화인 간의 전구간운송계약을 증명하는 한 통의 운송증권으로서 순차적으로 운송물품을 계승하면서 연계 또는 연대운송을 한다. 이 제도하에서는 운송 도중에 물품의 멸실이나 손상 등 손해가 발생하면 각 운송인이 각자 운송한 구간에 있어서의 손해만을 책임지게 된다.

3. 복합운송증권

복합운송증권(Combined Transport Document; CTD)이란 복합운송계약을 증명하기 위해서 복합운송인이 발행한 증권이다. 복합운송증권은 발행자인 복합운송인(Combined Transport Operator; CTO)이 증권에 기재된 화물의 종류, 수량, 상태 등을 수탁지로부터 목적지까지의 운송을 위하여 자기의 지배하에 수취하였음을 증명하는 공식적 수취증(formal receipt)이며 그 증권의 발행 이전에 이미 체결한 계약의 내용과 조건을 구체적으로 입증하는 운송계약증서이므로 유통성 복합운송증권은 수화인(consignee)의 배서 또는 인도에 의하여 물품의 처분권이 주어지는 물권증권으로서 유가증권의 성격을 띠고 있다.[11] 이러한 복합운송증권의 종류는 그 형태에 따라 "Bill of Lading(B/L)"이라는 말이 붙은 선화증권형식의 복합운송권, 복합운송증권에 적하보험이 명시되어 있는 보험부 복합운송증권, 신용장상에 국제상업회의소(ICC)의 복합운송증권 통일규칙에 준하는 증권을 요구하는 복합운송증권 통일규칙에 의한 증권 등이 있다.

11) UNCTAD, *United Nations Convention on International Multimodal Transport of Goods, 1980*, Article 1 Paragraph 4, Article 10.

제4절 항공운송

1. 항공운송의 의의

최근 교통기술의 발달로 인하여 항공수송의 비중은 매년 증가하고 있다. 항공화물수송의 특징은 무엇보다도 고속수송인데, 세계 주요 도시의 공항이 정비되어 내륙지역까지의 직송범위가 확대되고, 동시에 컨테이너 수송체계가 개발되어 적양·하역이 간편화되어 화물의 손상률이 뚜렷하게 감소한 것도 그 이점이 되고 있다. 고속수송은 금리, 즉 자금부담을 감소시키고 손상률의 감소는 보험률을 내리게 하였다. 따라서 이러한 이점을 최대한으로 살린 상품, 예컨대 활선어, 동식물, Fashion제품, 고급 잡화, 정밀기기, 전기제품 등의 항공수송에 대한 의존도가 급격하게 증가되었다.

2. 항공운송계약

항공운송에 있어서도 해상운송과 마찬가지로 개품운송계약 및 항공기전세계약(charter)이 있다. 개품운송계약의 경우 통상 국제항공운송협회(Inter national Air Transport Association; IATA)의 국제통일운임에 따르는데, Charter 운송에서는 협정운임이 없고 각 항공회사가 정부의 승인을 얻어 운임을 설정하고 있다.

항공화물의 운송계약은 항공회사 또는 그 대리점을 통하여 체결하는 경우와, 혼재업자(混載業者)인 운송대리점을 통해서 체결하는 경우가 있다. 혼재업자은 여러 화주로부터 소량화물을 수집하여 대량화물로 만들어 운임이 소량화물의 운임보다 싼 대량화물 운임률로 항공회사 또는 그 대리점과 운송계약을 체결하여 그 차액을 수취하는 업자이다. 항공회사는 화물을 항공기에 적재하고 항공화물운송장(air－way bill)을 발행한다.

chapter 5

무역보험

제1절 해상보험

1. 해상보험의 의의

해상운송 중인 화물은 각종 위험에 항상 노출되어 있다. 따라서 해상운송에 부수해서 발생하는 각종 위험에 의해 화물 또는 기타의 재산이 손해를 입을 경우에 보험을 인수한 보험자(insurer or assurer)가 그 손해를 보상할 것을 약속하고 보험계약자, 즉 피보험자(insured or assured)가 그 대가로서 보험료를 지불할 것을 약속하는 손해보험의 일종이 해상보험(marine insurance)이다. 여기에서 말하는 해상위험(marine perils)이란, 항해 중 발생하는 우연한 사고를 말하며, 우연이란 그 발생이 가능하지만 불확실한 것을 말한다.[1)]

이처럼 해상보험이란 국제무역거래에 있어서 화물의 해상 운송시 항해 중에 사고를 당할 우려가 있는 재산권을 가지는 다수인이 위험의 정도에 따라 합리적인 기금을 각출하여 공동의 준비재산을 형성하고, 사고가 발생하여 손해를 입었을 때 이를 보상함으로써 경제상의 불안을 제거·경감하기 위한 경제제도이다. 해상보험계약(contract of marine insurance)의 체결당사자는 보통 CIF조건인 경우에는 수출업자가, FOB 및 CFR조건의 경우에는 수입업자가 된다. 보험체결 당사자는 보험가입조건, 보험료율을 검토한 후에 보험청약서를 작성하여 보험회사에 해당 적하보험가입을 요청하면 보험회사는 해상보험증권을 발행함으로써 보험계약이 성립되게 된다.

2. 해상보험의 종류

해상보험은 피보험이익, 보험기간, 보험금액 등에 따라서 여러 가지로 분류될 수 있다.

1) 영국의 1906년 해상보험법(Marine Insurance Act, 1906 ; 이하 MIA라 칭함) 제1조에도 다음과 같이 해상보험은 보험자가 '항해사업에 수반하는 손해의 보상을 약속하는 계약'이라고 정의하고 있다. *The Marine Insurance Act*, 1906, Marine Insurance defined 1.

이와 같은 해상보험에는 선박보험(hull insurance), 적하보험(cargo insurance), 운임보험(freight insurance), 희망이익보험(profits insurance), 항해보험(voyage insurance), 정기보험(time in-surance), 확정보험(definite policy) 및 예정보험(open policy)등이 있으나 국제거래에 관련되는 보험은 다음과 같다.

1) 적하보험(Cargo Insurance)

적하란 상품의 성질을 가지는 화물을 의미하며, 이처럼 보험의 목적인 적하(화물)의 소유자로서의 피보험이익에 관한 보험을 적하보험이라 한다. 운송중 화물이 멸실 및 훼손되거나 화물을 보존하기 위하여 경비를 지출함으로써 화물의 소유자가 입은 손허를 보험조건에 따라 보상해주는 보험이다.[2)]

2) 희망이익보험(Profits Insurance)

보험의 목적인 적하의 도착에 의하여 얻은 이익 또는 보수의 주체로서 피보험이익에 관한 보험이다. 희망이익은 일반적으로 적하의 10%이다.

3) 항해보험(Voyage Insurance)

항해를 단위로 하여 보험기간을 정하는 보험인데, 보험기간이 어떤 일정항해의 완료로 정해지는 보험이다.

4) 확정보험과 예정보험(Definite Policy and Open Policy)

보험계약체결 당시에 보험증권에 기재할 보험계약요건이 확정되어 있지 않거나 당사자에게 알려지지 않은 보험을 예정보험이라고 하며, 이에 반하여 요건이 확정된 상태 하에서 보험을 확정보험이라 한다.

5) 선박보험(Hull Insurance)

선박을 보험 목적물로 하는 보험으로써 선박의 관리 및 운항 중에 멸실이나 훼손 또는 선박을 보존하기 위하여 지출된 경비 및 선박으로부터 발생한 책임손해가 있는 경우에 이러한 손해를 보험조건에 따라 보상해 주는 보험이다.

6) 운임보험(Freight Insurance)

운임을 대상으로 하는 보험을 의미한다. 선화증권이나 운송계약서에 화물을 목적지에서 화주에게 인도하지 못한 경우, 운송인 등이 운임을 청구할 수 없도록 약정하고 있는 경우에 그로 인하여 운송인 등이 입은 손해를 보상해 주는 보험이다.

---

2) 김종칠, 「무역실무」, 대진, 2011, PP.525~526.

3. 해상보험계약의 당사자

1) 보험자

보험사업은 공공의 이익과 밀접한 관계를 맺고 있으므로 다수의 보험계약자를 상대로 위험을 인수하여 이를 효율적으로 관리해야 하는 성격 때문에 법률은 보험자의 자격에 대해 엄격한 제한을 가하고 있다. 즉 우리나라의 경우 회사(주식회사 또는 상호회사) 조직이 아니면 보험업을 영위할 수 없으므로 보험자는 곧 보험회사이지만, 외국에서는 개인업자도 적지 않아 보통 Underwriter라고도 부르고 있다.

즉, 보험자(insurer, assurer, underwriter)는 보험계약자로부터 보험료를 대가로 하여 보험기간 중 발생하는 보험사고로 인한 손실을 보상하기 위하여 보험금을 지급할 것을 약속한 자를 말한다.

2) 보험계약자

보험계약자(policy holder)는 보험자와 보험계약을 체결하고 보험료를 지급하기로 약속한 자를 말한다. 물론 법률상 보험계약자의 자격에 대하여 별도의 제한은 없다.

3) 피보험자

손해보험계약에 있어서 피보험자(insured, assured)[3]는 보험계약의 당사자는 아니지만 피보험이익의 주체로서 보험계약에 의해서 보호되는 자, 즉, 보험사고가 발생한 경우에 보험자로부터 손해의 보상을 받는 자를 말한다. 피보험자는 보험계약의 체결에 직접적으로 관여하는 계약당사자가 아니기 때문에 보험자에 대하여 손해보상청구권을 갖는 것 이외에 다른 권리·의무를 갖지 않는 것이 원칙이다.

국제거래조건에 따라 보험계약자와 피보험자는 계약조건에 따라 동일인이 되는 경우와 다른 사람이 되는 경우가 있다. 즉, CIF조건에서는 매도인이 보험계약자가 되고 매수인이 피보험자가 되지만, FOB조건에서는 원칙적으로 매수인이 보험계약자인 동시에 피보험자인 것이다.

4) 보험대리상

보험대리상(insurance agent)이란 어떤 특정한 보험자를 위하여 계속적으로 보험계약의 체결을 대신하거나 매개하는 것을 업(業)으로 하는 독립된 상인으로서, 해상보험계약의 간

3) 영국에서는 일반적으로 보험계약자와 피보험자를 개념상 구별하지 않고 있으므로, 보험계약을 체결하고 보험료의 지급의무를 부담하며 또한 피보험이익에 대한 권리를 가지고 있음으로써 사고발생으로 인한 손해에 대하여 보상받는 자를 Assured라고 하고 있는 데 반하여 우리나라와 일본 등에서는 보험계약자와 피보험자를 각각 구별하고 있다.

접 당사자이다. 그리고 보험대리상이 가지는 대리권의 범위는 보험자와 보험대리상의 계약에 의하여 정해지는 것이 일반적이다.

5) 보험중개인

보험중개인(insurance broker)이란 불특정한 보험자를 위하여 보험자와 보험계약자 사이의 보험계약의 체결을 중개하는 것을 업(業)으로 영위하는 독립된 상인이다. 이러한 보험중개인은 특정한 보험자에 종속되지 않는 것이 특징인데 이것이 중개대리상과 구별되는 점이다. 한편 보험중개인의 권리·의무는 중개계약 및 중개업에 관한 상법의 규정에 따라 정해진다. 해상보험거래의 중심시장인 London, Rotterdam, Hamburg 등에서는 보험거래소의 이용과 함께 보험중개인에 의한 보험중개가 널리 이용되고 있다.

4. 대위 및 위부

대위(subrogation)란 보험자가 보험금을 지급한 경우, 피보험자가 보험의 목적물에 대하여 가지는 권리 및 제3자에 대하여 가지는 권리를 피보험자를 대신하여 보험자가 취득하는 것을 말한다. 대위를 인정하는 이유는 부당이득(이중이득)을 방지하려는 데 있다.

이에 반해 위부(abandonment)는 보험의 목적이 전부 멸실한 것과 동일시하여도 좋은 경우, 즉 추정전손이 발생한 경우에는 피보험자는 보험의 목적에 대한 모든 권리를 보험자에게 취득시키고 보험금액의 전부를 청구할 수 있다. 즉, 보험의 독적이 전부 멸실한 것이 확실하지만 이를 입증하기가 곤란하거나 또는 선박의 행방불명 등과 같이 전부 멸실한 것과 동일시도는 경우에 피보험자가 부보물건에 대하여 소유하는 일체의 권리(all rights and remedies)를 보험자에게 이전하여 보험금의 전부를 취득하게 됨에 따라서 앞에서 말한 부보물건에 대하여 소유하는 일체 권리의 양도행위를 의미한다. 위부는 손해보험 가운데서도 해상보험의 특유한 제도이다.[4]

5. 피보험이익

1) 피보험이익의 의의 및 요건

피보험이익(insurable interest)이란 보험의 목적물이 멸실 또는 손상됨으로써 경제적 손실을 입는 특정인과 그 보험의 목적물 사이에 존재하는 이해관계를 말한다. "이익 없는 곳에 보험 없다"는 원칙에 따라 이러한 피보험이익 없이는 해상보험은 성립되지 아니한다.

해상보험의 대상이 되는 것은 단지 선적물품이나 선박 그 자체에만 국한되지 아니하고

4) 서돈옥, 「상법강의」, 법문사, 1981, pp.275~276. ; 손주찬, 「상법(下)」, 박영사, 1979, pp.113~114.

사고발생으로 인한 손해를 금전으로 견적할 수 있는 것은 모두 해상보험의 대상이 되며, 피보험이익에 따라 하나의 보험의 목적물에 대해서도 여러 가지 보험계약이 성립될 수 있는 것이다.

따라서 피보험이익이 없는 보험계약은 무효이며, 해상보험계약이 유효하게 존립하기 위해서는 피보험이익은 적법성(피보험이익은 적법한 것이어야 함)과 경제성(피보험이익은 금전으로 산정할 수 있는 이익, 즉 경제적 이익이어야 한다. 피보험이익이 금전으로 산정될 수 없는 경우에는 손해액을 산정할 수가 없으며, 또 보험의 남용에 의하여 실손해 이상의 보상을 받을 염려가 있기 때문) 및 확정성(피보험이익은 반드시 계약체결 당시에 확정되어 있어야 하며, 그렇지 않은 경우에는 적어도 보험사고 발생시 까지는 이익의 존재 및 귀속이 확정될 수 있는 것이어야 한다. 피보험이익이 확정되지 않으면 손해도 확정될 수 없고 따라서 보험금의 계산도 불가능하기 때문)과 같은 요건을 갖추어야 한다.

2) 보험가액과 보험금액

보험가액(insurable value)이란 일정한 피보험이익에 대하여 발생할 수 있는 경제적 손실의 최고한도액 또는 그 견적액을 말한다. 환언하면 피보험이익의 경제적 가치 또는 금전으로 평가한 가액을 보험가액이라 한다. 그리고 보험가액(insured amount, sum insured)이란 손해발생시에 보험자가 부담하는 보상책임의 최고한도로서 미리 당자사간에 약정한 금액이다.

한편 보험금액이 협정가액과 동액인 경우를 전액보험(full insurance)이라 하며, 전자가 후자보다 적은 경우를 일부보험(partial insurance)이라하고, 이와 반대의 경우를 초과보험(over insurance)이라고 한다.

제2절 수출보험

1. 수출보험의 의의

수출보험은 국제무역거래에서 발생하는 여러 가지 위험 가운데서 주로 수출대금의 결제와 관련된 위험을 담보해주는 보험으로서 1920년대부터 각국에서 수출진흥을 위해 정책적으로 실시되고 있는 비영리 정책보험이다. 우리나라는 1969년부터 수출진흥정책의 일환으로 수출보험제도를 운영해 오고 있다.

즉, 국제간의 거래에는 언어·관습·가치관 등이 서로 상이하기 때문에 많은 위험이 내포되어 있다. 이러한 위험들은 ① 매매계약의 상대방에게 수출상품을 운송하는 과정에서 발생되는 위험과, ② 수출상품에 관한 대금결제면에서 발생하는 위험으로 크게 나눌 수 있는데, 이와 같은 불안이 누적되면 수출업자들의 활발한 국제거래활동을 기대할 수가 없다. 따라서 수출보험제도는 국제간의 상거래에서 발생하기 쉬운 여러 가지 위험 가운데서 해상보험제도 등 통상의 보험제도로서 담보될 수 없는 위험, 즉 수입국의 전쟁, 수입제한, 환거래제한 등으로 인한 비상위험(political risk)과 수출계약상대방의 파산, 대금지급지연 또는 거절 등으로 인한 신용위험(credit risk) 및 수출자, 생산자 또는 수출자금을 융자한 금융기관 등의 경영상의 실패로 발생하는 기업위험(management risk) 등으로 인한 손해를 보상해 줌으로써 수출업자의 불안을 제거하고 안전한 수출을 보장하여 수출진흥을 도모하기 위한 비영리 정책보험제도이다.

2. 수출보험의 담보위험

수출보험은 해상보험과는 그 대상과 성격이 다르다. 수출보험에서 담보하고 있는 위험은 비상위험, 신용위험 및 기업위험 등이 있다.

1) 비상위험

비상위험(political risk)이란 수입국 정부의 외환부족으로 인한 환거래의 제한 및 금지, 수입국에서의 수입금지 및 제한조치, 외국에서의 전쟁·내란·정변과 같은 비상사태로 말미암아 수출계약당사자에게 책임을 지울 수 없는 사유로 발생하는 위험이다.

2) 신용위험

신용위험(credit risk) 이란 수입업자가 수출계약에 의한 대금을 지급할 능력이 없거나 대금지급을 지연시키는 등 당연히 이행하여야 할 채무 또는 의무를 이행하지 않음으로 인하여 발생하는 위험이다.

3) 기업위험

수출보험에서 담보하는 기업위험(management risk)이란 판매예상, 경영예측이 어긋나는 등 기업이 활동과정에서 발생하는 위험을 말한다.

3. 수출보험의 기능

1) 불안제거기능

수출보험은 수출계약 이행불능 또는 수출대금 회수불능의 위험으로 인해 수출업자, 금융기관 등이 입게 되는 손실을 보상해 줌으로써 무역거래에 따른 불안을 제거해 준다.

2) 금융창출기능

수출보험은 금융기관에 대해 지급보증을 해 줌으로써 금융기관으로 하여금 적극적으로 수출업자들을 지원해 주도록 유도하며 또한 보험사고가 발생했을 때 수출업자가 입은 손실을 보상함으로써 자금의 유동성을 제고시키는 금융창출의 기능이 있다.

3) 수출진흥기능

수출보험에 의해 수출거래에 따른 불안이 제거되고 수출에 필요한 자금이 원활히 지원됨으로써 수출증대를 기대할 수 있다. 수출업자들은 수입업자가 선호하는 D/A, D/P와 같은 결제방식을 활용하고 해외무역전시회에 적극 참여하여 신시장을 개척하며 또한 선박, 산업설비와 같은 고가의 자본재 상품을 중장기 연불조건으로 수출하는 등 수출보험의 보호아래 과감한 수출활동을 전개한다.

4) 무역관리제도로서의 기능

수출보험은 담보위험의 범위, 보상률, 보험료율 등을 조정하여 특정 수출거래를 활성화시키거나 제한시킬 수 있어 무역거래를 간접적으로 통제할 수 있다. 또한 수출보험은 개발도상국가에 대한 경제협력수단으로도 활용된다. 민간 수출업자들은 위험도가 높은 개발도상국가와의 거래를 단독으로 추진할 수 없기 때문에 수출보험이 이를 인수하여 자금 및 신용이 약한 개발도상국의 수입업자에게 신용을 제공하고 우리나라와의 거래를 가능하도록 해 준다. 이에 따라 수출보험은 사전에 수출보험 인수방침을 국가별로 선정하여 대외무역채권의 부실화를 방지한다.

5) 신용조사기능

수출보험은 보험사고를 사전에 방지하기 위해서 수입국의 정치·경제적 사정, 수입업자의 재정 및 신용상태 등을 조사·분석하는 신용[5]조사의 기능을 수행한다. 수출보험공사에서 운영하고 있는 수출신용정보센터에 가입하면 수입업자, 지급보증기관의 신용상태, 수입국의 상황 및 향후 전망 등 수출거래주진에 필요한 정보를 무료로 얻을 수 있다.

---

5) 구종순, 「무역실무」, 박영사, 2007, pp.476~477.

제 2 편

신용장편

chapter 6

신용장의 이해

제1절 신용장의 의의

1. 신용장의 등장과 필요성

신용장의 사용시기와 유래에 관해서는 여러 설이 있다. 그중에서도 최초의 신용장은 현재 여행자 신용장으로 분류되는 것으로써 1654년 영국의 토마스(Thomas)가 파리에 출장가는 존(John)을 위하여 파리의 상인 윌리암(William) 앞으로 발행한 것으로 알려져 있다. 그 후 은행이 신용장 발행인으로 등장한 것은 19세기부터이며 환어음에 서류를 요구하는 화환신용장(documentary credit)은 20세기 초인 1920년대에 들어오면서 사용되었다.

국제무역거래의 결제과정에 은행이 개입하게 된 이유는 무역계약이 쌍무계약으로서 무역거래가 성립하면 수출상과 수입상은 동시에 의무를 부담하게 된다. 그러나 국내거래가 물품인도와 결제가 동시에 이루어지는데 반하여 국제거래는 동시에 의무는 발생하지만 격지 간 거래라는 사실 때문에 각 당사자들의 의무를 동시에 이행하기가 어렵다는 데 문제가 있었다. 이 때문에 국제상거래에서 수출상과 수입상은 항상 서로에 대하여 불안과 의심을 가지고 있었다. 즉, 수출상은 물품선적 후부터 사실상 물품에 대한 점유권의 이탈과 함께 통제권을 상실하기 때문에 수입상이 먼저 대금을 지급해주기를 원한다. 그러나 수입상은 수입지에서 물품을 수취하여 해당물품이 계약에 적합품인지를 확인한 후 대금결제를 하려고 하기 때문에 수출상의 요구를 수락하기가 힘들다. 즉, 수출상은 물품인도 후 대금결제를 받을 수 없을지 모르는 신용위험을 안게 되며 수입상은 대금지급 후 계약에 적합한 물품을 인도받을 수 없을지 모르는 상업위험을 가지고 있다. 결국 수출상과 수입상은 태생적으로 이해관계를 달리하는 입장에 있기 때문에 국제무역거래가 원만히 진행되기가 쉽지 않다.

따라서 국제무역거래에 참여하는 수출상과 수입상의 상반된 입장을 이해하고 그들의 이해관계를 충족시켜서 거래를 완성시키기 위하여 은행이 대신 일정기간 신용을 공여하는 제도가 필요하였는데 이 제도가 신용장인 것이다.

따라서 최근 무역거래에서 사용 중인 주류 결제방식 중 은행이 개입되지 않은 결제수단은 거의 없다. 즉, 신용장방식을 비롯하여 추심방식이나 송금방식도 은행이 개입하여 결제메카니즘이 이루지고 있다. 그러나 송금방식은 사전 결제방식으로써 수입상의 계약에 적합한 물품의 입수에 대한 불안 즉, 상업위험을 증가시키고 추심방식은 은행의 대금지급에 대한 보증이 없기 때문에 수출상의 대금회수불안 즉, 신용위험을 증가 시킬 수 있다. 그러나 신용장제도는 물품인도와 거의 동시에[1] 수출상이 대금을 회수할 수 있고 수입상은 물품이 수입지에 도착한 이후에 대금을 지급할 수 있어 양 당사자의 이해관계 및 불안을 해소(상업위험 및 신용위험)하는 제도이다.

2. 신용장의 정의

오늘날 물품결제수단으로서 사용되는 신용장은 매도인과 매수인간의 격지 간 거래에서 발생하는 대금지급에 대한 불안을 해소하기 위한 "은행의 조건부 지급확약서"(conditional bank undertaking of payment)로서 기능을 한다. 그러나 보증서(Letter of Guarantee: L/G)는 아니다.[2] UCP 600에서는 신용장(credit)은 그 명칭이나 기술에 관계없이 일치하는 제시에 대하여 발행은행이 취소불능으로 지급·인수·연 지급을 확약하겠다는 모든 약정을 의미한다고 규정하고 있다. 여기서 중요한 의미는 은행의 지급확약과 일치하는 제시이다. 먼저 은행의 지급확약은 발행은행이 직접 지급하거나 수익자의 환어음을 인수 및 지급하는 직접 확약하는 방식과 다른 은행으로 하여금 지급하게 하거나 또는 인수, 지급 그리고 매입을 하도록 수권하는 간접적으로 확약하는 방식으로 구분하여 정의하고 있다.

다음 일치하는 제시란 신용장의 제 조건, 규칙 및 국제표준은행관행(international standard banking practice, ISBP)의 적용 가능한 규정에 따른 제시를 의미한다.[3]

따라서 신용장(Letter of Credit; L/C)이란, 그 명칭이나 표현에 관계없이 신용장발행의뢰인(수입상)의 요청과 지시에 따라 행동하는 발행은행이 신용장 조건에 일치하는 선적서류의 제시가 있으면 발행의뢰인의 대금지급여부에 관계없이 발행은행이 지급·연 지급·인수 또는 매입을 확약하는 조건부 보증서로 정의 할 수 있다.

---

1) 수출상은 물품을 선적한 후 운송인으로부터 선적서류인 선화증권을 입수하고 이를 담보로 환어음을 발행하여 21일 이내에 매입은행에 어음매입을 의뢰함으로서 대금을 회수할 수 있다.
2) 신용장은 조건부 지급확약서이지 보증서는 아니지만 신용장 통일규칙 및 관례(UCP 600, 2007) 제1조에서는 UCP는 화환신용장 뿐 아니라 보증신용장을 포함하여 적용한다고 규정하고 있다.
3) UCP 제14조; 수출상이 대금을 회수하기 위해서는 신용장에 기재된 조건에 일치하는 서류를 제시하여야 한다. 여기서 제 조건이란 날짜관련조건, 서류관련조건 및 기타조건 등 신용장의 모든 조건을 포함한다는 의미이다.

제2절 신용장의 역할과 효용성

1. 신용장의 기능

1) 신용위험의 제거

신용장은 수출상의 대금회수불안을 해소하여 무역거래를 원활하게 하는 기능이 있다. 신용장발행은행이 신용장을 발행하였다는 사실은 수입상의 대금지급의무를 대신하여 지급을 보증하겠다는 의미이다. 따라서 수출상은 미지의 수입상보다는 국제적으로 공신력이 있는 금융기관으로부터 대금을 지급받을 수 있어 물품선적 후 대금회수불안 즉, 수입상의 지급의무불이행에 대한 불안으로부터 벗어날 수 있다.

2) 상업위험의 제거

무역거래에서 수출상의 대금회수불안을 해소해주는 가장 확실한 방법은 물품인도 전, 즉 물품을 선적하기 위한 준비단계에서 수입상이 대금을 송금해주는 방법이다. 그러나 수입상의 입장에서는 수출상과 오랫동안의 상거래를 통한 신용이 정착된 상태이거나 수출상의 해외지사간의 특수한 관계가 아니면 대금을 선 지급하기가 어렵다. 왜냐하면 대금을 미리지급 한 이후 수출상의 계약불이행 즉, 물품인도거절, 품질불량이나 수량부족 등의 하자있는 물품인도 및 선적지연 등 다양한 상업위험에 노출될 수 있기 때문이다. 따라서 신용장은 수입상을 대신하여 수출상의 선적과 거의 동시에(전대신용장의 경우 선적 前) 발행은행이 어음을 매입해주기 때문에 수출상의 대금회수불안도 해소함과 동시에 수입상의 상업위험도 제거해주는 기능을 한다.

2. 당사자별 신용장의 효용성

1) 수출상의 효용성

첫째, 수출상은 수입상이 대금을 지급하기 전이라도 선적 전·후에 환어음을 발행하여 거래은행의 환어음의 매입 또는 할인을 통해 수출자금을 조기에 회수할 수가 있다.

둘째, 수입상이 무역거래이행과정에 수입상이 파산하거나 불가항력사태 즉, 수입국의 정치적 불안 등으로 수입상의 대금지급불능과 상관없이 확실히 대금을 회수할 수 있다.

셋째, 신용장은 발행은행의 높은 공신력으로 대금지급을 보장하는 제도이기 때문에 수출상이 신용장을 통지받은 후에는 계약물품을 안심하고 생산·구대하기 위한 활동을 할 수 있다.

넷째, 수출상은 신용장을 담보로 선적 전이라도 내국신용장(local L/C) 등을 발행하여 필요한 원자재를 조달 및 수입하기 위한 무역금융혜택을 누릴 수 있다.

다섯째, 취소불능신용장은 일단 발행된 이후 신용장의 취소나 조건변경을 하고자 하는 경우 신용장 관계당사자 전원의 동의, 특히 수익자의 동의 없이는 일방적인 계약의 취소나 조건변경을 할 수가 없다. 따라서 수출상은 안심하고 선적준비를 할 수 있다.

2) 수입상의 효용성

첫째, 신용장이 발행되면 수입상은 은행의 신용으로 수출상의 가장 큰 아킬레스건인 대금회수불안의 해소를 보장하기 때문에 이후의 다른 무역거래조건에 관한 협상에서 유리한 고지를 점할 수 있다.

둘째, 수출상은 신용장의 엄밀일치의 원칙에 따라 신용장의 조건과 일치한 서류를 제시하여야만 대금을 회수할 수 있다. 따라서 수입상은 수입지에 도착한 물품이 계약에 적합한 물품이라는 사실에 대하여 안심하고 확신을 가질 수 있다.

셋째, 신용장은 수출상이 환어음을 발행하여 대금을 회수할 수 있는 결제방식이다. 따라서 기한부 환어음을 발행하면 수입상은 환어음 대금지급 없이 선적서류만 우선 인수하여 항구에서 물품을 입수하여 양도 및 매각한 후 그 대금으로 수입물품대금을 결제할 수 있는 금융상의 혜택을 누릴 수 있다.

넷째, 신용장을 발행할 때 반드시 신용장의 유효기일과 선적기일을 명시하도록 하기 때문에 수입상은 선적시기를 예측할 수 있다. 따라서 물품납품시기를 통제할 수 있어 수입지에서 시장기회를 잡을 수 있다.

제3절 신용장의 비교

1. 보증신용장과 상업신용장의 비교

보증신용장은 신용장조건에 맞는 일정한 서류의 제출에 따라 약정금액이 지급된다는 점에서는 상업신용장과 유사하지만 양자 사이에는 다음과 같은 차이점이 있다.[4)]

첫째, 신용장의 지급조건이 다르다. 보증신용장은 발행의뢰인의 계약의무의 불이행이 있는 경우에 신용장발행은행의 지급의무가 발생되는데 반하여, 상업신용장은 신용장의 제조건과 선화증권 등의 선적서류가 일치할 경우 즉, 수익자의 근거계약(underlying contract)

4) 이병렬, 「국제결제론」, 홍익출판사, 2006.5, pp.26~29.

상의 의무이행을 전제로 하여 지급의무가 발생된다.

둘째, 대금을 지급받기 위하여 제출해야 할 서류의 가치가 상이하다. 즉, 보증신용장은 발행의뢰인의 채무불이행에 따라 수익자에 대한 지급청구권이 발생한다. 따라서 지급청구에 필요한 서류는 환어음과 발행의뢰인이 기본계약상에 따른 채무를 이행하지 않았음을 주장하는 불이행진술서 및 경우에 따라 1－2 종류의 서류가 추가적으로 필요할 수 있다.[5] 반면 상업신용장은 수익자가 발행은행에 지급을 청구하기 위하여 환어음 이외에 근거계약이 이행되었음을 증명하기 위한 각종 서류 예를 들면, 상업송장, 선화증권 및 보험서류 등 3대 기본서류를 포함하여 다양하고 복잡한 서류가 필요하다. 또한 보증신용장에서 요구하는 지급청구서류는 수익자가 직접 작성하며 정형화되어 있지 않다. 반면, 상업신용장에서 요구되는 서류 대부부은 교유의 양식이 있어 정형화되어 있다. 또한 지급청구에 필수적인 선화증권 등은 운송인이 발행하고 선적된 물품에 대한 권리를 구체화시킨 유가증권이라는 면에서 다르다.

셋째, 채무의 발생시점이 상이하다. 즉 보증신용장은 기본적인 계약관계가 성립함과 동시에 은행의 채무부담이 시작되지만, 상업신용장은 수익자가 정당한 서류를 제시하고 그 지급을 요청함으로써 은행의 채무가 발생된다. 이러한 점에서 화환신용장을 발행하는 은행은 불확정채무(contingent liability)를 부담한다고 할 수 있다.

넷째, 지급수단의 성격이 다르다. Nissho Iwai Europe PLC v. Kcrea First Bank 사건[6]에서처럼 상업신용장은 1차적 지급수단인 반면 보증신용장은 수익자가 발행의뢰인으로부터 지급을 받지 못한 경우에만 2차적으로 사용된다.

다섯째, 사용목적이 다르다. 상업신용장은 근거계약인 매매계약이 정상적으로 이행될 경우에 매수인을 대신하여 발행은행이 매도인인 수익자에게 지급을 이행하도록 함이 목적이다. 이에 따라 발행은행은 지급을 예상하고 화환신용장을 발행하며 수익자의 지급청구는 근거계약에 따라 물품이 정상적으로 선적되었음을 의미하므로 발행은행은 수익자에게 지급을 기꺼이 이행하고 화환신용장거래를 정상적으로 종료시킬 것을 원하게 된다. 또한 발행은행의 고객인 발행의뢰인 역시 물품의 입수를 통한 근거계약의 정상적 종료를 위하여 발행은행에게 지급을 이행하게 된다. 따라서 화환신용장의 발행은행은 지급이행에 있어 호의적이고 적극적인 태도를 가지며 지급이행을 위한 서류심사에 있어서 보다 완화된 서류

5) 보증신용장은 경우에 따라서 환어음의 제시만으로 지급이 이루어지기도 한다. 왜냐하면 보증신용장에서 요구되는 서류는 오직 발행의뢰인의 의무불이행에 대한 수익자의 주장에 불과하기 때문에 상업신용장과는 달리 발행은행의 무조건적인 지급약속을 의미한다. 따라서 발행의뢰인에게 보다 큰 위험을 부담하게 한다.

6) 99 N.Y.2d 115; 782 N.E.2d 55 (2002).

심사기준인 상당일치의 원칙을 적용하여 사소한 불일치를 용인하거나 또는 발행의뢰인과의 불일치용인을 위한 교섭에 나서는 등 화환신용장거래의 원만한 종료를 위해 노력하게 된다.

반면 보증신용장은 근거계약에 따른 발행의뢰인의 채무이행을 수익자에게 보증하고자 하는데 있다.[7] 그러므로 발행은행은 근거계약의 정상적인 이행을 기대하고 있으며 근거계약에 따라 발행의뢰인이 수익자에게 채무를 이행한 경우 수익자의 지급청구는 이행되지 않을 것이다. 따라서 발행은행은 정상적으로 계약이 이행되어 유효기일의 경과로 보증신용장이 무효될 것으로 예상하면서 보증신용장을 발행하게 된다. 따라서 수익자가 지급청구을 하는 경우 이는 발행의뢰인과의 근거계약이 정상적으로 이행되지 못하고 있거나 또는 발행의뢰인에게 재정적인 문제가 발행하였음을 의미하므로 발행은행은 수익자의 지급청구에 따른 지급이행을 원하지 않게 된다. 발행은행의 고객인 발행의뢰인 역시 문제가 발생한 근거계약에 따른 발행은행의 지급을 원하지 않을 것이다.

상기와 같은 이유와 지급이행 이후 발행의뢰인으로부터의 보증신용장대금의 상환문제 등을 고려하면 발행은행은 지급이행에 있어 더욱 소극적인 태도를 가지게 된다. 이에 따라 수익자의 지급청구에 대한 지급이행의 여부를 결정하기 위한 서류의 심사에 있어서 발행은행은 화환신용장거래에 비해서 보다 엄격한 입장에서 엄밀일치의 원칙에 따라 서류를 심사하고자 하며 사소한 불일치에 대해서도 지급이행을 거절하려는 경향을 가지게 된다.

2. 독립적 보증과 보증신용장의 비교

독립적 보증(demand guarantee)이란 요구불 보증이라고도 하는데 이는 단순한 지급보증서의 약점을 보완하기 위하여 주채무자의 이행여부와는 관계없이 문면상 보증서조건에 일치하는 채권자(신용장의 수익자)의 청구에 대하여 무조건 지급을 약속하는 은행보증서(bank guarantee)을 의미한다. 보증신용장과 비교하면 다음과 같다. 첫째, 독립적 보증이 유럽을 중심으로 국제상거래에 출현하였다면 보증신용장은 미국에서 출현하였고 현재 미국에서 가장 많이 사용 중에 있다.

둘째, 독립적 보증의 지급의무는 보증인이 된다. 즉, 여기서 보증인은 독립적 보증을 일반적으로 국제적으로 공신력이 있는 은행들이 발행하고 있기 때문에 은행이 된다.[8] 그러나 오늘날에 와서는 은행 이외에도 보험회사나 기타 금융기관들도 보증인이 된다. 보증신용장의 지급의무는 발행은행이다. 발행은행은 수익자의 지급청구가 보증신용장 조건에 일

7) 이상훈, "보증신용장거래에서 발행은행의 지급이행에 관한 몇 가지 문제점", 「국제상학」, 한국국제상학회, 2004.3, pp.157~160.

8) 은행보증(bank guarantee)이라고 한다.

치할 경우 지급의무를 이행하여야 한다. 이는 근거계약의 위반에 따른 발행은행의 지급의무에서 비롯된다는 측면에서는 독립적보증과 동일하다.

셋째, 독립적 보증은 독립성과 엄격일치성을 가지고 있다는 점에서 보증신용장의 법적 성질과 그 경제적 기능 또한 동일하다.[9]

넷째, 보증신용장의 발행은행은 수익자의 지급청구가 보증신용장 제 조건에 일치할 경우에 대하여 1차적으로 지급의무를 부담한다.[10] 독립적 보증도 일반보증과 달리 채권자와 주채무자사이에 근거계약에 따른 부종채무로서 2차적 지급의무가 아니라 주채무자와는 독립된 1차적 책임을 부담한다. 다만 형식적으로 보증서의 외형만가지고 있을 뿐이다.

마지막으로 보증신용장은 신용장의 형식을 취하며 신용장발행형식이 득립적 보증보다 정형화되어 있고 그 이용범위도 광범위하다. 보증신용장도 '신용장통일규칙(UCP 600)의 적용을 받지만 보증신용장의 복잡하고 다양한 형태을 구체적으로 적용하기에는 한계가 있다 따라서 보증신용장은 별도의 국제규칙인 보증신용장 통일규칙(ISP 98: International Standby Practice 1998, ICC Publication No. 590)이 적용된다. 반면 독립적 보증은 독립적 보증에 관한 통일규칙(URDG 458: Uniform Rules for Demand Guarantee, Icc Publication No. 458)이 적용된다.

3. 보증서와 상업신용장의 비교

보증서(Letter of Guarantee)와 상업신용장의 차이점은 다음과 같다. 첫째, 보증계약에서 보증인(guarantor)은 주로 채무자(principal debtor)가 채무를 이행하지 않는 경우에만 채무자의 책임을 부담한다. 따라서 보증서를 발행한 보증인의 책임은 주채무자가 채두를 이행하지 못하는 경우에 한하여 2차적으로 보충적인 채무를 부담한다. 그런데 신용장계약에 있어 발행은행의 지급의무는 제 1차적인 의무로 결코 '만약 매수인이 지급하지 않으면'이라는 조건부보다는 오히려 '수익자가 신용장의 제 조건과 일치하는 서류를 제시하면'이라는 조건부 지급의무를 부담한다. 즉 신용장의 발행은행은 직접 또는 제 1차적으로 수익자에 대해서 지급의무를 부담한다는 점에서 일반 보증과는 다르다. 둘째, 보증서는 원인계약과의 부종성이 강하여 상업신용장의 특성인 독립·추상성을 인정받지 못하는 것이 일반적이다. 이로 인하여 부당청구 및 지급거부 등과 같은 분쟁의 발생소지가 있다.

9) 강원진, 「무역결제론」, 박영사, 2004, pp.403~406.

10) C. M. Schmitthoff, Schmittoff's Export Trade, 9th ed., Stevens & Son, 1990, p.446.

〈표 6-1〉 화환신용장, 보증신용장, 독립적 보증 및 보증서와 비교

구분	화환신용장 (Documentary L/C)	보증신용장 (Standby L/C)	독립적 보증 (Bank Guarantee)	보증서 (Letterof Guarantee)
의의	환어음 발행시 선적서류의 첨부를 요구하는 L/C	금융의 담보 및 채무불이행의 보증을 목적으로 발행하는 Clean L/C	무조건 지급을 약속하는 은행보증서	주채무자의 채무불이행을 담보
용도	물품매매계약에서 수출상의 대금회수용	수출선수금환급보증, 하자보증, 현지금융담보보증 등	좌와 유사	주채무자의 채무에 대한 2차적 채무보증
적용규칙	UCP 600	UCP 600, ISP98	URDG 458	URCG 325
제출서류	선화증권 등 선적서류, 복잡	불이행진술서	서면청구서 및 서면진술서	보증계약서
발행은행의 지급의무 발생시기	수익자가 신용장 조건에 일치하는 서류제시	발행의뢰인이 수익자의 채무계약을 정당하게 이행하지 않았다는 확인	수익자가 보증서에서 요구하는 서류를 유효기일 내에 지급청구한 때	채무자가 주채무를 불이행한 때

제4절 신용장거래의 당사자

1. 기본당사자

1) 수익자

신용장거래에 참여하는 당사자를 일반적으로 기본당사자와 기타당사자로 구분할 수 있다.[11] 기본 당사자중 대표적인 당사자로써 수출상이 있다. 국제물품매매계약을 체결하면 수입상은 수출상의 대금회수불안을 해소해 주기 위하여 수입상의 거래은행을 통하여 신용장발행을 의뢰하여 수출상에게 통지하게 된다. 따라서 수출상은 본인앞으로 신용장이 발행

11) 기본당사자와 기타당사자를 구분하는 기준에는 신용장 거래를 통해 발생하는 직접적인 권리와 의무를 가지고 있는지의 여부가 중요하다. 또한 직접적인 권리와 의무의 충족여부는 취소불능 신용장이 발행된 경우, 신용장의 조건변경이나 취소를 할 경우 기본당사자들의 합의(동의)가 없이는 어렵기 때문에 합의의 당사자 여부가 기준이 된다. 그 중에서도 신용장은 수출상의 대급회수불안을 해소하고 확실한 대금지급을 확약하는 제도이기 때문에 수출상의 사전 동의 없이는 일단 발행된 취소불능신용장의 조건변경이나 취소는 불가능하다.

되는 당사자를 의미하며 신용장의 실제 이익을 누리는 당사자로서 수익자(beneficiary)가 된다. 이 때 수익자는 무역계약에서 매도인(seller)이며 수출상(exporter)이며 신용장 거래에서는 발행된 신용장을 받는 자(addressee)이다. 그리고 신용장을 자신의 이익에 맞도록 이용하는 자(user)이며 발행은행으로부터 신용을 제공받는 자(accreditee)가 되기도 한다. 또한 환어음을 발행하여 거래은행에 제시함으로써 환어음 금액을 수령하는 수령인(payee)이자 환어음을 발행하는 자(drawer)로써의 지위를 가진다. 또한 매매계약 물품을 선적하는 선적인(shipper)이자 운송회사와 운송계약을 체결하여 물품을 발송하는 송화인(consignor)이 된다.

2) 발행은행

신용장통일규칙에서는 발행은행(Issuing bank)을 신용장발행의뢰인의 요청이나 자신을 위해서 신용장을 발행하는 은행이라고 정의하고 있다.[12] 발행은행은 보통 발행의뢰인의 주거래은행이 되며 수익자에 대하여 지급 및 인수 등을 확약하는 자로 환어음지급에 있어서 최종적인 책임, 즉 상환의무를 부담하게 된다. 또한 수익자가 제시한 선적서류와 신용장의 일치여부를 검토할 최종적인 책임을 부담하게 된다. 따라서 발행은행의 의무는 신용장을 발행한 시점부터 시작되며 대금지급의 최종적인 책임도 부담한다.[13]

발행은행은 신용장조건과 상이한 서류의 거절, 위조서류의 인수거절, 담보권 취득권 및 환어음의 지급 및 인수할 취소불능의 의무를 부담하는 은행이다. 또한 신용장을 발행함으로써 발행의뢰인의 지시를 엄격하게 준수할 의무, 선적서류의 인도의무, 선적서류의 심사의무 및 대금상환의무를 부담한다.

UCP상에는 은행 이외의 금융기관 등도 신용장을 발행할 수 있으므로 발행은행을 “issuing bank”, UCC 상에서 “issuer”라는 용어를 사용하고 있다. 또한 발행은행은 신용공여은행(credit writing bank or grantor)이라고도 한다.

3) 확인은행

확인은행(Confirming bank)은 은행의 수권이나 요청에 의해서 신용장에 확인을 추가하는 은행이다.[14] 신용장발행은행이 수익자에 대하여 조건부로 지급을 확약하고 있음에도 불구하고 확인은행이 추가로 필요한 이유는 다음과 같다. 첫째, 신용장 발행은행의 자체의 문제로서 지급확약을 위반하거나 파산 또는 지급불능의 사태에 직면하게 되었을 경우 둘째,

---

12) UCP 600, 제2조.

13) 이병렬, “화환 신용장계약과 매매 당사자의 법률관계”, 「산업경제연구」, 창원대학교 산업경제연구소, 제14집. 1997.7, pp.7~16.

14) UCP 600, 제2조.

신용장 발행은행이 속한 국가의 정치·경제적인 문제로서 국가의 내란, 전쟁으로 은행업무의 중단 및 발행국가의 외환부족상태 등의 문제가 발생하게 된 경우이다.

상기와 같은 결제상의 위험이 있다고 판단되면 발행은행의 수권이나 요청에 따라 추가로 수익자에게 지급, 인수 및 매입을 요청을 확약하는 은행이 개입되는 확인신용장(Confirmed L/C)이 발행된다. 확인 요청을 받은 은행이 승낙하게 되면 신용장대금지급에 대하여 발행은행과 동일한 독립적인 채무를 부담하게 된다. 신용장의 확인은 발행은행에 대한 확인은행의 여신행위라고 할 수 있으므로 확인은행은 발행은행의 확인요구에 대하여 반드시 응할 필요는 없다. 확인요청은 발행은행과 거래관계에 있는 모든 은행에 대하여 할 수 있으나 주로 통지은행 및 지정은행에 하는 경우가 많다.

2. 기타당사자

1) 발행의뢰인

발행의뢰인(Applicant)은 신용장이 발행되도록 요청하는 당사자이다. 국제물품매매계약이 체결되어 신용장에 따라 대금결제를 하게 되면 통상 수입상은 자신의 거래은행에게 신용장 발행을 의뢰한다. 따라서 수입상을 발행의뢰인이라고 한다. 수입상은 매매관계에 매수인(buyer), 무역관계에서 수입상(importer)이란 명칭이외에도 계정관계에서 대금결제인(accountee), 신용장을 개설하는 자로서 발행인(opener, issuer), 화물을 수취한다고 하여 수화인(consignee), 환어음상의 금액을 지급한다고 하여 지급인(drawee)이라고도 한다. 또한 신용장발행을 제시 또는 요구하는 자라는 의미에서 제시인(order), 미국 통일상법전(UCC)에서는 신용장발행은행의 고객이라는 의미에서 고객(customer)이라고도 한다.

발행의뢰인은 발행은행에 대한 상환거절권을 가진다. 또한 신용장발행을 발행은행에게 요청할 경우 신용장 발행지시의 완전 정확의무, 담보이익제공의무, 수수료 및 이자지급의무, 물품대금보상의무 및 위험과 비용의 분담의무를 가지게 된다.

2) 통지은행

통지은행(Advising bank 또는 Notifying bank)은 신용장을 발행은행의 요청에 의해 수익자에게 통지하는 은행이다.[15] 신용장 발행은행이 신용장을 발행하면 발행 사실과 내용을 수익자에게 통지하여야 하는데, 이때 수출국 소재지에 있는 발행은행의 본점이나 지점, 또는 환거래은행(correspondent bank)을 통하여 통지한다. 또한 현실적으로 전 세계 은행들은 자신이 개설한 신용장을 SWIFT(Society for Worldwide Inter-bank Financial Telecommunication: 세계은행간 금융통신망)시스템에 의해 통지하고 있는데, 기술상 수익자가 당해 신용장 메시

15) UCP 600, 제2조.

지를 바로 수령할 수 없다는 점도 통지은행을 필요로 하는 이유 중의 하나이다

통지은행은 신용장 통지에 대한 요청을 승낙한다면 수익자에게 통지하는 신용장의 외관상 진정성을 확인함에 있어 상당한 주의의무를 다해야 한다.[16] 그러나 수익자에게 신용장이 발행된 사실과 내용을 단순히 통지해주는 은행으로서 신용장에 대한 대금지급을 확약해주는 책임을 부담하지는 않는다.

3) 매입은행

매입은행(Negotiating Bank)은 수출상이 물품을 선적하고 신용장상에 명시된 지급인 앞으로 환어음을 발행한 후 신용장에서 요구하는 선적서류를 구비하여 매입하도록 수권된 은행을 말한다. 매입은행은 매입신용장이 발행된 경우에 수출상의 거래은행이 된다.

그러나 매입신용장도 자유매입신용장과 매입제한신용장으로 구분된다. 자유매입신용장일 경우에 매입은행은 특별한 은행을 지정하지 아니하고 모든 은행이 매입은행이 될 수 있다. 자유매입신용장일 경우에는 매입은행은 환어음과 선적서류를 할인매입하고 수출대금을 결제하는 은행이라고 하여, 일명 할인은행이라고도 한다. 그러나 매입제한신용장일 경우에는 발행은행이 일람출급환어음 또는 기한부환어음에 대해 매입하도록 지정을 받은 은행이 있는 경우에는 그 지정은행이 매입은행이 된다.

4) 지급은행

지급은행(Paying Bank)은 지급신용장이 발행될 경우 수익자가 발행한 환어음에 대하여 지급하도록 수권된 은행을 말한다. 지급은행은 지정신용장에 의하여 발행은행으로부터 지급을 위탁받은 은행이다. 이 때 지급은행은 발행은행의 예치환거래은행(depositary corre-spondent bank)이 되기 때문에 일람출급환 어음이 제시될 경우 지급과 동시에 발행은행 계정에서 차기하게 되나 연지급신용장일 경우는 기한부어음이 발행됨으로 수입상은 일정한 기간이후에 대금을 지급할 수 있다. 비록 환어음이 지급은행 앞으로 발행되었다고 하더라도 신용장에 따른 최종적인 지급의 책임은 발행은행에게 있다. 따라서 지급은행은 신용장에서 요구한 서류와 상환으로 전 금액을 지급하거나 자신앞으로 발행된 환어음의 액면가액을 확인하지 않고 전액 지급하게 된다.

5) 인수은행

인수은행(Accepting Bank)은 인수 신용장이 발행될 경우 신용장의 조건과 일치되는 서류가 첨부된 기한부 환어음(time bill, usance bill)을 인수하도록 수권된 은행이다. 인수은행이 환어음에 대해 인수하였을 경우 만기일에 어음금액을 지급할 의무를 지게 되므로 인수

---

16) UCP 600, 제7조 b항.

은행은 어음의 만기일에는 지급은행이 된다.

5) 상환은행

상환은행(Reimbursing bank)은 매입은행이 환어음을 제시하는 제3의 은행에 발행은행과 매입은행의 계정간에 정리만 행하는 은행이다. 상환은행을 대금을 결제한다는 의미에서 결제은행(settling bank), 어음에 대하여 지급을 하는 은행이라는 의미에서 어음지급은행(drawee bank)이라고도 한다. 상환은행은 발행은행의 예치계정을 보유하고 있으며 발행은행의 상환수권이나 지시에 따라 상환업무를 대행하게 된다.

5) 양도은행

양도은행(Transferring bank)은 양도가능신용장에서 최초의 수익자가 제2의 수익자에게 신용장의 모든 권리와 의무를 이전시킬 수 있는 양도가능 신용장의 양도절차를 의뢰받은 은행을 의미한다. 주로 발행은행의 본점과 지점 또는 환거래은행이 통지은행이 양도절차를 밟기 때문에 양도은행이 될 수 있다.

제5절 신용장의 특성

1. 독립성

신용장의 독립성(principle of independence)이란, 신용장계약은 물품매매계약인 근거계약을 이행하기 위한 종 계약이지만 일단 신용장이 발행되면 주계약인 매매계약과는 별개의 계약으로써 독립된 법률관계가 형성되는 것을 의미한다. 신용장 통일규칙에서도 신용장은 그 성질상 그 근거를 두고 있는 매매계약 또는 기타의 계약과 독립된 거래이다. 은행은 신용장에 그러한 계약이 포함된 사항을 언급하였더라도 그러한 계약과는 아무런 관계가 없으며 또한 구속되지 아니한다고 규정하여 독립성을 엄격히 보호하고 있다.[17] 미국 통일상법전(UCC)에서도 "발행인은 근거계약, 거래약정 또는 거래의 이행 또는 불이행, 타인의 작위 또는 부작위에 대하여 아무런 책임을 부담하지 아니한다"고 하여 UCP와 같은 취지의 규정을 두고 있다. 신용장에서 독립성의 원칙이 필요한 이유는 수익자, 발행은행 및 신용장의 메카니즘 그 자체의 보호에 있다고 할 수 있다. 만약 신용장의 독립성이 보장되지 아니하고 매매계약의 이행여부에 영향을 받는다면 수출상과 은행은 대금회수에 상당한 위험에 노출될 수 있다. 위험을 감소시키기 위해서는 은행은 수출상이 제시한 서류자체의 검토 뿐

17) UCP 600, 제4조 a항.

아니라 선적서류와 실제 선적된 물품과의 일치성 등을 일일이 검토하여 확인하여야 하는데 이는 현실적으로 불가능하다. 또한 가능하다고 하더라도 서류와 물품의 대조 및 일치하는 확인비용이 증가하여 신용장거래가 비효율적이다.

따라서 신용장계약은 매매당사자간의 근거계약이나 기타거래와는 별개의 독립된 거래로 간주하여 은행의 의무를 감소시킴으로써 신용장거래가 본래의 취지에 맞게 운용되도록 해야 한다. 사실 근거계약인 매매계약은 수출상과 수입상과의 계약이다. 그러나 신용장계약은 비록 수입상이 발행요청을 하였다 할지라도 수입상은 기타당사자에 불과하고 기본당사자인 수출상과 발행은행과의 관계에서 비롯되기 때문이다. 따라서 신용장발행은행이 매수인인 발행의뢰인의 요청에 의해 수익자 앞으로 화환신용장을 유효하게 발행하게 되면, 그 신용장은 신용장발행의 원인이 된 수익자(수출상)와 발행의뢰인(수입상)간의 매매계약과는 독립된, 그리고 발행의뢰인과 발행은행간의 신용장발행에 관한 계약 또는 약정과도 독립된 법률관계를 형성하게 된다. 이 때문에 신용장 관계당사자와 관련된 의무는 이러한 근거계약이 아니라 신용장 그 자체의 조건에 의해 결정된다. 이와 같이 신용장에 의한 은행의 지급의무를 신용장의 근거가 되는 원인계약과 독립시켜 채무의 무인성을 강조하는 것이 독립성의 원칙이라 한다.

2. 추상성

신용장의 추상성(principle of abstraction)이란, 신용장거래에 참여하는 모든 당사자는 실제 계약물품의 선적 및 인도와는 아무런 관계없이 계약물품을 상징하는 서류에 의거하여 거래하는 것을 의미한다. 결국 신용장거래에 참여하는 모든 관계당사자는 서류를 취급하는 것이지 서류와 관계되는 상품, 서비스 또는 기타 계약물품과 거래를 하는 것이 아니다. 신용장계약은 물품매매계약인 근거계약을 이행하기 위한 종계약이지만 신용장계약을 개시하는 당사자도 은행이고 완료도 결국 은행이 한다.

따라서 추상성의 본질은 물품매매계약의 당사자는 아니지만 신용장계약의 기본당사자로서 은행의 역할과 기능을 고려한 면이 없지 않다. 즉, 은행은 매매계약에서 신용공여를 통한 매매계약의 정상적 이행과 완료가 목적이지 항구나 공항 등에서 인도되는 물품이 계약에 적합품인지를 일일이 확인하고 검사하기 위한 일이 아니고 또한 할 수 도 없다.

신용장 통일규칙에서도 "은행은 서류를 취급하는 것이며 그 서류와 관련될 수 있는 물품, 용역 또는 이행을 취급하는 것은 아니다"라고 규정하여 추상성의 중심에 은행이 있음을 확인해주고 있다.[18] 이는 신용장 거래에서 은행은 상품거래가 아닌 서류상의 거래라고

18) UCP 600, 제5조.

규정함으로써 은행은 오직 문면 상 신용장 조건과 일치하는 서류와 상환으로 대금지급의무를 부담한다는 것을 의미할 뿐이다. 따라서 신용장거래의 추상성을 통해서 은행은 제시된 서류에 명시된 물품 및 서비스 또는 기타 계약이행의 확인의무에서 면제된다. 실제 선적된 상품이 제시된 선적서류상의 내용과 상이 및 품질 등에 하자가 있을 지라도 책임을 부담하지 않는다. 결국 은행을 포함한 신용장 거래 당사자는 물품을 상징하는 서류만으로 거래한다고 할 수 있다. 신용장은 이와 같은 추상적 특징 때문에 국제물품매매계약의 대금결제수단으로서 주요한 위치를 차지하고 있는 것이다.

제6절 신용장의 거래원칙

1. 엄밀일치의 원칙

엄밀일치의 원칙(doctrine of strict compliance)이란, 신용장 거래에서 수익자가 은행에 제시하는 모든 서류는 신용장조건과 엄밀하게 일치하여야 은행이 수리한다는 원칙이다. 이는 은행은 수익자가 제시한 서류가 신용장조건의 문언에 합치된 경우에만 지급을 이행할 수 있다는 의미이다. 신용장은 그 형식적인 엄밀일치성을 생명으로 하기 때문에 서류는 신용장조건에 엄밀하게 일치하여야 하는 것을 기본으로 삼고 있다.

엄밀일치의 원칙을 적용하는 신용장거래는 서류를 통한 거래 즉 추상성과 관련이 깊다. 은행이 대금지급여부를 판단하기 위하여 삼는 기준은 계약적합품이 실제 인도 및 선적되었는지 확인하는 현장 실사가 아니라 제시된 서류에 대한 검토이다. 따라서 쌍무계약인 무역거래에서 수입상은 대금지급의무이행의 상징인 신용장과 수출상의 물품인도의 상징인 선적서류가 완전히 일치하여야 함은 당연하다. 이와 같은 측면에서 선적서류 중 엄밀일치의 적용정도는 상업송장과 선화증권은 다를 수 있다. 즉 상업송장은 수출상이 수입상에게 보내는 상품명세서 겸 가격명세서이므로 선적서류에 반드시 포함되어야 하며 물품에 대한 기술은 단어 하나하나가 엄밀히 일치하지 않으면 당사자간에 큰 혼란이 발생할 수 있다.

신용장 통일규칙에서도 "상업송장 이외의 서류는 상품명세, 서비스나 용역이행서(필요한 경우)는 신용장의 명세서와 일치하지 않는 일반적인 용어(general terms)로 될 수 있다"라고 규정하고 있다.[19] 또한 "상업송장상의 상품, 서비스 또는 용역이행의 명세서는 신용장에 나타난 것과 일치해야 한다"라고 규정하고 있다.[20] 즉, 엄밀일치의 원칙의 주 적용대상은

19) UCP 600, 제14조 e항.
20) UCP 600, 제18조 c항.

상업송장이라는 점을 분명히 하고 있다. 이 규정을 통하여 신용장과 상업송장의 물품명세는 본질적으로 엄밀일치의 원칙이 적용되고 상업송장 이외의 모든 서류상의 물품명세에 대한 기술은 상업송장보다 간략한 일반적인 용어로 사용해도 큰 상관이 없다는 의미로 해석할 수 있다. 왜냐하면 상업송장은 매매계약의 당사자로서 물품인도의무를 부담해야 하는 수출상이 작성하지만 매매계약의 당사자가 아닌 운송업자나 보험업자가 발행하는 선화증권 및 보험서류는 굳이 엄밀 일치의 원칙을 적용하기보다는 상당일치의 원칙(doctrine of substantial compliance)을 적용해도 무방할 것이다.

신용장 거래에서 엄밀일치의 원칙을 적용을 하면 수익자인 수출상의 입장어서 신용장조건에 엄밀히 일치하는 서류를 제출하면 비록 신용장 발행은행이 파산한 경우에도 신용장발행은행은 지급을 거절할 수 없기 때문에 수출상은 확실히 대금을 지급받을 수 있다는 장점이 있다. 그러나 엄밀일치의 원칙은 허위 변조서류의 제시로도 신용장 조건을 엄밀히 충족시킴으로서 대금의 인출이 가능하다는 단점이 존재한다.

2. 서류거래 원칙과 사기행위

신용장거래에서 서류거래의 원칙(principle of documentary transaction)이란, 신용장거래의 당사자는 서류로 거래를 하지 물품으로 거래를 하는 것은 아니다라는 의미이다. 따라서 서류거래의 원칙은 추상성의 원칙과 유사하다. 이는 은행의 대금지급확약의 이행여부는 수익자가 제시한 서류심사여부 따라 결정된다는 의미이다. 서류심사에서 중요한 점은 신용장조건과 수익자가 제시한 서류의 일치성이다. 일치성은 내용과 조건의 일치가 아니고 서류의 문면상 일치를 의미한다. 따라서 서류에 의한 사기행위가 종종 발생하지만 이에 대한 마땅한 예방책이 존재하지 않는다는 점이 문제이다. 또한 신용장통일규칙 제4조, 제5조, 제14조 및 제16조에서도 신용장거래가 서류만의 거래이므로 매매계약의 이행과는 전혀 관계가 없다고 규정하고 있을 뿐, 이로 인한 사기의 문제에 대해서 별도의 규정을 두고 있지 않고 있다.

신용장거래에서 은행에게 물품의 실체나 물품의 유동성 등을 직접 확인한 후 대금을 지급하도록 하는 것은 불가능하다. 왜냐하면 은행은 물품매매계약과 관련된 모든 상황을 인지하여야 하는데 이는 은행 고유의 업무도 아니며 실제로 불가능하다. 또한 신용장관련 비용도 많이 소요되어 수출상과 수입상 중 누군가가 이 비용을 부담하여야 한다. 이는 결국 신용장거래의 효율성을 제거시켜 은행이 신용장거래에 참여할 수 없게 만들 것이다. 그러나 은행이 신용장에 명시된 서류와의 상환으로만 지급하도록 한다면 은행의 의무는 한결 단순해지며 근거계약으로부터 독립된 거래로 존재할 수 있게 된다.

이와 같이 신용장의 독립·추상성을 실현시키고 은행의 의무를 신용장에 명시된 서류의 문면(文面)만으로 신용장조건을 만족시키고 있는가를 판단하게 하고 이에 따라 지급을 이행하도록 단순화시킨 특성을 서류거래의 원칙이라 하며, 독립·추상성의 원칙과 유사한 원칙이다.

또한 아무리 화환신용장거래에서 모든 당사자들이 소정의 서류에 의한 거래를 한다 하더라도 법원은 이 서류에 의한 거래의 예외(an exception to the principle of abstraction)를 판례를 통해서 판시하고 있다. 이 예외란 거래상 사기가 있거나, 또는 서류가 위조·변조(fraudent of false)되는 경우에만 발생한다. 그러나 이 예외는 극히 제한적으로 적용되어야 한다는 점을 수많은 판례가 증명해 주고 있다.

일반적으로는 매도인이 사기의 당사자가 되지만 매수인의 사기 또는 매도인과 매수인의 공모에 의한 사기도 존재한다.[21] 따라서 매도인이 계약조건에 따라 물품을 선적하였는지 여부는 매매당사자간의 문제이므로 매수인은 매도인의 신용조사를 철저히 하여야 할 것이며 아무리 좋은 조건으로 신용장이 발행되더라도 거래당사자의 신용이 부실한 경우에는 거래제의를 수락해서는 안된다. 물론 은행이 서류를 매입할 때 수익자에 의한 사기인줄 알았더라면 이는 엄밀일치의 원칙에 대한 예외가 될 것이다. 신용장사기의 유형을 살펴보면 첫째, 선 발행된 선화증권(Anti－dating a bill of lading)도 그 자체가 통상적으로 이용되는 사기의 한 형태가 있다.

둘째, 양 당사자들이 시장가격보다 낮은 가격으로 매매계약을 체결하는 경우이다. 이 경우에는 전혀 물품을 선적하지 않고 위조된 선화증권이 발행되어 위조된 서류에 대하여 대금결제가 이루어지고 그 후 선박은 폐기 처분된다. 셋째, 선박과 화물이 모두 가공의 것이 제공되어 가공된 화물에 대하여 선화증권이 발행되어 대금결제가 이루어지는 경우이다. 넷째, 선박이 폐기처분되기 전에 선박이 항로를 이탈하여 선적된 물품을 제3자에게 전매하는 경우도 있다. 다섯째, 매수인이 신용장 그 자체나 항공화물인도지시서(Release Order), 또는 수입화물선취보증서(Letter of Guarantee: L/G)를 위조하면 대금을 지불하지 않고 화물을 수취하여 매각하는 사례도 있다. 이러한 신용장에 의한 사기를 유형별로 구분하면 신용장자체의 사기, 운송서류의 위조·변조에 의한 사기, 환어음의 위조·변조에 의한 사기 그리고 수입화물 선취보증서의 위조에 의한 사기 등이다.

3. 신용장 거래절차

신용장거래의 절차는 다음과 같다.

21) 홍성규·최석범, “신용장거래에 있어서 엄밀일치의 원칙과 대처방안”, 국제상학, 제19권, 제1호 2004.3, pp.90~93.

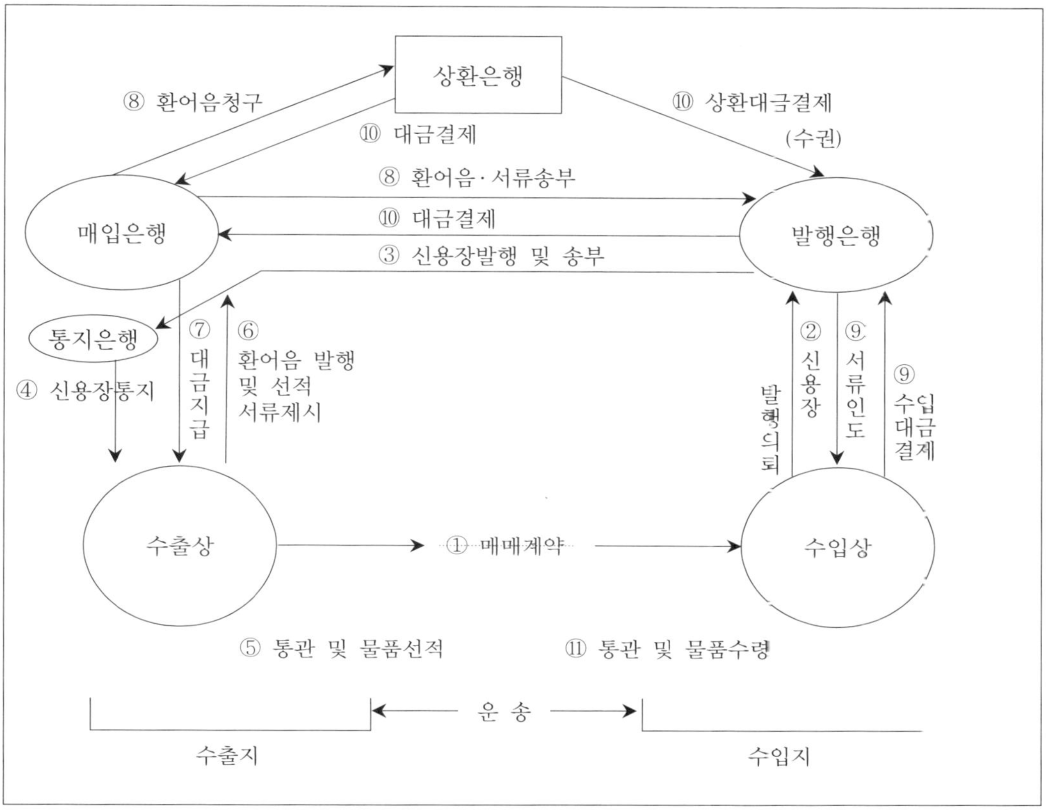

[그림 6-1] 신용장거래 절차

① 수출상과 수입상간에 매매계약을 체결한다. 이 때 계약내용 중 대금결제조건은 취소불능화환신용장 방식을 채택하는 것으로 한다.

② 신용장 계약에 따라 수입상(발행의뢰인)은 자기가 거래하는 은행에 신용장발행을 의뢰한다.

③ 발행은행은 발행의뢰인의 요청과 지시에 따라 신용장을 발행하고 우편(mail)이나 전신으로 통지은행 앞으로 송부하면서 수익자에게 통지해 줄 것을 요청한다.

④ 통지은행은 신용장의 외견상 진정성을 검토하고 이상 없으면 수익자에게 신용장도착을 통지하고 이를 전달한다.

⑤ 신용장을 통지받은 수익자는 계약물품을 제조·가공하거나 완제품을 공급받아 수출통관수속을 마치고 지정 운송인에게 물품을 인도완료하거나 선적완료하고 운송서류를 발급받는다.

⑥ 수익자는 신용장에서 요구하는 서류를 준비하고 환어음(Bill of Exchange; Draft)을 발행하여 매입은행에 수출환어음매입을 의뢰한다.

⑦ 매입은행은 신용장조건과 수익자가 제시한 서류가 일치하는지를 심사하고 일치한다면 수익자에게 환어음 대금을 지급한다.

⑧ 매입은행은 매입한 환어음과 서류를 신용장상의 지시에 따라 보통 발행은행 앞으로 송부하여 대금결제를 요청하지만 경우에 따라 상환은행(reimbursing bank) 앞으로 어음상환청구를 하고, 서류는 발행은행 앞으로 송부하도록 하라는 지시가 있을 경우에는 이에 따른다.

⑨ 발행은행은 발행의뢰인에게 수입관련서류를 인도하고 일람불어음일 경우에 대금을 결제 받는다.

⑩ 발행은행은 매입은행에 대금결제를 직접 하거나, 상환은행에 수권하였을 경우에는 상환청구에 응하여 상환은행이 대금결제를 한다. 이 경우 발행은행은 상환에 따른 상환대금을 결제하게 된다.

⑪ 발행의뢰인이 발행은행으로부터 인도받은 수입관련서류를 가지고 수입지의 세관에서 수입통관수속을 완료하고 계약 물품을 수령하게 된다.

chapter 7

신용장의 종류

제1절 일반신용장

1. 대금결제수단에 따른 분류

1) 상업신용장과 클린신용장

상업신용장(commercial credit)은 무역거래의 대금결제수단으로 이용되는 모든 신용장을 통칭한다. 특히 무역거래 중 물품의 이동을 수반하는 물품매매계약의 대금결제수단으로 이용되는 신용장(무역신용장)을 의미한다. 물품이 아닌 용역 즉, 여행·운수·보험·건설·수수료·기술용역의 대가·기타 서비스 등의 결제수단을 제외한 모든 거래의 결제수단으로 이용된다. 환어음이 발행되는 화환신용장이나 환어음이 발행되지 않은 무화환신용장도 상업신용장에 포함된다. 상업신용장상의 수입상은 발행의뢰인, 수출상은 수익자가 되어 발행의뢰인과 수익자는 분리되지만 여행자신용장에서는 여행자 본인이 수익자와 발행의뢰인이 된다는 점에서 차이가 있다.

2) 클린신용장

클린신용장(clean credit)에는 보증신용장(standby credit)과 여행자신용장(traveller's credit)이 있다. 보증신용장에는 국제입찰참가에 수반되는 입찰보증금(bid bond), 계약이행 보증금(performance bond) 및 선수금 환급보증(advance payment bond) 등을 차입할 때 동 채무를 보증할 목적으로 사용되는 신용장이다. 여행자신용장(traveller's credit)은 초기 신용장의 이용 형태로써 해외여행을 하는 자가 해외여행에 필요한 경비를 현금으로 휴대하는 데 따르는 불편과 위험을 피하도록 하기 위하여 여행자의 의뢰에 의하여 발행은행이 국외의 자기은행의 본·지점 또는 환거래은행에 대하여 그 여행자가 발행하는 일람출급어음의 매입을 의뢰하는 신용장이다. 여행자신용장을 근거로 하여 발행한 환어음도 어음결제를 받기 위해서는 신용장조건과 일치하여야 하는데 이런 면에서 여행자신용장은 상업신용장과 동일한 성격을 지닌다. 또한 클린신용장은 운송서류가 수반되지 않은 무역외거래에 사용된다.

〈표 7-1〉 신용장의 종류

구 분	분류기준	신용장의 종류
Ⅰ. 일반신용장	1. 대금결제수단에 따라	• 상업신용장(commercial credit) • 클린신용장(clean credit)
	2. 선적서류의 담보유무에 따라	• 화환신용장(documentary credit) • 무화환신용장(clean credit)
	3. 취소가능 여부에 따라	• 취소가능신용장(revocable credit) • 취소불능신용장(irrevocable credit)
	4. 제3은행의 확인유무에 따라	• 확인신용장(confirmed credit) • 미확인신용장(unconfirmed credit)
	5. 매입허용 여부에 따라	• 매입신용장(negotiation credit) • 지급신용장(straight credit)
	6. 매입은행지정 여부에 따라	• 자유매입신용장(freely negotiable credit) • 매입제한신용장(restricted credit)
	7. 대금지급 기간에 따라	• 일람불신용장(sight credit) • 기한부신용장(usance credit) • 할부지급신용장(installment payment credit)
	8. 신용장양도 유무에 따라	• 양도가능신용장(transferable credit) • 양도불능신용장(nontransferable credit)
	9. 발행방법에 따라	• 우편신용장(mail credit) • 전신신용장(cable credit)
	10. 상환청구권 유무에 따라	• 상환청구가능신용장(with resource credit) • 상환청구불능신용장(without resource credit)
	11. 국내외 거래용도에 따라	• 내국신용장(local credit) • 원신용장(master credit)
Ⅱ. 특수신용장	특수목적과 용도에 따라	• 보증신용장(standby credit) • 전대신용장(red clause credit) • 회전신용장(revolving credit) • 구상무역신용장(compensation trade credit) - 동시개설신용장(back to back credit) - 기탁신용장(escrow credit) - 토마스신용장(TOMAS credit)
Ⅲ. 기타신용장	지급방법에 따라	• 할부선적신용장(installment shipment credit) • 할부지급신용장(installment payment credit) • 화물인수신용장(cargo receipt credit)

2. 선적서류의 담보유무에 따른 분류

1) 화환신용장

화환신용장(documentary credit)은 신용장 발행은행이 신용장을 발행할 때 환어음에 신용장 조건과 일치하는 선적서류(운송서류, 보험서류, 상업송장, 포장명세서 등)를 담보조건으로 지급, 인수 및 매입을 확약하는 신용장으로서 담보신용장으로 부르기도 한다. 대부분의 무역거래의 결제수단으로 사용되는 화환신용장에서 은행은 선화증권과 같은 제3자가 발행한 서류를 제시받음으로써 물품에 대한 담보권을 획득하게 된다.

2) 무화환신용장

무화환신용장(clean credit)은 은행이 수익자가 발행한 환어음을 지급, 인수 및 매입을 선적서류의 제시 없이도 확약하는 신용장으로 무담보신용장이라고도 한다. 무화환신용장은 선적서류 자체가 없는 것이 아니라 선적서류를 환어음을 발행하여 은행에 제시할 때 첨부하지 않고 수입상에게 직접 송부한다는 면에서 선적서류가 전혀 없는 클린신용장과 조금 다르다. 선적서류를 수입상에게 직접 송부하기 때문에 상업신용장에 포함된다.

따라서 발행은행의 입장에서는 담보가 없는 상태에서 지급확약을 하게 되는 부담 때문에 수출상과 장기간 거래를 하여 상호 신뢰할 수 있는 관계에 있거나 양 당사자가 본·지점이나 대리인의 관계로서 거래할 때 사용되는 신용장이다. 운송서류가 수반되나 은행에서 요구하지 않는 무역거래에 이용되는 신용장이다.

3. 취소가능여부에 따른 분류

1) 취소가능신용장

취소가능신용장(revocable credit)은 발행은행은 신용장을 발행한 후 수익자에게 사전에 통고함이 없이 언제라도 그 조건을 변경하거나 취소할 수 있는 신용장이다. 그러나 취소가능신용장이라도 발행은행이 지급, 인수 또는 매입은행이 그 변경 또는 취소의 통고를 받기 전에 이미 이행한 지급, 인수 또는 매입분에 대해서는 이를 보상하여야 한다. 그러나 실무에서는 거의 사용되지 않는 점을 감안하여 UCP 600에서는 취소가능신용장을 인정하지 않고 모두 취소불능 신용장으로 간주하고 있다.[1)]

2) 취소불능신용장

취소불능신용장(irrevocable credit)은 신용장발행은행이 일단 신용장을 발행하여 수익자

1) UCP 400에서는 신용장상에 취소가능여부 표시가 없는 신용장은 취소가능신용장으로 판단하였으나 UCP 500에서는 취소불능신용장으로 간주하였다.

에게 통지하게 되면 신용장 유효기간이내에서는 발행은행, 확인은행(있을 경우) 및 수익자 전원의 합의 없이는 결코 그 조건을 변경하거나 취소할 수 없는 신용장이다. 또한 UCP 600에서는 "신용장은 취소불능이라는 표시가 없는 경우에도 취소불능이다"라고 규정하고 있기 때문에 신용장의 취소불능성은 더욱 공고해졌다.[2)]

따라서 발행은행이 취소불능신용장을 발행하면 수익자에 대하여 일방적으로 신용장 조건을 변경하거나 발행을 취소할 수 없기 때문에 수익자에 대하여 조건부적이기는 하지만 절대적이며 최종적인 지급의무를 부담하게 된다. 즉, UCP 600에서 규정한 신용장의 취소불능성은 발행은행의 수익자에 대한 지급확약을 절대적인 구속력을 가지게 만들면서 신용장의 담보기능이 더욱 보강되었다고 할 수 있다.

4. 제3의 은행의 확인유무에 따른 분류

1) 확인신용장

확인신용장(confirmed credit)은 신용장 발행은행 이외의 제3은행이 발행은행의 요청에 따라 신용장 발행은행의 대금지급 확약과는 별도로 수익자에게 지급, 인수 및 매입의 확약을 추가한 신용장을 말한다. 발행은행의 신용장에 대한 조건부 지급확약에 이은 확인은행의 제2차적 확약은 발행은행의 지급확약에 따른 부차적 지급확약이 아니라 별도의 독립된 직접적인 지급약속이다. 따라서 확인신용장이 개설된 때에는 수익자나 매입은행의 입장에서는 환어음의 지급확약을 2중으로 확보한 셈이다. 이 경우 확인은행은 발행은행이 공여하고 있는 신용한도범위이내에서 구상권을 행사하지 않은 조건으로 환어음의 매입을 확약하게 된다. 확인은행은 대부분 수익자가 소재하는 발행은행의 예치환 거래은행(depositary correspondent bank)또는 수익상 소재지의 통지은행이 된다.

2) 무확인신용장

무확인신용장(unconfirmed credit)은 신용장발행은행 이외의 제3의 은행의 확약문언이 없는 신용장을 말한다. 무확인신용장은 발행은행의 지급확약으로만 구성되어 있는 신용장을 의미하며 대부분의 상업신용장이 여기에 해당된다.

5. 매입은행 지정여부에 따른 분류

1) 매입신용장

매입신용장(negotiation credit)은 수익자가 발행한 환어음이 매입될 것을 예상하여 발행

---

2) UCP 600, 제3조.

은행이 수익자 즉, 어음의 발행인(drawer)뿐만 아니라 어음의 배서인(endorser) 및 선의의 소지인(bona fide holder)에게도 지급확약을 확대하고 있는 신용장을 말한다. 매입신용장은 매입은행이 발행은행의 무예치환거래은행인 경우에 사용되며 서류매입시에 어음을 제시해야 하며 일람출금 및 기한부어음이 사용된다. 서류매입은행을 지정하고 있다면 매입제한신용장(restricted credit)이고, 지정하고 있지 않다면 자유매입신용장(freely negotiable credit: open credit: general credit)이다. 또한 환어음을 매입한 은행은 소구권을 행사할 수 있다.

2) 지급신용장

지급신용장(straight credit)은 신용장에 대한 환어음의 매입여부에 대해서는 명시가 없고 신용장조건에 부합되게 발행된 서류가 신용장 발행은행 또는 그가 지정하는 은행에 제시되면 지급할 것을 확약한 신용장을 말한다. 지급신용장은 매입과 지급업무를 동일은행만이 담당하도록 특별히 제한해놓은 신용장이다. 지급신용장이 발행되면 수익자는 반드시 발행은행이나 지정은행앞으로 환어음을 발행하여 직접 발행은행이나 지정된 지급은행 또는 인수은행에 제시하여야 한다.

그러나 지급신용장도 일람불어음이 사용되는 지급신용장과 기한부어음이 사용되는 연지급신용장으로 구분할 수 있다. 지급신용장은 일람지급환어음을 요구할 수도 있고 하지 않을 수도 있다. 환어음을 요구하는 경우 지급인은 발행은행 또는 발행은행의 예금계정을 가지고 있는 다른 은행 또는 발행은행이 미리 대금을 맡겨둔 은행이 된다. 연지급신용장의 경우에는 어음을 제시할 필요가 없다. 지급은행은 연지급확약(deferred payment undertaking)을 하였다가 만기일에 지급을 한다.

동 신용장의 특징은 첫째, 발행은행과 수출상이 소재한 국가의 지정은행이 상호 예금계좌를 개설하고 있는 예치환거래은행이어야 한다. 둘째, 수출상의 대금지급상대방이 미리 지정된 상황이고 특별히 어음발행을 요구하고 있는 경우를 제외하고는 무어음이 원칙이다.[3] 셋째, 무어음일 경우에는 수출상이 이중으로 매입할 가능성이 없으므로 신용장원본 이면에 배서를 할 필요가 없기 때문에 비배서를 원칙으로 한다.

6. 매입허용여부에 따른 분류

1) 매입제한신용장

매입제한신용장(restricted credit)은 신용장상에서 환어음의 매입은행으로서 어느 특정 은행을 지정해 둔 신용장을 말한다. 매입제한을 두는 이유는 발행은행이 해외의 본·지점에 환어음매입수수료의 수익증대를 도모하기 위한 정책적인 배려와 환거래은행 간의 편의를

3) 발행은행이 영국소재 은행일 경우 지정신용장에서도 어음이 발행되어야 함.

도모하기 위해서이다.

2) 자유매입신용장

자유매입신용장(freely negotiable credit)은 수익자가 환어음의 매입은행을 자유로이 선택할 수 있도록 신용장상에서 매입은행을 지정하거나 제한해 두지 아니한 신용장을 말한다. 이 경우 수익자는 자신에게 편리하고 환어음 매입조건이 가장 유리한 은행을 택하여 환어음을 매각할 수 있으며, 이를 매입한 모든 매입은행은 발행은행에 대하여 직접 대금의 청구권을 갖는다.

7. 대금지급기간에 따른 분류

1) 일람불신용장

일람불신용장(sight credit)은 신용장에서 수익자가 일람불환어음(sight draft)을 발행하거나 선적서류를 직접 발행은행, 확인은행, 또는 지정은행에 제시하면 해당은행은 이를 일람한 즉시 지급한다고 약정된 신용장을 말한다. 즉, 수출지에서 매입은행이 선적서류 송부하면 발행은행은 서류상의 하자가 없는 즉시 신용장대금전액을 매입은행계좌에 이체시켜주는 현금거래신용장을 의미한다. 지급신용장과 일람출급매입신용장이 여기에 해당된다.[4)]

2) 기한부신용장

기한부신용장(usance credit)은 수익자가 선적서류와 함께 기한부환어음(usance draft)을 제시하면 수입상은 환어음의 대금을 지급함이 없이 서류만 인수하고 대금은 기한부어음의 만기일에 지급한다고 약정된 신용장을 말한다. 수입상에게 일정기간 신용을 공여하여 자금융통에 여유를 제공하는 신용장으로서 여기에는 인수신용장, 연지급신용장, 기한부매입신용장이 여기에 해당된다. 기한부신용장에는 어음의 지급기일에 따라 일람후 정기출급(at**days after sight), 일부후 정기출급(at**days after date of draft) 및 확정일후 정기출급(at**days after date of B/L) 등으로 발행할 수 있다. 그리고 환어음과 지급확약방식에 따라 다음 4가지로 구분된다. 또한 일정기간 신용공여를 하는 주체에 따라 은행이 신용을 공여하는 Bank's Usance와 수출상자신이 신용을 공여하는 'shipper's Usance'로 구분한다.

(1) 기한부매입신용장

기한부매입신용장은 기한부어음발행을 허용하고 신용장조건에 따라 발행되는 어음매

---

4) 한국의 경우, 발행은행이 대금지급을 지연시킬 수 있는 기간은 도착한 서류의 신용장조건과 일치여부 검토기간이 제5은행영업일 이내로 제한하고 있어 만약 동기간까지 발행의뢰인이 결제하지 않으면 자기자금으로 우선 지급하여야 한다.

입을 전제로 하여 발행의뢰인이 발행은행에게 만기일에 지급하는 방식이다.

(2) 연지급신용장

연지급신용장은 수출상이 수입상의 신용을 믿고 물품대금지급을 일정기간 유예해주는 신용장으로 수출상의 서류제시 후 일정기간이 지나야 대금지급이 이뤄지도록 "seller's usance"를 근거로 발행되고 있다. 환어음발행지시가 없는 것이 특징이다.

(3) 인수신용장

연지급환어음의 발행을 지시하고 동 어음을 인수하여 만기일에 지급하는 방식이다. 발행은행이 예치환거래은행에서 인수편의를 사용할 때 발행되며, 어음이 발행되어 기한부신용장으로만 사용된다. 또 이 신용장하에서는 통지은행만이 인수업구를 담당할 수 있다.

(4) 할부지급신용장

할부지급신용장(installment payment credit)은 선적 또는 대금결제기간이 일정한 시기로 나누어져 있는 신용장을 의미한다. 즉, 수입상이 선적서류를 인도받을 때 착수금조로 일부분만 지급하고 나머지 잔액은 일정기간에 일정액을 나누어 상환하도록 약정된 신용장이다.

8. 신용장의 양도여부에 따른 분류

1) 양도가능신용장

양도가능신용장(transferable credit)은 신용장상에 "transferable"이라는 양도가능의 명시적인 표기를 두어 원수익자가 지급, 인수 또는 매입은행에 대하여 신용장의 전부 또는 일부를 제2수익자에게 양도하도록 요청할 수 있는 신용장을 말한다. 신용장의 양도는 원수익자의 일방적인 의사표시로 성립될 수 없으며, 이는 반드시 양도은행측의 승낙을 받아야 가능하다. 양도된 신용장은 원신용장에 명기된 다음의 조건에 따라서만 양도될 수 있다.

첫째, 양도지시권은 최초의 수익자만이 1회에 한하여 갖는다. 따라서 제2수익자, 즉 양수인은 제3자에게 재양도가 금지된다. 그러나 양수인이 원신용장의 수익자 즉 최초의 양도인에게 재양도하는 것은 가능하다.

둘째, 지급, 인수 및 매입을 수권 받은 은행만이 양도를 할 수 있다.

셋째, 신용장상에 "transferable"이라는 용어가 있어야 한다.

넷째, 분할어음발행 또는 분할선적이 허용된 경우에 한하여 최초의 수익자는 다수의 제2수익자에게 분할양도(partial transfer)를 할 수 있다.

마지막으로 양도가능 신용장에 명시된 조건에 따라서만 양도가능하다.

〈서식 7-1〉 신용장 양도신청서

계	책임자

Application of ☐ **Total** ☐ **Partial** **Transfer**

Kookmin Bank

Date:

L/C No
Beneficiary
Applicant
Issuing Date
Issuing Bank

Gentleman :

We hereby request you to transfer irrevocably all of our rights of the above mentioned credit to the transferee under the same terms and conditions of the original credit with exceptions indicated hereunder :

- Amount to be transferred :
- Expiry date:
- Latest shipping date
- Presentation period :
- Other Conditions (Description of Goods, etc) :

Any amendment to the credit hereafter made is to be advised to the ☐ the 1st ☐ the 2nd Beneficiary.

The original credit (including amendments to this date, if any) is attached herewith for your endorsement. We agree to indemnify and hold you harmless against any and all losses, damages and expenses arising from your actions on this transfer.

This application is subject to The Uniform Customs and Practice for Documentary credits, 1993 Revision, International Chamber of Commerce Publication No. 500.

Accepted by **Truly Yours**

Authorized Singature & Name of 2nd Beneficiary

Authorized Singature & Name of 1st beneficiary

또한 신용장을 양도하는 이유는 다음과 같다.

첫째, 제2수익자가 국내외 각종, 특혜를 받기 위해 필요한 조건인 수출실적에 미달하는 경우, 원수익자가 수출능력이 있더라도 제2수익자에게 신용장을 양도하고 신용장 양도에 따른 대가를 지급받는다. 신용장을 양도함으로써 원수익자는 직접 수출하는 경우보다 높은 이익을 보장받을 수 있다. 또한 원수익자는 자기의 신용장을 양도하는 것이 보다 효율적이라 판단하는 경우에도 양도할 수 있다.

둘째, 원수익자가 계약상품을 소유하고 있지 않아 계약상품을 생산업자로부터 구입하여야 할 경우 신용장을 양도할 수 있다. 왜냐하면 원수익자가 선적하려면 여러 가지 복잡한 문제가 발생될 수 있어 신용장을 생산업자에게 양수해 주어 생산업자가 직접 선적하게 하고, 양수자인 제2수익자(생산업자)로부터 수수료를 받을 수 있기 때문이다.

셋째, 원수익자가 선적상품을 자신이 직접 생산하는 것보다 하청업자에게 주는 것이 유리하다고 판단하는 경우에 양도할 수 있다.

넷째, 수입상이 거래하는 수출상 수는 많으나 거래규모는 적어 수출상마다 신용장을 개설하는 것이 복잡하고 번거롭기 때문에 어떤 특정 수출상에게 일괄하여 신용장을 개설해 주고 그로 하여금 신용장을 양도하게 할 수 있다.

마지막으로 수출입법의 허가를 받지 않은 자 명의로 신용장이 개설되었을 경우, 원수익자는 수출법인의 허가를 받은 수출상에게 자신의 신용장을 양도하여 수출행위를 이행할 경우에 양도할 수 있다.

2) 양도불능신용장

양도불능신용장(nontransferable credit)은 신용장에 양도가능(transferable)이란 표시가 없는 신용장을 말하며 이와 같은 신용장은 양도사유가 발생하여도 신용장 양도는 할 수 없다. 따라서 양도가능의 명시가 없거나 불명확한 신용장은 오직 신용장상에 지정된 원수익자만이 이를 사용할 수 있다.

9. 발행방법에 따른 분류

1) 우편신용장

우편신용장(mail credit)은 신용장을 발행할 때 발행은행이 자행의 양식을 사용하여 서신형식으로 신용장을 작성하여 우편으로 발송하는 신용장을 의미한다.

2) 전신신용장

전신신용장(cable credit)은 신용장을 발행할 때 발행은행이 전코 또는 텔렉스 등의 전신을 이용하여 신용장을 발행하는 방법으로 우편신용장보다 신속하고 능률적으로 발행할 수 있다. 전신신용장도 약식전보(short cable), 전신약어(cypher), 정식전보(full cable) 및 swift에 의한 방법 등이 있다.

10. 상환청구권 유무에 따른 분류

1) 상환청구가능신용장

상환청구가능신용장(with recourse credit)은 환어음을 발행은행이나 확인은행 이외의 타은행에서 매입하였을 경우 그 어음의 지급인인 발행은행이 파산 등 지급이나 인수불능이 되었을 때에 매입은행이 수익자, 즉 어음발행인에게 어음금액을 상환청구 할 수 있는 신용장을 말한다.

상환청구가능신용장이 되기 위해서는 신용장상에 상환청구에 관한 별도의 표시가 없거나 “with recourse”라는 표시가 있어야 한다. 신용장의 상환청구권의 유무는 신용장과의 별개의 문제로 어음법과 관련된 것이다. 즉, 우리나라는 상환청구불능을 인정하고 있지 않으나 수출상 또는 매입은행이 확인은행에게 직접 대금지급청구을 하였을 경우 확인은행은 상환청구를 주장할 수 없다.[5] 영미법에서는 “without recourse”의 표시가 있는 것은 원칙적으로 상환청구권을 인정하지 않는다.

2) 상환청구불능신용장

상환청구불능신용장(without recourse credit)은 어음소지인의 상환청구에 대하여 어음발행인이 상환할 의무를 부담하지 않는 신용장이다. 신용장상에 “without recourse”의 표시가 반드시 있어야 한다. 매입신용장이 발행되었을 경우 상환청구권의 유무는 각 국의 어음법에 따라 결정된다.

11. 국내외 거래용도에 따른 분류

1) 내국신용장

내국신용장(local credit)은 외국으로부터 수출신용장을 받은 국내수출상이 수출물품을 제조 및 가공을 하는데 소요되는 비용을 조달하기 위해 필요한 신용장이다. 즉, 원수익자가 원자재 또는 수출용완제품을 국내에서 원활하게 조달하기 위하여 원수출신용장을 근거로 하여 수출용원자재 또는 수출용완제품의 국내제조업자를 수익자로 하여 발행하는 신용장을 말한다.[6] 또한 내국신용장은 물품대금지급보증이외 제조 및 가공에 소요되는 생산자금

---

5) 발행은행 및 확인은행의 지급행위는 그 자체가 최종지급의 성격으로서 확인은행이 발행은행의 상환불능의 이유로 지급거절 또는 상환청구를 할 수 없다.

6) 물품공급상인 수익자의 존재위치에 따라 구분된다. 먼저 국내에 있을 경우 Local L/C라 하며, 외국에

뿐 아니라 수출용원자재 조달 시 소요되는 자금을 무역금융으로 융자하고 내국신용장에 의한 물품공급실적을 수출실적으로 인정하여 세제상 부가가치세 영세율을 적용하는 등 국산원자재 사용촉진을 통한 외화가득율 제고에 중요한 역할을 한다. 특히 한국의 경우 내국신용장에 의한 국내 공급업자의 공급실적을 수출실적으로 인정하고 있어서 내국신용장은 은행의 지급확약기능 외에도 물품공급자가 무역금융 수혜를 받을 수 있어 국내 물품공급업자에게 유용성이 큰 제도로 평가되고 있다. 또한 궁극적으로 국산원자재의 사용을 촉진하고 외화가득률제고에도 큰 역할을 하고 있다.

내국신용장은 종종 양도가능신용장과 비교가 되는 데 차이점은 다음과 같다.

첫째, 양도가능신용장은 수익자가 원신용장 자체를 제2수익자에게 양도하는데 반해 내국신용장은 원신용장과 별개의 신용장이다.

둘째, 양도가능신용장은 외국의 신용장 발행은행으로부터 대금지급에 관한 확약을 받는데 반해, 내국신용장은 국내의 발행은행으로부터 지급확약을 받는다.

셋째, 양도가능신용장은 신용장상의 조건 변경 없이 양도해야 되나 내국신용장은 이들 조건이 변경되므로 원수익자가 중간이윤을 취득할 수 있는 여지가 크다.

2) 원신용장

원신용장(master credit)은 국제물품매매거래에서 최초의 신용장수익자가 국외에서 수취한 수출신용장을 말한다. 즉, 내국신용장 발급의 근거가 되는 신용장을 의미한다.

제2절 특수신용장

1. 보증신용장

보증신용장(stand－by credit)은 제2차 세계대전 중에 처음 사용된 금융의 담보 또는 채무불이행의 보증을 목적으로 발행되는 무화환신용장(clean credit)이다. 보증신용장은 결제의 확실성을 보장하는 면에서는 화환신용장과 동일하고 주로 무역외거래 및 자본거래 등에 대한 보증수단으로 사용된다는 점에서 화환신용장과 다르다. 보증신용장은 신용장 발행은행이 지급보증 상대은행으로 하여금 특정인에게 금융지원 및 채무보증 등 여신행위를 이행하도록 하고 만기에 채무의 상환을 이행하지 않을 경우에 지급을 대신 이행하겠다는 약속증서로서 현지 금융조달을 위한 담보 또는 지급보증수단으로 사용되는 신용장을 의미한다.

있을 경우 Sub L/C, 또는 Baby L/C라고 한다.

〈서식 7-2〉 보증신용장(Stand-by L/C)

CHASE MANHATTAN BANK

IREVOCABLE LETTER OF CREDIT

123 Wall Street

New York, N. Y.

January 22. 2008

10005

STAND－BY LETTER OF CREDIT

We hereby establish an irrevocable letter of credit in your favor for account of ABC Co., 21st East 34th Street New York, N.Y. and thereby undertake to honour drafts at sight on us not exceeding in the aggregate US $ 100,000.00(U.S Dollar one hundred thousand dollars) each such draft to be accompanied by your written statement that drawing represents sum owed to you through failure of ABC Co., 21st East 34th Street New York, N.Y., to make payment in connection with your bid invitation No. 12345.

This credit is valid until March 5, 2005 and drafts dawn here under if accompanied by document as specified above will be honoured if presented to us at our office on or before that date.

Except as otherwise expressly stated herein, this credit is subject to the "Uniform Customs and Practice for Commercial Documentary Credits (1999 Revision), International Chamber of Commerce, Publication No. 500."

Your faithfully,

Chase Manhattan Bank

Authorized counter signature　　　Anthorized counter signature

보증신용장은 화환신용장의 형식에 은행의 보증기능을 부가한 것으로 궁극적으로는 신용장의 형식을 가진 은행의 보증서라 할 수 있다. 그러나 보증신용장에서 발행은행의 지급의무의 성격은 보증서의 발행인의 지급의무와는 그 성격을 달리한다. 보증신용장에서 수익자에 대한 발행은행의 지급의무는 보증신용장이 발행되는 원인인 근거거래 등에 의한 기타 거래와 독립된 별개의 지급의무이면서 1차적 지급의무에 해당된다. 즉, 수익자에 의하여 제시되는 서류가 보증신용장조건과 일치한다면 발행은행의 지급의무는 이행되어야 하며 근거계약의 이행 또는 불이행에 관련된 분쟁이 발생하거나, 근거계약이 파기 또는 무효화 되는 경우에도 발행은행의 지급의무는 영향을 받지 않으며 독립적으로 존재하게 된다.

일반적으로 보증신용장은 해외현지법인이나 지점 또는 관련거래선이 자국상사의 영업과 관련하여 현지은행에 현지금융담보의 조건이나 건설, 용역 및 플랜트수출과 관련한 입찰보증, 계약이행보증, 하자보증 및 선수금환급보증 등에 대한 지급보증서의 대용으로 국내외 외국환은행이 해외은행 앞으로 발행하여 사용하고 있다.

2. 전대신용장

전대신용장(packing credit)은 선대신용장이라고도 하는데 신용장 발행은행이 신용장을 발행할 때 신용장상에 통지은행으로 하여금 수익자가 선적서류를 제시하기 전에 수출대금을 지급하도록 수권하고 있는 신용장을 의미한다. 발행은행의 이러한 특약은 보통 적색으로 표시되기 때문에 이를 "red clause credit"라고 하였으나 현재는 이와 같은 관행은 없어졌고 대신 수출상의 집하자금의 융자라는 면에서 집하신용장(packing credit), 또는 수입상의 입장에서 미리 자금을 제공한다는 면에서 전대신용장이라 하고 수익자 입장에서는 자금을 선지급을 받는 다는 의미에서 선수금신용장(advance payment credit)이라고 한다.

전대신용장은 수익자에게 수출에 따른 물품의 생산·가공 등에 필요한 자금을 미리 융통해 주기 위하여 사용되는 것으로서, 전대를 받은 수출상은 선적한 후 이미 전대를 받은 금액을 공제하고 그 잔액에 대해서만 환어음을 발행하여 매입은행에 제시하면 된다.

그런데 전대 후 수출상품에 대한 선적이행을 하지 않는 경우가 있는데, 이러한 문제를 해결하기 위하여 신용장 발행의뢰인은 수출상의 신용상태가 양호한 경우에만 이 신용장을 발행한다. 만약 신용상태에 대한 확신이 서지 않는 경우에는 전대금에 해당되는 만큼의 보증신용장을 개설하도록 하여 전대금에 대한 채권을 확보하여야 한다.

또한 전대신용장은 수입상이 수출상의 신용을 믿지 못하면 발행해주지 않게 되며 발행해주더라도 전대하여 주는 조건으로 전대기간중의 이자부담을 보통 수익자가 한다.

〈서식 7-3〉 전대신용장(Red Clause L/C)

THE FIRST NATIONAL CITY BANK OF NEW YORK
55 WALL STREET, New York

IRREVOCABLE

All drafts drawn must be marked
drawn as per credit no. com.

Dear Sirs.

We hereby authorize you to value on *US $ 500,000—(Five hundred* thousand and No/100 dollars) for account of *ABC Corp., 100 East Street, New York, N.Y.*

up to the aggregate amount of *100% of this letter of credit*
available by your drafts at sight for invoice cost
to be accompanied by consular invoice, Bills of Lading
drawn to the order of *our bank marked "freight prepaid" notify* ABC Corp., 100 East Street, New York, N.Y. and commercial invoice evidencing shipment of *100% Silk women's shirts, CIF* New York from Busan to New York. N.Y. *Partial shipments are not allowed.* Bills of Lading must be dated not than *May 5, 2005* Bills of exchange must be negotiated not later than *May, 15, 2005*

A copy of the consular invoice, one commercial invoice and one bill of lading must be for-warded by first mail direct *ABC Corp., 100* East Street, New York, N.Y.

All remaining documents must accompany the draft to enable the beneficiary(ies) to pay for the merchandise for the purchase and shipment of which this credit is opened,

<u>May make clean advances to him (them) at any time or times not exceeding in all either(a) the aggregate amount of or (b) the remaining unused balance of this credit(whichever is less) repay-able with interest out of the proceeds of drafts which may thereafter be drawn hereunder by the beneficiary(ies) upon presentation of required documents.</u> But if not so repaid during the currency of this credit to be chargeable as with drawer hereunder.

The amount of each draft drawn under this credit and/or each advance made under the red clause is to be endorsed on the reverse side hereof.

we hereby agree with the drawers, endorsers and bona fide holders of drafts drawn under and in compliance with the terms of this credit that the same shall be duly honored on due pre-sentation to the drawee.

YOURS VERY TRULY,
THE FIRST NATIONAL CITY BANK OF NEW YORK

3. 회전신용장

매매당사자간에 동일한 거래처에 동일 종류의 물품으로 계속적인 거래가 이루어질 경우 매 거래 시 신용장을 발행하는 것은 비경제적이고 비능률적이다. 또한 거액의 신용장을 한꺼번에 개설하려면 과중한 자금부담이 발생한다. 회전신용장(revolving credit)은 상기와 같은 불편을 제거하기 위하여 일정한 기간동안 일정한 금액의 범의 내에서 신용장금액이 자동적으로 갱신될 수 있도록 발행되는 신용장으로서 self-continuing credit라고도 한다.

회전신용장의 신용장회전의 방법으로 세 가지가 있다. 첫째, 발행은행으로부터 환어음에 대한 지급통지가 있으면 회전하는 방법 둘째, 환어음이 결제되는 일정한 일수를 정하여 그 기간이내에 지급거절통지가 없으면 회전하는 방법, 셋째 월력상의 일정한 기간, 즉, 월별이나 격월 등의 기간이 경과하면 다시 자동적으로 그 금액이 갱생되어 회전하는 방법 등이 있다.

〈서식 7-4〉 회전신용장(Cumulative Revolving L/C)

IRREVOCABLE LETTER OF CREDIT NO. 3455

THE BANK OF CALIFORNIA National Association

Portland, Oregon

February 24, 2005

Advised through : THE COMMERCIAL BANK OF KOREA

P. O. Box Central 126

Seoul, Korea

U.S.$40,000.00

-Revolving-

Acme Plywood CO.

Seoul Korea

Gentlemen :

You are authorized to draw on The Bank of California, N.A., Portland, Oregon at sight

for account of THE MARK THOMAS COMPANY, 6443 S.W. Beaverton- Hillscale Hwy., Portland, Oregon 97221 up to an aggregate amount of U.S. $40,000.00 (FORTY THOUSAND AND 00/100)

U.S. DOLLARS

Your drafts must be accompanied by :

(1) Invoice in quadruplicate.

(2) Special Customs invoice #5515 in duplicate.

(3) Certificate of Origin in quadruplicate.

(4) Packing list in quadruplicate.

(5) Full set of clean on board ocean bills of lading issued to order of the Bank of California, N.A., marked "freight prepaid" and "notify George S. Bush & Co., P. O. Box 8829, Portland, Oregon 97208"

Evidencing shipment of :

5/32×4'×90" Lauan Plywood C.F.R from Korea to Vancouver, Washington

Any shipment not to exceed invoice value of $ 40,000.00

Afteer a draft has been paid under this credit, the credit reverts to its original amount of $40,000.00. Any unused Portion of monthly availment may be used during any subsequent month.

Insurance for buyer's account.

Partial shipment and Transhipment prohibited.

All drafts so drawn must bear the clause : "Drawn under The Bank of California N.A., Portland, Oregon Letter of Credit No. 2455 dated February 24, 2005" and the amount of each negotiation must be endorsed on the reverse hereof by the negotiating bank.

We engage with drawers, endorsers and bona fide holders that all drafts drawn in compliance with the terms of this Credit shall be honored upon presentation and delivery of the documents, if drawn and negotiated on or before August 20, 1999.

Yours very truly,

Authorized Signature

Perry G. Holland(P-17)

This Credit is subject to the "Uniform Customs & Practice for Documentary Credit(1994 Revision) International Chamber of Commerce Publication No. 500"

4. 구상무역신용장

구상무역(Compensation Trade)은 수출입물품의 대금을 그에 상응하는 수입 또는 수출로 상계하여 양국간에 수출입균형을 유지하기 위해 이용되는 거래방식이다. 구상무역은 분류기준에 따라 몇 가지로 구분할 수 있다. 첫째, 한국의 대외무역법에서의 구분기준은 구상무역을 연계무역으로 확대하여 물물교환(barter trade), 구상무역, 대응구매(counter pur-chase), 산업협력(industrial cooperation) 등의 형태로 구분하고 있다. 둘째, 대금결제 시 환의 개입여부에 따라 무환구상무역과 유환구상무역으로 구분할 수 있다. 전자는 물물교환형태이며 후자는 특수한 신용장을 이용하여 이루어지는 방식으로 다음과 같다.

1) 동시개설신용장

초기에 동시개설신용장(Back to Back Credit)은 수출상이 수출상품을 자신이 직접 생산하지 않고 다른 생산업자에게 공급받는 경우, 수출상이 외국으로부터 수취한 신용장을 담보로, 당해물품의 공급상을 수익자로하여 다시 발행되는 제2의 신용장을 의미하였다. 즉, 수출품생산업자가 수출상에게 공급하는 상품의 대금을 선지급받거나 지급보증을 요구할 때 수출상은 자신이 수취한 원신용장을 통지은행에 예치한 후 이를 근거로 상품수익자로 내국신용장을 발행할 경우에 사용되었다. 이 경우 내국신용장은 외국으로부터 보내 온 원신용장에 근거하여 발행된다는 사실로 'back to back credit'라 하였다.

현재는 2국간의 수출입을 균형 시키기 위하여 일국에서 일정액의 수입신용장을 개설할 경우 해당 신용장은 수출국에서도 같은 금액의 신용장을 개설하는 경우에만 유효하다는 조건이 부가된 신용장을 의미한다.

그러나 광의의 동시개설신용장은 연계무역에만 국한되지 않고 packing credit에 대한 보증신용장, 국내회사의 해외지점이 수입신용장의 발행을 담보로 제공하는 보증신용장, 내국신용장 그리고 해외의 원자재 수출상에게 발행해주는 baby credit등을 전제하는 신용장의 의미로 사용될 수 있다.

〈서식 7-5〉 동시개설신용장(Back to Back L/C)

KOREA FISRT BANK
Seoul. Korea

ABC Company
PO Box 3036
HONG KONG

February 1, 2005
Letter of Credit No. 0123

Gentlemen :

We hereby open our Irrevocable letter of credit in your favor for account of XYZ Company, Seoul for a sum of sums not exceeding a total of US $200,000.－available by your draft(s) drawn at sight on us for 100% of invoice cost, and accompanied by the following documents evidencing shipment(s) of 200 M/T of Crude Sugar

from Hong Kong to Busan, Korea

Full set of clean on board ocean bills of lading made out to the order of Korea First Bank, Seoul marked “Freight Collect” and “Notify XYZ Company, Seoul”

Signed commercial invoice in quintuplicate

Packing list in triplicate

Consular invoice and certificate of origin in duplicate issued or visaed by Korean Consular in Hong Kong

Partial shipments are Permitted. Transhipement is prohibited

Shipment must be effected on or before April 30, 2005

All drafts hereunder must be marked “Drawn under Korea Firist Bank, Seoul, Credit No. 0123 dated February 1, 1999 and all other documents shall also contain the reference number of this credit.”

The amount and date of negotiation of each draft must be endorsed on the reverse hereof by the negotiation bank.

Unless otherwise expressly stated, this credit is subject to “Uniform Customs and Practice for Documentary Credits(1994 Revision), International Chamber of Commerce, Publication No. 500.”

We hereby agree with the drawers, endorsers, and bona fide holders of drafts drawn under and in compliance with the terms of this credit that the same shall be duly honored on due presentation and on delivery of documents as specified.

This Letter of Credit shall not be available unless and until standard prime banker's irrevocable Letter(s) of Credit in favor of XYZ Company, Soul for account of ABC Company, HONG KONG for an aggregate account of US $ 200,000.－have been established pursuant to contract No. 1005 for the export of 20M/Tons of aluminium coil from Korea to Hong Kong.

The export Letter(s) of Credit shall be mentioned effective until and not later than February 20, 1999 referring to Compensation Transaction Approval No. 2500 dated December 25, 1999 and shall be available against sight drafts accompanied by the usual commercial documents.

This Letter of Credit shall not be available, if beneficiary's Letter of Credit(of export) are es－tablished through banks other than those opening and advising this credit.

Yours very truly,

2) 기탁신용장

기탁신용장(Escrow Credit)은 수입상이 신용장을 발행할 경우 신용장조건에 따라 발행되는 환어음의 매입대금을 상호 약정에 따라 수익자에게 지급하지 않고 수익자 명의로 매입은행, 발행은행 또는 제3국의 환거래은행 등의 기탁계정[7](escrow account)에 기탁하여 두었다가 그 수익자가 원신용장 발행국으로부터 수입하는 상품의 대금결제에만 사용할 수 있는 조건이 부가된 신용장이다. 동시개설신용장이 동액·동시개설조건인데 반하여 기탁신용장은 신용장발행의 시기나 금액이 달라도 유효하기 때문에 물품의 선택과 기일 등에서 보다 자유롭다는 장점이 있다. 또한 동시발행신용장보다 물품의 선택액의 미사용 잔액이 남을 수가 있는데 총금액의 1%미만이거나 미화 1000달러 미만정도의 소액은 현금으로 지급될 수 있다.

3) 토마스신용장

토마스신용장(Tomas credit)은 수출상과 수입상 양측이 상호 일정액의 신용장을 서로 발행하기로 하되, 일방이 먼저 신용장을 발행할 경우 상대방은 이에 대응하는 신용장을 일정기간 후에 발행하겠다는 보증서를 발행하여야만 상대방 측에 도착한 신용장이 유효하게 되는 신용장을 의미한다. 이는 수출국의 수출물품은 확정되었지만 그 대가로 수입할 물품의 품목이나 시기가 결정되지 않았으므로 추후에 수입하겠다는 보증서 성격이다. 따라서 이 신용장은 back to back credit와 그 성격이 유사하나 결제조건이 완화되고 있다는 사실이 다른 점이다.

토마스신용장은 일본과 중국간의 구상무역에서 생성된 것으로 'TOMAS'라는 용어도 이와 같은 방식으로 중국과의 무역거래를 성사시킨 일본무역회사의 전신 약호에서 유래하였다.[8] 즉, 토마스 신용장방식은 수출국의 수출상품은 확정되었지만 수입할 상품이 아직 확정되지 않았을 때 이용된다.

---

7) 'escrow'는 특정물을 제3자에게 기탁하고 일정조건이 충족된 경우에 상대방에게 교부할 것을 의뢰하는 일종의 신탁행위를 의미한다.

8) 토마스 신용장도 선수출 후수입의 경우에는 Tomas Credit라고 하며, 선수입 후수출의 경우는 Reverse Tomas Credit라고 한다.

제3절 기타신용장

1. 할부선적 신용장과 할부지급신용장

할부선적신용장(Installment Shipment Credit)은 일정한 기간 내에 주기적으로 일정량의 상품을 선적하도록 조건을 부여한 신용장이다

할부지급신용장(Installment Payment Credit)은 기한부신용장의 일종으로서 일반적인 기한부신용장은 대금을 만기일에 일시에 지급을 한다. 그러나 할부지급신용장은 대금이 선적서류 인도 후 만기까지 분할 지급된다. 즉, 수입대금일정금액을 착수금조로 일람출급조건으로 사전지급하고 잔액은 당해선적서류나 물품을 영수한 후 기한부지급으로 일정기간에 나누어 환어음을 받아 지급을 한다.

2. Cargo Receipt Credit

Cargo Receipt Credit는 원양어선 등이 공해상에서 포획한 수산물을 직접 해외 거래선에게 인도할 경우에 사용되는 신용장이다. 즉, 공해상에서는 객관적인 제3자가 발행하는 선적서류를 수취하기가 어렵기 때문에 선화증권대신 거래선으로부터 물품인수증(cargo receipt)이나 확인서 등으로 대신하게 된다. 본사는 원양어선선장으로부터 수취한 선화증권대체 선적서류를 담보로 환어음을 발행하여 거래은행에게 제출함으로서 매입의뢰를 할 수 있는 신용장이다.[9]

9) 남풍우, 「무역결제론」, 두남, 2011. pp.240~251.

〈서식 7-6〉 Cargo Receipt Credit

Shipper / Consignor
KANGRIM HEAVY INDUSTRIES CO., LTD.
40, UNGNAM-DONG, CHANGWON CITY,
KYUNGNAM, KOREA
TEL :+82-55-269773135
FAX :+82-55-269779597

No. SYZB307017 KR 410

Consigned to order of
TO APPLICANT:
ZHEJIANG OUHUA SHIPBUILDING CO., LTD
XIAOGAN, PUTUO ZHOUSHAN, ZHEJIANG CHINA
ATTN:SUN HUI ER
TEL:+86 580 3690 877 FAX:+86 580 3690 114

Forwarder's Cargo Receipt

Notify address
ZHEJIANG OUHUA SHIPBUILDING CO., LTD
XIAOGAN, PUTUO ZHOUSHAN, ZHEJIANG CHINA
ATTN:SUN HUI ER
TEL:+86 580 3690 992 FAX:+86 580 3690

YOUNG-KO TRANS CO.,LTD
NO.15, JIANGHAI ROAD, JINGANG TOWN,
ZHANGJIAGANG CITY, JIANSU PROVINCE, CHINA
TEL:86-512-5870-1897/0225
FAX:86-512-5870-0226
ATTN.MR.TOM LEE

Place of Receipt
ZHANGJIAGANG PORT, CHINA

Ocean vessel/Voyage No.
BY TRUCK

Port of loading	Port of discharge	Place of delivery
ZHANGJIAGANG PORT, ***	ZHOUSHAN PORT, CHINA	ZHOUSHAN PORT, CHINA

Marks and numbers	Number and kind of packages	Description of goods	Gross Weight	Measurement
0H4800IM10-649 ZHEJIANG OUHUA SHIPBUILDING CO.,LTD.,CHINA	(1PACKAGE)	"SHIPPER'S LOAD & COUNT" SAID TO CONTAIN:	13,000.00KGS	41.662CBM

1 PACKAGE OF
BOILER BODY FOR HULL NO.:649
QUANTITY: ONE SET
UNIT PRICE: USD 177,400.00/SHIPSET
TOTAL AMOUNT:USD177,400.00
PRICE TERM: CIP ZHOUSHAN,CHINA

*INVOICE NO.AND DATE
PAW11FB0649 2013.07.02

*L/C NO. AND DATE
LC2726513000748 2013.06.28

***CHINA

KANGRIM HEAVY INDUSTRIES CO.,LTD.
UNGNAM-DONG, CHANGWON ... KOREA
TEL : 82-55-269-7700
FAX : 82-55-269-7795
JUL.16,2013

"FREIGHT PREPAID"
SAY:CONTAINER(S) ONLY.-
according to the declaration of the consignor

IN BULK

Declaration of Interest of the consignor in timely delivery (Clause 6.2.)

Declared value for ad valorem rate according to the declaration of the consignor (Clauses 7 and 8)

The goods and instructions are accepted and dealt with subject to th Standard Conditions printed overleaf.
Taken in charge in apparent good order and condition, unless otherwise noted herein, at the place of receipt for transport and delivery as mentioned above.
one of these Multimodal Transport Bills of Lading must be surrended duly endorsed in exchange for the goods. InWitness whereof the original Multimodal Transport Bills of Lading all of this tenor and date have been signed in the number stated below, one of which being accomplished the other(s) to be void.

Freight amount	Freight payable at	Place and date of issue
"FREIGHT AS ARRANGED"	BUSAN, KOREA	BUSAN, KOREA JUL.16,2013
Cargo Insurance throught the undersigned	Number of Original FBL's THREE/3	Stamp and signature
For delivery of goods please apply to:		

chapter 8

신용장통일규칙과 신용장발행

제1절
신용장통일규칙(UCP)의 제정 및 개정

1. 제정의 필요성

신용장통일규칙(The Uniform Customs and Practice for Documentary Credits; UCP)은 국제상업회의소가 1933년 각국에서 보편적으로 널리 시행되고 있던 신용장거래에 관한 관습들을 상업화환신용장 은행기술실무위원회(International Chamber of Commerce Commission on Banking Technique & Practice)를 구성하여 만든 국제규칙이다. 현재 제6차 개정된 UCP 600이 발효되기까지 약 80여 년간 사용되고 있는 신용장통일규칙은 전 세계 170여 개국이 채택하고 있는 국제적으로 필수불가결한 규칙으로 발전하였다.

신용장통일규칙은 다음과 같은 유용성을 제공하고 있다.

첫째, 신용장거래의 해석기준을 제공하고 있다. 오늘날의 신용장 거래는 그 형태가 복잡하고 다양하게 활용되고 있으며 신용장을 이용하는 국가간에 상관습이 다를 뿐만 아니라 동일한 신용장조건에 대한 해석을 달리하는 경우가 있다. 따라서 실제로 신용장 조건의 해석을 둘러싼 외국기업과 분쟁이 끊임없이 일어나고 있다. 이와 같은 점을 인식하여 신용장통일규칙은 국제적으로 객관적인 해석기준을 제공하고 있다.

둘째, 신용장거래관습의 해석에 대한 통일성을 제공하고 있다. 신용장거래관습은 지역별로 달라서 관습을 적용하는 과정에서 당사자간의 오해, 갈등 및 혼란이 제기되었다. 따라서 신용장 통일규칙은 각 지역의 신용장거래관습을 광범위하게 수용하여 신용장관습의 해석의 통일화에도 기여하였다.

셋째, 신용장통일규칙을 적용한다는 준거문언을 삽입하여야만 효력이 발생된다. 신용장 통일규칙을 제정한 국제상업회의소는 민간단체이기 때문에 이들이 제정한 규칙은 조약 및 법률과 달라서 법적구속력이 없다. 따라서 신용장거래에서 당사자는 "당사자자치(party autonomy)의 원칙"에 따라 준거법으로 신용장 통일규칙을 명시적으로 지정하여 적용할 수 있다.

2. 신용장통일규칙의 제정

신용장의 통일화운동의 시발점이 된 것은 1919년 12월 National Foreign Trade Convention이 개최한 회의로서, 이 회의에서는 매매당사자간의 책임의 분기점을 명확하게 하기 위하여 신용장의 통일시안이 제출되었다. 또 1920년에 New York Banker's Commercial Credit Conference가 개최되어 신용장의 통일문제가 거론되어 "신용장의 용어의 해석 및 취급에 관한 상세한 규칙"(regulation affecting export commercial credits)이 제정되었다. 이어서 1922년 American Acceptance Council이 신용장의 표준형식을 만들어 그의 사용을 국내의 은행에 권장하였다.

ICC는 1926년 3월 미국위원이 제출한 각국의 신용장규칙에 관한 국제적 통일권고안을 심의할 것을 결의하고, 1926년 10월 상설위원회를 조직하여 연구를 위촉, 1927년 2월 신용장 통일안을 작성하여 상설위원회의 심의를 위하여 제공하였다.

1929년 7월 각국의 대표로 하여금 자국은행협회의 의견을 기초로 한 수정안을 마련 ICC 암스테르담회의에서 상업신용장 통일규칙(uniform regulations of commercial documentary credits)을 채택하여 1930년 4월 1일부터 실시키로 예정하고 각 국에 이의 적용을 권고하였고 1930년 5월 "ICC Brochure No. 74"로 발표하였다. 그러나 독일 중앙은행협회 명의의 독자 안 제출 등 통일규칙 재심문제가 거론되어 1931년 5월 ICC 워싱턴회의에서 통일규칙 재심문제가 상정되고, 각국 대표들의 수정안을 다수 제출받아 각국 은행협회의 일부 대표들로 구성된 상업화환신용장에 관한 은행위원회(banking committee on commercial documentary credits)를 조직하여 통일규칙을 재검토하고 신규초안을 작성할 것을 위탁하였다.

1933년 5월 새로운 초안을 오스트리아 빈(Vienna)의 ICC 제 7차 회의에서 상정, 1933년 6월 3일 동 안건이 정식으로 채택되어 비로소 ICC의 신용장통일규칙이 제정되었다. 정식 명칭은 "상업화환신용장에 관한 통일규칙 및 관례"라 하여 불어를 사용하여 "Regles et Usances Relatives aux Credits Documentaires"로 발표되고, 영어로는 "Uniform Customs and Practice for Commercial Documentary Credits"라고 표기하여 "ICC Brochure No. 82'로 번역 발표되었다. 이것이 최초의 신용장 통일규칙으로 인정되었다. 이 규칙에 의하여 그동안 신용장 거래와 관련되어 있는 외국환은행마다 서로 달랐던 관행을 표준화시켰다. 동 규칙은 총칙 외에 신용장의 형식(1~9조), 책임(10~14조), 서류(15~34조), 용어의 해석(35~48조), 양도(49조)와 관련하여 5장 49조로 구성되었다.

3. 신용장통일규칙의 개정

1) 제1차에서 제5차 개정

〈표 8-1〉 신용장 통일규칙의 개정별 특징 및 한계

구분	제1차개정	제2차개정	제3차개정	제4차개정	제5차개정
일시	1952.1.1 ICC No.151	1963.4 ICC No. 222	1974.12 ICC No. 290	1083.6 ICC No.400	1994.1 ICC No. 500
특징	구주대륙계관행과 미국계관행조화	영국 관행국가들과 공산권국가들도 채택	컨테이너 운송의 발전적 수용	통신기술혁명을 반영	전자문서에 의한 신용장거래관행과 신용장통일규칙의 간소화
한계 및 발전	영국을 비롯한 영연방 일부국가들의 비채택	진보적인 미국관행과 전통적인 영국관행사이의 대립해소	공산권 등 동구권 은행들의 적극적인 참여	보증신용장과 연지급조항 추가	운송방식에 따라 운송서류를 상세히 구분

2) eUCP

1993년 UCP 500이 개정된 이래로 국제무역거래가 점차적으로 그 거래의 전부 또는 일부를 컴퓨터 등 정보처리능력을 가진 정보통신망을 이용하는 전자무역으로 진전됨에 따라 무역관습의 변화를 수용하는 새로운 UCP가 필요하게 되었다. 즉, UCP 500으로서는 서류의 완전한 전자화구현과 변화된 상관습을 규율하기에는 한계가 있었다. 따라서 2000년 5월 24일 파리에서 개최된 국제상업회의소 은행위원회에서는 전자무역을 수용하기 위하여 현행 UCP 500과 종이신용장에 상응하는 전자적 서류제시를 위한 규칙의 제정에 관한 논의를 시작하게 되었다.

은행위원회는 UCP에 대한 보충으로서 적정한 규칙을 준비하기 위하여 UCP, 전자거래, 법적문제 및 운송관련 산업에서의 전문가로 구성된 작업반을 설치하였다. 동 작업부는 미국의 테일러(Dan Taylor)와 스위스의 뮐러(Rene Muller)가 공동의장을 맡고 미국의 빈(James E. Byrne) 등 19명의 위원으로 구성하였다. 은행위원회는 이러한 추천을 승인하였고 작업반에 의한 노력의 결과 제 1차 초안을 2000년 12월 말 세계 각 국의 국내위원회(National Committee)로 보내고 2001년 2월 12일 접수된 의견들을 검토하였다. 2001년 수차례의 검토된 의견들을 종합하고 심의를 거쳐 2001년 11월 7일 독일 프랑크프르트에서 개최된 국제상업회의소 은행위원회에서 동 규칙 추록을 최종 승인하였다. 따라서 전자적 제시를 위한 화환신용장통일규칙 및 관례의 새로운 추록(Supplement to the Uniform Customs and Practice for Documentary Credits for Electronic Presentation) 즉, "eUCP"를 제정하여 2002년 4월 1일부터 발효될 수 있도록 하였다. eUCP는 다음과 같은 특징을 가지고 있다.

첫째, eUCP는 UCP의 개정이 아니라 UCP를 보충하였다.

둘째, eUCP는 전자적 제시에 적용할 수 있는 용어의 정의 조항을 두고 있다. 즉 현행 UCP에서 사용중인 "appears on its face", "place for presentation", "sign" 등과 같은 용어를 eUCP에서 다시 정의하고 있다.

셋째, eUCP는 UCP와 일관성을 유지하고 있다. eUCP의 모든 조항은 전자기록의 제시와 관련되는 경우를 제외하고서는 UCP조항과 모순되지 아니한다.

넷째, UCP의 조항과 eUCP 조항간의 혼란을 피하기 위하여 eUCP의 각 조 번호 앞에는 "e"가 표기되어 있다.

다섯째, 지속적인 개정을 시사하고 있다. eUCP는 UCP의 다음 개정 즉 UCP 600이 발표되기 전에 지속적인 기술의 발전으로 개정될 수 있음을 시사하고 있다.

여섯째, eUCP는 기술중립주의를 견지하고 있다.

일곱째, eUCP의 모든 조항은 특별히 전자적 제시와 관련된 경우를 제외하고는, UCP의 조항과 일치하고 있다.

여덟째, 신용장이 전자문서 또는 종이와 전자문서의 혼용을 허용하도록 하기 위하거나 또는 당사자들이 eUCP를 적용하기를 원할 경우, eUCP를 명시적으로 삽입하여야 한다는 점이다. 그러나 UCP와 eUCP 모두를 삽입할 필요는 없는 것으로 하고 있다.

또한 eUCP는 다음의 12개 조항으로 구성되어 있다.

eUCP의 적용범위(제e1조), UCP에 대한 eUCP의 관계(제e2조), 용어의 정의(제e3조), 형식(제e4조), 제시(제e5조), 심사(제e6조), 거절통지(제e7조), 원본 및 사본(제e8조), 발행일자(제e9조), 운송(제e10조), 제시 이후 전자기록의 변형(제e11조) 및 eUCP하의 전자기록 제시의무에 대한 추가적인 면책(제e12조)이다.

제2절 신용장통일규칙(UCP) 600

1. 개요

UCP는 1993년 제5차 개정이 이루어진 지 13년 만인 2006년 10월 25일 프랑스 파리에서 개최된 국제상업회의소(ICC) 은행위원회에서 급변하는 국제상거래관습을 수용하기 위하여 제6차로 개정되어 2007년 7월 1일부터 시행하고 있다. UCP 600의 탄생은 UCP 500의 제 5차 개정 이후 ICC Banking Commission의 500개 이상의 의견과 2개의 결정 및 4~50개의 DOCDEX 결정의 산물이라고 할 만큼 폭넓은 의견수렴 후에 나온 결과물이라는 점에서 의의가 크다. UCP 600은 전자상거래, 보험 및 운송업, 은행업분야의 변화 및 발전을 수용하는 쪽으로 개정되었다. UCP 600의 주요 개정내용을 살펴보면 다음과 같다. 첫째, 형식상 변화로서 UCP 500의 총 49개 조항을 39개 조항으로 축소시켰다.[1)] 둘째, 내용상 변화가 있었다. 즉 매입용어의 명확화(2조), 서류심사기간의 단축(14조), 불일치서류 통지내용, 기간 및 반송서류내용의 구체화(16조), 연지급신용장의 할인허용(7조), 용선계약선화증권의 수리요건 중 양륙항 기재요건추가(21조), 무사고운송서류에서 무사고표시 불필요 규정이 추가(27조), 보험서류발행인 자격의 세분화(28조) 등이다.

2. UCP 600의 주요개정내용

1) 조문 축소

조문을 기존의 49조에서 39개조로 통폐합하여 대폭 단축하였다.

2) 임의규칙성

UCP가 임의규칙이란 의미를 더욱 분명히 하기 위하여, 종전의 "화환신용장을 위한 통일관습 및 관례"란 표현을 그대로 존치하되, 당사자가 준거문언을 둔 경우에만 적용된다는 의미로 규칙을 의미하는 Rules란 표현을 제 1조에 명시적으로 추가로 삽입하였다.

3) Honour의 용어정의

종전의 제 2조에서 신용장의 사용방법을 지급, 환어음의 인수, 매입으로 규정하고 있던 것을 일람지급, 연지급, 환어음의 인수 및 매입으로 나누되, 일람지급, 연지급, 환어음의 인수를 모두 포함하는 상위의 새로운 개념으로 Honour란 용어를 새롭게 정의하여 채택하였다.

4) 매입의 용어를 구체적으로 정의

기존의 매입의 정의를 "환어음의 가액을 공여"란 표현을 "환어음 및 선적서류를 사는

---

1) 폐지된 조항은 다음과 같다. 신용장의 개설 및 변경지시(5조), 취소가능신용장(6조 및 8조), 불완전 및 불명료한 지시(12조), 운송주선인 발행운송서류(30조), 중량증명서 등 기타 서류들에 대한 규정(38조)이다. 신설된 조항은 다음과 같다. 용어들의 정의(2조), 용어들의 단수 및 복수의 해석기준(3조), 통지은행의 역할의 명확화(9조), 지정은행에 대한 수권의 효력조항 상실(12조), 일치하는 제시(15조), 원본서류 및 사본서류(17조), 분할선적에 대한 해석기준 추가(31조 b항), 송달 중 분실에 대한 책임 명확화(35조), 불가항력의 면책조항에서 테러행위에 대한 면책범위추가(36조), ICC Rule 준거문언 명시조항 삽입(13조) 등이다.

것"이라고 명시함으로써 매입은행이 수익자에게 매입대전을 제공하는 것이 신용장의 대금의 지급이 아닌 일종의 여신의 제공임을 더욱 분명히 하였다. 즉, 매입은행이 개설은행으로부터 신용장의 대금의 지급을 받기 이전에는 신용장의 거래가 끝난 것이 아님을 더욱 분명히 한 것이다.

5) 애매모호한 용어의 대폭 정리

(1) 합리성(reasonableness)의 의미

합리적인 주의를 기울여(take reasonable care), 합리적인 기간동안(within reasonable time), 지체없이(without delay) 라는 의미로 사용된다.

(2) 기간 계산표현의 변경

선적기간과 관련해 'to', 'until', 'till', 'from'이 사용된 경우에는 언급된 일자를 기간 계산에 포함시키고 'after'가 사용된 경우에는 언급된 일자를 기간 계산에 포함시키지 않도록 규정하고 있었으나 이를 변경하여 after는 물론 from도 언급된 일자를 제외하도록 변경하였다(UCP 600, 제3조).

(3) 제2통지은행의 규정신설

통지은행이 신용장을 수익자에게 통지하거나 이미 통지를 행한 신용장의 조건변경을 위하여 다른 은행의 서비스를 이용하는 경우에, 다른 은행인 제2의 통지은행을 통하여도 신용장을 통지하거나 조건변경의 통지를 할 수 있도록 허용하였다. 이러한 경우에 제2통지은행도, 제1의 통지은행과 마찬가지의 의무를 갖는 것으로 규정하였다. 즉 제2 통지은행은 신용장을 통지할 때 신용장의 외견상 진정성을 확보하기 위하여 합리적인 주의를 기울여야 한다(UCP 600, 제9조).

(4) 지정은행의 서류발송의무를 신설

종전의 조항에는 없던 지정은행의 서류발송의무를 새롭게 규정하였다. 즉, "지정은행이 서류의 제시가 신용장의 조건과 일치한다고 결정하고 지급이나 인수를 하거나(honour) 혹은 매입을 하는 경우에는 당 지정은행은 확인은행이나 개설은행으로 선적서류를 반드시 발송하여야 한다."는 조항을 신설하였다.

(5) 취소가능신용장 삭제

실무적으로 취소가능신용장은 거의 의미를 갖지 못하는 것이 국제적인 상관습이었다. 따라서 취소가능의 언급과는 무관하게 신용장은 모두 취소불능으로 간주되도록 변경되었다. 그러나 극히 예외적으로 러시아, 오만 및 볼리비아 등의 국가에서는 강행규정으로 "신용장의 취소 가능 여부에 대해 아무런 언급이 없으면 취소가능신용장으로 간주한다."고 강행법적으로 규정하고 있으므로 이러한 국가에서는 여전히 취소가능신용장이 존재할 수도 있다는 사실에 유의해야 한다.

(6) 문면상이란 표현의 축소정리

종전의 UCP 500의 많은 조항에 산재하던 "문면상"이란 표현인, on its face나 on their face란 표현을, 오직 선적서류심사기준인 제 14조에서만 남겨두고 제 14조를 제외한 모든 조항에서는 삭제했다.

(7) 연지급신용장에도 할인 허용규정 신설

환어음이 발행되지 않는 연지급신용장에 따라 수익자가 제시한 서류를, 지정받은 은행(nominated bank)이 할인해 신용장 대금을 지급할 수 있다는 규정이 신설되었다. 이 규정은 우리나라 은행들도 강력하게 요구했던 내용으로, 즉, 연지급은행도 만기 이전에 선지급이나 구매를 할 수 있도록 허용하는 것이다.

(8) 선적서류 심사기간의 단축

개설은행과 지정은행의 서류 심사 최대 기간이 서류 접수 다음 날을 기산일로 하여, 종전의 7영업일에서 5영업일로 단축되었다. 특히 화환신용장의 선적서류검토기간도 단축이 되는 것이 일반적이며, 특히 무화환신용장인 Standby L/C는 단순한 채무불이행을 심사하는 것에 불과한 것이므로 불과 수 시간 이면 검토가 충분한 것이 현실임을 반영한 것이다. 또한 'reasonable time'이란 용어를 UCP에서 삭제하였다. 또한 개설은행과 확인은행은 서류검토를 위해 5영업일이 주어지지만 개설은행 또는 확인은행이 제시가 일치한다고 결정하였을 때는 대금을 지급해야 한다고 규정하고 있다(UCP 600, 제14조 및 제15조).

(9) 일치성 기준 명확화

수익자가 제시한 선적서류의 내용이 이른바 경상의 원칙(Mirror Image Rule)에 따라 같이 모든 선적서류가 똑 같이 일치하여야 하는 것은 아니며, 제시된 선적서류 상호간에 서로 모순되지만 않으면 신용장에 일치한 서류를 제시한 것으로 간주한다고 제14조 d항은 규정하고 있는 바, 이는 ISBP 24항과 62항, 대부분의 국가의 국제분쟁관련 소송의 판례 및 중국 최고인민법원 신용장 분쟁을 반영한 규정이다.

(10) 서류와 무관한 조건의 무시

신용장의 조건은 추상성에 따라 오직 서류만을 근거로 지급을 검토하는 것이므로, 서류와의 관련성을 찾을 수 없는 조건은 무시하도록 규정하였다. 즉, 모든 신용장의 조건은 오직 서류로만 언급명시를 하여야 하며, 특히 실무적으로는 서류의 발행자를 명시하는 것이 가장 중요하다. 은행은 물론 서류와 무관한 조건이 신용장에 명시된 경우에도 이를 무시한다.

(11) 수화인과 착화통지처상의 개설의뢰인의 주소

운송 서류상에 기재된 수화인(consignee)과 착화통지처(notify party)의 개설의뢰인의 주소는 신용장의 것과 일치해야 하지만, 신용장이 아닌 기타의 경우에는, 주소가 동일 국가 내의 것이면 신용장의 주소와 반드시 일치해야 할 필요는 없다. 수익자와 개설의뢰인의 연락처와 관련된 사항(전화번호, 텔렉스 번호, 이메일 주소 등)은 무시한다(UCP 600 제14조).

(12) 제3자 서류의 인정 범위 확대

UCP 500에서는, 운송증권 상의 송화인과 수익자의 이름이 다른, 이른바 제 3자 발행선화증권에서만 허용하던 것을, 송화인명이 기재되는 모든 선적서류상의 송화인과 수익자가 다른 것을 허용하는 것으로 그 인정 범위를 확대하였다.

(13) 지급거절 통지횟수 제한 및 하자서류의 반송권한

종전에는 지급거절의 통지의 횟수에 대한 명시가 없고 단지, "은행 또는 수익자에게" 통지한다고만 규정하던 것을 "지정을 근거하여 행동하는 지정은행, 만약 있다면, 확인은행 또는 개설은행은 지급 및 인수(honour)나 매입을 거절하는 경우에는 그러한 취지를 한 번만 통지하여야만 한다. 또한 하자서류를 보관중이라고 통지한 이후에는 언제라도 선적서류를 반송할 수 있다."는 조항을 신설하였다. 따라서 첫 번째의 지급거절 통지만 유효한 것으로 인정되고 그 이후의 것은 무시된다.

(14) 출발지와 목적지의 용어의 변경

UCP 500에서 "적재항, 적재공항, 적재장소"에서 "양륙항, 양륙공항, 양륙지"까지로 규정하고 있던 내용을 UCP 600에서는 "발송, 수탁, 선적지"에서 "최종목적지"까지로 변경하였다.

(15) 선적일자를 명문화

국제표준은행관행(International Standard Banking Practice) 78항을 반영, 선적선화증권에서 선화증권의 발행일자와 본선적재부기일자가 다른 경우 본선적재부기일자를 선적일자로 간주한다.

(16) 신용장에 명시된 선적항이 선화증권 수탁지란에 기재된 경우

신용장에 명시된 선적항이 선화증권 수탁지란에 기재된 경우 신용장에서 명시한 선적항에서 선적되었다는 본선적재부기와 적재 선박명이 기재되었다던 수리될 수 있는 것으로 개정되었다.

(17) 용선계약선화증권상의 도착항 변경

신용장상에서 도착항을 특정 지리적 지역, 몇 개의 항구로 정한 경우에, 도착항을 특정

항구로 기재하지 않고, 특정 지리적 지역이나 몇 개의 항구로 기재하는 것도 허용하도록 변경되었다.

(18) 임의적인 무고장문언

운송서류의 무고장 문언을 의미하는 Clean이란 문언이 필수적으로 기재될 필요는 없다는 문언을 기재하였다. 따라서 Clean이란 문언의 기재여부는 임의사항이 되었다.

(19) 운임선지급표현

운임선지급과 관련하여 오직 prepaid만을 명시적인 선지급을 허용하고 기타의 표현은 선지급을 허용하지 않는 것으로 명시하고 있던 규정에서, freight prepayable와 freight to be paid는 선지급을 명시하는 것으로 될 수 없다는 표현을 삭제하였다. 따라서 운임의 선지급을 의미하는 다양한 표현이 허용되게 되었다.

(20) 보험서류 발행자확대(수임자), 보험부보금액의 명시, 보험담보구간

보험서류 발행자 자격에 대리인과 유사한 수임자(proxy)를 추가하였다. 특정사항에 대하여서만 본인을 대리하는 수임자를 포함하였다. 즉, 종전의 보험자, 보험업자, 또는 이들의 대리인이외에도 수임자도 보험서류를 발행하고 서명할 수 있는 권한을 갖는 것으로 하였다.

또한 기존에는 "보험서류는 신용장상의 통화와 동일하여야 한다."라고만 규정하던 조항에서 더 나아가 "보험서류에는 보험부보의 금액을 표시하도록" 새롭게 추가적으로 규정하였다.

또한 보험서류에는 보험자의 위험담보구간을 "최소한 보험서류의 담보구간은 신용장에 명시된 수탁 혹은 선적지에서 양륙 혹은 최종목적지까지 이어야 한다."고 추가적으로 규정하였다.

(21) 양도가능신용장상의 문언

기존의 UCP 500에서는 오직 "transferable"만이 신용장의 양도를 가능하도록 규정하고 있었으나, 이러한 명시적인 표현을 삭제하였다. 즉, transferable은 물론 assignable, divisible, fractional, transmissible등의 표현도 모두 양도가능신용장의 표현으로 이용이 가능하게 되었다.

3. UCP 600의 서류심사의무

1) 일치성 판단기준시의 요건

은행은 서류를 심사할 때 일치성을 판단하는 기준으로 다음 3가지 요건을 구비하였는

지를 보고 판단하여야 한다(UCP 600 제2조).

첫째 신용장의 제 조건, 둘째 본 규칙에서 적용가능한 조항, 셋째 국제표준은행관행 즉, 서류심사 일치성판단기준을 제시함으로써 UCP 500보다 구체화되었다고 할 수 있다.[2)]

2) 상당주의 의무용어 삭제

지정은행, 확인은행 및 발행은행은 서류가 문면상 일치하는 제시를 구성하고 있는지 여부를 판단하기 위하여 서류만을 근거로 제시를 심사하여야 한다고 규정하고 있다(UCP 600, 제14조). 한편 UCP 500에서 규정한 '상당한 주의 의무'라는 용어를 삭제하였다. 또한 통지은행의 조건변경통지의 경우에도 '상당주의 의무'라는 용어를 삭제하였다(UCP 600, 제9조).

3) 제시서류의 유효기간의 재 정의

운송서류제시기간은 선적일 이후 21 Calender days 라고 하여 주말, 주일, 공휴일 등 은행 휴무일을 포함한 21일을 규정하고 있다(UCP 600, 제19조~25조)

4) 서류심사기간의 변경 밑 상당기간 용어삭제

서류심사기간이 제5은행 영업일 단축되었다. 상당한 기간(reasonable time)이라는 용어의 개념이 삭제되었다. 그 이유는 상당기간이 얼마인지 불확실하기 때문이다(UCP 600, 제14조 b항).

5) 제 서류의 기능 중심 심사관행 형성

운송서류, 보험서류 또는 상업송장 이외의 서류제시를 신용장에서 발형인과 서류의 자료내용을 명시하지 않고 요구하고 있는 경우, 그 제시된 서류의 내용이 요구되는 서류의 기능을 수행하고 있는 것으로 나타난다면 은행은 이를 수거해야 한다고 규정하고 있다(UCP 600, 제14조 f항).

6) 제시가 일치할 경우 지급시기

UCP 500에 대해서는 명시규정이 없었지만 UCP 600 제 15조에서 규정하고 있다.

7) 불일치 서류의 하자통지 및 방법의 개선

UCP 500에서는 불일치 서류의 통지에 대해서 2가지 선택권을 제시하였으나 UCP 600에서는 거절통지를 해당 은행별(지정, 확인, 발행)로 취급요령을 명시하고 거절통지내용도 세분화되어 4가지 선택권으로 확대 하였다.

---

2) 김종칠, "서류심사기준과 불일치 서류의 통지관행의 변화요인과 시사점", 「국제상학」, 제22권 제3호, 한국 국제상학회, 2007.9, pp.98~105.

제3절
신용장의 발행과 제출서류

1. 신용장의 발행

1) 발행방식

신용장의 발행방식과 관련하여, 신용장통일규칙이나 미국 통일상법전에서는 아무런 규정을 두지 않고 있다. 따라서 발행은행과 발행의뢰인간의 신용장발행에는 별도의 방식을 필요로 하지 않는다. 그러나 신용장발행을 서면방식인 우편으로 하는 방법과 전송에 의한 방법 등 두 가지 방법이 일반적으로 사용된다.

우편에 의한 방법은 수익자에 대한 신용장 통지가 급하지 않은 경우에 사용된다. 장점은 전신에 의한 방법과 비교하여 통지은행을 광범위하게 선택할 수 있다는 점이다. 이 방법은 통지은행이 신용장 진위여부확인을 하기 위해서는 신용장 발행은행의 서명이 환거래은행에 배포한 서명장부(signature book)에 등재 된 서명을 사용해야 한다는 점이 특색이다.

다음 전송에 의한 방법도 전신신용장자체를 원본으로 인정할 경우와 우편확인서를 원본으로 인정하는 경우 두 가지가 있다. 전신신용장자체를 원본으로 인정하는 경우의 발행방법에는 통지은행이 이미 발행한 유사한 신용장도 없는 경우에 주로 이용되는 정식전신신용장(full cable credit)에 의한 방법, 전신료 및 시간의 절약을 위하여 환거래은행과 전보암호(cypher; private code words)를 서로 교환하여 필요한 사항만 타전하면 통지은행은 암호에 동 타전된 사항을 대입하여 완전한 형식을 갖춘 신용장을 완성한 암호신용장(cyber credit)에 의한 방법, 유사신용장(similar credit)에 의한 방법, 수입물품의 선적일자가 임박하여 수출상에게 신용장의 발행여부만을 조속히 확인 시킬 필요가 있을 때 신용장 번호, 수익자의 주소, 성명, 발행의뢰인, 금액, 선적기일 및 유효기일, 물품명 및 수량 등 주요항목만을 간단히 통지하는 약식전신신용장(short cable credit), 그리고 오늘날 신용장의 대부분이 발행되는 스위프트(SWIFT)시스템에 의한 방법 등이 존재한다. 그리고 한국 등 극히 제한 적이기는 하지만 전자신용장에 의해서도 신용장이 발행되고 있다.[1)]

신용장발행약정은 관행적으로는 편무적으로 체결되고 있기 때문에 신용장발행약정의 구속력은 실제로 수익자 앞으로 신용장이 발행된 후에야 비로소 발생할 수 있다. 즉 발행의뢰인에 대한 발행은행의 채권은 발행은행이 신용장발행약정에 서명한 즉시 시작되고 이

1) 한국은 세계 최초로 은행공동으로 신용장의 전자화에 성공해 2005년 9월 22일부터 상용화하였다. 이로 인하여 무역업체와 은행은 신용장의 수령과 통지, 보관 등 관련 업무를 모두 전자적으로 처리할 수 있게 되었다.

때부터 발행의뢰인에게 구속력이 작용하는 반면에, 신용장발행약정에 따른 발행은행의 채무는 신용장이 수익자에게 발행된 후 비로소 시작되고 이때부터 발행의뢰인의 권리가 부여되는 것이다. 물론 계약이 성립하기 위해서는 발행의뢰인의 청약(신용장발행의뢰)에 대해 발행은행의 승낙(신용장발행)이 필요하기 때문에, 이러한 은행관습은 부적당한 면이 있다. 따라서 오늘날 영미법계도 대륙법계와 마찬가지로 쌍무계약을 지배적으로 인정하고 있다.

2) 발행시기

화환신용장은 수출상과 수입상 사이에 체결된 매매계약에 의거하여 발행되기 때문에 신용장의 발행 시기도 당사자간에 합의된 매매계약에 따라 결정된다. 그러나 발행 시기를 구체적으로 명시하지 않고 "빠른 기간 내에"(as soon as possible) 또는 "상당한 기간 내에"(reasonable time) 등의 표현방법을 쓰는 경우 분쟁이 발생할 우려가 있다. 이러한 표현을 사용하지 않는 것이 좋지만 만약 사용한 경우에는 신용장의 발행 시기는 최소한 수출상이 물품을 준비하고 선적하는데 지장이 없도록 시간적인 여유를 주고 발행되어야 한다.

특히 수입상을 신뢰할 수 있는 경우에는 수입상에게 임의로 맡기는 경우가 많다. 그리고 처음 거래를 할 경우에는 매매계약서를 작성하면서 신용장의 발행시기를 결정하게 되겠지만 거래관계가 이미 상당기간 지속되었다면 수출상의 견적 송장(pro-forma invoice)이나 주문확인서를 수취하고 신용장을 발행하는 경우가 대부분이다.

2. 신용장의 기재된 주요내용

1) 메세지형식

MT 700은 화환신용장 발행을 의미한다.

2) 신용장 통지번호

신용장의 통지란 신용장을 발행한 은행이 신용장발행내용을 수익자에게 알리는 것이며 이때 일련번호이다.

3) 신용장발행은행(issuing bank); from xxx bank

국제적으로 신용장의 발행 및 통지는 통일되어있기 때문에 메시지형식발신자로서 "we, our, us"는 발행은행을 가리키고 "you, your"는 수익자(beneficiary)를 의미한다. 송신자가 발행은행이도 수신자는 통지은행이 된다.

4) 총 메세지 일련번호

발행되는 전체 신용장의 매세지중 본 메시지수를 의미한다.(27)

5) 화환신용장의 형식

취소불능 신용장(irrevocable)으로 발행되며 UCP 600에서는 취소불능이라는 표시가 없어도 취소불능신용장으로 간주된다. 따라서 취소불능신용장은 당사자간의 합의가 있어야만 취소 및 조건변경이 가능하다.(40A)

6) 신용장의 번호

발행은행이 기준에 따라 부여한 번호이다. 한국은 신용장을 발행할 경우 한국은행이 정한 "수출입허가(승인)서 및 신용장등의 번호기재 요강"에 따라 각 외국환은행이 공통적으로 사용하고 있다. 신용장의 번호자리 수는 총 15개인데 신용장의 일련번호는 11자리에서 14자리수이다. 15째 자리는 검색번호(check digit)를 가리킨다.(20)

7) 발행지 및 발행일자(place and date of issue)

발행지는 발행은행의 소재지가 되며 국가 명 및 도시 명을 기입하여야 한다. 발행일자는 신용장 본문에 표시되며 발행일자 외에 통지은행에서 기재한 일자는 통지일자가 된다.(31C)

8) 유효기일 및 유효장소(date and place of expiry)

수익자가 선적 후 지급, 인수 및 매입을 위하여 서류를 거래은행에게 제시해야하는 날짜이다. 선적을 위한 최종 기일과 서류의 지급, 인수매입을 위한 최종 기일은 다르다. 신용장의 유효기일이 만료일이 공휴일이라면 유효기일은 다음날로 연기된다. 그러나 이때에는 "연장된 기한 내 제시되었음"이라는 문언을 covering schedule(은행증명)에 부기하여야 한다. 유효장소의 표시는 신용장의 지급확약방식, 즉, 일람지급(sight payment), 연지급(deferred payment), 인수(acceptance) 및 매입(negotiation)이 이루어지는 소재지를 기재하여야 한다.(31D)

9) 신용장발행의뢰인(beneficiary)

신용장의 발행의뢰인은 수입상으로서 상호(명칭) 및 주소가 기재된다.(50)

10) 수익자(beneficiary)

신용장의 혜택을 누리는 수출상으로서 상호, 주소를 정확하게 기재하여야 신용장 발송이 신속하고도 정확하게 이루어진다. 수익자는 수출을 이행하고 어음을 발행하고 대금을 회수하는 자이다.(59)

〈서식 8-1〉 신용장

```
------------------------------------------------------------------------
DOC-ID:20130711100788/MT700/REFNO:M04NX307NS00032
지점  :          USER:023606
------------------------------------------------------------------------
                         --> TOP OF TEXT <--      (TEL:051 -612 -1792 )
* TO  BIC CODE:HSBCTWTPXXX
  TELEX NUMBER:
     BANK NAME:HSBC BANK (TAIWAN) LIMITED (TAIPEI)

* FM:INDUSTRIAL BANK OF KOREA SEOUL
ADVICE KIND:    SWIFT    ACK
------------------------------------------------------------------------
:27 :SEQUENCE OF TOTAL
     1/1
:40A:FORM OF DOCUMENTARY CREDIT
     IRREVOCABLE
:20 :DOCUMENTARY CREDIT NUMBER
     M04NX307NS00032
:31C:DATE OF ISSUE
     130711
:40E:APPLICABLE RULES
     UCP LATEST VERSION
:31D:DATE AND PLACE OF EXPIRY
     130810 IN YOUR COUNTRY
:50 :APPLICANT
     SUNG WOO CO.,LTD.
     7F MARINE B/D,199-6, GWANGAN2-DONG,
     SUYEONG-GU, BUSAN,SOUTH KOREA
:59 :BENEFICIARY
     LCY CHEMICAL CORP.
     3F., NO.83, SEC. 4, BADE RD.,
     TAIPEI 105, TAIWAN
:32B:CURRENCY CODE, AMOUNT
     USD24692,5
:41D:AVAILABLE WITH/BY
     ANY BANK
     BY NEGOTIATION
:42C:DRAFTS AT
     AT SIGHT
:42D:DRAWEE
     INDUSTRIAL BANK OF KOREA (HEAD
     OFFICE SEOUL) SEOUL
     50,ULCHIRO 2-GA,CHUNG-GU
     SEOUL
:43P:PARTIAL SHIPMENTS
     ALLOWED
:43T:TRANSSHIPMENT
     PROHIBITED
:44E:PORT OF LOADING/AIRPORT OF DEPARTURE
     KAOHSIUNG PORT, TAIWAN
------------------------------------------------------------------------
                                          1번째 전문 :      1 PAGE
```

```
:44F:PORT OF DISCHARGE/AIRPORT OF DESTINATION
     INCHEON PORT,SOUTH KOREA
:44C:LATEST DATE OF SHIPMENT
     130731
:45A:DESCRIPTION OF GOODS AND/OR SERVICES
     COUNTRY OF ORIGIN : TAIWAN
     PRICE TERMS : CIF INCHEON PORT,SOUTH KOREA
     THERMAL PLASTIC ELASTOMER (GLOBALPRENE 9550U)
     QUANTITY : 4.55MTS
     UNIT PRICE : USD3,350.00/MT
     AMOUNT : USD15,242.50
     THERMAL PLASTIC ELASTOMER (GLOBALPRENE 1475)
     QUANTITY : 4.20MTS
     UNIT PRICE : USD2,250.00/MT
     AMOUNT : USD9,450.00
     TOTAL QUANTITY : 8.75MTS
     TOTAL AMOUNT : USD24,692.50
:46A:DOCUMENTS REQUIRED
     + SIGNED COMMERCIAL INVOICE IN TRIPLICATE
     + FULL SET OF CLEAN ON BOARD OCEAN BILLS OF LADING
       MADE OUT TO THE ORDER OF INDUSTRIAL BANK OF KOREA
       MARKED FREIGHT PREPAID AND NOTIFY APPLICANT
     + INSURANCE POLICY OR CERTIFICATE IN DUPLICATE, ENDORSED IN BLANK
       FOR 110 PCT OF INVOICE VALUE, STIPULATING CLAIMS TO BE PAYABLE
       IN KOREA IN THE CURRENCY OF THE DRAFT COVERING INSTITUTE CARGO
       CLAUSES: ALL RISKS
     + PACKING LIST IN TRIPLICATE
     + CERTIFICATE OF ANALYSIS
:47A:ADDITIONAL CONDITIONS
     +A DISCREPANCY FEE OF USD80.00(OR EQUIVALENT) SHOULD BE
      DEDUCTED FROM THE AMOUNT CLAIMED OR WILL BE DEDUCTED FROM THE
      PROCEEDS OF ANY DRAWING, IF DOCUMENTS ARE PRESENTED WITH ANY
      DISCREPANCY(IES). NOTWITHSTANDING ANY INSTRUCTIONS TO THE
      CONTRARY, THIS CHARGE SHALL BE FOR ACCOUNT OF BENEFICIARY.
      IN ADDITION, THE PAYMENT OF THE RELATIVE CABLE EXPENSE,
      IF ANY, SHALL ALSO BE FOR ACCOUNT OF BENEFICIARY.
     +DRAFT DRAWN UNDER THIS CREDIT MUST BE ENDORSED AND CONTAIN THE
      CLAUSE, DRAWN UNDER INDUSTRIAL BANK OF KOREA, SEOUL, LETTER OF
      CREDIT NO. M04NX307NS00032 DATED 2013-07-11
     +ONE ADDITIONAL PHOTOCOPY OF REQUIRED DOCUMENT(S) ARE REQUIRED
      FOR L/C ISSUING BANKS FILE AND WILL NOT BE RETURNED EVEN
      DOCUMENTS ARE FINALLY REFUSED. IF THESE DOCS ARE NOT PRESENTED,
      A PHOTOCOPY HANDLING FEE OF USD20.00 PER SET WILL BE DEDUCTED
      FROM THE PROCEEDS OF PAYMENT.
     +ALL DOCUMENTS MUST BE ISSUED IN ENGLISH
:71B:CHARGES
     ALL BANKING COMMISSIONS AND CHARGES
     OUTSIDE KOREA, PLUS REIMBURSING
     CHARGES, ARE FOR ACCOUNT OF
     BENEFICIARY
```

1번째 전문 : 2 PAGE

```
:48 :PERIOD FOR PRESENTATION
     DOCUMENTS TO BE PRESENTED WITHIN
     21 DAYS AFTER THE DATE OF SHIPMENT
     BUT WITHIN THE VALIDITY OF THIS
     CREDIT
:49 :CONFIRMATION INSTRUCTIONS
     WITHOUT
:78 :INST TO PAY/ACP/NEGO BANK
     +ALL DOCUMENTS MUST BE FORWARDED DIRECTLY TO OUR DOCUMENTARY
      CREDITS DEPT.RATHER THAN JUST TO THE BANK (ADD:INDUSTRIAL BANK
      OF KOREA(H.O.),50,ULCHIRO 2-GA,CHUNG-GU,SEOUL,KOREA)
      IN ONE LOT BY COURIER SERVICE.(SWIFT:IBKOKRSEXXX)
     +IN REIMBURSEMENT: UPON RECEIPT OF DOCUMENTS AND DRAFTS IN
      COMPLIANCE WITH TERMS AND CONDITIONS OF THIS CREDIT, WE SHALL
      REMIT THE PROCEEDS TO YOU IN ACCORDANCE WITH YOUR INSTRUCTIONS.
------------------------------------------------------------------------
                     --> END OF TEXT <--
```

1번째 전문 : 3 PAGE

11) 통화코드 및 통화금액(currency code amount)

통화금액을 기재할 때에는 반드시 국가를 표시하고 금액을 기입하여야 한다. 즉 동일한 통화단위라 하더라도 미국달러와 호주달러가 가치가 다르기 때문에 "USD" 또는 "AUD"라고 표시하여야 한다. 동 금액은 신용장사용의 한도금액으로 동 금액이내에서 수익자가 환어음을 발행할 수 있다.(32B)

12) 신용장금액의 과부족 허용비율(pct credit amount tolerance)

분할선적이 금지된다는 신용장의 문언이 명시되지 않는 한 어음발행의 금액은 신용장금액을 초과하지 않는 경우 5%의 과부족은 허용된다.

13) 신용장 사용가용은행(available with by name, address)

신용장이 일람지급(sight payment), 연지급(deferred payment) 및 인수(acceptance)신용장인 경우에는 특정의 은행이 지정되어 있고, 매입(negotiation)을 위한 신용장인 경우에 두가지 방법이 있다. 먼저 자유매입신용장은 모든 은행에 매입을 허용하고 매입제한 신용장은 특정의 은행만을 특정은행으로 기입하여야 한다.(41D)

14) 환어음의 지급기일과 지급인(tenor of draft and drawee)

어음의 지급방식은 일람불 방식이면 "sight"로 기입한다. 기한부방식이면 90 days after sight 또는 90 days after B/L date로 기입한다. 지급인은 "drawn on" 다음에 기재된 은행이 어음의 지급인이 된다. 일반적으로 신용장발행은행이 되며 또는 발행은행의 예치환거래은행인 제3국의 은행이 된다.(42C)

15) 분할선적과 환적(partial shipments and transhipments)

분할선적을 허용하는 경우에는 "allowed", "permitted", "authorized"로 표시하고 금지하는 경우에는 "not allowed", "prohibited", "not allowed", "not permitted"등으로 기입한다. 만약 분할선적에 관한 금지문언이 없는 경우에는 허용하는 것으로 간주한다. 또한 환적도 허용하는 경우에는 "allowed", "permitted", "authorized"로 표시하고 금지하는 경우에는 "not allowed", "prohibited", "not allowed", "not permitted"등으로 기입한다. 복합운송서류를 신용장상에서 요구하고 있는 경우에는 별도의 환적금지문언이 있어도 환적은 허용된다.(43B, 43T)

16) 본선적재(loading on board), 발송(dispatch) 및 수탁(taking in charge)

신용장상에 별도의 명시가 없으면 선적(shipment)이란, 해상운송에서는 본선적재(loading on board), 육상운송은 발송(dispatch), 운송을 위한 인수(accepted for carriage), 우편수령일

(date of post receipt), 접수일(date of pick-up) 및 복합운송을 요구하는 경우에는 수탁(taking in charge)의 의미이다.(44E)

17) 운송목적지(for transportation)

최종목적지를 기재하는데 최종 목적지는 선적물품의 최종 도착지를 의미하지만 복합운송일 경우에는 양륙항과 구별된다.(44F)

18) 선적기일(shipping date)

선적기일은 물품의 최종 선적, 즉, 적재, 발송, 수탁 등을 위하여 최종적으로 허용되는 일자를 의미한다. 만약 최종 선적일이 공휴일이 경우에는 신용장유효기일처럼 다음날로 연기되는 것이 아니라 당일을 기준으로 삼는다.(44C)

19) 물품의 명세(description of goods and/or services and/or performance)

물품명세는 상업송장상의 물품명세와 일치하도록 물품명, 수량, 규격, 단가, 가격조건, 원산지 등을 표시한다.(45A)

20) 요구되는 서류(documents required)

선적서류는 상업송장(Commercial invoice), 운송서류(transport document), 보험서류(insurance document), 포장명세서(packing list) 순으로 요구한다. 상업송장은 수익자가 작성하고 운송서류에는 운송방식에 따라 다양한데 일반적으로는 해상선화증권, 항공화물운송장 및 복합운송증권 등이 요구된다. 또한 보험서류로 인정되는 서류에는 보험증권(insurance policy), 보험증명서(insurance certificate) 등이 요구된다.(46A)

21) 부가조건(additional conditions)

신용장 표준양식에 기재되지 못한 조건을 기재하는데 주로 운송기관 지정조항, 양도가능신용장표시문언, 모든 서류에 신용장번호 기재문언, 전신환 상환금지문언 등이 포함된다.(47A)

22) 기타 기재사항

(1) 은행수수료부담

신용장발행지외에 은행업무와 관련되어 발생하는 수수료와 요금부담자를 기재한다.(71B)

(2) 서류송달방법

서류분실에 대비하기 위하여 한번에 송부할 것인지 아니면 두 번에 나누어 송달할 것

인 가를 기재하여야한다.(49)

(3) 상환지시

신용장발행은행은 대금상환을 위하여 결제방법 및 결제은행에 대하여 기재한다.

(4) 신용장통일규칙(UCP) 준거문언

신용장통일규칙(UCP)이 적용된다는 준거문언이 명시되어야 관계당사자를 UCP로 규율할 수 있다.

3. 신용장발행신청에 필요한 제출서류

신청에 필요서류는 각 외국환은행마다 다를 수도 있으나, 일반적으로 수입상은 신용장발행신청서, 물품매도확약서 또는 계약서(물품명세와 관련하여 필요한 경우), 보험서류(FOB 및 CFR의 경우), 수입승인서(수입제한품목을 수입할 경우), 담보제공증서, 외국환거래약정서 등을 거래은행에 제출하여야 한다.

1) 신용장발행신청서

수입상은 자신의 거래은행에서 사용하는 신용장발행신청서의 양식을 사용하여 매도인을 수익자로 하고 자신이 발행의뢰인이 되어 필요한 사항을 기재한 후 서명 날인하여 발행은행에 제출하게 된다. 발행신청서의 양식은 신용장의 양식과 똑같기 때문에 발행신청서에 기재된 내용이 바로 신용장의 내용이 된다. 다만, 신용장이 전신 등으로 발행되는 경우에는 발행신청서에 기재된 내용을 은행의 실무자가 타자하기 때문에, 타자의 잘못으로 신용장의 내용에 오자가 발생하는 경우도 있고 전송도중에 전신의 장애로 인하여 잘못 표기되는 경우가 있으므로 신중을 기할 필요가 있다. 또한 신용장과 상업송장 등 선적서류와 엄밀일치성을 원칙으로 하기 때문에 복잡하고 지나친 명세는 오히려 당사자간에 계약이행을 어렵게 할 수 있어 잘 검토해야 한다. 신용장발행 신청서는 일종의 발행계약서의 역할을 하기 때문에 발행신청서의 내용에 따라 발행의뢰인의 의무가 약간씩 달라진다.

2) 외국환거래약정서

외국환거래약정서는 발행은행과 발행의뢰인간에 따른 각종 비용과 위험부담등 책임을 포괄적으로 담보하기 위하여 발행은행이 신용장 관련 업무를 인쇄하여 발행의뢰인에게 서명 날인을 요구하는 서류이다. 이 서류는 발행의뢰인과 발행은행간에 신용장발행에 모든 사항을 규제하는 계약서의 성격으로 매 신용장을 발행 할 때마다 은행에 제출하여야 한다. 발행의뢰인과 발행은행은 동 약정서에 의거하여 신용장발행에 따른 의무와 권리가 결정된다.

〈서식 8-2〉 신용장발행신청서

은행용

취소불능화환신용장 개설신청서
(Irrevocable Documentary Credit Application)

This documentary credit is subject to the Uniform Customs and Practice for Documentary Credits(2007 Revision) International Chamber of Commerce(Publication No.600)
Reimbursements under this Credit are subject to the Uniform Rules for Bank-to-Bank Reimbursements under Documentary Credits, ICC Publication No. 725

팀 원	팀 장	부점장

OPEN TYPE : SWIFT
ISSUING BANK : INDUSTRIAL BANK OF KOREA 창원기업금융지점 (BR-CODE : 177)
ADVISING BANK : FCBKTWTPXXX
FIRST COMMERCIAL BANK,
FENG YUAN BRANCH

< SWIFT >

Credit Number(20)	: M04 -83 - 308 - EU - 00032
Date & Place of Expiry(31D)	: (DATE) 2013-09-30 (PLACE) IN YOUR COUNTRY
Applicant(50)	: 177-043198 AMECO 74-1, SUNGSAN-DONG, CHANGWON-CITY, GYEONGNAM, KOREA
Beneficiary(59)	: SESAME MOTOR CORP. NO.599,HEMU RD, SHENGANG TAICHUNG 42953 TAIWAN
Currency Code , Amount(32B)	: USD 63,000.00
Percentage Credit Amount Tolerance(39A)	: MORE % / LESS %
Transferable	:
Available with ___ by ___(41)	: ANY BANK BY
Draft at ___(42C)	: 180 DAYS AFTER SIGHT
Drawee(42A)	: US
Kinds of Usance	: BANKER'S
Partial shipments(43P)	: PROHIBITED
Transshipment(43T)	: PROHIBITED
Port of Loading / Airport of Departure(44E)	: TAIWAN PORT
Port of Discharge / Airport of Destination(44F)	: PUSAN PORT, KOREA
Latest Date of Shipment(44C)	: 2013-09-02
Description of Goods and / or Service(45A)	:

COUNTRY OF ORIGIN : TAIWAN
PRICE TERMS : FOB
HS CODE : 8501510000

< 주의 > : 점선 아래부분을 훼손하지 마세요.

IBK 기업은행

+ DESCRIPTION OF GOODS AND/OR SERVICE
DETAILS AS PER OFFER NO. : LF101207
1,GEARED MOTOR
G12H-200S-75 600PCS USD 75
G13H-400S-75 150PCS USD 120

Documents Required(46A) :
+ SIGNED COMMERCIAL INVOICE IN TRIPLICATE
+ FULL SET OF CLEAN ON BOARD OCEAN BILLS OF LADING MADE OUT TO THE ORDER OF INDUSTRIAL BANK OF KOREA MARKED FREIGHT COLLECT AND NOTIFY APPLICANT
+ PACKING LIST IN TRIPLICATE

Additional Conditions(47A) :

Charges(71B) : ALL BANKING COMMISSIONS AND CHARGES, OUTSIDE KOREA PLUS REIMBURSING CHARGES ARE FOR ACCOUNT OF BENEFICIARY

Period for Presentaion(48) : DOCUMENTS TO BE PRESENTED WITHIN 21 DAYS AFTER THE DATE OF SHIPMENT BUT WITHIN THE VALIDITY OF THE CREDIT

Confirmation Instruction(49) : WITHOUT

<E N D >

위와 같이 신용장을 발행함에 있어서 위 기재 사항이 수입허가(승인) 사항과 틀림 없음을 확인하고 따로 제출한 외국환거래 약정서의 관련 조항 및 여신한도거래 약정서의 각 조항에 따를 것을 확약하며 아울러 위 수입화물에 관한 모든 권리를 귀행에 양도하겠습니다.

2013. 08. 16

2013 년 08 월 16 일

지급보증	금액		일자	
수입보증금 적립 구분		외화/한화 수입보증금 적립에 동의함		

신청인 : K. S. [illegible] (인감대조)
주 소 :

〈서식 8-3〉 외국환거래약정서

은행은 본인에게 이 약정서상의 중요한 내용을 설명하여야 하며, 은행여신거래기본약관과 이 약정서의 사본을 교부하여야 합니다.

외국환거래약정서

작성자	팀 원	팀 장	부점장

년 월 일

은행 앞

본 인 (인)

주 소

본인은 중소기업은행(이하 "은행"이라 합니다.)과 수출·수입·내국신용장발행·"내국신용장환어음, 판매대금추심의뢰서" 매입(추심)거래·선적통지부 사후송금방식 수출거래에 의한 수출대금채권 매입거래를 함에 있어 "은행여신거래기본약관"이 적용됨을 승인하고 다음 각 조항을 확약합니다.

제 1 장 공통사항

제 1 조 적용범위

이 약정은 다음 각항의 현재 및 장래의 모든 거래(전자문서교환방식에 의한 거래를 포함합니다)에 적용하기로 합니다.

① 수출거래
1. 화환어음(환어음이 첨부되지 않은 선적서류를 포함합니다. 이하 이 약정에서 같습니다.)의 매입 및 추심
2. 보증신용장 등에 의한 무화환어음(Clean bill)의 매입
3. 기타 전 각호에 준하는 거래

② 수입거래
1. 신용장 발행
2. 화환어음의 인도 및 결제
3. 보증신용장에 의한 무화환어음의 인도 결제
4. 기타 전 각호에 준하는 거래

③ 내국신용장발행거래

④ 내국신용장환어음 또는 판매대금추심의뢰서(이하 "내국신용장어음등"이라 합니다.)의 매입(추심)거래

⑤ 선적통지부 사후송금방식 수출거래(Open Account Transaction)에 의한 수출대금채권 매입거래(이하 수출대금채권 매입거래라 합니다)

제 2 조 권리의 행사

① 수출화환어음, 내국신용장환어음등 매입대금(은행의 매입대금을 말합니다. 이하 이 약정에서 같습니다.) 및 수출대금채권 매입대금에 관하여 은행은 아래 제10조, 제11조, 제23조, 제24조 및 제28조에 의하여 이를 청구하거나 금전소비대차에 의한 대출금으로 보아 어음채권(어음이 발행된 경우에 한함) 또는 여신채권 중 어느 것에 의하여도 청구할 수 있습니다.

② 수입화환어음 및 내국신용장환어음 결제를 위한 대지급금의 경우에는 은행은 어음채권(어음이 발행된 경우에 한함) 또는 여신채권 중 어느 것에 의하여도 청구할 수 있습니다.

제 3 조 담 보

본인은 제1조의 거래에 수반하는 물품 및 관련서류를 당해 거래와 관련하여 은행에 부담하는 채무 와 이에 부수하는 이자, 할인료, 수수료, 지연배상금, 기타 부대비용 등의 지급을 위한 담보로서 은행에 양도하기로 합니다.

제 4 조 적용환율

적용환율은 신청서 등을 접수한 날과 관계없이 실제로 지급받거나 지급하는 날의 은행이 정한 해당환율로 합니다. 다만, 제10조 제1항 제6호 및 제15조 단서의 경우 은행의 미수금계정 처리일 또는 외화지급보증대지급금계정 처리일의 은행이 정한 해당환율로 할 수 있습니다.

제 5 조 수수료, 비용 및 손해의 부담

① 본인은 은행의 책임있는 사유로 인하여 추가로 발생한 것이 아닌 한 제1조의 거래에 따른 이자, 할인료, 수수료, 지연배상금, 손해배상금, 기타 부대비용 및 은행의 권리행사, 권리보전, 담보의 취득 및 처분에 따른 비용, 운임, 보험료, 기타 모든 비용 및 손해를 부담하며, 은행이 계산근거를 명시하여 청구하는 바에 따라 곧 지급하기로 합니다. 다만, 본인이 계산방법 등에 관하여 이의를 제기하는 경우에는 은행은 이를 심사하여 그 결과를 통보합니다.

② 은행은 제1항의 이자, 할인료, 수수료 등 제반비용의 요율 및 계산방법을 성질상 고시하기 어려운 것을 제외하고는 고시토록 합니다.

③ 제1항의 수수료 등을 본인 이외의 자가 부담하기로 되어있는 경우에 본인의 비용으로 은행이 본인이외의 부담자에게 청구하였으나 입금되지 아니하여 본인에게 청구한 때는 본인이 이를 곧 지급합니다. 다만, 은행이 본인이외의 부담자로부터 이를 지급받은 경우에는 반환합니다.

제 6 조 적용기간

이 약정의 적용기간은 정하지 않기로 합니다. 다만, 부득이한 사유가 있는 경우 은행이나 본인은 이 약정을 해지할 수 있으며 이 경우 해지전에 이루어진 거래에 대하여는 이 약정을 계속 적용합니다.

제 7 조 준용규정

본인과 은행은 약정되지 아니한 사항에 대하여 따로 정함이 없는 한 「신용장통일규칙」,「추심에 관한 통일규칙」,「은행간 신용장대금상환에 관한 통일규칙」, 기타 국제규약,「무역업무자동화처리약관」 및 은행의 관련규정에 따르기로 합니다.

제 2 장 수출거래에 대한 특약

제 8 조 환거래은행 및 송달방법의 선정

신용장 또는 계약서, 매입신청서 등에 명시되어 있지 않은 경우 환거래은행 및 화환어음의 송달방법은 은행이 선정하기로 합니다.

제 9 조 결제기간의 연장

지급의무자가 결제기간의 연장을 요청한 경우 은행은 본인의 동의를 얻어 승낙할 수 있습니다. 다만, 은행이 부득이하다고 인정하는 때는 본인의 동의없이 승낙할 수 있습니다. 이 경우 은행은 승낙한 사실을 곧 본인에게 통지합니다.

제 10 조 매입대금상환

① 다음 각호에서 정한 사유중 하나라도 발생한 경우 본인은 은행으로부터의 독촉, 통지 등이 없어도 당연히 다음 각호에서 정한 화환어음 매입대금 또는 미수금의 상환의무를 지고 곧 갚기로 합니다.

1. 본인에 대하여 은행여신거래기본약관 제7조 제1항(당연 기한전 채무변제의무) 각호에서 정한 사유 중 하나라도 발생한 경우에는 모든 화환어음
2. 화환어음의 지급의무자에 대하여 은행여신거래기본약관 제7조 제1항(당연기한전 채무변제의무) 각호에서 정한 사유 중 하나라도 발생한 경우에는 그 자가 지급의무자로 되어있는 모든 화환어음
3. 은행의 관련규정이 정하는 기간까지 은행의 매입대금이 입금되지 아니하거나 화환어음의 인수가 이루어지지 아니하는 경우의 그 화환어음
4. 환거래은행 등으로부터 지급 또는 인수거절된 경우의 그 화환어음
5. 본인이 화환어음의 만기일 이전에 매입대금을 상환하고자 하는 경우의 그 화환어음
6. 제3호 및 제4호에 해당하는 화환어음이 은행의 관련규정이 정하는 기간까지 상환되지 아니하여 미수금계정으로 대체처리된 경우 및 은행의 관련규정에 따른 자산건전성 분류기준에 의거 회수가 불확실하거나 회수 불능이 확실하여 "회수의문" 또는 "추정손실"로 분류되어 미수금계정으로 대체처리된 경우의 그 원화금액

② 본인에 대하여 은행여신거래기본약관 제7조 제4항 및 제5항(은행의 서면독촉에 의한 기한전 채무변제의무) 각호에서 정한 사유 중 하나라도 발생한 경우 본인은 은행의 서면독촉통지 도달일로부터 10일 이상으로 은행이 정한 기간이 경과하면 모든 화환어음 매입대금의 상환의무를 지고 곧 갚기로 합니다.

③ 제1항 및 제2항과 관련하여 본인은 환가료 징수기간 만료일 익일부터 상환일 전일까지 여신연체이율로 계산한 손해배상금을 지급하기로 합니다. 다만, 부도처리가 환가료 징수기간내에 이루어진 경우에는 부도처리일로부터 손해배상금을 기산합니다.

④ 제1항 및 제2항과 관련하여 본인은 매입신청시 제출한 화환어음 또는 매입신청서에 근거하여 매입대금을 상환하며, 은행은 본인이 매입대금과 이에 부수하는 손해배상금, 수수료, 비용 등을 변제할 때까지 화환어음 및 수출물품에 대하여 모든 권리를 행사합니다.

제 11 조 화환어음 등의 반환

① 이 약정에 의하여 은행에 대한 채무의 변제 또는 은행여신거래기본약관 제10조(은행으로부터의 상계 등)에 의한 상계 등의 경우 은행은 본인에게 화환어음 및 수출물품을 채무변제 등의 시점에 반환하지 않아도 됩니다.

② 본인은 은행이 반환하는 화환어음을 은행에서 수령하기로 합니다. 다만, 수출물품은 화환어음을 수령함으로써 되돌려 받은 것으로 합니다.

③ 은행의 책임없는 사유로 인하여 화환어음 및 수출물품의 반환이 불가능한 경우 은행의 반환의무는 없는 것으로 합니다.

제 3 장 수입거래에 대한 특약

제 12 조 신용장의 발행, 통지 및 환거래은행 등의 선정

① 은행은 본인이 제출하는 신용장발행신청서(조건변경신청서 포함) 등의 기재사항에 따라 신용장을 발행, 통지합니다.

② 신용장발행신청서에 명시되어 있지 않은 경우 환거래은행(통지은행, 매입은행, 지급은행, 인수은행, 확인은행, 기타 관련은행을 말합니다. 이하 같습니다.) 및 통지방법은 은행이 선정하기로 합니다.

제 13 조 대도물품의 처분

① 본인은 대도물품을 입고, 운반, 출고, 가공, 매도 이외의 목적으로 사용하거나 제3자에게 담보로 제공할 수 없으며 또한 기타 은행의 권리를 해하는 행위도 할 수 없습니다.

② 본인은 대도물품을 매도할 경우 금액, 물품의 인도, 대금의 영수방법 등에 관하여 미리 은행의 동의를 받기로 합니다.

③ 본인은 대도물품의 매도대금 영수 후 곧 은행에 지급하며 매도대금을 어음, 기타 유가증권 등으로 받는 경우에는 이를 곧 은행에 양도하기로 합니다.

제 14 조 신용장 조건과 불일치하는 화환어음

① 은행이 채권보전을 위하여 필요하다고 인정하는 경우 은행은 신용장조건과 불일치하는 화환어음에 대하여 본인의 동의없이 지급 또는 인수를 거절할 수 있습니다. 이 경우 은행은 본인에게 사후통지 하기로 합니다.

② 화환어음이 은행에 도착하기 전 신용장조건과의 불일치를 사유로 환거래은행 등으로부터 지급 또는 인수 등의 동의여부에 대한 조회를 받은 경우에도 제1항과 같습니다.

③ 은행이 본인에게 신용장조건 불일치에 관한 조회를 하였으나 본인의 회보가 은행의 관련규정이 정한 기간내에 도착하지 않는 경우 은행은 화환어음의 지급 또는 인수에 대한 동의 또는 거절여부를 결정할 수 있습니다.

제 15 조 결제일

본인은 대금의 결제조건이 일람출급인 경우에는 화환어음(차기통지서가 먼저 도착하는 경우에는 그 차기통지서) 도착 후 은행의 관련규정이 정한 기일이내에 결제하고, 기한부 출급인 경우에는 만기일에 결제하기로 합니다. 다단, 기일이내에 결제하지 못한 경우에는 은행의 관련 규정에 따라 외화지급보증대지급금계정으로 처리하여 결제하며 본인은 그 원화금액을 상환하기로 합니다.

제 16 조 수입물품선취보증서에 의한 수입물품 인도

① 본인은 화환어음 도착전에 운송회사로부터 수입물품을 인도받고자 하는 경우 은행에 수입물품선취보증서(항공화물운송장에 의한 수입물품인도승락서를 포함합니다. 이하 같습니다.) 발급을 신청하여 은행의 사전승낙을 받아야 합니다.

② 본인은 수입물품선취보증서의 발급을 신청하는 경우 은행의 관련규정이 정하는 바에 따라 수입결제대금을 적립하기로 합니다.

제 17 조 신용장의 취소 및 조건변경

① 은행은 본인이 신청한 경우에 한하여 신용장을 취소 또는 조건변경 할 수 있습니다. 다만, 그 효력은 신용장의 취소 또는 조건변경의 당사자(발행은행, 수익자, 확인신용장의 경우는 확인은행) 전원의 동의가 있어야 비로소 발생합니다.

② 제1항 본문에 불구하고 유효기간 경과 등 상당한 사유가 있는 경우 은행은 신용장을 취소할 수 있습니다. 이때 은행은 본인에게 사후 통지합니다.

제 18 조 제3자 명의의 신용장발행

본인이 제3자 명의의 신용장발행을 은행에 본인명의로 신청한 경우에는 모든 부분에 있어서 이 약정이 적용됩니다.

제 4 장 내국신용장발행에 대한 특약

제 19 조 지급금액

본인은 은행의 내국신용장 발행에 따라 은행에 지급할 해당금액은 다음 각항에서 정하는 바에 따르기로 합니다.

① 원화표시 외화부기 내국신용장발행의 경우에는 발행당시의 내국신용장 원화금액에 불구하고 내국신용장 부기외화금액에 매입(추심)은행이 내국신용장어음등을 매입(추심)하는 날의 매매기준율을 곱하여 청구한 금액

② 순수외화표시 내국신용장발행의 경우에는 해당 외화금액

③ 순수원화표시 내국신용장발행의 경우에는 해당원화금액

제 20 조 구매물품의 처분

구매물품 처분에 관하여는 제13조를 준용합니다.

제 21 조 신용장의 취소 및 조건변경
은행은 본인이 관계당사자(발행은행, 수익자)의 동의를 얻어 신청한 경우에 한하여 내국신용장을 취소 또는 조건변경 할 수 있습니다. 다만, 유효기일 경과 등 상당한 사유가 있는 경우에는 은행이 신용장을 취소할 수 있습니다. 이때 은행은 본인에게 사후 통지합니다.

제 22 조 결제일
내국신용장의 결제일에 관하여는 제15조를 준용합니다. 다만 제15조 '화환어음'은 '내국신용장어음등'으로 대체합니다.

제 5 장 내국신용장어음등 매입(추심)에 대한 특약

제 23 조 매입대금의 상환
① 다음 각호에서 정한 사유중 하나라도 발생한 경우 본인은 은행으로부터의 독촉, 통지 등이 없어도 당연히 다음 각호에서 정하는 내국신용장어음등 매입대금의 상환의무를 지고 곧 갚기로 합니다.
1. 본인에 대하여 은행여신거래기본약관 제7조 제1항(당연 기한전 채무변제의무) 각호에서 정한 사유 중 하나라도 발생한 경우의 모든 내국신용장어음등
2. 내국신용장 발행은행에 의하여 지급거절되는 경우의 그 내국신용장어음등
② 본인에 대하여 은행여신거래기본약관 제7조 제4항 및 제5항(은행의 서면독촉에 의한 기한전 채무변제의무) 각호에서 정한 사유중 하나라도 발생한 경우 본인은 은행의 서면독촉통지 도달일로부터 10일 이상으로 은행이 정한 기간이 경과하면 모든 내국신용장어음등 매입대금의 상환의무를 지고 곧 갚기로 합니다.
③ 제1항 및 제2항과 관련하여 본인은 매입이자 징수기간 만료일 익일부터 상환일 전일까지 여신연체이율로 계산한 손해배상금을 지급하기로 합니다.
④ 제1항 및 제2항과 관련하여 본인이 매입대금과 이에 부수하는 손해배상금, 수수료, 비용 등을 변제할 때까지 은행은 매도물품에 대하여 모든 권리를 행사합니다.

제 24 조 내국신용장어음등의 반환
① 이 약정에 의하여 은행에 대한 채무의 변제 또는 은행여신거래기본약관 제10조(은행으로부터의 상계등)에 의한 상계 등의 경우 은행은 내국신용장어음등 및 이에 첨부된 서류를 채무변제 등의 시점에 반환하지 않아도 됩니다.
② 본인은 은행이 반환하는 내국신용장어음등 및 이에 첨부된 서류를 은행에서 수령하기로 합니다.
③ 은행의 책임없는 사유로 인하여 내국신용장어음등 및 이에 첨부된 서류의 반환이 불가능한 경우 은행의 반환의무는 없는 것으로 합니다.

제 6 장 수출대금채권 매입거래에 대한 특약

제 25 조 선적서류의 발송
수출대금채권 매입거래와 관련한 선적서류(운송서류, 보험서류, 상업송장및 수출계약서에 의해 요구되는 서류를 포함합니다. 이하 같습니다.)는 본인의 책임하에 발송하고 그 증빙서류를 매입신청시 은행에 선적서류 사본과 함께 제출합니다.

제 26 조 수출대금채권의 양도
본인은 수출대금채권 매입의뢰시 은행 소정양식의 수출대금채권 양도에 따른 대금지급지시서(STANDING PAYMENT INSTRUCTION)를 수출대금채권의 지급의무자(이하 지급의무자라 합니다.)에게 송부한 후 지급의무자로부터 이에 대한 동의서를 받아 은행에 제출합니다.

제 27 조 수출대금의 회수 등
① 본인은 지급의무자에게 수출대금을 은행에 직접 또는 은행이 지정한 계좌에 입금하도록 지시합니다.
② 다음 각호에서 정한 사유중 하나라도 발생한 경우 본인은 은행으로부터의 독촉, 통지 등이 없어도 당연히 다음 각호에서 정한 수출대금채권 매입대금의 상환의무를 지고 곧 갚기로 합니다
1. 수출대금채권 만기일로부터 은행이 정한 기일까지 수출대금이 입금되지 아니하는 경우의 당해 수출대금채권
2. 지급의무자가 만기일 이전이라도 수출대금을 지급할 의사가 없음을 명백히 한 경우의 당해 수출대금채권

제 28 조 이자 등
수출대금이 수출대금채권 만기일에 회수되지 아니하는 경우 본인은 은행이 정한 계산방법, 지급시기 및 방법에 따라 입금지연이자 또는 부도이자를 지급합니다.

제29조 준용규정
본 장에서 따로 정하지 않은 사항은 "제2장 수출거래에 대한 특약"에 따릅니다.

본인은 은행여신거래기본약관 및 이 약정서 사본을 확실히 수령하고, 주요내용에 대하여 충분한 설명을 듣고 이해하였습니다.	본 인	(인)

〈서식 8-4〉

결재	팀 원	팀 장	부 점 장

신용장방식 수출환어음매입 Check List

(2013년07월09일)

업체명		매입번호		매입금액(USD)	255,000.00

점검사항	점 검 결 과			확인자
	YES	NO	YES인 경우	
1. 신규거래처 또는 기존거래처의 이례적인 거액의 매입신청 여부	☐	☑	매입신중	최수정
2. 신용장 기본요건 충족 여부				
가. 신용장의 위/변조 여부 [TEST 조회중, Signature 조회중, 통지번호 미기재, 위/변조 흔적유무 등 : 통지(양도)은행에 진위여부 확인]	☐	☑	매입불가	최수정
나. 신용장 통일 규칙 준수 문언이 없는 신용장	☐	☑	하자있는 수출환어음 (위임전결규정상 전결권확인)	류성현
다. 환거래은행이 아닌 은행이 발행한 신용장 여부	☐	☑	매입신중	류성현
3. 특수조건부 신용장 여부				
가. 보증신용장 등에 의한 무화환어음, BACK TO BACK L/C 취소가능신용장, 비은행(NON-BANK)발행신용장	☐	☑	무신용장방식으로 간주 (동일인한도여신 전결권 적용)	류성현
나. 대금결제에 지장을 주는 조건 - 해외양도 신용장으로 대금결제에 지장을 주는 조건 (개설은행 결제후 지급 등) - 검사증명서의 수입상 또는 수입상 대리인 서명 진위여부에 대해 개설은행의 확인을 요구한 경우 - 수입자 또는 개설은행의 SHIPPING INSTRUCTION 이 있어야 선적이 가능한 경우 - 견본이 합격되어야 선적하는 조건 등	☐	☑	하자있는 수출환어음 (위임전결규정상 전결권 확인)	류성현
다. B/L원본 중 일부만 제시하거나, SURRENDER B/L. AWB. FCR 등을 제시하는 조건	☑	☐	매입신중 (수입자가 대금결제전에 물품 통관 가능)	류성현
4. 중계무역방식 신용장 여부	☐	☐	매입신중 (관련 수입L/C 보증금 적립)	
5. 선적서류의 하자유무 하자내용: 기재내용참조	☑	☐	하자있는 수출환어음 (위임전결규정상 전결권 확인)	류성현
6. B/L의 위변조 여부	☐	☑	매입불가	최수정
7. 동일 BUYER의 하자통보 등으로 기 매입건의 입금(인수) 지연 여부	☐	☑	매입신중	최수정
8. 하자있는 수출환어음으로서 주의, 신용평가표 본부 미재심, 차입금 과다보유, 소규모 기업에 대한 전결권 제한 여부	☐	☑	위임전결규정상 전결권 확인	최수정
9. 신용장 여백에 과거 매입, 금융취급, 양도 사실 기재 여부	☐	☑	신용장금액 초과매입여부확인 및 비율결제 등 처리	최수정

주1) 미화 20만불 상당액 초과 신용장방식 수출환어음매입시 작성하여 영업점장 결재를 받아 매입신청서류에 편철 브관함
(동일자 동일 신용장 매입 합계금액 기준)

주2) 본부에 의뢰할 경우 영업점은 1,2(가),4,6,7,8,9번 작성, 본부는 2(나/다),3,4번 항목 작성.
(영업점 직접 취급시 영업점에서 전항목 작성

동 약정서에는 제1장 공통사항을 비롯하여 수출거래에 대한 특약, 제3장 수입거래에 대한 특약, 제4장 내국신용장발행에 대한 특약, 제5장 내국신용장환어음매입(추심)에 대한 특약 등이 전체 5장으로 구성되어 있다. 동 약정서는 신용장발행신청서와는 달리 한번 약정으로 계속적인 신용장업무가 가능하다.

3) 수입승인서

수입승인서(import licence)는 발행의뢰인의 수입행위가 적법하다는 것을 증명하기 위하여 요구하는 서류이다. 신용장상의 모든 기재사항은 수입승인서의 내용과 일치해야 한다. 수입승인을 취득하기 위해서는 사전에 체결된 매매계약서를 제출하여야 하며, 이에 따라 수입승인서가 발부된다. 통상 신용장의 내용과 매매계약서의 내용은 동일하다. 그러나 은행에서의 신용장발행은 신용장발행신청서에 따르고 있기 때문에 신용장상의 조건과 매매계약서상의 조건을 상호 연계하여 해석할 수는 없다.

4) 물품매도확약서

수입거래시 수입승인서 대신 물품매도확약서(offer sheet)를 요구함으로써 신용장 발행 내용과 일치하는지 여부를 확인할 수 있다.

5) 보험서류

정형무역거래조건상 CIF 또는 CFR 등 주운임 지급조건으로 약정한 경우, 수입상은 자신을 위하여 수입물품에 대한 보험부보를 행하여야 한다. 이 경우 수입상은 수입신용장을 발행할 때 보험서류를 발행은행에 제출하여야 하며, 발행은행은 이를 통하여 물품운송 중 우연한 사고 등으로 인하여 물품에 멸실 또는 손상이 발생하는 경우를 대비하게 된다.

제4절 결제관련서류

1. 송장

1) 상업송장의 의의

송장에는 그 용도에 따라 상거래용으로 작성되는 상업송장과 영사관용이나 세관용으로 작성되는 공용송장(official invoice)으로 구분하다. 여기서 말하는 상업송장(commercial invoice)은 신용장관련 3대 기본서류중의 하나이며 환어음과 함께 수출상이 직접 작성하는 서류로서 신용장 통일규칙(UCP) 제14조에서는 신용장과 상업송장의 엄밀일치를 요구하고 있을 정도로 중요하다. 상업송장은 물품의 명칭, 단가 및 금액 등을 동일한 용지에 기재하고 있다. 또한 상품의 선적 및 출하안내서, 선적화물가격계산서, 수입통관 시 과세자료, 당해거래상항의 조건표로서 수출물품에 대한 근거자료이자 비용의 청구서역할을 한다. 그러나 보험증권이나 선화증권처럼 구체적인 권리를 표시하는 서류는 아니다.

또한 상업송장은 주 운임지급조건인 운임, 보험료 포함 인도조건(CIF)이나 운임포함인도조건(CFR)에서 선화증권 및 보험증권이 계약과 일치되었음을 증명하는 서류이다.

2) 상업송장의 기능

상업송장은 역할에 따라 다양한 기능을 가지고 있다. 첫째, 계약사항을 입증하는 역할을 한다. 따라서 정확한 규격, 수량, 포장상태 및 하인 등이 상세하게 표시되어야 한다. 둘째 특정 무역계약의 존재와 그 이행사실을 입증하는 증거자료가 된다. 셋째, 상업송장은 물품명세서, 계산서 및 대금청구서 등의 역할을 한다. 따라서 상업송장의 발행금액과 환어음의 금액은 일치하여야 한다. 마지막으로 세관신고의 증명자료가 된다.

3) 상업송장의 구분

상업송장은 크게 선적송장과 견적송장으로 구분된다. 선적송장(shipping invoice)은 무역계약을 이행하고 거래조건에 따라 작성되는 송장이다. 여기에는 수출송장(export invoice), 위탁매매 시에 사용되는 위탁매매송장(consignment/indent invoice) 및 견본을 송부할 때 작성되는 견본송장(sample invoice)이 있다. 그리고 견적송장(pro－forma invoice)은 다음의 경우에 사용된다. 첫째, 수출상이 거래를 유도하기 위한 수단, 둘째, 수입승인 및 외화배정을 받기위한 수입상의 요청, 셋째, 수입상에게 미래 그가 구매할 상품에 대하여 시산적으로 작성하여 가격계산의 기초로 사용하기 위해서이다.

4) 공용송장

공용송장(official invoice)은 상업송장의 내용을 증명하기위하여 관계관청의 증명을 받게 한 송장이다. 여기에는 세관송장(customs invoice)과 영사송장(consular invoice)이 있다. 세관송장은 수입지세관에서 수입물품에 대한 과세가격의 기준, 덤핑유무의 확인을 위한 목적, 쿼터품목의 통관기준량의 계산목적, 및 수입통계를 목적으로 발급하는 송장이다. 영사송장은 수입물품가격을 높게 책정하여 외화를 도피하거나 낮게 척정하여 관세를 포탈하는 것을 방지하기 위하여 수출국주재 수입국영사가 확인 하는 송장이다.

〈서식 8-5〉 상업송장(COMMECIAL INVOICE)

COMMERCIAL INVOICE

SELLER
KANGRIM HEAVY INDUSTRIES CO., LTD.
40, UNGNAM-DONG, CHANGWON CITY,
KYUNGNAM, KOREA
TEL : +82-55-269773135
FAX : +82-55-269779597

INVOICE NO. AND DATE
PAW11FB0649 2013.07.02

LC NO.
LC2726513000748 2013.06.28

BUYER
TO APPLICANT :
ZHEJIANG OUHUA SHIPBUILDING CO., LTD
XIAOGAN, PUTUO ZHOUSHAN, ZHEJIANG CHINA
ATTN : SUN HUI ER
Tel: +86 580 3690 877 Fax:+86 580 3690 114

REMARK
CONTRACT NO.: OH4800IM10-649

	EA	PA		
BODY :	USD 88,000	USD: 89,400	TOTAL:	USD 177,400
ACC :	USD 82,000	USD: 88,600	TOTAL:	USD 170,600
TOTAL :	USD 170,000	USD: 178,000	TOTAL :	USD 348,000

ORIGINAL

NOTIFY PARTY
ZHEJIANG OUHUA SHIPBUILDING CO., LTD
XIAOGAN, PUTUO ZHOUSHAN, ZHEJIANG CHINA
ATTN : SUN HUI ER
Tel: +86 580 3690 992 Fax:+86 580 3690

DEPARTURE DATE
2013.07.16

VESSEL / FLIGHT	FROM
BY TRUCK	ZHANG JIA GANG PORT, CHINA

TO
ZHOUSHAN PORT, CHINA

TERMS OF DELIVERY AND PAYMENT
CIP ZHOUSHAN, CHINA IRR. L/C

SHIPPING MARK	DESCRIPTION OF GOODS	QUANTITY	TOTAL AMOUNT	
SHIPPING MARK : OH4800IM10-649 ZHEJIANG OUHUA SHIPBUILDING CO., LTD.,CHINA	BOILER BODY FOR HULL NO.:649 QUANTITY:ONE SET UNIT PRICE: USD 177,400.00/SHIPSET TOTAL AMOUNT:USD177,400.00 PRICE TERM: CIP ZHOUSHAN,CHINA	1 SET	USD	89,400
	T/T VALUE		USD	-
	L/C VALUE		USD	89,400
	TOTAL		USD	89,400

T. H. PARK / ASSISTANT VICE PRESIDENT
KANGRIM HEAVY INDUSTRIES CO., LTD

〈서식 8-6〉 견적송장(PROFORMA INVOICE)

견 적 송 장
(PROFORMA INVOICE)

We as seller confirm having sold you as Buyer the following goods on the terms and conditions as stated below :

COMMODITY :
QUALITY :
QUANTITY :

UNIT PRICE & TERMS OF DELIVERY :
AMOUNT :
PAYMENT :
TIME OF SHIPMENT :
PORT OF SHIPMENT :
DESTINATION :
INSURANCE :
INSPECTION :

SPECIAL TERMS
& CONDITIONS :

(회사명)

____

(대표자명 & 직위)

(Exporter & Manufactures를 입력)

Messrs. Our Ref.
Seoul

〈표 8-2〉

- 송 장 (Invoice)
  - 상업송장 (Commercial Invoice)
    - 선적송장 (Shipping Invoice)
      - FOB Invoice
      - CFR Invoice
      - CIF Invoice
    - 견적송장(Pro-forma Invoice)
    - 견본송장(Sample Invoice)
    - 위탁매매송장
      - 위탁판매송장 (Consignment Invoice)
      - 위탁매입송장 (Indent Invoice)
  - 공용송장 (Official Invoice)
    - 영사송장(Consular Invoice)
    - 세관송장(Customs Invoice)

2. 선화증권

1) 선화증권의 개념

선화증권(Bill of Lading; B/L)은 해상운송회사와 송화인간의 운송계약에 따라 운송회사가 운송계약물품을 수령 또는 선적한 경우 송화인의 요청에 따라 운송회사가 작성하여 송화인에게 교부한 증권이다. 선화증권은 운송화물의 수취증인 동시에 당해 물품의 명세, 수량 및 양육지 등의 운송조건이 기재되며 지정된 장소에서 이 증권명상의 소지인에게 증권과 상환하여 운송물품을 인도할 것을 확약하는 유가증권이다. 그리고 일단 발행되면 선박회사는 선화증권과 상환하여 화물을 인도할 의무가 있고, 화주는 선화증권이 없으면 화물의 인도를 요구할 권리가 없다. 즉 선화증권은 운송화물을 화체화시킨 아주 중요한 서류로서 보험증권 및 상업송장과 더불어 3대 선적서류의 하나이며 화환매입시의 기본서류가 된다.

2) 선화증권의 법적 성질

선화증권은 권리증권, 요인증권, 요식증권, 채권증권, 처분증권, 유통증권, 문언증권 및 상환증권 등의 여러 법적 성질을 가지고 있다.

(1) 권리증권

선화증권의 법적 성질 중에서 가장 중요한 것이 권리증권적 성질이다. 선화증권은 권리증권으로서 제3자에게 양도하면 운송 중의 화물을 인도한 것과 동일한 효력을 갖는다. 이는 선화증권이 운송화물의 소유권을 선화증권으로 표시하는 물권적 성질을 가지기 때문이다.

그러나 현행법상 물권인 소유권을 유가증권으로 나타내는 경우는 존재하지 않지만 국제무역의 관습으로 선화증권을 예외적으로 물권적 성질을 인정하고 있다. 즉 무역과 선화증권이 필수 불가분의 관계로 발전되어 왔기 때문에 선화증권이 권리증권으로서의 성질이 존재해야만 국제무역의 본질이 되는 화환제도가 원활히 지탱된다. 따라서 선화증권의 권리증권적 특성은 아주 핵심적인 성질이 된다.

(2) 요인증권

선화증권은 선박회사가 화주와 운송계약을 체결하고 송화인이 화물을 선적한 후에 발행되기 때문에 운송계약과 선적이라는 원인이 존재하는 요인증권의 성질을 갖는다.

따라서 선화증권은 운송계약 및 선적 전에 발행된다면 효력을 갖지 못한다.

이와는 달리 어음이나 수표와 같은 유가증권은 일단 발행되면 현금 대신 결제되어 채무와 채권관계의 원인이 필요하지 않는 무인증권성을 갖기 때문에 아무런 제약 없이 유통이 되는 성질을 가지고 있다.

(3) 요식증권

선화증권은 증권의 효력이 발생되기 위해서는 일정한 형식을 필요로 하는 요식증권성을 갖는다. 즉 선화증권에는 법정기재사항이나 임의기재사항이 반드시 필요하게 된다. 특히 법정기재사항으로 운송화물의 명세나 운송조건 등이 기재되어 있어야만 법적 효력을 가지게 된다.

(4) 채권증권

선화증권은 채권증권이다. 채권증권성은 어음이나 수표와 같은 현금증권성과 구분되는 개념으로 선화증권의 소지인은 증권 상에 표시되어 있는 운송화물의 인도청구권인 채권을 요구할 수 있다.

따라서 수입상은 목적항에 본선이 도착하면 선박회사에 선화증권을 제시하고 운송화물의 인도를 청구할 수 있는 권리가 주어진다.

(5) 처분증권

선화증권의 소지인은 운송화물을 처분할 때는 반드시 선화증권을 가지고 처분해야 한다. 이 성질은 권리증권성과 비슷한 성질이다.

선화증권의 소지인이 운송화물의 법적 소유권을 갖는 것이기 때문에 운송화물의 처분도 선화증권에 의해서만 가능한 것이다.

(6) 유통증권

선화증권은 타인에게 배서를 통해 제3자에게 권리를 양도하는 유통증권이다. 보통 선화증권은 지시식으로 발행되어 최초의 배서인인 지시인이 배서를 하여 제3자인 배서인에게 양도를 하고 최종 소지인이 권리행사를 하는 유통과정을 거치게 되는 것이다.

(7) 문언증권

선화증권은 증권의 문언에 따라 권리를 행사할 수 있는 문언증권성을 갖는다. 따라서 증권의 소지인은 증권 이외의 내용으로 권리를 주장할 수 없는 유가증권이다.

즉 선사와 화주의 권리와 의무는 선화증권 상에 기재된 문언에 따라 이행된다는 것을 의미한다. 선화증권의 이해관계자인 선사, 송화인, 수화인, 선의의 소지인 등은 선화증권에 기재된 문언을 신뢰하고 참여하기 때문에 선화증권상의 문언이 매우 중요한 의미를 갖는다.

(8) 상환증권

선박회사는 반드시 선화증권과 상환하여 화주에게 운송화물을 인도한다. 즉 선화증권은 권리증권의 성질을 갖고 있기 때문에 선화증권을 발행한 선박회사는 선화증권을 반드시 회수하여 제3의 소지인이 또 다른 권리를 주장하지 못하도록 해야 할 필요가 있다.

따라서 수화인은 수입지 항구에 이미 화물이 도착하였을 지라도 선화증권을 선사에 제시하지 않으면 화물의 인도를 청구할 수 없게 된다.

3) 선화증권의 종류

(1) 선적선화증권(Shipped B/L)과 수취선화증권(Received B/L)

선적선화증권은 송화인이 화물을 본선 상에 적재한 후 발행되는 선화증권이다. 이 선화증권면에는 "shipped on board vessel" 또는 "loaded on board vessel"과 같이 운송회사가 운송계약물품인 화물을 실제로 본선에 적재되었음을 나타내는 문언이 기재되어 있다. 그리고 선적선화증권과 유사하면서 컨테이너선적에서 주로 사용되는 것으로 본선적재선화증권(on Board B/L)이 있다. 이는 선화증권을 발행할 경우에는 시간적으로 선화증권이 운송물품이 선적 전에 발행되어도 선적 후 적재 완료되었다는 문언과 일자를 기입하고 발행자가 서명한다. 이것을 On Board Notation 또는 On Board Endorsement라고 한다.

오늘날 가장 많이 이용되고 있는 FOB계약이나 CIF계약에서는 해상운송 전제로 하기 때문에 선적선화증권 또는 본선적재선화증권을 사용한다. 왜냐하면 FOB계약이나 CIF계약은 모두 본선인도를 전제로 하기 때문이다. 따라서 특별한 명시가 없는 한 수취선화증권은 이용되지 않는다.

〈서식 8-7〉 선화증권

WAN HAI

BILL OF LADING

B/L No. 0013B29388
S/O No: 0276 32

ORIGINAL

Shipper
LCY CHEMICAL CORP.
3F., NO.83, SEC. 4, BADE RD.,
TAIPEI 105, TAIWAN

RECEIVED by the Carrier from the Shipper in apparent good order and condition unless otherwise indicated herein, the Goods, or the Container(s) package(s) said to contain the cargo herein mentioned to be carried subject to all the Terms and Conditions provided for on the face and back of this Bill Lading by the Vessel named herein or any substitute at the Carrier's option and/or other means of transport, from the Place of Receipt or the Port of Loadin to the Port of Discharge or the Place of Delivery shown herein and there to be delivered unto order or assigns.

This Bill of Lading duly endorsed must be surrendered in exchange for the Goods or delivery order.

In accepting this Bill of Lading, the Merchant (as defined by Article 1 on the back hereof) agrees to be bound by all Terms and Conditions on the fac and back hereof, whether written, typed, stamped, printed or otherwise incorporated, as fully as if signed by the Merchant, any local custom or privilege the contrary notwithstanding, and agrees that all agreements or freight engagements for and in connection with the Carriage of the Goods are superseded this Bill of Lading.

It is further agreed that Goods may be stowed on deck without notice pursuant to Article 17 on the back of this Bill of Lading.

In witness whereof, the undersigned, on behalf of the Carrier, has signed the number of Bill(s) of Lading stated above, all of this tenor and date, one which being accomplished the others to stand void.

(Terms and Conditions of Bill of Lading continued on the back hereof, may be obtained from the office of the Carrier or the Carrier's authorised agen and are available on the website: www.wanhai.com)

"On Board" means the Goods are loaded on board the ocean Vessel named in this Bill of Lading, or loaded on board rail cars, trucks, lorries, feed ships, barges, or other means of transportation and are in the custody of an inland or ocean carrier for Combined Transport in accordance with the terms this Bill of Lading.

Consignee
TO THE ORDER OF
INDUSTRIAL BANK OF KOREA

Notify party (carrier not to be responsible for failure to notify)
SUNG WOO CO.,LTD.
7F MARINE B/D,199-6, GWANGAN2-DONG,
SUYEONG-GU, BUSAN,SOUTH KOREA

SHIPPING AGENT REFERENCES (COMPLETE NAME AND ADDRESS)
WAN HAI LINES (KOREA) LTD. INCHON OFFICE
INCHEON CONTAINER TERMINAL (ICT) BLDG.
2FL 126-1, 7GA, HANG-DONG, CHUNG-KU INCHEON,
KOREA TEL:8917342-4 FAX:8917347-8
SEOUL OFFICE
TEL:3707-3040,3,4,7,8 FAX:3707-3055-6

Ocean vessel / Voy No.
WAN HAI 302 N158

Port of loading	Place of receipt	Pre-carriage by
KAOHSIUNG PORT, TAIWAN	KAOHSIUNG PORT, TAIWAN	

Port of discharge	Place of delivery
INCHEON PORT,SOUTH KOREA	INCHEON PORT,SOUTH KOREA

Particulars furnished by shipper

Marks & Nos.; Container No. / Seal No.	No of packages or containers	Kind of Packages; Description of goods	Gross weight Measurement
N/M FCL/FCL WHLU0432520 20SD86	1 CTR (560 BAGS)	"SHIPPER'S PACK LOAD COUNT & SEAL" "SAID TO CONTAIN" THERMAL PLASTIC ELASTOMER (GLOBALPRENE 9550U) QUANTITY : 4.55MTS THERMAL PLASTIC ELASTOMER (GLOBALPRENE 1475) QUANTITY : 4.20MTS TOTAL QUANTITY : 8.75MTS "FREIGHT PREPAID" SAY : ONE CONTAINER ONLY	8,862.000 KGM 25.0000 MTQ LOADED ON M/V WAN HAI 302 VOY:N158 AT:KAOHSIUNG POR TAIWAN ON:JUL 17 2013

Freight payable at	Ex. Rate	No. of original B(s)/L	Place and date of issue	
TAIWAN	30.13	THREE (3)	TAIWAN	JUL 17 2013

ALL AS ARRANGED

Laden on board
Date JUL. 17 2013
WAN HAI 302 N158
KAOHSIUNG PORT, TAIWAN

WAN HAI LINES LTD.
AS CARRIER

수취선화증권은 선적 전에 송화인이 화물을 선박회사가 지정한 장소에서 운송인이 수령한 상태에서 발행된다. 이 경우 증권면에 "Received……for Shipment"와 같이 선적을 위하여 물품을 수령했다는 취지가 기재되어 있다. 수취선화증권으로는 Custody B/L과 Port B/L이 있다. Custody B/L은 물품을 선적할 선박이 아직 입항하지 아니하였을 경우 발행되며 Port B/L은 선박이 입항은 하였지만 아직 적재되지 아니한 상태에서 발행된다. 주로 미국의 면화선적을 위하여 발행된다. 선적선화증권은 선적일자가 발행일자이지만 수취선화증권은 별도의 적재부기(on board Notation)를 찍고 일자를 기재하는 것이 보통인데 이때 적재부기 일자가 선적 일자가 된다.

원칙적으로 수취선화증권은 신용장에 본선적재를 요구하는 명문규정이 있거나 해상운송을 허용하는 경우에는 수리될 수 없다. 그러나 신용장에 본선적재와 관련된 언급이 없거나 복합운송이나 항공운송을 허용한 경우, 예외적으로 수리될 수 있다. 그 이유는 화물운송이나 항공운송인경우에는 수출상이 선적을 위하여 화물을 해당 운송수단 및 항공기에 적재하기 보다는 지정된 장소, 공항터미널 및 창고에서 운송주선인(Forwarder)에게 인도하면 운송주선인은 자기 명의로 된 선화증권 또는 항공화물운송장(AWB)을 발급해주므로 수취식이 될 수밖에 없기 때문이다.

(2) 무고장선화증권(Clean B/L)과 고장부선화증권(Foul B/L or Dirty B/L)

무고장 선화증권은 물품 및 포장에 하자가 있는 상태를 명시적으로 표시하는 부가조항이나 단서가 기재되어 있지 아니한 운송서류이다. 즉 포장이나 수량 등에 대하여 특정단서, 부가조항 또는 유보사항 등에 관한 비고(Remarks)란에 기재되지 않는 B/L을 말한다. 결국 B/L상의 비고란란에 사고의 문언이 기재되어 있지 아니하고 "Shipped on board in apparent good order and condition"과 같은 문언이 인쇄되어 있는 결함이 없는 선화증권을 말한다.

고장부선화증권은 선적된 물품의 포장상태가 불완전하거나 수량이 부족하면 이를 선화증권상의 Remarks란에 기재하게 된다. 이런 사실이 기재된 B/L을 말한다. 통상 신용장에서는 Clean B/L을 요구하고 있기 때문에 고장부선화증권으로는 수출대금을 회수할 수 없다. 왜냐하면 화물의 상징인 선화증권에 이상이 있으면 질권 자체에 하자가 있기 때문이다. UCP에서도 "은행은 신용장에서 수리될 수 있는 조항 또는 단서를 명시적으로 규정하고 있지 아니하는 한 그러한 조항 또는 단서가 표시되어 있는 운송서류는 거절하여야 한다"고 규정하고 있다.

그러나 송화인이 고장화물을 신속한 대체, 재 포장이 선박출항일정에 비추어 판단하건데 시간적으로 불가능할 때 송화인은 선박회사에 파손화물보상장(Letter of Indemnity; L/I)을 제공하고 무고장선화증권을 교부받을 수 있다. 이때 수출상은 차후에 파손화물에 대해 문제가 제기될 시에 L/I에 근거하여 선박회사에게 보상책임을 져야 한다. 한편 선박회사는 수출상으로부터 받은 L/I로는 수화인 및 B/L 소지인에게는 대항할 수 없다. 왜냐하면 L/I는 선박회사와 송화인 간의 보상약속이므로 L/I는 선박회사와 송화인 사이에만 유효하다. 만약 수출대금회수를 위하여 L/I를 제출하고 Clean B/L을 선박회사로부터 교부받았다면 수입상에게 이러한 사실을 통보하고 파손화물에 대해서는 차후 추가선적이나 가격공제 또는 할인 등으로 양해를 구해야 한다.

(3) 기명식선화증권(Straight B/L)과 지시식선화증권(Order B/L)

기명식 선화증권과 지시식선화증권의 구별은 B/L의 수하인 란에 누가 기재되는 냐에 따라 정해진다. 기명식선화증권은 선화증권의 수화인(Consignee)란에 물품의 수령인인 수입상의 상호와 주소를 기입된 것을 말한다.2) 이 경우 화물의 소유권은 기재된 특정인에게 귀속된다. 따라서 전대신용장처럼 화물 대금이 선불되었거나 송금환방식에 의한 거래가 아니면 기명식 선화증권의 형식으로 발행되지 않는다. 기명식선화증권은 선적된 화물이 목적지에 도착했어도 선화증권상에 기명된 특정인만이 그 화물을 인수할 수 있기 때문에 운송중 화물의 전매나 유통이 제한을 받는다. 일반적으로 운송기한이 짧아서 증권의 유통이 실효가 없는 항공운송에서의 항공화물운송장(Air Waybill)이나, 운송 중 유통이 필요하지 않는 해상화물운송장(Sea Waybill) 등은 기명식으로 발행되어 원본 1부가 화물과 함께 수화인에게 보내진다.

지시식선화증권은 선화증권의 수화인(Consignee)란에 특정인을 기입하지 않고 "to the Order of A", "to Order" 또는 "to the Order of XYZ Bank" 등으로 기입된다. 지시식으로 발행된 선화증권은 화환취결 시 백지배서(Blank Endorsement)로 은행에 인도되며, 이 증권의 정당한 소지자는 화물에 대한 청구권을 갖게 된다. 선화증권의 유통성을 보장하기 위해서는 지시식으로 발행되어 운송 중 자유롭게 전매가 가능하도록 하여야 한다. 특히 장거리 해상운송일 경우에는 양도가능성을 보장하는 것이 중요하다. 선화증권의 유통은 서류매매를 본질로 하는 CIF계약과도 부합되기 때문에 CIF계약에서 널리 이용된다.

(4) 해양선화증권(Ocean B/L)과 내국선화증권(Local B/L)

해양선화증권은 한 국가의 영해를 벗어나는 국가간(해외)운송에서 발행되는 선화증권이다. 현재 우리나라의 무역에서 사용하는 선화증권이 거의 해양선화증권이다.

내국선화증권은 통운송의 경우 제2운송인이 자신의 운송구간에 대하여 발행하는 선화증권이나 해외운송에 접속되는 국내운송에서 사용하는 선화증권이다.

2) 이병렬, 「국제무역결제론」, 대명, 2008. PP.88~94.

(5) 통선화증권(Through B/L)과 복합운송선화증권(Combined Transport B/L)

화물을 목적지까지 운송하는 데 최초의 운송인인 선주가 다른 선박회사의 선박을 이용하거나 또는 육상운송수단을 이용할 경우 최초의 운송인이 전 구간의 운송에 대하여 책임을 지고 서명하여 발행한 선화증권을 통선화증권이라고 한다. 미국에서는 해상과 육상운송을 겸한 선화증권을 Overland B/L이라고 한다. 그러나 통선화증권은 전구간의 운송을 책임지기는 하지만 운송도중 손실에 대해서는 해상운송구간만 책임을 부담한다. 운송계약의 증거서류는 선화증권의 형식으로만 발행된다. 그러나 통선화증권은 단일 선화증권이 갖는 여러 가지 불편함 즉, 환적의 경우 운송수단이 변경될 때마다 새로운 선화증권을 발급받아야 하며 그에 따르는 보관, 하역 등 제반여건을 송화인이 처리해야 하는 불편함을 해소시켜줄 수 있는 장점이 있다. 경우에 따라서 철도화물상환증(railway bill of lading)을 대용한다. 그러나 운송구간이 변경될 때마다 새로운 보험을 체결해야 하는 불편함이 내재되어 있다. 따라서 이와 같은 불편함을 해소하기 위하여 복합운송증권이 등장하였다.

복합선화증권은 컨테이너의 도입으로 육상, 해상 및 항공 중 해상을 포함한 어느 두 가지 이상의 형태로 운송이 이루어지며 복합운송인이 전 구간의 운송에 대하여 책임을 지고 발행하는 운송증권을 말한다. 복합운송인과 제2운송인과의 관계는 일반적으로 하청운송의 형태를 가진다. 운송계약의 증거서류는 반드시 선화증권만으로 발행되지는 않는다.

(6) 약식선화증권(Short Form B/L)과 적색선화증권(Red B/L)

약식선화증권이란 선박회사에서 일방적으로 정한 인쇄약관이 생략된 채 앞면에 필요한 사항만 기재된 증권이다. 운송약관이 앞면과 뒷면 모두 기재된 표준 형식 선화증권(standard long form B/L, regular long form B/L)은 정기선(liner)에 많이 이용되고 전면에 법정기재사항[3]만 기재되고 이면의 선택식 약관이 인쇄되지 아니한 약식증권은 주로 부정기 항로의 선사와 화주가 개별적으로 운송계약을 체결하는 경우에 많이 발생한다. 그러나 분쟁이 발생하면 Long Form B/L상의 약관을 따르도록 명기하고 있다. 일반적으로 용선계약선화증권(Charter Party B/L)은 보통 Short Form이다.

적색선화증권은 선화증권과 보험증권을 결합시킨 것이다. 이 증권에 기재된 화물이 운송 중 사고가 발생하면 선박회사는 보험회사에 모든 Red B/L 발행분에 대하여 일괄 부보하게 된다. 따라서 송화인은 운임에 보험료를 추가하여 부담한다.

---

3) 법정기재사항은 다음과 같다. 선박의 명칭, 국적, 톤수, 송화인이 서면으로 통지한 운송물의 종류, 중량 또는 용적, 포장의 종별, 개수와 기호, 운송물의 외관상태, 용선자 또는 송화인의 성명, 상호, 수화인 또는 통지 수령인의 성명 또는 상호, 선적항, 양륙항, 운임, B/L의 발행일자 및 장소, 발행통수

(7) 기간경과선화증권(Stale B/L), 환적선화증권(Transshipment B/L) 및 부서부선화증권(Counter-sign B/L)

기간경과 선화증권은 특별한 명시가 없을 경우 선화증권이 은행에 제시되어야 할 기간인 21일 이후에 제시된 선화증권을 말한다. 즉 선화증권의 제시가 너무 지연된 B/L을 의미한다. UCP에서는 L/C상에 별도로 서류제시기간이 약정되어 있지 않으면 선적일자 이후 21일을 경과한 서류는 은행이 수리하지 않는다고 규정하고 있다.

환적선화증권이란 운송경로의 표시에 있어 운송도중에 환적이 되었음을 기재한 B/L을 말한다. 신용장상에 환적 금지문언(transshipment prohibited)이 있더라도 컨테이너 적재인 경우는 무방하다. 환적은 원래 계약에 의하여 미리 약정되는 것이지만, 특수사정에 의하여 본선에서 일단 가양륙하여 다시 당해본선 또는 대선이나 다른 운송수단에 적재하는 재선적은 환적의 의미에 포함시키지 않는 것이 일반적이다.

부서부 선화증권은 화물인수시에는 정당한 소지인이 선화증권면에 서명하고 선박회사 책임자는 그 밑에 부서(Counter-sign)하여 모든 채무의 이행을 나타내는 선화증권을 말한다. 선박회사가 부서하는 이유는 선화증권면의 운임이 도착지지급(freight collect)으로 되어 있거나 이 밖의 다른 채무가 부수되어 있는 경우 화물인도 시에는 선박회사에 대하여 운임을 지급하고 물품을 인수하게 된다. 이때 선박회사는 지급이 완료된 것을 증명하기 위하여 선화증권에 부서하게 된다.

(8) House 선화증권과 집단선화증권(Groupage B/L)

House B/L은 각기 다른 화주의 화물을 혼재하는 운송주선업자[4](Freight Forwarder)가 개별화주 앞으로 발행하는 증권이다. 일반적으로 운송주선업자는 자체 운송수단을 소유하지 않고 화주와 선주에 대한 정보를 바탕으로 한 영업망을 가지고 운송업무를 수행하기 때문에 이들이 취급하는 운송서류만 가지고서는 본선적재가 어렵다. 또한 이들은 주로 선주에 대한 정확한 정보가 없는 소량화물을 소지한 화주를 대상으로 운송계약을 체결하는데 이때 발행하는 B/L이다.

집단(Groupage) B/L은 운송인이 운송주선업자가 혼재한 전체의 화물에 대하여 주선업자 앞으로 발행하는 운송서류를 말한다. 집단선화증권을 Master B/L이라 한다. 은행은 운송주선인이 자산규모가 영세하여 사고발생시 구상권을 행사하기가 쉽지 않기 때문에 은행은 수리를 거절한다. 그러나 운송주선인이 발행한 B/L중 다음의 조건에 부합하면 수리한다. 첫

4) 운송주선인은 처음에는 Forwarding Agent와 Shipping Agent로 구분되다가 최근에 Freight Forwarder로 통합되었다. 즉, 소량화물을 철도화차단위의 화물량으로 집하하는 작업을 하는 Forwarding Agent와 수출상을 대신하여 선적절차를 밟거나 선박수배를 담당하는 일을 하는 Shipping Agent가 통합된 역할을 수행한다.

째, 선화증권을 발행한 운송주선인(Forwarder)이 자신이 단순한 운송중개인이 아니고 "선박회사의 대리인의 자격으로 B/L을 발행한다"라는 표시를 B/L상에 하였을 경우, 둘째 선화증권을 발행한 운송주선인(Forwarder)이 자신이 단순한 운송중개인이 아니고 "운송인의 자격으로 B/L을 발행한다"라는 표시가 있을 경우 은행은 수리한다. 왜냐하면 운송과정에서 사고가 발생하였을 경우 책임을 운송주선인이 지지 않고 본인인 선사가 부담하기 때문이다.

4. 보험서류

1) 보험증권

보험증권(Insurance Policy)이란 적하에 대한 보험계약의 존재와 내용을 표시한 증권으로 보험사실을 완전히 기재한 증권을 말한다. 또한 보험계약의 성립과 그 내용을 명백히 하기 위한 증거로서 유통이 가능한 서류이므로 원본으로 발행된 전통이 제시되어야 한다. 또한 보험자가 피보험자에게 교부하는 유가증권이므로 배서(endorsement)에 의해서 양도된다. 보험증권의 기능에는 ① 보험계약 성립의 증거, ② 선적서류의 구성요소, ③ 보험금 청구시의 제출서류 등 세 가지가 있다.

2) 보험증명서

보험증명서(Insurance Certificate) 또는 보험확인서(insurance declaration, 보험확정통지서)란 일정기간동안 특정항로에 운송되는 적하에 대하여 보험에 부보 되었음을 증명하는 보험증권의 대용서류를 의미한다. 적하보험에서는 대부분 포괄예정보험계약을 맺은 보험자가 보험계약자의 청구에 따라 선박에 화물을 선적할 때마다 원 보험증권(original policy)에 의거하여 보험증명서를 발행해 준다. 왜냐하면 매 수출시마다 보험계약을 체결해야 하는 번거로움을 피하고 보험비용도 절감하기위하여 해당업체의 일정기간 물동량을 예상하여 보험회사와 포괄예정보험계약을 체결하고 실제로 보험이 필요할 때마다 보험회사로부터 그에 합당한 보험서류를 발급받게 된다.

보험증명서에는 확정보험증권처럼 각종 약관과 특약이 기재되거나 이들 약관, 특약 등에 의거하였음을 명시하고 있는데, 배서양도, 보험금청구에 있어서 원 보험증권과 동등한 효력을 가지고 있다. 신용장에서 언급하는 보험서류는 보험회사 또는 그 대리인 또는 보험인수업자(underwriter)가 발행한다.

〈서식 8-8〉 해상적화증권

第一產物保險股份有限公司
E-mail:marineins@firstins.com.tw
Tel:(02)23913271 (30 Lines)
Fax:(02)23921256, 23943640

THE FIRST INSURANCE CO., LTD.

HEAD OFFICE: 54, Chung hsiao E. Rd., Sec. 1, Taipei, Taiwan

POLICY NO. 10000P13701621

MARINE CARGO POLICY

Claim, if any, payable in USD *currency at* KOREA and should be presented through the following agent.

CLAIM AGENT :
GLOBAL SURVEYORS & INSPECTORS LTD.
TEL:(82) 32 764-4440
E-MAIL:GSI@GSIINS.CO.KR
FAX:(82) 32 764-4441
INCHON
SOUTH KOREA

Assured LCY CHEMICAL CORP

Invoice No. 5200033482

Amount insured (USD27,161.75) US DOLLARS TWENTY SEVEN THOUSAND ONE HUNDRED SIXTY ONE AND CENTS SEVENTY FIVE ONLY.

Ship or Vessel WAN HAI 302 V-N158
Sailing on or about JUL. 17, 2013
From KAOHSIUNG PORT, TAIWAN TO INCHEON PORT, SOUTH KOREA

SUBJECT-MATTER INSURED

THERMAL PLASTIC ELASTOMER
(GLOBALPRENE 9550U)
QUANTITY : 4.55MTS
THERMAL PLASTIC ELASTOMER
(GLOBALPRENE 1475)
QUANTITY : 4.20MTS
TOTAL QUANTITY : 8.75MTS
560 BAGS IN 1 CONTAINER
L/C NO. M04NX307NS00032

CLAIM AGENT:
GLOBAL SURVEYORS & INSPECTORS LTD
SUITE 911, JEONGWOO BLDG.,
178 INJONG-RO, JUNG-GU
INCHON SOUTH KOREA
TELEPHONE: (82) 32 764 4440
FACSIMILE: (82) 32 764 4441
E-MAIL: GSI@GSIINS.CO.KR

Conditions

INSTITUTE CARGO CLAUSES(A)
INSTITUTE WAR CLAUSES (CARGO)
INSTITUTE STRIKES CLAUSES (CARGO)
COVERING INSTITUTE CARGO CLAUSES: ALL RISKS
FROM SELLER'S WAREHOUSE TO BUYER'S WAREHOUSE,
IRRESPECTIVE OF PERCENTAGE

Place and Date Signed in TAIPEI JUL. 15, 2013 IN DUPLICATE

The Assured is requested to read this policy and if it is incorrect return it immediately for alteration

INSTITUTE REPLACEMENT CLAUSE (applying to machinery)

In the event of loss of or damage to any part or parts of an insured machine caused by a peril covered by the Policy the sum recoverable shall not exceed the cost of replacement or repair of such part or parts plus charges for forwarding and refitting, if incurred, but excluding duty unless the full duty is included in the amount insured, in which case loss, if any, sustained by payment of additional duty shall also be recoverable.

Provided always that in no case shall the liability of Underwriters exceed the insured value of the complete machine.

LABEL CLAUSE (applying to labelled goods)

In case of damage from perils insured against affecting labels only, loss to be limited to an amount sufficient to pay the cost of reconditioning, cost of new labels and relabelling the goods.

CO-INSURANCE CLAUSE (applicable in case of Co-insurance)

It is hereby understood and agreed that this Policy is issued by THE FIRST INSURANCE CO., LTD. on behalf of the co-insurers who, each for itself and not one for the others, are severally and independently liable for their respective subscriptions specified in the policy.

Notwithstanding anything contained herein or attached hereto to the contrary, this insurance is understood and agreed to be subject to English law and practice only as to liability for and settlement of any and all claims.

This insurance does not cover any loss or damage to the property which at the time of the happening of such loss or damage is insured by or would but for the existence of this Policy be insured by any fire or other insurance policy or policies except in respect of any excess beyond the amount which would have been payable under the fire or other insurance policy or policies had this insurance not be effected.

We, THE FIRST INSURANCE CO., LTD. hereby agree, in consideration of the payment to us by or on behalf of the Assured of the premium as arranged, to insure against loss damage liability or expense to the extent and in the manner herein provided.

In Witness where of this Policy has been signed for and on behalf of THE FIRST INSURANCE COMPANY, LIMITED.

For THE FIRST INSURANCE CO. LTD.

Chen Aun Lee
Chairman

Not valid unless countersigned by MARINE UNDERWRITING DEPT

〈서식 8-9〉 소독증명서

FUMIGATION CERTIFICATE

No : 1107182 Date : JUL. 26, 2013

DESCRIPTION OF CONSIGNMENT

Name and address of exporter : HYUNDAI FORGING CO. LTD.,822－7, YUHYUN－RI, GUNBUK－MYUN, HAMAN－GUN GYEONGNAM, SOUTH KOREA.

Declared name and address of consignee : TO THE ORDER OF ING VYSYA BANK LIMITED,GROUND FLOOR,PARSHWA TOWER, OFF S.G.HIGHWAY,BODAKDEV,AHMEDABAD－380054.

Place of origin : BUSAN PORT, SOUTH KOREA

Declared point of entry : NHAVA SHEVA PORT, INDIA.

Distinguishing marks : NO & date of LC : 524FLC002035/13 & 130725

Name of produce and quantity declared : WOODEN BOX 12PC(S)

Approved no. of ISPM #15 : KR－30026

This is to certify that the furmigation has been executed with the plant, plant products under the rules of ispm # 15.

DISINFESTATION AND / OR DISINFECTION TREA TMENT

Date : 2013.03.21.~2013.03.22.
Chemical(active ingredient) : M.B(CH_3 Br)
Concentration : 48 g/m^3

Treatment : FUMIGATION
Duration and Temperature : 24hrs, 22℃
Additional information : NIL

ADDITIONAL DECLARATION

FUMIGATION CERTIFICATE IN COMPLIANCE WITH ISPM REGULATION FOR IMPORT IN INDIA.

timber packing marked with ISOM NO.15

IPPC KR-30026
MB
(AJ-006)

Signature : ____________________

A-JU PEST CONTROL CO,. LTD.
#667 SINPYEONG-DONG, SAHA-GU, BUSAN, KOREA
TEL : 82-051-465-6400/1, FAX : 82-051-463-6762

3) 보험승낙서

보험승낙서(Cover Note) 또는 보험각서란 특정적화에 부보를 하고 보험료를 수령하였음을 증명하는 보험중개업자가 발행하는 보험서류를 의미한다. 보험계약에 관한 약식으로 기재된 서유이다. 이는 보험계약의 증거서류로서 인정하지 아니한다. 왜냐하면 보험자로서 정당한 자격이 없는 보험중개인이 발급했기 때문이다. 따라서 보험자에 대한 보상청구권을 가지지 않는다. 따라서 신용장에서 명시적으로 요구하지 않는 한, 은행은 보험중개업자가 발행한 보험승낙서를 수리하지 않는다.

4) 보험인수증

보험중개인이 발행하는 서류로서 은행에서는 보험계약의 증거서류로 수리하지 아니한다.

5. 기타서류

1) 포장명세서

포장명세서(Packing List)는 포장속에 들어있는 포장 단위별 상품의 명세, 순 중량, 총 중량, 용적, 화인, 개수, 포장 개수를 기재한 상업송장의 부속서류로서 주로 화물을 식별하기 위하여 사용된다. 상업송장과 외형상으로 아주 비슷하며, 특히 상단 부분은 거의 같아 구분이 안 될 정도이다.

그러나 중간부분의 물품명세를 기재하는 난을 보면, 상업송장에는 화인과 화번, 물품명세, 수량/단위, 단가, 금액을 기재하게 되어 있으나, 포장명세서에는 이 중에서 단가와 금액은 생략된 반면 순 중량, 총 중량 및 용적을 기재하게 되어 있다.

실제 계약물품 전체에 대하여 상업송장은 한 장으로 작성되는 반면, 포장명세서는 포장단위별로 작성된다. 한 가지 물품을 여러 포장용기로 나누어 포장한 경우에는 포장명세서의 중요성이 상대적으로 적지만, 여러 가지 물품들이 여러 포장용기로 나뉘어 포장된 경우에는 포장명세서가 대단히 중요하다. 예를 들면, 운송 중에 포장된 물품 중의 일부가 파손된 경우, 상업송장만으로는 어떠한 물품이 파손되었는지를 파악하기가 어렵지만 포장명세서를 이용하면 상세한 파손내역을 파악하기 용이하다.

포장명세서의 기능은 첫째, 수출입통관절차에서의 심사 자료로 활용되고 양륙지에서 화물의 처리단계에서 이용된다. 둘째, 검수 또는 검량업자가 실제 화물과 대조 시 참조자료로 활용될 수 있다. 셋째, 개별화물의 사고발생분에 대한 확인자료로 사용될 수 있다. 넷째, 중량 외에 각각의 용량이 표시되어 있으므로 선박회사가 운송계약을 체결할 때 1차적인 기초 자료로 활용될 수 있다.

〈서식 8-10〉 품질증명서

KANGRIM HEAVY INDUSTRIES CO.,LTD.

ISO 9001 REGISTERED

CHANGWON FACTORY
40,WOUNGNAM-DONG, CHANGWON CITY, KOREA
TEL:+82-55-269-7730~4
FAX:+82-55-269-7795~7
E-MAIL : business2@kangrim.com

CERTIFICATE OF QUALITY

DATE : JULY. 09, 2013

FROM : KANGRIM HEAVY INDUSTRIES CO., LTD.
40, WOONGNAM-DONG, CHANGWON CITY, KYUNGNAM, KOREA
TEL : +82 55 269 7730
FAX : +82 55 269 7795

TO : ZHEJIANG OUHUA SHIPBUILDING CO., LTD
XIAOGAN, PUTUO ZHOUSHAN, ZHEJIANG CHINA
TEL: +86 580 3690 877
FAX:+86 580 3690 114

SUBJECT : CERTIFICATE OF QUALITY AND QUANTITY
HULL NO. 649
CONTRACT NO. OH4800IM10-649
L/C NO. LC2726513000748

THIS IS TO CONFIRM THAT THE UNDERSIGNED SURVEYOR OF KANGRIM INDUSTRIES CO., LTD HAVE ATTENDED THE MANUFACTURER'S FABRICATION SHOP AT CHANGZHOU/CHINA ON JUN. 30, 2013 AND SUBSEQUENT DATES IN ORDER TO EXAMINE QUANTITY AND QUALITY OF FOLLOWING ITEM AND CONFIRM THE RESULT AS BELOW.

A) ITEM : MARINE EQUIPMENT BOILER
B) DIMENSION CHECK : GOOD
C) HYDRAULIC TEST : GOOD
D) FINAL QUALITY RESULT : SATISFACTORY

T. H. Park / Assistant Vice President
KangRim Heavy Industries Co., Ltd

〈서식 8-11〉

KANGRIM KANGRIM HEAVY INDUSTRIES CO., LTD.

ISO 9001 REGISTERED DNV MGMT. SYS. RvA C024 DNV Certification B.V. The Netherlands

CHANGWON FACTORY
40,WOUNGNAM-DONG, CHANGWON CITY, KOREA
TEL:+82-55-269-7730~4
FAX:+82-55-269-7795~7
E-MAIL : business2@kangrim.com

CERTIFICATE OF QUANTITY

DATE : JULY. 09, 2013

FROM :	KANGRIM HEAVY INDUSTRIES CO., LTD. 40, WOONGNAM-DONG, CHANGWON CITY, KYUNGNAM, KOREA TEL : +82 55 269 7730 FAX : +82 55 269 7795	TO :	ZHEJIANG OUHUA SHIPBUILDING CO., LTD Tel: +86 580 3690 877 Fax:+86 580 3690 114

SUBJECT : CERTIFICATE OF QUALITY
HULL NO. OUHUA649BOILER BODY
CONTRACT NO. OH4800IM10-649
L/C NO. LC2726513000748

THIS IS TO CONFIRM THAT THE UNDERSIGNED SURVEYOR OF KANGRIM INDUSTRIES CO., LTD HAVE ATTENDED THE MANUFACTURER'S FABRICATION SHOP AT CHANGZHOU/CHINA ON JUN. 30, 2013 AND SUBSEQUENT DATES IN ORDER TO EXAMINE QUANTITY AND OF FOLLOWING ITEM AND CONFIRM THE RESULT AS BELOW.

A) ITEM : PA TYPE BOILER
B) QUANTITY : ONE SET
   TOTAL PACKAGE : 1 PACKAGES
   TOTAL WEIGHT : 13,000 KG(G/WIGHT)
C) HYDRAULIC TEST : GOOD
D) FINAL QUALITY RESULT : SATISFACTORY

T. H. Park / Assistant Vice President
KangRim Heavy Industries Co., Ltd

〈서식 8-12〉 포장명세서(PACKING LIST))

PACKING LIST

SELLER	INVOICE NO. AND DATE
KANGRIM HEAVY INDUSTRIES CO., LTD. 40, UNGNAM-DONG, CHANGWON CITY, KYUNGNAM, KOREA TEL : +82-55-269773135 FAX : +82-55-269779597	PAW11FB0649 2013.07.02 **L/C NO. AND DATE** LC2726513000748 2013.06.28
CONSIGNEE	**REMARK**
TO APPLICANT : ZHEJIANG OUHUA SHIPBUILDING CO., LTD XIAOGAN, PUTUO ZHOUSHAN, ZHEJIANG CHINA ATTN : SUN HUI ER Tel: +86 580 3690 877 Fax:+86 580 3690 114 **NOTIFY PARTY** ZHEJIANG OUHUA SHIPBUILDING CO., LTD XIAOGAN, PUTUO ZHOUSHAN, ZHEJIANG CHINA ATTN : SUN HUI ER Tel: +86 580 3690 992 Fax:+86 580 3690 **DEPARTURE DATE** 2013.07.16 **VESSEL / FLIGHT**: BY TRUCK **FROM**: ZHANG JIA GANG PORT, CHINA **TO** ZHOUSHAN PORT, CHINA	CONTRACT NO.: OH4800IM10-648 EA PA BODY : USD 88,000 USD: 89,400 TOTAL: USD 177,400 ACC : USD 82,000 USD: 88,600 TOTAL: USD 170,600 TOTAL : USD 170,000 USD: 178,000 TOTAL : USD 348,000 ORIGINAL

SHIPPING MARK	DESCRIPTION OF GOODS	QUANTITY
SHIPPING MARK : OH4800IM10-649 ZHEJIANG OUHUA SHIPBUILDING CO., LTD.,CHINA	BOILER BODY FOR HULL NO.:649 QUANTITY:ONE SET UNIT PRICE: USD 177,400.00/SHIPSET TOTAL AMOUNT:USD177,400.00 PRICE TERM: CIP ZHOUSHAN,CHINA	1 SET

GOODS DESCRIPTIPON	QUANTITY	NET WEIGHT	GROSS WEIGHT	MEASUREMENT	
PA BODY 1 / 1 PA BODY	1 PKG	13,000 Kg	13,000 Kg	5,780 X 2,720 X 2,650	41.662 CBM
TOTAL	1 PKG	13,000 Kg	13,000 Kg		41.662 CBM

T. H. PARK / ASSISTANT VICE PRESIDENT
KANGRIM HEAVY INDUSTRIES CO., LTD

2) 중량 및 용적증명서

중량 및 용적증명서(Certificate of Weight and Measurement)란 수출물품의 선적에 앞서 공인검량인(public weighter)이 화물의 순 중량, 총 중량 및 용적을 계량하여 발급하는 증명서를 의미한다. 동 서류는 상업송장에 총괄적으로 기재한 것을 보충하여 보다 상세히 기재한 서류로서 상업송장 및 운송서류의 중량표시와 일치하여야 한다. 수출상이 직접 작성하는 경우와 제3자가 작성하는 경우가 있다. 운송인은 이 증명서상의 총중량과 용적을 기초로 하여 선화증권을 발급한다. 그리고 운임 또는 운송비를 산출하는 기초 자료로서 기능을 하기 때문에 정확히 작성되어야한다.

3) 원산지증명서

원산지증명서(Certificate of Origin; C/O)란 거래되는 물품의 국적에 대한 증명서이다. 또한 상품의 생산지 또는 국가명을 증명하는 서류로서 상대국상품에 대하여 수입관세를 면제해주거나 감세하기 위하여 양허관세율의 적용 및 외환관리를 위하여 사용되고 있다. 수출국주재 수입국 영사나 상공회의소(한국의 경우)에서 원산지증명서를 발급하고 있다.

원산지를 규정하는 방법에는 2가지가 있다. 첫째, 특례원산지규정(Preferential Rules of Origin)에는 EU, NAFTA 등과 같이 특정국가 상호간 무역에서 특례를 주고자 하는 지역간 원산지 협정, 예를 들면 GSP(Generaliged System of Preference), 미국의 카리브만연안국을 대상으로 하는 카리브만 부흥계획(CBEBA), 개도국간 특례관세제도(GSTP), 다자간 무역협정인 방콕협정(ESCAP) 등으로 관세특례를 부여하는 경우에 적용되는 원산지규정을 말한다.

다음으로 미 특례원산지규정(Non－Preferential Rules of Origin)에는 반덤핑관세, 상계관세부과, 세이프가드, 차별적수량제한 등 무역정책 수단, 무역통계작성 및 정부조달 등에 있어서 물품의 원산지를 구별할 필요가 있는 경우에 적용되는 원산지규정을 의미한다. 또한 수입물품의 원산지 판정기준에는 다음의 3가지 방법이 있다. 첫째, 완전생산기준으로 어떤 물품이 타국의 개입없이 전적으로 국내에서만 획득·생산되는 경우와 같이 당해 물품의 전부를 생산한 국가를 원산지로 보는 기준, 둘째, 실질적변형기준으로 물품이 2개국 이상에 걸쳐 생산된 경우로써 당해 물품이 실질적으로 변화되는 생산공정을 최종적으로 행한 국가를 원산지로 보는 기준(세번 변경기준, 부가가치기준, 가공공정기준) 마지막으로 단순가공활동기준으로 수출·입 물품이 생산·가공·제조 과정이 2개국이상에서 관련된 경우 단순한 가공활동을 수행한 국가를 원산지로 규정해서는 안된다는 규정이다.

4) 영사송장

영사송장(Consular Invoice)이란 수입상에 의한 수입관세포탈이나, 외화도피 등을 방지하거나 수출국소재 공관의 사증료 수입을 증대시키기 위하여 수출국주재 수입국 영사가 수출상이 작성한 송장내용의 진위를 확인한 송장을 말한다.

5) 세관송장

세관송장(Customs Invoice)이란 영사송장처럼 수입지 세관이 수입화물에 대한 수입관세 부과 기준, 덤핑유무 확인, 쿼터량의 통관량 계산, 수입물품의 통계조사 등의 목적으로 수출상이 직접 작성하는 송장이다. 특히 국가별로 세관이 요구하는 양식이 상이하므로 소정의 양식에 따라 작성하여야 한다.

6) 검사증명서

검사증명서(Inspection Certificate)란 매매계약시 품질의 결정방법과 시기 등을 고려하여 수입상의 요청에 의하여 수출상이 제공하는 검사결과에 대한 증명서로서 수출상품의 완전함을 증명하는 서류이다. 대체로 수출상이 제공하는 수출품의 품질에 회의적이거나 의심을 가지는 경우 수입상은 정부의 검사, 국제검정기관의 검사 또는 수입대리인의 품질검사 중에 제시를 요구하는 경우가 있다.

7) 검역증명서 및 위생증명서

검역증명서(Certificate of Quarantine)는 주로 동식물의 수출에 혹시 전염성 균이 묻어 들어가는 것을 막기 위하여 당해 물품을 고립된 일정한 장소에 일정기간 동안 장치하여 두어 검역을 한 후 발급해 주는 서류이다.

위생증명서(Certificate of Health of Sanitary Certificate)란 주로 식료품, 화장품, 약품, 생물, 수피 등을 특정국가에 수출할 경우, 그것이 생산·제조·출하되었을 때에 수입국에서 정한 위생기준에 합치한 것임을 또는 무해·무균인 것임을 증명하는 서류를 말한다. 상기에서 언급한 검역증명서는 위생증명서의 일종이라 할 수 있다.

8) 차변표와 대변표

차변표(Debit Note; D/N)는 미정산대금의 청구 또는 누락대금의 청구 또는 입체금의 청구 등에 이용되는 전표이다. 거래상대방의 차변계정에 기재한다 하여 차변표라 부른다. 이것은 전표발행자의 채권을 표시하는 전표이다.

대변표(Credit Note; C/N)는 수출상의 수량부족, 송장금액의 과다, 입체금의 미지급, 수수료의 미지급 등으로 인한 채무발생을 알리는 전표이다. 거래상대방의 대변계정에 기재한다 하여 대변표라 부른다. 이것은 전표발행자의 채무를 표시하는 전표이다.

〈서식 8-13〉

ClassNK NIPPON KAIJI KYOKAL

Certificate No. : FE13PS01761 Date : 28 February 2013

CERTIFICATE for FOUR(4) SAFETY VALVES

THIS IS TO CERTIFY that the undersigned Surveyor to Nippon Kaiji Kyokai did at the request of the applicant, attend the testing and ezamination of the product(s) described below in accordance with the applicable rules/standards and found it/them satisfactory.

Manufacturer : JOKWANG I.L.I. CO., LTD.
Place of Manufacturer : #1650-8,SONGJEONG-DONG, GANGSEO-GU, BUSAN KOREA
Applicant : JOKWANG I.L.I. CO., LTD.
Place of Inspection : Busan, Korea
Intended for : CSBC CORPORATION, TAIWAN, KAOHSIUNG SHIPYARD, Ship No.1009
First Date of Inspection : 28 February 2013
Final Date of Inspection : 28 February 2013
Rules/Standards Applied : the relevant requirements of the Rules of Nippon Kaiji Kyokai
Order No. : ---
Total set(s) of Prdouct : 4

Particulars
Material : SC480
Nominal Bore(mm) : 50A x 80A(2pcs)
80A x 125A(2pcs)
Design Pressure : 0.88 MPa

Test and Inspection
Material Confirmation : Good
Hydraulic Test : Good
Surface Inspection : Good

Identification Mark
For identification, the product(s) was/were stamped:

NK 1528 Ⓟ on cach valve

Surveyor, Hwan Wi
Office: Busan Office

〈서식 8-14〉

ClassNK NIPPON KAIJI KYOKAL

Certificate No. : BR13PS01019 Date : 29 April 2013

CERTIFICATE for ONE(1) SET OF EXHAUST GAS BOILER

(AS BARE BODY CONDITION)

THIS IS TO CERTIFY that the undersigned Surveyor to Nippon Kaiji Kyokai did at the request of the applicant, attend the testing and ezamination of the product(s) described below in accordance with the applicable rules/standards and found it/them satisfactory.

Manufacturer	:	KANGRIM HEAVY INDUSTRIES CO., LTD.
Place of Manufacturer	:	40, WOONGNAM-DONG, CHANGWON-SI, KYUNGNAM, REPUBLIC OF KOREA
Applicant	:	KANGRIM HEAVY INDUSTRIES CO., LTD.
Place of Inspection	:	Changwon, Korea
Intended for	:	CSBC CORPORATION, TAIWAN, KAOHSIUNG SHIPYARD (Ship No.1009)
First Date of Inspection	:	26 December 2012
Final Date of Inspection	:	29 April 2013
Rules/Standards Applied	:	The relevant requirements of the Rules of Nippon Kaiji Kyokai
Order No.	:	---
Total set(s) of Prdouct	:	1

Particulars

Purpose	:	Auziliary
Manufacturer's Type/Serial No.	:	EA45013 / EAW12FB1009
Approved Design Pressure	:	9.0kg/㎠
Approved Working Pressure	:	7.0kg/㎠
Evaporation Rate at Exhaust Gas Side	:	5,000kg/h
Manufacture Approve Number	:	92EB801D

Test and Inspection

Material Confirmation	:	Good
Non-destructive Inspection on Welding Joints	:	Good
Hydraulic Test	:	Good
Construction Inspection	:	Good

Identification Mark

For identification, the product(s) was/were stamped:

[illegible] 1537 Ⓟ

Surveyor, C.Y.Lee
Office: Busan Office

〈서식 8-15〉 분석증명서

LCY

李 長 榮 化 學 工 業 股 份 有 限 公 司
LCY CHEMICAL CORP.
3F., NO.83, SEC. 4, BADE RD., TAIPEI 105, TAIWAN

CERTIFICATE OF ANALYSIS
****

DATE: JUL.16,2013

TO WHOM IT MAY CONCERN :

WITH REFERENCE TO 4.55MTS OF THERMAL PLASTIC ELASTOMER (GLOBALPRENE 9550U),
4.20MTS OF THERMAL PLASTIC ELASTOMER (GLOBALPRENE 1475)
SHIPPED FROM KAOHSIUNG PORT, TAIWAN TO INCHEON PORT,SOUTH KOREA
VIA S.S. "WAN HAI 302" V-N158 SAILED ON/ABOUT: JUL.17,2013

L/C NO. M04NX307NS00032 INVOICE NO. 5200033482

MARKS: N/M

ANALYSIS:
PLEASE SEE THE ATTACHMENT.

〈서식 8-16〉 수익자증명서

KANGRIM HEAVY INDUSTRIES CO., LTD.

ISO 9001 REGISTERED

MGMT. SYS. RvA C024

DNV Certification B.V. The Netherlands

CHANGWON FACTORY
40,WOUNGNAM-DONG, CHANGWON CITY, KOREA
TEL:+82-55-269-7730~4
FAX:+82-55-269-7795~7
E-MAIL : business2@kangrim.com

ORIGINAL

BENEFICIARY'S CERTIFICATE

DATE 1 JUN. 27, 2013

FROM : KANGRIM HEAVY INDUSTRIES CO., LTD
40, WOUNGNAM-DONG, CHANGWON
CITY, KOREA

TO : CSBC CORPORATION, TAIWAN
3, CHUNG KANG RD., HSIAO KANG,
KAOHSIUNG TAIWAN

SUBJECT : BENEFICIARY'S CERTIFICATE FOR
HNO.1009 EA BOILER BODY AS PER
CSBC CONTRACT NO. N6007P030A-AWA
INVITATION NO. N6007P030A-AW
L/C NO. F2AADE20352/1

WE CONFIRM THAT 1/3 SET OF ORIGINAL B/L AND ONE COMPLETE SET OF NON-NEGOTIABLE DOCUMENTS INCLUDING 6 COPIES OF INVOICES AND 5 COPIES OF PACKING LIST, 2 COPIES OF SHOP TEST RECORD AND 2 COPIES OF CLASSIFICATIO CERTIFICATE HAVE BEEN FORWARDED BY REGISTERED AIRMAIL/COURIER SERVICE DIRECTLY TO THE BUYER BY BENEFCIARY WITHIN 3 DAYS AFTER THE SHIPMENT EFFECTED. THE RELATIVE RECEIPT OF REGISTERED/COURIER ARTICLE IS REQUIRED.

T. H. Park / Assistant Vice President
KangRim Heavy Industries Co., Ltd

9) 분석증명서

분석증명서(Certificate of Analysis)는 주로 광산물이나 의약품 등의 수입에 사용된다. 선적된 광산물의 경우는 품위의 순도에 관한 함유성분의 분석증명이 필요하다. 그리고 의약품은 약의 구성성분에 대한 분석표가 필요하다.

10) 수익자증명서

수익자증명서(Beneficiary's Certificate)는 수출상이 서류를 송부하였음을 증명하는 서류이다. 수입상은 동 서류를 수취한 후 서류를 인수하기위한 준비절차에 들어가게 된다.

제5절
선화증권의 대체

1. 해상화물운송장

해상화물운송장(Sea Waybill)은 국제무역거래에서 주요 선적서류중의 하나인 청구권적 성격의 선화증권의 약점을 대체하기 위하여 항공운송장을 모방하여 개발된 것으로 1977년부터 유럽에서 대서양 항로를 중심으로 이용되기 시작하였다. 해상화물운송장이 등장한 주요한 이유는 선박이 예상치 못하게 지연도착 하는 사례가 빈번히 발생하였기 때문이다. 즉, 오늘날 운송 및 통신기술의 발달과 선박의 대형화로 물품을 실제 적재한 선박은 정상적으로 도착하지만 선화증권 등 선적서류는 거래상대방의 다양화, 거래품목의 복잡 및 양도 가능한 특성으로 지연 도착하는 사례가 빈번하여 수입상은 정상적인 일자에 지정된 항구에서 계약물품을 수령하지 못하는 경우가 종종 발생하고 있다. 선박의 지연도착은 결과적 손실(consequence damages) 및 체선료 등 여러 가지 추가적인 비용을 발생시켜 책임을 누가 얼마만큼 부담할 것인가 하는 손실분담의 문제 등 예기치 않은 어려움을 유발시키고 있다. 이를 보완하기 위하여 화물선취보증상(Letter of Guarantee; L/G)을 이용하고 있다.[5]

L/G는 수입상이 선화증권을 제시하지 않아도 수입항구에서 운송인에게서 물품을 수취할 수 있는 서류이다. 그러나 수입상이 은행에서 L/G를 발행받기 위해서는 까다로운 절차와 추가적인 비용, 그리고 L/G 위조 등으로 L/G 사용에 대한 문제가 제기되는 등 L/G의 법률적 성격으로 많은 문제점이 발생하였다. 이러한 문제점을 해결하기 위해 물품의 신속한 인도를 위해 유통성선화증권 대신에 도착지에서 서류의 제시가 필요 없는 비유통성 서류인 해상화물운송장(Sea Waybill)의 사용이 증가하고 있다.

5) 오원석, 「국제운송론」, 박영사, 2004, pp.388~390.

해상화물운송장을 선화증권과 비교하면 다음과 같다.

첫째, 해상화물운송장은 수화인이 물품을 수령할 때 운송인에게 제출할 필요가 없다. 즉 청구권적 성질을 가지고 있지 아니하기 때문에 B/L의 입수가 물품의 도착보다 지연됨으로써 발생하는 물품의 인도지연을 해소할 수 있다. 따라서 체선료 등 기타 비용의 절감이 가능하다.

둘째, 해상화물 운송장은 유가증권이 아니다. 따라서 분실할 경우 물품의 권리를 가지고 있는 B/L과 같은 위험이 존재하지 않다.

셋째, 해상화물운송장은 화물의 소유권을 표상하지는 않는다. 권리증서로서 기능을 하지 않기 때문에 물품수취에 필요로 하는 서류가 아니다. 따라서 송화인은 해상화물운송장의 발행을 기다리지 않고 상업송장, 보험증권 등의 서류를 구비한 다음 이것을 수화인에게 송부하고 물품의 통관, 수령의 신속화를 꾀할 수 있으며 해상화물운송장의 서식을 표준화함으로써 사무처리의 합리화를 촉진하는 것이 가능하다는 점이다.

넷째, 선화증권은 수하인의 기재방식에 따라 기명식, 지시식 및 소지인식 등 다양하게 발행되지만 해상화물운송장은 양도가 불가능하기 때문에 기명식을 택하고 있다.

다섯째, 선화증권을 규율하는 강행적인 적용 법규로써 Hague－Visby Rules, B/L Act 등 여러 법규가 존재하나 한국에서는 해상화물운송장을 규율하는 강행법규가 없어 당사자간의 계약자유의 원칙에 따르고 있는 것이 관례이다.

2. 항공화물운송장

항공화물운송장(Air Waybill) 또는 항공화물탁송장(Air Consignment Note)은 해상운송계약에서 선화증권에 해당하는 항공운송의 기본서류로서 물품을 항공기로 운송하는 경우에 항공회사가 발행하는 운송장이다. 항공화물운송장은 Air Waybill과 Air Bill이 있는데, 전자는 항공회사가 발행하며 Master Air Waybill이라 부른다. 후자는 혼재업자 즉, 소량의 화물을 여러 화주로부터 수집 및 집하하여 항공회사에 운송을 위탁하는 운송중개인이 발행하는 것으로 House Waybill이라고 부른다.

항공화물 운송장은 송화인과 운송인 사이에 운송계약이 체결되었다는 증거서류이며 동시에 송화인으로부터 화물을 수령하였다는 증빙서류가 된다. 항공화물운송장은 원본 3부와 여러 부의 부본으로 구성되어 있다. 원본은 운송인용, 수화인용 및 송화인용으로 되어 있으며, 수화인용은 운송화물과 함께 수화인에게 송부된다. 항공화물운송장의 발급은 운송인이 화물을 수령했다는 것과 운송계약이 체결되었다는 문서상의 증빙이다.

〈서식 8-17〉 항공화물운송장

JVL 2000 0076 JVL-2000 0076

Shipper's Name and Address | Shipper's Account Number

OGIC CO., LTD.
1-15-33, HISHIE, HIGASHI-OSAKA,
OSAKA, JAPAN

Not negotiable
Air Waybill
Issued by
JAPAN VAN LINES CO., LTD.
SUZUE NO.3 BLDG,14-24, KAIGAN
1-CHOME, MINATO-KU,
TOKYO 105-0022 JAPAN
as carrier

Copies 1, 2 and 3 of this Air Waybill are originals and have the same validity.

Consignee's Name and Address | Consignee's Account Number

TO INDUSTRIAL BANK OF KOREA

It is agreed that the goods described herein are accepted in apparent good order and condition (except as noted) for carriage SUBJECT TO THE CONDITIONS OF CONTRACT ON THE REVERSE HEREOF. ALL GOODS MAY BE CARRIED BY ANY OTHER MEANS INCLUDING ROAD OR ANY OTHER CARRIER UNLESS SPECIFIC CONTRARY INSTRUCTIONS ARE GIVEN HEREON BY THE SHIPPER, AND SHIPPER AGREES THAT THE SHIPMENT MAY BE CARRIED VIA INTERMEDIATE STOPPING PLACES WHICH THE CARRIER DEEMS APPROPRIATE. THE SHIPPER'S ATTENTION IS DRAWN TO THE NOTICE CONCERNING CARRIER'S LIMITATION OF LIABILITY. Shipper may increase such limitation of liability by declaring a higher value for carriage and paying a supplemental charge if required.

Issuing Carrier's Name and City

JAPAN VAN LINES CO., LTD.
OSAKA , JAPAN

Accounting Information

NOTIFY:
HANI TRADING COMPANY
139-2, YANGJEONG-DONG,
BUSANJIN-GU, BUSAN,SOUTH KOREA

16-3 0070/0021 MAWB NO: 988-63118160

Airport of Departure (Addr. of First Carrier) and Requested Routing
KANSAI AIRPORT,JAPAN

To	By First Carrier / Routing and Destination	to	by	to	by	Currency	Chgs Code	WT/VAL PPD	WT/VAL COLL	Other PPD	Other COLL	Declared Value for Carriage	Declared Value for Customs
PUS	OZ					JPY			X		X	N.V.D	

Airport of Destination	Requested Flight/Date	Amount of Insurance
KIMHAE AIRPORT, SOUTH KOREA	OZ143/12	

INSURANCE - If carrier offers insurance and such insurance is requested in accordance with the conditions thereof indicate amount to be insured in figures in box marked Amount of Insurance.

Handling Information

No. of Pieces RCP	Gross Weight	kg / lb	Rate Class / Commodity Item No.	Chargeable Weight	Rate / Charge	Total	Nature and Quantity of Goods (incl. Dimensions or Volume)
2	110.0	K	Q	110.0		AS ARRANGED	DUAL WORM AND WHEEL
2	110.0					AS ARRANGED	

DIMS(CM): 15X 109X 19X 1 62X 63X 20X 1
M'MENT: 0.1090(M3)

CASE MARKS:

SHIN-IL (IN DIA)

KIMHAE AIRPORT, KOREA
C/NO.1-2
MADE IN JAPAN

INVOICE NO. 06/2013
L/C NO. M04NX304NS00146
FREIGHT COLLECT
COUNTRY OF ORIGIN : JAPAN

Prepaid	Weight Charge	Collect
		AS ARRANGED
	Valuation Charge	
	Tax	
	Total other Charges Due Agent	
	Total other Charges Due Carrier	
Total Prepaid		Total Collect
		AS ARRANGED
Currency Conversion Rates		CC Charges in Dest. Currency
For Carriers Use only at Destination		Charges at Destination

Other Charges

OGIC Co.,Ltd.
Y. Kaneda

Shipper certifies that the particulars on the face hereof are correct and that insofar as any part of the consignment contains dangerous goods, such part is properly described by name and is in proper condition for carriage by air according to the applicable Dangerous Goods Regulations.

Signature of Shipper or his Agent

JAPAN VAN LINES CO., LTD.
11 Jul 2013 OSAKA , JAPAN ISAO ENDO Isao Endo

Executed on (date) at (place) Signature of issuing Carrier

Total Collect Charges

JVL 2000 0076

TOPPAN FORMS CO.,LTD 02/03 JAFA JAPAN AIRCARGO FORWARDERS ASSOCIATION

항공화물운송장의 발행은 운송인인 항공회사 및 대리인이 된다. 그러나 해상운송의 선장과는 다르게 항공기의 기장은 항공화물운송장을 발행하지 않는다. AWB는 B/L 비교하면 다음과 같다.

첫째, AWB는 B/L과 같이 송화인과 운송인 사이에 운송계약이 체결되었다는 증거서류이다. 따라서 화물의 중량, 크기와 포장 및 포장된 화물의 개수에 관한 운송증권상의 기재내용은 운송계약의 증거가 된다.

둘째, 선화증권이 통상 선적식인 데 반하여 AWB는 수취식이다. 왜냐하면 해상운송에서는 선화증권이 본선 적재된 후 발행된다. 그러나 항공운송에서 물품의 인도장소는 운송수단이 아니고 공항의 구내이다. 따라서 항공운송에 있어서 항공기의 발착편이 많이 때문에 화물이 창고에 반입되면 AWB가 발행된다.

셋째, AWB는 기명식이다. 그러나 선화증권은 유통증권으로서 지시식으로 보통 발행된다. 이는 항공운송이 해상운송에 비하여 신속한 운송이 가능하여 증권을 유통할 시간이 없기 때문인 것으로 해석된다.

넷째, 선화증권은 운송인이 작성하여 송화인에게 교부하지만 AWB는 법률적으로 송화인이 작성하여 항공사에 교부하도록 규정되어 있다.

다섯째, 선화증권은 유통성유가증권이지만 AWB는 "non-negotiable"이라고 표시하여 비유통성으로 발행되며 유가증권이 아니다.

〈표 8-3〉 선화증권, 해상화물운송장, 항공화물운송장 비교

구 분	선화증권 (B/L)	해상화물운송장 (Sea Waybill)	항공화물운송장 (Air Waybill)
발행형식	선적식	수취식	수취식
수화인의 기재방식	지시식(기명식, 소지인식)	기명식	기명식
유통형식	양도가능	양도불능	양도불능
교부형식	운송인이 작성→송화인	운송인 작성	송화인이 작성→항공회사
증권성격	운송계약의 증거서류	운송계약의 증거서류	운송계약의 증거서류
증권의 권리	유가증권	유가증권 아님	유가증권 아님

3. 수입화물선취보증서

수입화물선취보증서(Letter of Guarantee; L/G)는 수입상의 외국환은행이 수입상의 지급을 보증하는 일종의 문서형식의 보증서이다. 무역거래에서 종종 수입물품보다 선적서류가 지연 도착하여 수입상이 약정일에 물품을 수취하지 못하여 당사자간에 분쟁의 원인이 될 수 있다. 이점을 보완하기 위해 수입화물선취보증서는 수입상이 선화증권과 같은 선적서류를 운송인에게 제시하지 않아도 관련 물품을 수취할 수 있도록 하는 보증서 역할을 한다. 따라서 수입상에게 발행하는 이 보증서 때문에 선적서류가 없이도 물품을 수취할 수 있다. L/G의 가장 큰 단점은 운송인에게 너무 과도한 부담을 주고 있다는 지적이다.6)

이는 해상운송인 또는 운송취급인이 선화증권과 상환하지 아니하고 적화품을 선화증권 소지인이 아닌 자에게 인도함으로써 선화증권의 원소유자에게 인도하지 못하게 되는 경우에는 운송인 또는 그 운송취급인의 행위가 선화증권 소지자의 권리를 명백히 침해한 법행위가 될 수 있다는 것이다. 즉 선화증권과 상환으로 물품을 인도해야 하는 것은 운송인의 가장 중요한 의무인데 이를 위반하여 선화증권의 상환도 없이 물품을 인도한다면 중요한 계약위반을 범하게 된다는 사실이다.

4. 수입화물대도

수입화물대도(Trust Receipt; T/R)란 수입상이 일람출급환어음이 발행되는 신용장이나 추심결제방식(D/A) 등으로 물품을 수입하였으나 수입상의 거래은행으로부터 해당 수입물품의 서류를 입수할 자금을 마련하지 못한 경우, 그리고 거래은행의 자금으로 물품이 수입되었을 경우 물품의 담보권을 가지고 있는 은행과 물품인수를 위하여 체결하는 제도를 위미한다.

영국의 판례에서는 수입화물대도를 신탁증서(Letter of Credit) 또는 저당증서(Letter of Hypothecation)로 사용하기도 하였다. 그러나 미국에서는 미국 통일대도법(Uniform Trust Receipt Act; UTRA)에서 그 기원을 찾을 수 있다.

---

6) 양재훈 외 2인, "우리나라 전자선화증권 활성화를 위한 법적과제," 「국제상학」, 제22권 제3호, 한국국제상학회, 2007.9, pp.302~308.

〈서식 8-18〉 수입화물 선취보증서 및 수입화물 대도

☑ 수입화물 선취보증(L/G)
☐ 수입화물 대도
신청서

팀원	팀원 (책임자)

중소기업은행 앞 L/G No ____________

선박회사명	TAIYOUNG SHIPPING CO., LTD	신용장(계약서)번호	신용장 발행일
선박명/항해번호		M04B3304ES00349	2013-04-19
선적항	TIANJIN.CHINA	상업송장 금액	USD 46,476.18
		대도(T/R)금액	
도착항(또는 인도장소)	BUSAN PORT SOUTHKOREA	상품명세	SEAMLESS STEEL PIPE(SCM415TK) 128LINDLES(190PCS) 31833KGS
선하증권번호	TYTVX68S132119	선하증권 발행일	2013-08-03
송하인	YANTAIPPDFSTONE IMPORT AND EXPORT CO.,LTD.	포장수	12BUNDLES
수하인	TO THE ORDER OF INDUSTRIAL BANK OF KOREA	화물표시 및 번호	N/M
인수예정자	BOKYUNG STEEL CO., LTD.		

☑ 수입화물 선취보증(L/G) 신청

본인은 위 신용장등에 의한 관계선적서류가 귀행에 도착하기 전에 수입화물을 인도받기 위해 수입화물선취보증을 신청하며 본인이 따로 제출한 수입화물선취보증서(Letter of Guarantee)에 귀행이 서명함에 있어 다음사항에 따를 것을 확약합니다.

1. 귀행이 수입화물선취보증서에 서명함으로써 발생하는 위험과 책임 및 비용은 모두 본인이 부담하겠습니다.
2. 본인은 위 수입화물에 대하여는 귀행에 소유권이 있음을 확인하며 귀행이 수입화물선취보증서에 따른 보증채무를 이행하여야 할 것이 예상될 경우 또는 본인에 대하여 은행여신거래 기본약관(기업용) 제7조 제1항, 제2항 각 호의 사유가 발생한 경우에는 귀행의 청구를 받는 즉시 위 수입화물을 귀행에 인도하겠으며 수입화물의 인도가 불가능할 경우에는 위 수입화물에 상당하는 대금으로 상환하겠습니다.
3. 본인은 위 수입화물에 관한 관계선적서류를 제3자에게 담보로 제공하지 않았음을 확인하며, 또한 귀행의 서면동의 없이 이를 담보로 제공하지 않겠습니다.
4. 본인은 위 수입화물에 관한 선적서류가 도착할 때에는 신용장조건과의 불일치 등 어떠한 흠에도 불구하고 이들 서류를 반드시 인수하겠습니다.

☐ 수입화물대도(T/R) 신청

본인은 위 신용장등에 의하여 도착된 수입화물을 대도 신청함에 있어서 은행여신거래 기본약관(기업용), 따로 제출한 외국환거래약정서 및 양도담보계약서의 모든 조항에 따를 것을 확약합니다.

수입보증금 적립 구분
☐ 원화수입보증금 적립에 동의함 ☑ 개설통화수입보증금 적립에 동의함

금융계확인	대도(T/R)일자	대도(T/R)금액	취급자	팀원(책임자)

5. 복합운송증권

복합운송증권(Multimodal Transport Document; MTO)는 항공기, 선박, 철도, 자동차 등 운송방식중 적어도 두 가지 이상의 다른 운송방식에 의하여 운송물품의 수탁자와 인도지가 상이한 국가에서 이루어지는 복합운송계약을 증명하기 위하여 복합운송인 발행하는 증권을 말한다. 「UN 국제물품복합운송조약」에는 "복합운송증권은 복합운송계약에 따라 복합운송인이 자신의 관리 하에 물품을 수취하였다는 것 및 그 계약의 내용에 따라 운송인이 물품을 인도할 의무를 부담하는 것을 증명하는 증권"(동 조약 제1즈 4항)이라고 명기하고 있다.

복합운송증권을 발행하는 자를 복합운송인(combined transport operator or multimodal transport operator; CTO or MTO)이라고 하며, 이는 자신의 운송수단을 갖고 있지 않아도 전 구간운송의 책임을 지고 송화인과의 계약의 주체로서 행동한다. 그러나 통선화증권(through bill of lading)의 발행자는 통상 해상운송인이라는 점 등에서 복합운송증권과의 차이가 있다고 할 수 있다.

복합운송서류는 양도가능형식인 유통증권과 양도불능형식인 비유통스증권으로 함께 발행할 수 있다. 유통증권으로 발행될 경우, 소지인식(to bearer), 지시인식(to order), 특정인 앞으로 발행된 경우 자신의 동일성을 증명하고 1통의 증권 원본을 제시하는 그 특정인에 대한 인도로 구분된다.

6. 전자선화증권

지금까지 전통적인 종이 선화증권이 물품의 수취증, 운송중 물품에 대한 권리증권, 운송계약의 증빙서류로서 기능을 잘 수행해 왔다. 그러나 선화증권이 유통되는 과정에서 최근에는 선화증권의 위조 및 변조가 발생하여 선화증권의 신뢰성에 의문이 종종 발생하곤 했다. 이는 선화증권의 원본을 복수로 발행하는 최근의 관행이 현재까지 지속됨에 따라 선화증권을 각각 별개로 양도하여 동일한 물품을 중복하여 매매하였기 때문이다. 또 하나의 원인은 선화증권이 유통성 있는 권리증권이기 때문이다. 즉 선화증권의 유통성을 보유하는 과정에서 신용장 발행은행에 대도증서를 차입한 후 인도받은 선화증권을 다른 은행에 다시 매입시키는 경우도 발생하고 선화증권을 위조하여 화물을 인도받거나 매입시키는 사례가 발생하기 때문이다.

이의 대안으로 이용되고 있는 해상화물운송장은 운송장은 선장(운송인)에게 제출하지 않아도 계약목적물을 수취할 수 있으므로 물품에 대한 담보력을 확보하지 못하는 단점이 있다. 따라서 해상화물운송장은 모·자회사 또는 본·지점간의 동일기업의 내부거래나 비교적 단기간의 거래가 가능한 유럽지역에서 컨테이너를 이용한 운송거래에 편중되어 사용되고 있는 실정이다.[7)]

그러나 전자선화증권은 실물선화증권을 발행하는 대신 그 권리의 성립, 이전, 담보설정 등의 권리관계를 전자적 방식으로 권리등록부에 공시하고 전자식 권리 등록부상의 기재에 권리관계변동의 법적효력을 부여하거나 계약관계를 의제함으로써 종이 선화증권이 가지고 있는 권리의 유통을 보장하는 제도이다.

7) 정경영, 「전자금융거래와 법」, 박영사, 2007, pp.431~432.

제 3 편

무신용장편

chapter 9

추심결제

제1절 추심거래의 기초

1. 추심의 의의

추심(collection)이란, 은행이 접수된 지시에 따라 지급 또는 인수를 받거나, 지급인도 또는 인수인도로 서류를 인도하거나 기타의 조건으로 서류를 인도하는 목적 등으로 금융서류 및 상업서류를 취급하는 것이라고 규정하고 있다.1) 여기서 금융서류에는 환어음, 약속어음, 수표 또는 기타의 금전의 지급을 받기 위하여 사용되는 기타 이와 유사한 증서를 말한다. 금융서류의 핵심은 환어음이지만 유럽 일부 국가와 남미국가에서는 환어음에 첨부되는 과중한 인지대금을 피하기 위하여 영수증이 사용되기도 한다. 그리고 상업서류는 송장, 운송서류, 권리증권 또는 이와 유사한 서류, 또는 그 밖에 금융서류가 아닌 일체의 서류를 의미한다.

따라서 추심도 화환추심과 무화환추심으로 구분된다. 무화환추심은 상업서류가 첨부되지 아니한 금융서류의 추심을 의미하며 주로 용역거래의 추심에 이용된다. 화환추심은 상업서류가 첨부된 금융서류의 추심과 금융서류가 첨부되지 아니한 상업서류의 추심을 의미하며 주로 무역거래의 추심에 이용된다.

2. 추심결제방식의 의의

추심결제방식은 무신용장방식의 대표적인 결제방식이다. 따라서 결제과정에 은행이 조건부로 대금지급을 보장하는 신용장을 개입시키지 않고 수출상과 수입상간의 계약에 의하여 선적을 한 후 화환어음을 발행하여 추심의뢰은행을 통하여 수입상의 거래은행인 추심은행이 추심하여 대금을 결제하는 방식이다. 즉, 이 방식은 수출상이 매매계약에 일치한 물

1) URC 522, 제2조.

품을 선적하고 구비된 선적서류에 수입상 앞으로 발행한 환어음을 첨부하여 거래은행에 추심을 의뢰하면 동 은행이 수입상의 거래은행에 다시 추심을 요청하고, 최종적으로 수입상에게 선적서류와 환어음을 추심하여 대금을 결제하는 것이다. 장점으로는 송금방식에서 문제가 되는 수입상의 상업위험을 회피할 수 있는 보다 발전된 방식이라 할 수 있다. 대금결제는 수입상이 수출상에게 이루어지는 것이지만, 환의 이동방향은 그 반대로 움직이기 때문에 이를 "역환방식"이라고 한다.

또한 추심방식은 매매계약당사자들의 거래은행들이 대금지급을 보증하지 아니하고 계약당사자들의 신용에 의하여 결제가 이루어진다는 면에서 위험할 수가 있다. 따라서 매매계약 시 수입상의 신용상태를 철저히 조사하여 불의의 사고를 방지하여야 하고 수출보험에도 가능하다면 가입하는 것이 안전하다. 또한 이 방식은 수입상과 수출상의 상호 신용을 바탕으로 과거 상당한 거래실적이 있는 오랜 거래처 또는 본사와 해외지사간의 대금결제에 자주 이용되고 있다. 이와 같은 추심방식으로는 환어음의 지급인이 선적서류를 영수함과 동시에 대금을 결제하는 일람지급의 지급인도결제방식(Documents Against Payment; D/P)과 환어음의 지급인이 환어음의 앞면에 인수의 뜻만 표시하여 선적서류를 영수하고 일정기간 후 환어음의 만기일에 대금을 결제하는 인수인도결제방식(Documents Against Acceptance; D/A)이 있다.

신용장 거래가 화환신용장통일규칙(UCP)의 적용을 받는데 비하여 D/P · D/A 거래는 별도로 명백한 합의가 없거나 국가, 주 또는 지방의 법률 또는 규정에 위배되지 않는 한 국제상업회의소가 제정한 "추심에 관한 통일규칙"(Uniform Rules for Collections, ICC Publication No. 522, 1995: URC 522)의 적용을 받는다. 그러나 추심에 관한 통일규칙을 채택하고 있는 국가라 할지라도 추심의뢰서에는 추심에 관한 통일규칙이 적용된다는 준거문언을 명시하여야 한다는 점에서 신용장통일규칙을 신용장상에 준거문언으로 삽입하여야 하는 것과 동일하다.

3. 추심결제방식의 특징

1) 환어음발행

추심결제방식은 신용장방식과 마찬가지로 수출상이 무역계약물품을 선적한 후에 발생되는 선적서류와 함께 발행한 환어음을 추심의뢰은행 및 추심은행과 같은 외국환은행을 경유하여 수입상에게 제시하면 수입상이 그 환어음 금액에 대한 지급 또는 인수를 하여 결제하는 무역대금결제방식이다. 따라서 수입상이 수출상에게 대금을 송금해주는 송금방식과 다르다.

2) 신용거래

추심결제방식에서는 신용장방식에서처럼 수입상의 거래은행이 대금지급을 확약하지 않는다. 다만 당사자간의 신용에 의하여 결제가 이루어진다. 수출입상의 계약에 따라 결제가 이루어지고 외국환 은행은 단순히 무역대금의 추심 및 추심 의뢰업무만 수행할 뿐이다.

3) 수출상에게 신용공여기능 제공

추심결제방식에서는 추심 전 환어음 매입과 추심 후 환어음매입방법이 있다. 만약 추심 전 환어음매입을 허용할 경우 이는 수출상에게 신용을 공여하는 기능을 한다. 즉 수출상은 추심 전 환어음을 매입함으로서 선적에 필요한 무역계약의 대상인 물품의 제조, 구매에 필요한 자금을 융통받을 수 있다. 그런데 추심방식은 추심 후 환어음매입방법이 보다 일반적으로 이용된다.

4) 수출상의 위험부담

추심결제방식에서는 추심수수료 및 부대비용은 수출상이 부담한다. 또한 수출상은 신용장방식보다 위험에 더 많이 노출하게 된다. 즉, D/P방식에서는 대금회수불능의 위험이 있고 D/A방식에서는 대금영수 및 물품회수불능의 위험을 안고 있다.

5) 수입상의 자금부담 경감

추심방식은 수입상의 입장에서는 신용장 발행에 따른 각종 수수료를 절감할 수 있고 신용장방식에서처럼 발행은행의 채권보전 조치에 따른 담보제공 부담이 없다. 만약 추심결제방식에서 인수인도결제방식(D/A)을 채택한 경우에는 선적서류가 수입국에 도착하여 환어음을 인수함으로써 수입상이 선적서류를 입수하기 때문에 자금압박을 피할 수 있다는 장점이 있다.

4. 추심결제방식의 효용성

1) 본 · 지사 간의 거래에 활용

기업의 글로벌화의 진행으로 무역기업들은 거래대상국에 현지법인을 두고 있다. 따라서 추심결제방식은 은행의 조건부지급확약서의 기능을 하는 신용장의 개입이 없이 무역당사자간의 신용을 바탕으로 한 외상거래방식이다. 따라서 본사와 해외 지사 사이에 이루어지는 거래에 이용되는 것이 대부분이다.

2) 수입상중심의 시장에 유리

시장지배력을 독점적으로 가지고 있지 아니한 경우, 대부분의 국제무역에서는 수출상보다는 수입상이 무역계약의 주도권을 가지게 된다. 따라서 수입상은 은행이 조건부로 지급확약을 하여 수수료 및 제비용이 많이 지출되는 신용장방식보다는 은행이 지급보장을 하지 않는 방식을 선호한다. 또한 수출상이 대금결제상의 위험을 감수하고서라도 무역계약을 체결하고자 하는 경향이 강한 거래에 주로 활용된다.

3) 거래비용의 절감

신용장방식은 신용장발행수수료, 통지수수료, 은행간 코레스 비용, 확인은행수수료 및 상환은행수수료 등 은행이 개입하는 정도가 크고 많을수록 수수료가 많이 지출된다. 그러나 추심방식에서 은행의 역할은 지급보장이 아니라 단순히 업무의 중개 정도에 그치기 때문에 거래비용은 훨씬 절감된다.

5. 추심거래당사자

1) 추심의뢰인

추심의뢰인(Principal)은 수출물품을 선적하고 자신이 거래하는 외국환은행을 통하여 추심을 의뢰하는 자로서 무역계약을 체결한 매도인(seller)인 수출상(exporter)을 의미한다. 수출상은 선적을 이행한 후에 환어음을 발행하는 어음발행인(drawer)이며, 수출대금을 청구하는 채권자(creditor)이고, 추심의뢰은행의 고객(customer)이다. 또한 물품운송계약의 당사자로서 물품을 선정하는 송화인이 된다.

추심의뢰인은 추심의뢰은행이 자신의 지시사항을 이행하기 위하여 타 은행의 서비스를 이용할 때 발생되는 비용(추심에 관련된 비용으로는 추심료, 전신료, 기타비용 등)을 부담하여야 한다. 또한 추심의뢰인은 선적서류의 분실이나 추심지시서의 각종 지시사항이 제대로 이행되지 않았을 경우에 발생하는 위험도 부담하여야 한다. 그리고 추심과 관련하여 추심의뢰은행이 외국의 법률, 관습으로 인하여 손해를 입었을 경우에도 이를 보상하여야 한다.

추심의뢰서(collection order)에 추심비용을 환어음의 지급인으로부터 추심하도록 명시하였더라도 그 환어음의 지급인이 이를 거절한 때에는 추심의뢰인인 수출상이 최종적으로 부담하여야 한다.

2) 추심의뢰은행

추심의뢰은행(Remitting Bank)은 수출상인 추심의뢰인으로부터 금융서류와 상업서류의 추심을 의뢰받은 수출국에 있는 외국환은행을 의미한다. 추심의뢰은행은 추심의뢰인의 대리인 성격을 가지고 있기 때문에 추심의뢰인의 사전 동의가 없이 추심에 관한 지시의 내용을 변경해서는 안된다. 추심의뢰은행은 수출상의 금융편의를 고려하여 추심서류 발송기간과 환어음 금액의 추심기간에 해당하는 추심이자를 공제하고 추심 전 매입을 하는 경우도 있다.

추심의뢰은행은 추심의 목적을 충분히 달성할 수 있도록 성실히 행동하고 상당한 주의의무를 다 하여야 한다. 특히 추심의뢰은행은 추심거래가 상관습이 서로 다른 국가와 국가 사이의 상거래이기 때문에 추심의뢰서를 작성할 때 완전하고 정확하게 추심에 관한 지시를 하여야 한다. 추심의뢰은행이 추심을 할 때에 지시하는 내용으로는 선적서류, 인수, 지급, 송금, 수수료 등에 대한 지시 등이 포함된다. 추심의뢰은행은 추심은행이 추심의뢰은행의 지시에 따를 수 없는 경우를 대비하여 선적서류처리에 대한 정확한 지시를 하여야 한다.

3) 추심은행

추심은행(Collecting Bank)은 추심의뢰은행으로부터 추심의뢰를 받은 외국환은행을 말한다. 추심은행은 수입상이 선적서류를 인도받고 지급한 대금을 수출상의 추심의뢰은행을 통하여 수출상에게 지급한다. 추심의뢰은행이 추심은행을 지정하는 경우도 있지만 수출상이 추심은행을 선택하는 수도 있어 추심의뢰은행 이외에 추심과정에 참여하는 모든 외국환은행으로 정의될 수 있다. 따라서 추심은행은 추심의뢰은행이 요청한 추심의뢰서에 따라 환어음의 지급인에게 추심하여 수령한 환어음 금액을 추심의뢰은행에게 발송하는 외국환은행으로 간주 된다.

추심은행은 추심의뢰은행의 대리인 성격을 가지고 있기 때문에 추심의뢰은행의 지시를 엄격히 따라야 한다. 추심은행은 접수된 선적서류가 추심의뢰서에 기재된 내용과 일치하는가를 확인하여야 하며 누락사항이 있을 때에는 추심의뢰은행에게 즉시 통지하여 이상유무를 확인하여야 한다. 그러나 추심은행은 추심의뢰서에 기재된 사항이외의 선적서류를 심사할 의무는 없다. 만일 추심은행이 이러한 추심의뢰서에 기재된 지시에 따를 수 없는 경우에 그 취지를 추심의뢰은행에게 즉각적으로 통지하여야 할 뿐 아니라, 추심결과에 대해서도 추심의뢰은행에 신속히 통지하여야 한다.

4) 제시은행

제시은행(Presenting Bank)은 수입상인 환어음의 지급인에게 직접 추심서류를 제시하는 외국환은행으로서 추심은행이 수입상의 거래은행이 아닌 경우에 존재한다. 그러나 추심서류의 제시를 수입상의 거래은행이 하는 경우에는 제시은행이 추심은행이 된다. 수출국의 추심의뢰은행이 수입국 소재 자행의 해외지점을 추심은행으로 선정한 경우 그 해외지점과 수입상 사이에 거래가 없는 경우에는 수입상의 거래은행으로 선적서류를 제시하게 될 경우, 수입상의 거래 외국환은행이 제시은행이 된다.

5) 환어음의 지급인

환어음의 지급인(Drawee)은 추심당사자는 아니지만 추심의뢰은행의 추심의뢰에 따라 추심은행에 최종적으로 환어음 금액을 만기일에 지급하거나 인수를 담당하는 수입상이 된다. 환어음지급인은 추심의뢰서에 명시되어 있는 환어음의 제시를 받아 환어음 금액을 지급하여야 하는 자이다. 따라서 환어음의 제시를 위하여 환어음 지급인의 정확한 주소가 표시되어야 한다.

제2절 추심거래의 실제

1. 추심결제의 종류

1) 지급인도결제방식

지급인도결제방식(Documents gainst Payment; D/P)이란 수출상이 수입상과의 매매계약에 따라 물품을 선적하고 구비된 선적서류에 수입상을 지급인으로 하는 일람출급환어음(sight bill of exchange)을 발행하여 수출상의 거래은행(추심의뢰은행)을 통하여 수입상의 거래은행(추심은행) 앞으로 어음대금을 추심의뢰하면, 추심의뢰를 받은 은행(추심은행)은 수입상에게 어음을 제시하여 그 어음금액의 일람지급을 받고 서류를 인도하는 거래방식을 말한다.

추심거래에 참여하는 모든 은행은 수출상의 단순한 추심대리인으로서 수출대금의 추심이나 추심의뢰업무만 수행하는 것이다. 즉, 추심은행 및 추심의뢰은행은 모두 환어음과 선적서류를 심사할 의무가 없으며, 기타 서명의 진정성이나 서명인의 권한 유무를 조사할 책임도 부담하지 아니한다. 다만 추심은행은 환어음의 지급 또는 인수를 위한 제시를 지체없이 이행하여야 하며, 환어음의 지급거절 또는 인수거절이 있을 때 이러한 사실을 추심의뢰은행 앞으로 지체 없이 통지하여야 한다. 기타 추심에 따른 은행의 수수료와 모든 비용은 추심의뢰인인 수출상이 부담하여야 하며, 추심의뢰서에 그 비용을 지급인으로부터 추심하도록 명시하였더라도 그 지급인이 이를 거절한 때에는 수출상이 최종적으로 부담하여야 한다. 따라서 추심은행은 환어음의 지급만기일에 가서 수입상으로부터 대금을 지급받아 추심의뢰은행에 송부하면 추심의뢰은행이 이를 최종적으로 수출상에게 지급한다.

2) 인수인도결제방식

인수인도결제방식(Documents against Acceptance; D/A)이란 수출상이 수입상과의 매매계약에 따라 물품을 선적하고 구비된 선적서류에 수입상을 지급인으로 하는 기한부 환어음(documentary usance bill of time bill)을 발행하고 수입상거래은행인 추심은행이 수입상에게 제시하면 수입상은 그 제시된 어음을 인수만 받고 서류를 인도받은 후 어음의 만기일에 추심은행에게 대금을 지급한다. 만기일에 수입상으로부터 대금을 지급받은 추심은행이 추심의뢰은행인 수출상의 거래은행으로 송금하는 방식이다. 이 방식은 수입상이 기한부 어음을 인수함으로써 운송서류를 인수하고 당해물품을 통관하여 판매 한 이후 그 매각대금으로 어음의 만기일에 대금을 결제할 수 있다는 점에서 수출상이 수입상에게 신용을 공여하는 외상거래형태로서 수입상에게 유리한 방법이라고 할 수 있다.

3) D/P와 D/A방식의 차이점

D/P 방식과 D/A 방식은 환어음 발행방식에서 차이가 있다. 첫째, D/P방식은 수출상이 일람출급환어음을 발행하는데 반하여, D/A는 기한부환어음을 발행한다. 둘째, D/P조건은 환어음의 인수 및 지급이 동시에 이루어짐에 비해서 D/A는 어음유통기간 만큼 수출상이 외상으로 판매하는 형태로서 인수와 지급에 어음유통기간만큼 차이가 있다. 그러므로 수출상이 발행하는 환어음조건이 다르므로 지급기일에서 상당한 차이가 있다. 따라서 D/A가 수입상에게 제공하는 신용공여기간면에서 환어음의 지급만기일 만큼 D/P보다 더 길다.

이와 같은 차이점은 수출상이나 수입상에게 대단히 중요하다. 따라서 수출상은 화환어음을 추심의뢰 할 때에는 선적서류의 인도방식이 D/P방식인지 D/A방식인지를 명시적으로 기재하여야 한다. 만약 기재가 불명확한 경우에는 D/P방식으로 인정된다. 그러나 실무상으로 추심의뢰서에는 선적서류의 인도방식을 간단히 D/P또는 D/A방식으로 표기하지 아니하고 기타 여러 가지의 방법으로 표기하는 경우가 많기 때문에, 그 추심환어음이 D/P방식인지 D/A방식인지를 결정하기가 어려울 수 있다.

4) 신용장방식과 추심결제방식과의 차이점

첫째, 은행의 역할에서 차이가 있다. 신용장거래에서 은행은 지급확약을 하지만 추심방식에서 은행은 위임사무처리를 위한 중개자 또는 보조자의 역할에 지나지 않는다.

둘째, 화물의 소유권과 담보제공시점이 다르다. 신용장방식은 신용장이 발행될 시점부터 수입화물이 발행은행에 담보로 제공된다. 따라서 수입상이 대금결제시까지 처분권은 발행은행에게 있다. 추심방식에서는 결제가 이루어지기까지 화물의 소유권은 수출상에게 있다.

셋째, 대금결제에 지출되는 비용 및 수수료가 차이가 있다. 신용장방식에서는 은행의 개입정도가 깊고 환어음의 최종지급인으로서 책임도 많기 때문에 추심거래보다 수수료가 더 많고 다양하다.

넷째, 대금결제방식의 다양성에서도 차이가 있다. 신용장방식은 일람불환어음이 발행되는 매입신용장, 지급신용장이 있으며 기한부환어음이 발행되는 연지급신용장과 인수신용장이 있다. 반면, 추심방식은 일람불환어음은 D/P방식, 기한부환어음은 D/A방식 두 가지가 있을 뿐이다.

다섯째, 환어음의 최종 지급책임자가 다르다. 신용장방식은 신용장발행은행이 되며 추심방식은 수입상이 된다.

여섯째, 서류심사의무가 다르다. 신용장방식은 신용장발행은행을 비롯한 매입은행은 신용장과 선적서류의 일치성 여부를 일일이 검토하여 대금지급여부를 결정하여야 한다. 그러나 추심방식은 서류의 내용심사를 할 의무는 없다. 다만 서류의 형식적인 구비요건(누락 등)을 중심으로 검토할 뿐이다.

일곱째, 환어음매입의 법적 효과가 다르다. 신용장방식에서 매입은행(수출상 거래은행)은 수출상이 제출한 서류가 신용장조건과 일치하면 은행의 자금을 가지고 선 지급하지만 추심방식은 추심의뢰은행(수출상 거래은행)이 자기자금을 선 지급하여 서류를 매입하지는 않는다.

여덟째, 결제수단의 안정성에서 차이가 있다. 신용장은 신용장발행은행이 지급보장을 하기 때문에 안전하고 추심방식은 수출상과 수입상간의 신용에 의한 결제방식이기 때문에 불안하다.

마지막으로 거래를 규율하는 국제규범이 다르다. 신용장은 신용장통일규칙 및 관련 추록(UCP 600)이 추심거래는 추심에 관한 통일규칙(URC 522)이 적용된다.

〈표 9-1〉 신용장방식과 추심결제방식 거래의 비교

구 분	신용장방식	추심방식
1. 은행의 역할	대금지급을 확약 함	지급확약을 하지 않음
2. 담보 및 소유권	신용장발행 시 담보	환어음추심 전 매입 시
3. 부대비용 및 수수료	발행은행, 많음	수출상, 적음
4. 결제방식의 다양성	일람불(매입L/C, 지급L/C) 기한부(연지급L/C, 인수L/C)	일람불(D/P), 기한부(D/A)
5. 환어음의 최종지급인	발행은행	수입상
6. 서류심사	서류의 내용 및 일치성검토	서류의 형식성 검토
7. 환어음의 매입효과	거래은행이 선 지급함	추심의뢰은행 선 지급 없음
8. 결제수단의 안전성	은행의 조건부 지급확약, 안전	지급확약 없음, 불안
9. 적용되는 준거법	신용장통일규칙 및 관련 추록(UCP 600)	추심에 관한 통일규칙(URC 522)

2. 추심거래당사자의 의무와 면책

1) 의 무

추심에 관여하는 모든 은행은 선량한 수임자로서 모든 업무를 신의성실의 원칙 하에서 처리하여야 한다. 따라서 상당한 주의를 가지고 접수된 서류가 추심지시서의 기재와 일치하는 가를 확인하여 누락된 부분이 있을 때 추심의뢰를 한 상대방에게 통지할 뿐 심사하지는 않는다.

또한 추심당사자는 다음의 의무를 부담하여야 한다. 첫째, 추심당사자는 수출상인 추심의뢰인의 지시사항을 이행하기 위하여 타 은행의 서비스를 이용할 때, 비용이나 위험이 발생하는 경우 이를 부담하여야 한다. 둘째, 추심의뢰인은 외국법률 및 관습에서 부과되는 모든 의무와 책임을 부담하며, 이로 인하여 은행이 손실을 입었을 때에는 보상하여야 한다.

2) 면 책

추심에 참여하는 은행은 다음과 같은 부분에 면책을 가진다. 첫째, 서류의 통보, 서신 또는 서류송달의 지연 또는 멸실, 전신의 송달 중에 일어나는 지연, 훼손 또는 기타 오류, 전문용어의 번역 또는 해석상의 오류에 대하여 의무나 책임을 부담하지 않는다.[1] 둘째, 은행의 사전 동의 없이 은행의 주소지로 직접 발송되거나 은행 또는 은행의 지시인에게 탁송된 경우에는 은행은 물품의 발송과 관련하여 책임을 부담하지 않고 당사자의 책임으로 전가된다.[2] 셋째, 추심의뢰은행이 추신의뢰인의 지시를 이행하기 위하여 다른 은행의 서비스를 이용하여 발생된 비용과 위험은 추심의뢰인의 부담으로 한다.[3] 넷째, 추심은행은 추심지시서에 기재된 대로 서류의 종류 및 통수가 맞는지 확인할 뿐, 내용을 포함하여 그 외의 사항은 면책이 된다.[4] 다섯째, 은행은 서류의 법적효력, 충분성, 정확성, 진정성 및 허위성에 대해서, 서류에 규정되거나 첨가된 일반적 조건 또는 특정조건에 대하여 면책된다.[5]마지막으로 은행은 천재, 폭동, 소요, 반란, 전쟁 또는 기타 불가항력적인 사유 및 동맹파업, 직장폐쇄로 인한 업무중단으로 발생하는 결과에 대하여 의무나 책임을 부담하지 않는다.[6]

3. 추심거래절차

추심거래과정은 다음과 같다.

1) URC 522 제12조.
2) URC 522 제10조.
3) URC 522 제11조 a항.
4) URC 522 제12조.
5) URC 522 제13조.
6) URC 522 제15조.

첫째, D/P 및 D/A 거래를 행하기 위해서는 우선 물품매매당사자간에 D/P 또는 D/A계약을 체결한다.

둘째, 수출상은 수입상과 약정한 대로 계약과 일치되는 물품을 선적한다.

셋째, 수출상은 계약서에 약정한 서류, 예컨대 상업송장 · 선화증권 · 보험증권 · 포장명세서 · 원산지증명서에 환어음을 발행하여 거래은행인 추심의뢰은행을 통하여 추심은행 앞으로 수출대금에 대한 추심요청을 하여 줄 것을 의뢰한다.

넷째, 추심의뢰은행은 계약서상에 명시된 추심은행 또는 제시은행 앞으로 추심서류 및 환어음을 송부한다.

다섯째, 추심은행에 추심서류가 도착되면 지급인인 수입상에게 서류도착통지를 한다.

여섯째, D/P거래인 경우에는 어음지급, D/A거래인 경우에는 어음인수를 행한다. 이와 동시에 추심은행은 서류를 수입상에게 인도한다.

일곱째, 추심은행 및 제시은행은 수입상으로부터 지급받은 추심대금을 추심지시서(collection instruction)상의 지시에 따라 상대은행에게 송금한다.

여덟째, 추심의뢰은행은 추심은행으로부터 송금 받은 대금을 수출상에게 지급함으로써 수출상은 수출대금을 회수하게 되며 D/P 및 D/A의 모든 거래 과정은 완료된다.

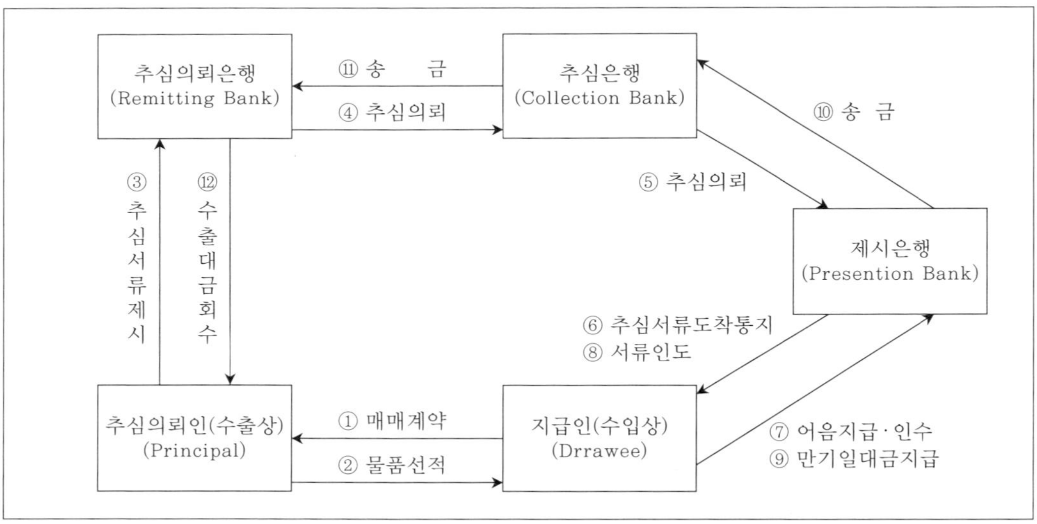

[그림 9-1] D/P 및 D/A거래과정

chapter 10

송금환결제

제1절 송금환결제의 기초

1. 송금환결제의 의의

송금환결제(Remittance Basis)방식은 송금환을 통하여 물품대금의 전액을 외화로 영수 또는 지급하는 것을 말한다. 송금결제방식에는 대금결제시점에 따라 물품을 수출하기 전에 미리 대금전액을 외화로 지급하는 사전송금방식(advance remittance: payment in advance)과 수출상이 물품이나 서류를 인도할 때 및 인도한 이후에 수입상이 대금을 외화로 지급하는 사후송금방식(remittance after shipment)으로 구분할 수 있다. 사전송금방식에는 전신송금환(Telegraphic Transfer; T/T), 우편송금환(Mail Transfer; M/T) 및 송금수표(Demand Draft; D/D)방식이 있다. 동 방식은 수출상의 입장에서는 무역대금을 안전하게 회수할 수 있는 장점이 있으며 수입상은 수입물품인수불능의 위험이 발생할 가능성이 있다. 주로 소액 견본거래, 본사와 지사간에 거래, 신용을 믿을 수 있는 거래에 활용된다. 환어음을 사용하지 않기 때문에 어음법이 적용되지 않으며 적용되는 국제규칙도 없다. 서류 및 대금결제는 수출입상간에 직접 처리하여 결제방식중 가장 낮은 은행수수료가 지출된다. 사후송금방식에는 물품인도결제방식(COD)과 서류인도결제방식(CAD)으로 구분될 수 있다. 동 방식으로 거래하면 수출상은 무역대금회수가 지연되고 물품대금결제의 불안이 가중된다. 수입상의 입장에서는 계약물품의 확인이 가능하다는 장점이 있다.

2. 외국환

1) 외국환의 의의

국제간의 대차관계를 결제하는 수단 또는 자금이동수단이다. 동일 국내에서 동일화폐제도하에서 이루어지는 내국환과 비교하면 다음과 같은 점이 다르다. 첫째, 어음의 관계자가 국내 및 국외에 있고 화폐제도도 다르며 이동도 자유롭지 못한다. 둘째, 내국환은 결제에 중앙은행의 역할이 필요하지만 외국환은 국제금융 및 외환시장이 중앙은행의 역할을 한다. 셋째, 외국환은 상이한 통화를 가진 외국과의 거래이기 때문에 양국 통화의 교환비율인 환율문제를 고려하여야 한다. 넷째, 환율이 계속 변동하기 때문에 이에 따른 환차익과 환차손의 문제가 발생하기 때문에 이를 회피하기 위한 선물환 제도를 이용한다. 다섯째, 외국환은 외국과의 대차관계를 형성하고 있기 때문에 일국의 국제수지와 밀접한 관련이 있다.

2) 외국환의 구분

외국환은 기준에 따라 여러 가지로 구분할 수 있다. 첫째, 자금의 이동방향에 따라 당발송금환과 타발송금환으로 구분할 수 있다. 당발송금환(Outward Remittance)은 외국으로 자금을 송금하기 위해서 해당국가의 은행을 각각 경유하여야 한다. 환거래의 시발점이 되는 은행을 당발은행이라고 하며 당발은행에서 고객에게 원화를 대가로 하여 교부하는 외국환을 당발환이라고 한다. 대개 당발환은 전신송금환, 우편송금환 및 송금수표를 이용한다. 당발송금은 해외지사의 유지활동비, 무역관련 중개수수료, 유학생의 유학비, 보험료 및 통신료 등에 이용된다.

한편 타발송금환(Inward Remittance)은 해외의 환거래은행이 당 은행을 지급은행으로 지정하여 오는 송금으로 물품대금송금, 해외교포의 본국송금 등에 이용된다. 이는 당방은행에서 이미 취결된 외국환이 상대은행에서 취급하는 경우의 외국환을 말한다. 외국환은행은 타 외국환은행에서 고객을 위해서 취결한 송금환을 매입하고 그 대가로 원화를 고객에게 지급하게 된다. 타발 송금환의 취결방법도 전신송금환, 우편송금환 및 송금수표가 이용된다. 당발송금환은 송금지시를 당해은행이 하기 때문에 별다른 위험이 없으나 타발송금환은 이중지급, 착오지급 등의 위험이 있으니 그 취급에 세심한 주의가 요구된다.

둘째, 외국환의 매매형태에 따라 매도환(selling exchange)과 매입환(buying exchange)으로 구분할 수 있다.

매도환은 외국환은행이 원화의 수납을 대가로 외국환을 매각하는 경우를 의미하고 매입환은 원화의 지급을 대가로 외국환을 받아들이는 경우를 의미한다. 매입환의 대표적인 예는 수출환어음의 매입이며 매도환은 수입어음결제가 그 예이다.

셋째, 인출지시방법에 따라 보통환(ordinary exchange)과 전신환(telegraphic exchange)으로 구분할 수 있다. 보통환은 예치환거래은행에게 자행예금을 인출하도록 우편으로 전달되는 것으로 환어음과 송금수표가 이용된다. 전신으로 결제하도록 지시하면 전신환이 되는데 이는 자금을 신속히 결제할 때 주로 이용된다.

〈서식 10-1〉 환어음

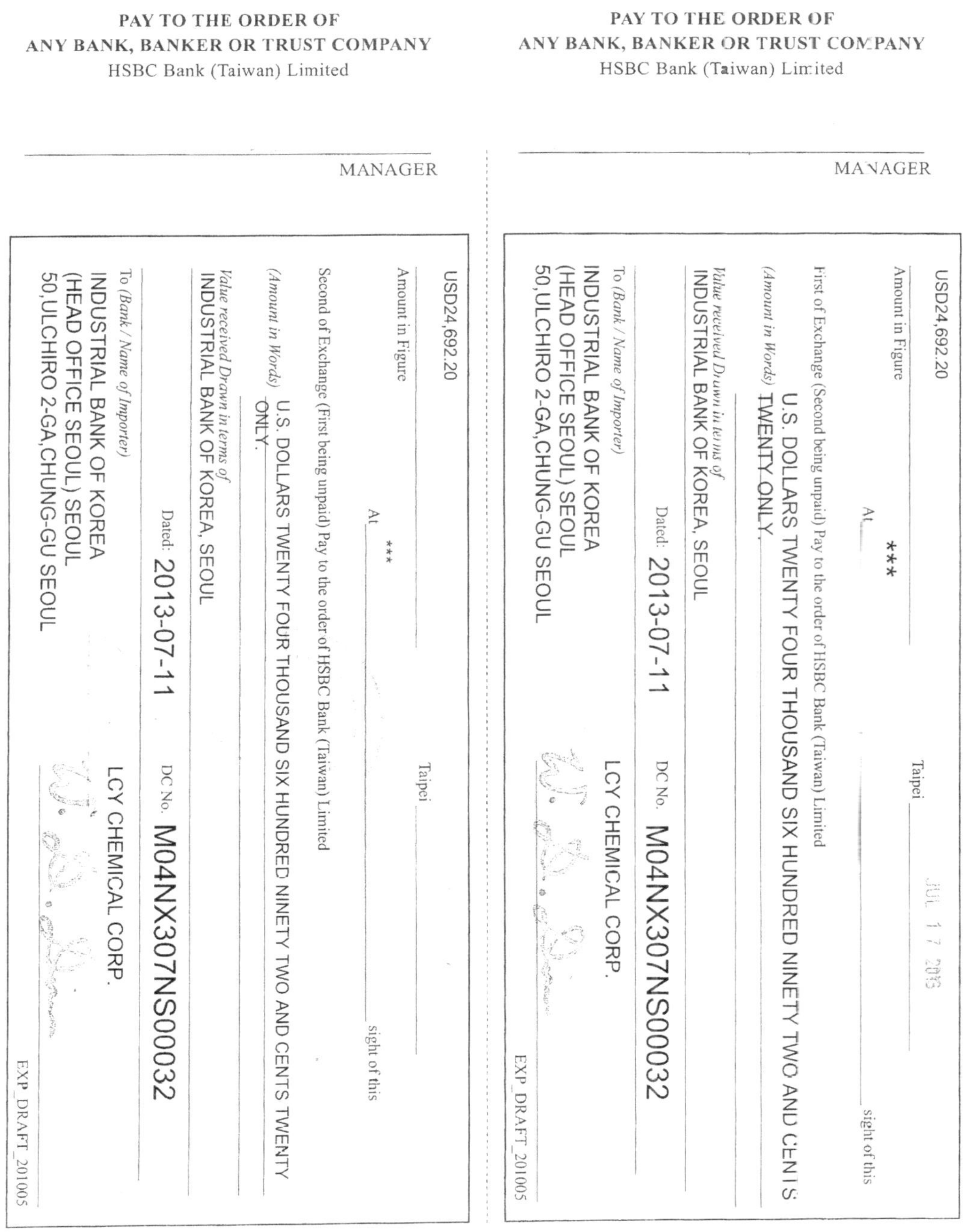
PAY TO THE ORDER OF
ANY BANK, BANKER OR TRUST COMPANY
HSBC Bank (Taiwan) Limited

MANAGER

USD24,692.20

Amount in Figure Taipei

At *** sight of this

Second of Exchange (First being unpaid) Pay to the order of HSBC Bank (Taiwan) Limited

(Amount in Words) U.S. DOLLARS TWENTY FOUR THOUSAND SIX HUNDRED NINETY TWO AND CENTS TWENTY ONLY.

Value received Drawn in terms of INDUSTRIAL BANK OF KOREA, SEOUL

Dated: 2013-07-11 DC No. M04NX307NS00032

To (Bank / Name of Importer)
INDUSTRIAL BANK OF KOREA
(HEAD OFFICE SEOUL) SEOUL
50,ULCHIRO 2-GA,CHUNG-GU SEOUL

LCY CHEMICAL CORP.

EXP_DRAFT_201005

PAY TO THE ORDER OF
ANY BANK, BANKER OR TRUST COMPANY
HSBC Bank (Taiwan) Limited

MANAGER

USD24,692.20

Amount in Figure Taipei JUL 17 2013

At *** sight of this

First of Exchange (Second being unpaid) Pay to the order of HSBC Bank (Taiwan) Limited

(Amount in Words) U.S. DOLLARS TWENTY FOUR THOUSAND SIX HUNDRED NINETY TWO AND CENTS TWENTY ONLY.

Value received Drawn in terms of INDUSTRIAL BANK OF KOREA, SEOUL

Dated: 2013-07-11 DC No. M04NX307NS00032

To (Bank / Name of Importer)
INDUSTRIAL BANK OF KOREA
(HEAD OFFICE SEOUL) SEOUL
50,ULCHIRO 2-GA,CHUNG-GU SEOUL

LCY CHEMICAL CORP.

EXP_DRAFT_201005

넷째, 환의 흐름에 따라 송금환(remittance)과 추심환(collection)으로 구분할 수 있다. 송금환은 국제간 자금의 대차관계를 결제할 때 자금을 보내주는 환을 의미하고 환의 흐름이 자금의 흐름과 같은 방향으로 움직이기 때문에 순환이라 한다. 자금을 청구하는 방법을 추심환이라 하고 이는 환의 흐름과 자금의 흐름이 서로 역행함으로 역환이라 한다.

3. 한국의 환율구조

1) 매매기준율

당일의 매매기준율은 전일 모든 외국환은행이 중개회사를 통하여 거래한 미/달러의 익일결제 현물환거래환율을 거래량으로 가중 평균하여 산정한 환율(시장평균환율)을 의미한다.

2) 재정환율

최근 주요 국제금융시장(주로 동경)에서 형성된 미 달러화 외 기타 통화와 미 달러화매매 중간율을 기준 환율로 삼아 결정된다.

3) 한국은행 매매율

한국은행 매매율은 외국환은행매매율과 국제통화시세 등을 감안하여 한국은행총재가 정한다.

4) 외국환은행간 매매율

외국환은행간 매매율은 외국환은행이 외환시장에서 외환을 거래할 때 적용되는 환율 통칭한다. 이는 외환에 대한 수요와 공급, 시장참가자들의 기대변동, 국제금융시장에서의 미 달러화 환율 동향 등 시장상황의 변동에 따라 수시 변동하며 외국환은행이 고객과의 외환거래시에 적용하는 대 고객매매기준율의 기준이 된다.

5) 외국환은행의 대 고객매매율

(1) 전신환 매매율

전신환 매매율은 환어음의 결제를 전신으로 행하는 경우 적용되는 환율로서 통상 환어음의 송달이 당일에 이루어지는 것을 감안하면 결제기간까지 금리비용이 고려되지 않은 환율이다.

(2) 일람출급환어음 매입율

수출상이 선적 후 선화증권 등 선적서류를 담보로 일람출금환어음을 지급은행에 제시될 때 적용되는 환율로 환어음의 현금화에 필요한 우송기간(약 10일정도 소요)을 감안하여 동 기간에 대한 일정금리(환가료율)를 전신환매입율에서 차감한 율이다.

(3) 기한부어음 매입율

수출상이 선적 후 선화증권 등 선적서류를 담보로 기한부환어음을 발행하여 외국환은행에 제시될 때 외국환은행이 일람 후 또는 확정일로부터 기산하여 일정기간 후에 지급되는 조건의 기한부어음을 매입할 때 적용되는 환율이다. 전신환매입율에서 우송기간 및 기한부어음기간에 해당하는 금리비용을 차감한 율이다.

(4) 수입어음 결제율

수입어음을 결제할 때 적용되는 환율로써 전신환매도율에 어음의 우송기간에 해당되는 금리를 가산한 금리이다.

즉, 수입어음 결제율 = 전신환매도율 + (장부가격 × 10/360 × 연 환가요율)

만약 결제되는 통화가 일본 엔화, 홍콩 달러화, 싱가포르 달러화, 말레지아 링키트화의 경우는 우송기간을 9일로 한다.

(5) 현찰 매매율

외화현찰의 매매는 현찰의 보관비용 및 운송비용이 소요될 뿐 아니라 외화자산운용이 비 수익적이기 때문에 환 리스크가 수반된다. 외화현찰은 이와 같은 위험과 손실보전을 고려하여 결정된다. 따라서 현찰매매율은 일반적으로 외국환은행 대 고객 매매율의 최고율과 최저율이 되고 있다.

4. 송금환결제의 특징

1) 수출상에게 유리한 자금결제방식

수출상이 선적하기 전에 수입상이 송금방식으로 결제하면 수출상은 무역계약물품을 선적하기 전에 환어음이나 송금수표를 외국환은행을 경유하여 수입상에게 제시하여 결제받기 때문에 수출상은 원료 및 자본재를 구입하는데 필요한 운영자금을 사전에 확보할 수 있다.

2) 외국환은행의 무보증

송금결제방식에서는 신용장 결제방식과는 달리 외국환은행은 수출상에게 대금지급을 보장하는 것이 아니고 단순히 송금업무만 수행하기 때문에 외국환은행은 지급보장을 하지 않는다.

3) 수입상의 수수료 부담

송금방식을 채택하면 송금과정에서 발생하는 수수료 및 부대비용은 송금을 의뢰한 수입상이 부담한다. 수입상은 이와 같은 수수료 및 부대비용을 송금 전에 외국환은행에게 지급한다. 선적 전 송금방식을 이용하면 수입상은 선적 전에 대금을 송금하고 이에 따른 과중한 수수료를 부담하여야 한다. 그럼에도 불구하고 수입상이 송금환결제방식을 이용하는 이유는 다음과 같다. 첫째, 수입물품이 품귀현상이 발생하여 수출상에게 유리한 조건을 제시하여 거래처를 확보하기 위한 경우 둘째, 결제금액이 소액인 견본의 결제인 경우 셋째, 수출상이 국제적으로 공인받아 신용도가 높아서 계약물품을 수취하는데 문제가 없을 경우 넷째, 본사와 지시간의 거래처럼 대금결제와 물품수취에 문제가 없을 경우에 주로 이용된다.

4) 수입상의 부담감소

수입상의 입장에서는 신용장결제방식 대신 송금결제방식을 선택하면 신용장 발행과 관련한 각종 수수료를 절감할 수 있을 뿐 아니라 신용장 발행은행이 신용장발행으로 인한 채권 보전조치로 요구하는 담보를 제공하지 않아도 된다는 장점이 있다.

5. 송금환결제 방식의 당사자

1) 송금의뢰인

송금의뢰인(Remitter)은 송금을 의뢰하는 자로서 무역계약에 의한 채권채무관계에서는 채무자이자 수입상이며 매수인이 된다. 또한 무역계약물품을 수취하는 자이기도 하다.

2) 송금은행

송금은행(Remitting bank)은 송금의뢰인으로부터 송금의뢰를 받고 송금수단을 교부하거나 직접적으로 수출상에게 송금을 하는 등과 같은 업무를 담당한다. 그러나 신용장 결제방식에서와 같이 외국환은행이 독자적으로 수출상에게 무역대금의 지급을 확약하는 것은 아니다. 송금은행은 송금의뢰인의 의뢰에 따라 업무를 수행하는데 송금수표로 송금을 의뢰하면 송금수표를 발행하여 송금의뢰인에게 교부한다. 송금의뢰인에게 수표를 교부하는 것은 우편환송금이나 전신환 송금에서도 마찬가지이다. 송금수표에 의한 송금과 우편환에 의한 송금 및 전신환에 의한 송금과 다른 점은 송금은행이 지급은행에게 통지하는 지급지시서의 발송 방법에 있다.

3) 수취인

수취인(Payee)은 송금의뢰인으로부터 송금되어 온 송금수표 등을 지급은행에 제시하고 지급을 요구하거나 송금 금액의 도착사실을 통보받고 지급을 요구하여 송금 금액을 수취하는 자이다. 수취인은 무역계약에 의한 채권채무관계에서 채권자이며 수출상이며 매도인이 된다. 그러므로 수취인은 무역계약물품을 선적하는 송화인이기도 하다.

4) 지급은행

지급은행(Paying bank)은 송금은행으로부터 지급의뢰를 받고 수취인에게 송금금액을 지급하는 은행이다. 지급은행은 수취인이 지급요청에 따라 지급을 이행하는 데에 있어서 송금은행의 지시에 따르면 된다. 따라서 수취인에게 송금 금액을 지급하는 방법은 송금결제방식에 따라 다르다.

제2절 송금환결제의 실제

1. 선적 전 송금환결제

수입상이 계약물품을 선적하기 전에 수출상에게 무역대금전액을 미리 송금하여 지급하고 수출상은 계약서의 약정기일이내에 계약물품을 선적하는 방식이다, 송금횟수에 따라 일시선불과 분할선불로 구분할 수 있고 송금방법에 따라 송금수표, 우편환송금 및 전신환방식으로 구분할 수 있다.

1) 송금수표방식

송금수표방식(Demand Draft; D/D)은 송금의뢰인이 송금은행에게 현금을 지급하면 은행은 해외 본·지점 또는 환거래은행을 지급은행으로 하는 요구불 송금수표를 발행하여 송금의뢰인에게 주면 송금의뢰인은 수취인인 수출상에게 직접 우송하여 결제하는 방식이다. 우송 도중 분실의 책임은 수입상이 부담하기 때문에 주로 소액거래 결제에 이용된다. 송금수표는 보통 은행수표(Banker's Check; B/C)를 많이 사용하고 있다.

2) 우편송금환

우편송금환(Mail Transfer; M/T)이란 상기의 송금수표방식과 마찬가지로 송금을 우편으로 하는 방법이다. 송금의뢰를 받은 은행은 송금수표를 의뢰인에게 교부하는 대신에 일정금액을 수취인에게 지급하여 줄 것을 지급은행 앞으로 지시하는 지급지시서(payment order)에 상당하는 우편환을 발행하여 지급은행에 직접 우편으로 우송하는 방식이다.

지급은행은 수출상에게 송금액이 도착하였다는 통지를 하게 되고 수출상은 은행에게 가서 신분을 확인하고 대금을 결제 받는다. 전신송금환은 지급지시를 전신으로 하는 데 비하여, 우편송금환은 우편환을 발행하여 송금은행이 직접 지급은행으로 우송하기 때문에 우송과정에서 발생할 수 있는 사고에 대해서 은행이 직접 책임을 부담하기 때문에 단순송금방식보다는 안전한 결제방식이다. 우편송금환은 지급지시서의 송부기간이 전신보다 길기 때문에 신속을 요하지 않는 송금 및 소액의 송금에 이용된다.

3) 전신송금환

전신송금환(Telegraphic Transfer; T/T)이란 송금의뢰인의 현금을 송금의뢰은행이 예탁하면서 송금은행이 자행의 해외지점 또는 환거래은행인 지급은행에게 일정의 금액을 수취인에게 지급해 줄 것을 전신환을 발행하여 송금하는 방식이다. 전신송금환의 지급방법은 지급은행이 수취인의 지급청구에 의해서 지급하는 청구지급(Pay on Application; P/A) 방법과 수취인으로부터 청구가 없어도 지급은행이 수취인에게 통지하여 지급하는 통지지급(Advice and Pay; A/P) 방법의 두 가지가 있다. 전신송금환은 거액을 송금할 경우나 긴급을 요하는 송금 등에 많이 이용되고 있다.

전신송금환을 이용할 때 수출상의 입장에서는 신속하게 대금을 수취할 수 있으며 환위험에 덜 노출된다는 장점이 있다, 그리고 은행이 전신과정의 사고에 대해서는 책임을 부담하기 때문에 안전한 송금결제방식이라 할 수 있다. 그러나 수입상의 입장에서는 다소 전신료가 비싸다는 단점이 있다.

2. 선적 후 송금환결제

선적 후 송금환결제방식(later remittance after shipment)은 수출상이 선적한 후 수입상이 무역대금을 외화나 수표와 같은 지정영수통화로 수출상에게 송금하여 지급하는 방식이다. 여기에는 물품인도결제방식(Cash on Delivery; COD)과 서류인도결제방식(Cash against Documents; CAD)방식이 있다.

1) 물품인도결제방식

물품인도결제방식(Cash on Delivery; COD)방식은 수출상이 수출물품을 선적하고 선적서류를 수출상의 해외지점이나 수입국 소재 대리인 또는 거래은행에 송부하고, 수출물품이 목적지에 도착하면 대리인이 통관절차를 밟아 수취하여 보관하였다가 수입상이 직접 물품의 품질 등을 검사한 후 수출대금을 물품과 상환하여 현금으로 영수하는 거래방식으로서 국내의 일반물품매매에서도 볼 수 있는 유형이다.

동 결제방식은 주로 보석 등 귀금속류처럼 물품가격이 고가이며, 동일물품일지라도 물품의 색상, 가공방법 및 순도 등에 따라서 가격의 차이가 많이 발생하는 물품의 거래에 이용된다. 수입상이 대금결제 전에 물품을 충분히 검토한 후 수입여부를 결정할 수 있는 장점이 있다. 만약 대금의 결제가 이루어지지 않을 경우 물품이 반송될 수 있다.

선화증권은 수입국에 소재한 수출상의 지사나 대리인 또는 그들의 지시식으로 발행되는 것이 일반적이며 대금결제와 동시에 선화증권의 배서와 양도에 의해서 물품을 인도받게 된다. 따라서 물품인도결제방식을 동시결제방식이라고 한다.

또한 물품인도결제방식은 일반적으로 수입지에 수출상의 해외지점 등 대리인이 있어서 수출상이 송부하는 서류를 수령하고, 수입상의 물품검사 시 입회하여 검사완료 후 대금결제와 함께 현품을 인도하는 방식을 취하고 있으나 외국환거래은행 등을 활용하여 거래가 이루어질 수도 있다. 이 방법은 수입상이 대금을 지급하지 않고는 운송인으로부터 물품을 인수받지 못하도록 함으로써 대금 미회수의 위험을 방지하고, 대금결제가 되지 않는 경우 물품이 반송될 수 있도록 할 필요가 있다.

2) 서류인도결제방식

서류인도결제방식(Cash against Document; CAD)은 수출상이 물품을 수출하고 선적을 증명할 수 있는 선화증권·상업송장·포장명세서 등의 서류를 수입상에게 직접 또는 수입상의 대리점이나 거래은행에 제시하여 서류와 상환으로 대금을 지급받는 방식이다.

동 결제방식은 원칙적으로 수출국에 수입상을 대신하여 대금을 결제해 줄 대리인이나 은행이 있을 경우 가능하다. 그러나 동 결제방식도 거래은행을 통하여 서류 등을 수입상의 거래은행에 보낸 뒤 수입상의 거래은행에서 서류와 상환하여 대금을 결제하는 방법으로 이루어질 수 있다. 이와 같은 CAD방식은 은행을 통하여 선적서류가 수입상에게 인도되지 않고 환어음이 수반되지 않는다는 점이 D/P 방식과 다르다. 또한 COD와 CAD 방식이 본래의 형태를 벗어나 외국환은행을 통하여 이루어질 경우는 그 구분이 불명확하나 실질적으로는 거래의 대상이 되는 객체가 현품이면 COD방식으로, 서류이면 CAD방식으로 인정된다.

chapter 11

국제팩토링

제1절 국제팩토링의 기초

1. 국제팩토링의 의의

팩토링(Factoring)이란 물품공급업자(supplier)가 구매업자(debtor)에게 물품 등을 외상으로 판매한 다음 발생되는 매출채권을 팩토링회사인 팩터(factor)가 물품공급업자를 대신하여 구매업자에 관한 신용조사 및 신용위험의 인수(지급보증), 매출채권의 기일관리 및 대금회수, 금융제공, 기타 회계처리 등의 업무를 대행해 주는 금융기법을 말한다.

국제팩토링(International Factoring)은 1984년 한국에 도입된 외상매출채권 무역결제방식으로서 팩토링회사가 신용조사 및 신용위험인수, 금융제공, 대금회수, 기타 업무처리 대행 등의 서비스를 제공하는 결제방식이다. 국제팩토링은 세계 팩터의 회원망을 통하여 수입상의 신용을 바탕으로 이루어지는 무신용장방식의 새로운 무역거래기법이다.

국제팩토링은 국제무역거래에서 수출상은 안전한 대금회수를 위하여 신용장결제방식을 원하지만 수입상이 상품의 품질보장을 이유로 신용장거래를 꺼리는 경우에 이용될 수 있다. 각 국의 상이한 상관습 및 거래관행에 적합하도록 발전해 온 국제팩토링에서 팩터는 수출상에게는 수출물품에 대한 대금회수를 보장해 줄 뿐 아니라 회계업무 및 금융에 이르기까지 제반 서비스를 제공하고 있다. 또한 수입상에게는 수입물품대금을 결제하는데 필요한 신용을 공여해줌으로써 수입상이 안심하고 물품을 수입할 수 있도록 도와준다. 즉 수출국 팩터(export factor)는 수출상에 대한 운전자금을 제공하고, 수입국의 팩터(import factor)는 수입상에 대한 신용조사, 수출채권의 관리 및 수입상으로부터의 대금회수 서비스 등을 제공한다.

국제팩토링은 다음의 경우에 적합한 거래로서 많이 이용되고 있다. 첫째, 수출상은 일람지급을 원하나 수입상이 외상거래를 희망할 때 양자의 입장을 수용해야 할 경우 둘째,

거래형태가 다소 복잡한 신용장방식과는 달리 매우 간편하기 때문에 미국과 유럽 등의 선진국에서 많이 활용되고 있다. 셋째, 다 빈도 소량주문의 형태로 이루어지는 중소규모의 무역거래에서 주로 이용되고 있다. D/A거래 등의 방식이 대금회수에 대한 확실한 보장이 없는데 반하여 국제팩토링방식에서는 수출상은 외상수출로 인한 대금회수불능의 위험이 없을 뿐만 아니라 전도금융을 이용할 수 있는 장점이 있다. 그리고 수입상은 신용장을 발행하지 않고도 팩토링회사의 지급보증한도 내에서 연지급방식으로 수입을 할 수 있는 장점이 있다.

2. 국제팩토링의 당사자

국제팩토링의 당사자는 기본적으로 수출상(exporter), 수입상(importer), 수출상과 팩토링계약을 체결한 수출팩터(export factor) 및 수입상과 팩토링약정을 체결한 수입팩터(import factor) 등 4자가 존재한다.

1) 수출상

수출상은 팩토링회사와 팩토링거래 약정을 체결하여 외상으로 수출하는 조건으로 계약물품을 선적하고 송장 및 선적서류 등 매출채권을 팩토링회사에 양도하는 대신 전도금융을 제공받는 당사자이다. 국제팩토링에서는 수출상을 상품 및 용역의 공급업자(client), 그밖에 거래방식에서는 상품 또는 용역의 공급자(supplier) 또는 매도인(seller)등으로 불린다.

2) 수입상

수입상은 수출상으로부터 물품을 수입하기 위하여 팩토링회사(factor)와 팩토링거래약정을 체결하여 팩토링회사로부터 지급보증을 받는 자이다. 따라서 물품을 수입하는 구매자(customer), 수요자 및 매수인(buyer)이 된다. 또한 만기일에 대금을 지급할 의무가 있기 때문에 채무자가 된다.

3) 수출팩터

수출팩터는 수출국의 수출상과의 팩토링거래약정을 체결한 팩토링회사를 의미한다. 수출팩터는 수출상의 팩토링채권을 매입하는 대가로 전도금융을 제공하는 당사자이다. 수입팩터로부터 수입상에 대한 신용조사결과, 신용승인, 채권관리 및 대금회수 등 수출팩터는 제반 서비스를 제공 받는다. 또한 회계업무를 대행하여 매출채권과 회계장부를 정리하는 일을 도와준다.

4) 수입팩터

수입팩터는 수입국의 수입상과의 팩토링거래약정을 체결한 팩토링회사가 된다. 수입팩터는 수입상에 대한 신용조사와 신용위험을 인수하여 수출채권을 양수받아 대금을 회수하여 송금하는 업무 등을 주로 한다. 그런데 수출팩터가 해외에 지점망을 가진 경우에는 수입국에 주재하고 있는 지점 또는 지사가 수입팩터의 역할을 담당하게 되므로 별도의 수입팩터는 필요 없게 된다.

제2절 국제팩토링의 실제

1. 국제팩토링의 효용성

1) 수출상

첫째, 신용거래위험과 부실채권이 방지된다. 수출팩터가 신용위험을 인수하여 수출대금의 회수를 보증해주기 때문에 신용거래의 위험과 대금회수불능의 위험이 없다.

둘째, 선적 전 금융과 전도금융을 제공받아 운영자금의 조달계획 및 운용이 가능하다. 수출상은 수출팩터에게 선적서류를 매입함과 동시에 수출팩토링 채권을 전액에 대하여 전도금융을 받을 수 있다.

셋째, 외상매출권 관리능력이 강화된다. 팩토링회사가 외상매출에 따르는 채권관리 서비스를 대신해주기 때문에 비용이 절약된다. 수출상이 필요할 경우 수출팩터에게 채권관리 상황에 대한 자료를 요구하면 수출팩터들은 팩토링기구들의 통신망을 통하여 관련 정보를 신속하게 수집하여 제공해 준다.

넷째, 회계업무를 대행해 주어 부대비용의 절감을 통한 대외경쟁력이 강화된다. 팩토링회사가 대금회수 및 매출채권의 기일관리 등의 회계업무를 대신해주기 때문에 수출상의 매출채권관리에 따르는 비용이 절약된다. 또한 수입팩터가 수입상에 관련된 신용조사를 대행해주기 때문에 신용조사로 인한 비용이 절감되어 수출상의 대외경쟁력이 강화된다.

다섯째, 현금의 흐름이 원활해진다. 국제팩토링방식은 추심결제방식(D/P 및 D/A)과는 달리 실무절차가 매우 간편하고 담보를 별도로 활용함으로써 현금의 흐름이 원활해져 중소기업의 소액거래에 유리하다.

여섯째, 새로운 시장의 개척이 용이하다. 국제팩토링결제방식은 수출상과 수입상간의 신용조건부 거래이지만 신용승인을 받을 경우 대금회수가 완전히 보장된다. 수입상에게도 신용장 발행에 따르는 별도의 금융부담을 주지 않기 때문에 기존 거래처와의 거래를 확대시킬 수 있고 새로운 시장개척에 유리하다.

2) 수입상

첫째, 팩토링회사가 신용조사를 통하여 대금지급을 보증하므로 국제적으로 신용구매가 가능하다.

둘째, 신용장발행에 따르는 자금부담과 비용이 들지 않고 수출상이 팩토링 수수료를 전적으로 부담하기 때문에 부대비용이 절감된다.

셋째, 수입대금조달에 따르는 자금압박이 줄어든다. 수입상이 자금부족으로 인하여 대금지급이 어려울 경우 한국의 경우 90일 이내에 무역금융을 지원하고 있으므로, 수입물품을 판매하여 나중에 결제할 수 있어 자금압박으로부터 해방될 수 있다. 선적서류는 즉시 수입상에게 양도됨으로써 이에 따른 수입상의 수입보증금 적립부담이 없다.

넷째, 자금계획 및 운용이 편리하다. 이 결제방식은 수입팩터가 만기일에 결제금액 등이 표시된 결제통지서를 미리 보내주는 등의 회계관리서비스를 제공하여 주기 때문에 수입상이 만기일 관리가 편리하고 자금계획을 안정적으로 운영할 수 있다.

2. 국제팩토링의 결제과정

국제팩토링 방식에 의한 매매당사자와 팩터간의 거래과정 및 무역대금결제과정은 다음과 같다.

① 수출상과 수입상이 물품매매계약을 체결한다.
② 수출상은 먼저 수출팩터에게 수입상에 대한 신용조사를 팩터의 소정양식인 신용승인신청서를 이용하여 의뢰한다.
③ 수출팩터는 수출상으로부터 접수한 수입상에 대한 신용승인신청서(credit approval request)에 따라 수입국의 거래팩터에게 수입상에 대한 신용조사 및 수입팩터가 지급보증할 수 있는 신용한도를 요청한다.
④ 수입팩터는 수입상에 대한 신용을 객관적 조사 또는 직접 접촉을 통한 신용조사를 실시한다.
⑤ 신용조사의 결과 및 승인을 수출팩터에게 통지한다.
⑥ 수출팩터는 수입팩터로부터 접수된 수입상의 신용승인내용을 검토하고 수출상에게 통지하며, 팩토링 방식으로 수출할 수 있도록 지원한다.
⑦ 수출상은 신용승인내용을 근거로 수입상과 국제팩토링방식 수출입계약을 체결한다.
⑧ 수출상은 물품을 선적한다.

⑨ 수출상은 송장 등 매출채권을 수출팩터에게 양도한다.

⑩ 수출팩터는 결제서류를 확인한 후 송장의 금액의 100%이내에서 수출상에게 전도금융을 제공한다.

⑪ 수출팩터는 송장의 원본 및 사본에 양도문언을 첨부하여, 원본은 수입상에게 우송하고, 사본은 수입팩터에게 양도한다. 이 때 양도문언의 내용은 채권자인 수출상의 권리가 수입팩터에게 양도되었으며, 수입상은 수입에 따른 채무를 반드시 수입팩터에게 지급하여야 한다는 것으로 통상 수입국의 언어로 인쇄되어 있다.

⑫ 수입상은 수입대금의 지급기일이 되면 수입대금을 수입팩터에게 지급한다.

⑬ 수입팩터는 수입상으로부터 대금을 영수하면 즉시 수출팩터에게 송금한다.

⑭ 수출팩터는 수입팩터로부터 송금되어 온 수출대금을 수출상에게 지급하게 된다. 이 때 수출팩터는 수출상에게 전도금융한 금액과 수입팩터로부터 송금되어온 수출대금을 상계하여 청산한다.

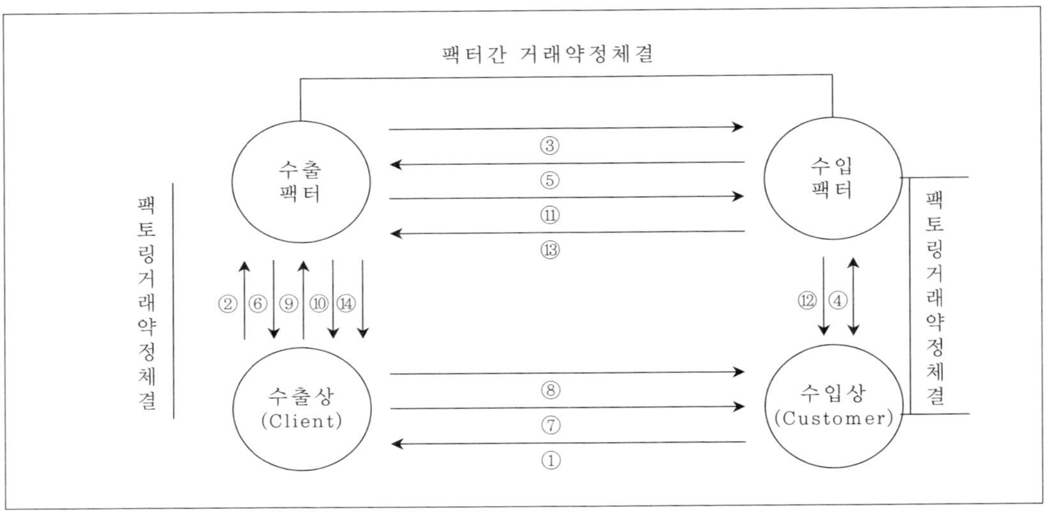

[그림 11-1] 국제팩토링 거래의 절차

3. 국제팩토링 결제와 타 결제시스템과의 비교

신용장방식, D/P, D/A 방식 및 송금환방식을 국제팩토링 방식과 비교하면 다음 <표 9-1>과 같다.

〈표 11-1〉 수출거래에서 결제방식별 비교

내 용 \ 결제방식	신용장결제	추심결제	송금결제	국제팩토링
거래의 근거	신용장	매매계약서	송금환	매매계약서
제공서류	신용장, 환어음, 결제서류	환어음과결제서류	결제서류	결제서류
대금지급확약	신용장 발행은행	없음	은행, 개인	팩터
대금결제수단	일람불 및 기한부환어음	일람불 및 기한부환어음	일람불환어음	일람불 및 기한부환어음
대금회수	안전	불안	안전	안전
자금회전	용이	담보력에 따름	용이	용이
수출대금회수	수출환어음매입	수출환어음매입	선수금	전도금융

〈표 11-2〉 수입거래에서 결제방식별 비교

내 용 \ 결제방식	신용장방식	추심결제방식	송금결제방식	국제팩토링
거래의 근거	신용장	매매계약서	송금환	매매계약서
수입상자금부담	가중	없음	가중	없음
수입상비용부담	가중	없음	가중	없음
대금지급	은행	수입상	은행, 수입상	팩터
결제 자금 융통	무역금융	무역금융	필요 없음	가능

4. 국제팩토링의 한계

국제팩토링 방식은 무역거래절차의 신속성, 관련 제비용의 절감 및 신용을 바탕으로 한 무신용장의 거래방식이라는 점에서는 장점이지만 모든 무역거래방식에 적용할 수는 없는 것이 단점이다. 예를 들면 현금으로 수출하는 기업, 소비자에 대한 채권발행, 장기의 채권방식에는 적합하지 않다. 그 이유는 현금으로 판매하는 거래에서는 팩토링방식을 이용할 필요가 없고, 소비자를 상대로 발행하는 채권이 부적절한 것은 신용조사의 문제와 거래의 일회성 때문이다. 즉 소비자를 상대로 하는 거래는 매우 소량인 반면, 소비자 개개인에 대한 신용조사는 시간과 경비가 많이 소요된다. 장기 채권인 경우에는 기업의 재무상황이 내·외적으로 많은 요인들에 의하여 좌우되기 때문에 장기방식에는 국제팩토링방식이 부적합하다.

국제팩토링에 의하여 무역대금을 결제하기 위해서는 수출상의 소재지와 수입상의 소재지에 각각 수출팩터와 수입팩터가 있어야 가능하다. 국가에 따라서 팩토링회사가 주요 도시나 지역 각처에서 서비스를 제공하고 있는 경우에는 팩토링 지사가 설치되어 있는 지역만 제한적으로 서비스를 제공할 수 있는 지역적 한계가 있다. 따라서 매매당사자들은 오히려 보다 편리한 다른 결제방식을 선호할 수 있다.

chapter 12

포페이팅

제1절 포페이팅의 기초

1. 포페이팅의 의의

포페이팅(forfaiting)이란 "포기하다(a'forfait)"라는 의미의 프랑스어에서 유래된 말로 현금을 대가로 채권을 포기 또는 양도하다는 것을 의미한다. 즉 수출상이 물품이나 서비스를 연불조건으로 수출함에 따라 발생되는 수출채권을 포페이팅을 수행하는 금융기관인 포페이터(forfaitor)가 "소구권을 포기하는 조건(without recourse)"으로 수출상에게 고정이자율로 매입하고 자금을 제공해주는 금융방식이다. 따라서 연불조건거래에서 연지급어음을 매입한 금융기관인 포페이터가 이전에 어음을 소지하였던 수출상에게 사후에 소구권을 행사할 수 없기 때문에 최종소지인이 모든 손실을 부담하게 된다.

소구권을 행사할 수 없다는 점에서 포페이팅방식은 신용장결제방식에서 사용하는 수출환어음매입과는 차이가 있다고 할 수 있다. 신용장 거래방식에서는 수출상의 거래은행(매입은행)이 수출상이 발행한 어음을 매입할 경우, 신용장 발행은행 및 발행의뢰인이 만기에 대금을 지급하지 않거나 지급지연이 발생할 경우에는 매입은행이 일반적으로 소구권을 행사할 수 있다. 포페이팅방식에서 이용되는 기한부어음의 연지급기간은 90일 이상에서부터 최장 10년까지 가능하며, 금액은 건당 3만 달러에서 최고 2억 달러 미만의 금액을 대상으로 하고 있다. 포페이팅 요율은 리보금리(LIBOR : 런던은행간 금리)에 국가 및 신용장 발행은행의 신용위험도를 감안한 가산금리가 더해져 결정된다.

포페이팅은 효과적인 면에서는 국제팩토링과 같지만 국제팩토링은 수입상이 지급불능인 경우 팩터가 수출상에 소구권을 행사할 수 있지만 포페이팅은 연지급어음을 매입한 포페이터(은행)는 이전에 어음을 소지하였던 수출상에게 사후에 소구권을 행사 할 수 없다는 점에서 차이가 있다. 그리고 수출상은 포페이터를 통하여 수출대금을 영수한 경우 수입상의 대금지급 거절 또는 연기 등으로 발생할 수 있는 모든 위험으로부터 벗어날 수 있다. 또한 국제팩토링은 일반적으로 10만 달러 이내의 소액을 대상으로 하는 단기금융인데 반하여 포페이팅은 최고 2억 달러까지 가능하다는 점에서 거래규모가 크고 기한부어음결제일이 90일 이상 최장 10년까지인 중장기금융이라는 점이 다르다. 포페이팅은 신용장의 인수와 유사하나 인수에 비하여 기간이 장기이고, 어음소구권이 없다는 점이 신용장 방식과 다르다.

2. 포페이팅의 특징

1) 소구권행사의 불가

포페이터는 수출상 또는 어음 배서인에게 소구권을 행사할 수 없기 때문에 수입상 또는 수입상의 거래 외국환 은행이 환어음의 만기가 도래하였을 때에 지급을 하지 않거나 지급을 지연시키더라도 수출상은 대금을 상환할 책임이 없다.

2) 외환위험의 제거

포페이터가 국가위험 및 외국환 지급정지선언(moratorium) 등과 같은 위험을 부담하기 때문에 수출상은 수출물품의 인도가 정확히 이행되도록 노력하면 된다.

3) 은행의 지급보증

포페이터가 수입상의 신용상태를 평가하기 어려운 어음의 경우 수입상의 거래은행의 취소불능 지급보증, 환어음 및 약속어음에 추가하는 지급약속을 담보로 확보한다.

4) 거래절차의 간편

단순외상매출채권에서는 취급하지 않는 약속어음 또는 환어음이 거래대상이므로 거래절차가 간편하고 신속하다. 또는 수출상이 선적을 한 후에 간단한 선적서류만 준비하여 무역대금을 지급받을 수 있기 때문에 환율 및 이자율 변동에 따른 위험을 회피할 수 있다.

5) 거래비용의 절약

수출상이 수출계약을 체결하기 전에 포페이터와 협의하여 수출가격을 조정하기 때문에 수출상의 금융비용을 수입상에게 전가할 수 있다. 또는 어음을 할인하여 매입할 경우 고정금리가 적용된다.

6) 완벽한 보상

수출보증보험의 경우 손실액의 90%까지만 보상되지만 포페이팅방식은 100% 보상이 가능한 결제방식이다. 따라서 포페이팅은 수출입은행의 연불수출금융지원 조건에 부담되지 않는 중계무역 등에서 활용할 수 있다.

7) 중장기금융에 적합

인수신용장 거래방식과 유사하나 신용장 거래에서 기한부 환어음의 할인금융은 180일 이내의 단기금융인 반면 포페이팅방식에서 연지급기간은 통상 90일에서 최장 10년까지의 중장기 금융이다. 대상 어음은 1－7년 사이의 자본재수출에 따른 연지급 수출어음이 대부분이다.

8) 거액결제에 적합

포페팅 결제방식에서는 거래규모가 30만 달러 이상 2억 달러 미만의 수출환어음이 대상이 되는 등 거래규모가 거액이다. 반면 국제팩토링은 통상 10만 달러 이내의 소액거래에 이용된다는 점에서 장기거래에 적합한 결제방식이다.

9) 고정이자율의 적용

포페이팅 결제방식에서는 포페이팅의 이자율을 통화별 고정이자율로 사용하기 때문에 거래 마진을 확정할 수 있다. 포페이팅 이자율은 싱가포르은행간 이자율(SIBOR)율 또는 런던은행간 이자율(LIBOR)을 적용하는 기준금리에 국가위험도에 따른 가산금리(spread)를 더한 수준에서 통화별로 결정된다.

10) 개도국의 경제개발에 필요한 신용공여

개도국들은 경제개발에 핵심적인 기계, 중장비, 산업설비, 플랜트 및 건설 등의 많은 자금이 소요되는 산업은 외환의 부족 때문에 연불조건으로 수입을 원하고 있다. 그러나 수출상의 입장에서는 연불수출은 만기 시 대금회수불안을 안고 있다. 이 경우 포페이팅은 수출상이 연불수출과 관련하여 획득한 매출채권(약속어음 및 환어음)을 포페이터(forfaiter)가 수출상의 연대보증없이 수입자의 신용으로 매입함으로서 만기시 지급위험이나 국가위험을 회피할 수 있는 제도로 활용될 수 있다.

3. 포페이팅의 당사자

1) 수출상

포페이팅 결제방식에서 수출상은 채권자이자 환어음을 발행하는 자로서 무역계약을 체결하고 포페이터로부터 무역대금을 융통받는 자이다.

2) 수입상

수입상은 채무자이며 환어음의 인수자가 된다. 또한 보증은행으로부터 어음에 대한 보증을 받고 포페이터에 의하여 장기간의 신용을 제공받는 자이다.

3) 포페이터

포페이터는 수출상과 수입상의 무역대금결제에 신용을 제공하는 당사자로서 연지급어음을 할인·매입하는 금융기관을 말한다. 일반적으로 수출상의 거래은행으로서 채권을 수출상으로부터 매입한다.

4) 보증은행

보증은행은 수입상을 위하여 어음보증 또는 지급보증서를 발급하는 수입상의 거래 외국환은행이 된다. 보증은행은 수입상이 요구하는 채권에 대하여 보증을 하는 외국환은행이다. 보증은행이 수입상의 채권을 보증하는 경우에는 별도의 보증서를 발행하기도 하고 어음면에 보증을 하다는 표시를 기재하기도 한다. 그 보증의 표시내용은 일정한 형식이 있는 것이 아니라 국가 및 외국환은행에 따라 다르다.

제2절 포페이팅의 실제

1. 포페이팅 결제의 효용성

1) 수출상

(1) 상거래 위험으로 탈피

포페이팅은 신용공여기간이 긴 연불수출에서 수출상이 만기 시에 무역대금 회수불능의 위험을 제거할 수 있다. 포페이터에게 고정금리 및 소구권 면제조건으로서 수출환어음 또는 약속어음을 할인 받게 됨으로서 이자율 변동 또는 환율변동으로부터 보호될 수 있고, 수입신용장 발행은행의 신용위험(지급불능 사태)을 회피할 수 있다.

(2) 신속한 현금 확보가능

수출상은 무역대금을 결제해야 하는 해외 수입상에게 최장 10년까지 장기 신용을 제공해 줄 수 있다. 따라서 금융면에서 경쟁력 확보가 가능하다. 또한 국가신용위험도가 높은 시장 및 새로운 시장 개척에 필요한 현금을 신속히 확보할 수 있다. 선적 후 필요한 서류를 제출하여 수출금액의 100%까지 매입함으로서 신속한 현금 확보가 가능하여 수출상의 재무구조를 개선시킬 수 있다.

(3) 무담보에 의한 자금운용의 원활화

신규기업들도 포페이팅 여부를 단시간 내에 신속히 통보받아 확인이 가능하다. 또한 기한부 신용장(Usance L/C)에 의한 환어음 매입의 경우에는 수출상에게 매입은행으로부터 보통 담보가 요구되지만, 포페이팅을 이용할 경우에는 추심 전 매입에 따른 담보가 필요 없다.

(4) 고의적인 클레임 회피 가능

수입상과 신용장발행은행이 공모하여 고의적인 클레임제기 시 또는 기타 구실을 내걸어 대금지급지연 문제를 피할 수 있다.

2) 수입상

(1) 장기신용공여

수입상은 수출상이 발행하는 기한부환어음을 통하여 최장 10년까지 장기적으로 신용을 공여를 받을 수 있어 자금운용의 원활화를 꾀할 수 있다.

(2) 저렴한 수수료

포페이팅 방식은 저렴한 신용장 발행수수료로 어음보증을 받을 수 있다. 일반적으로 신용장 방식에서 일람출급 환어음 수수료가 0.18%인 반면 포페이팅 어음보증 수수료는 0.1%-0.125%에 불과하다. 또한 수입국 및 신용장 발행은행의 신용도가 좋을 경우 매입수수료는 더 절감될 수 있다.

2. 포페이팅 결제의 절차

포페이팅 거래는 수출상, 수입상, 포페이터(forfaiter), 그리고 보증은행에 의하여 이루어진다. 거래절차는 다음과 같다.

① 수출상과 수입상은 수출입중장기 연불수출계약을 체결한다.
② 수출상은 수출물품을 선적한다.
③ 수입상은 지급보증은행에 환어음이나 약속어음을 제출한다.
④ 지급보증은행은 제시된 어음의 지급을 보증한다.
⑤ 지급보증은행은 자신이 지급보증한 어음을 수출상에게 인도한다.
⑥ 수출상은 forfaiter와 퍼페이팅 계약을 체결한다.
⑦ 수출상은 선적서류와 함께 수입상이 보내온 약속어음을 포페이터에게 제출한다.
⑧ Forfaiter는 수출상에게 어음대금을 할인하여 지급한다.

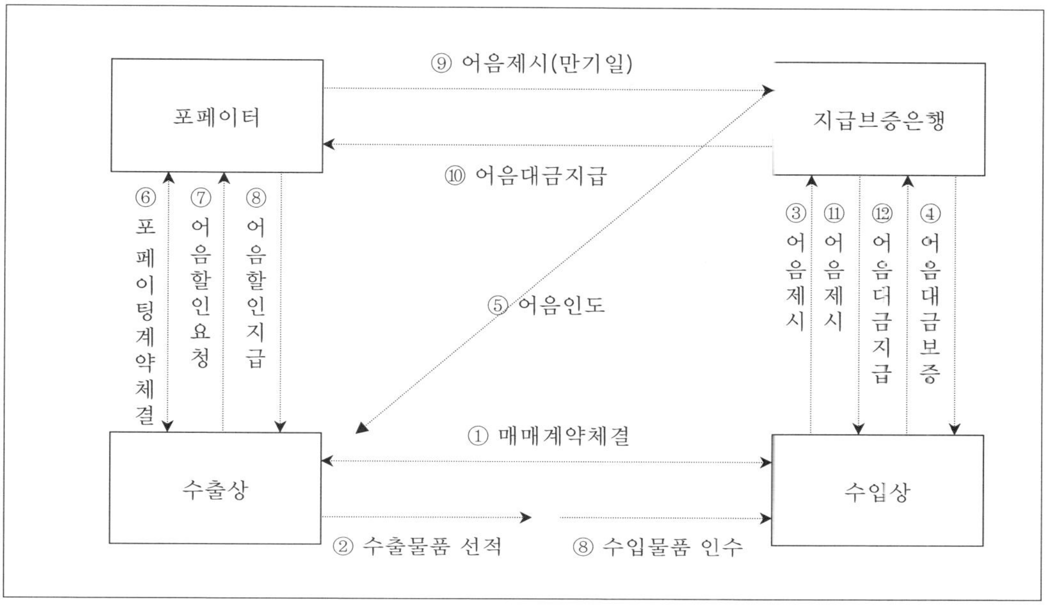

[그림 12-1] 포페이팅방식에 의한 거래과정

⑨ Forfaiter는 어음의 만기에 어음을 지급보증은행에 제시한다.
⑩ 지급보증은행은 만기전에 Forfaiter에게 대금을 지급한다.
⑪ 지급보증은행은 어음을 수입상에 제시하고 대금을 결제 받는다.

상기에서와 같이 수출상이 Forfaiter와 직접 포페이팅계약을 체결하는 경우도 있지만 수출상의 거래은행이 Forfaiter와 포페이팅계약을 체결하여 포페이팅 편의를 지공하는 경우도 있다. 예를 들면 한국의 수출상 A가 수출상의 거래은행인 B에게 포페이팅을 의뢰하고 B은행이 Forfaiter인 C에게 포페이팅을 의뢰하는 것과 같은 경우이다. 이러한 포페이팅을 복합 포페이팅(synthetic Forfaiting)이라 한다.

〈표 12-1〉 신용장, 국제팩토링, 포페이팅 비교

구 분	신용장방식	국제팩토링	포페이팅
결제수단	일람불환어음, 기한부환어음	기한부환어음	기한부환어음
유통기간	짧다(30~180일)	짧다(90일 이내)	길다(90일~10년)
수수료	은행이 정함(0.18%)	소장금액의 1.2%	LIBOR+가산금리 SIBOR+가산금리
담보금액	송장금액 100% (매매계약)	송장금액 100% (10만달러 이내)	송장금액 100% (최고 2억달러까지)
소구권행사	소구권 행사가능	소구권 행사가능	소구권 행사할 수 없음
결제금액	소액·거액결제	소액결제	거액결제
위험	만기 대금회수 불안	대금회수 불안 회피	만기시 지급위험 회피, 신용위험 회피

제 4 편

전자결제편

제13장　전자상거래결제시스템

제14장　전자자금이체시스템

제15장　각국의 전자자금이체시스템

제16장　주요국의 전자자금이체 관련법

제17장　비정상적 거래

chapter 13

전자상거래결제시스템

제1절 소액 전자지급시스템

1. PayPal

1998년에 도입된 PayPal은 대표적인 온라인 결제서비스이다. 2001년 말에는 26개국에서 7백 만 개 이상의 등록된 사용자가 매일 미화 7백만 달러 이상을 거래하고 있다가 2005년에 P2P(person-to-person) 지급거래에 이용된 금액이 미화 4백억 달러까지 육박하고 있다. 온라인자금이체에도 사용이 되고 있지만 이용금액 중 95%가 경매거래의 지급이 이용되고 있어 온라인 경매거래가 계속 증가하고 있는 추세에 비추어 볼 때 PayPal의 사용도 계속 증가될 것으로 전망된다. PayPal은 다음에 소개되는 Billpoint와 더불어 온라인 경매거래에서 가장 인기가 있는 지급방법이다. 그러나 Billpoint가 eBay가 소유하고 있는 특정 채널의 전용지급방식인 것에 비하여 PayPal은 독자적인 지급서비스가 특징이지만 지급서비스방법은 Billpoint와 유사하다.[1] 사실 온라인상에서 eBay의 가장 강력한 경쟁자인 Amazon.com과 Yahoo도 그들 자체의 지급서비스를 소유하여 운영하고 있다.[2]

Paypal을 통하여 지급을 받기 위해서는 먼저 PayPal에 등록하여야 한다.[3] 만약 매수인이 등록된 사용자라면 PayPal 웹사이트에 로긴(login)하여 구매정보를 입력함으르서 대금지급을 개시할 수 있다. 지급은 매수인의 자금이 충분하다면 매수인의 PayPal계정으로부터 공제하면 되고 만약 자금이 충분하지 못하다면, 신용카드를 이용하거나 수표계정으로부터 ACH(자동정산원)이체를 수권할 수 있다. 두 가지 경우 중 어느 경우라도 지급은 수수료가 공제된 이후에 매도인의 PayPal계정으로 입금된다. 매도인은 그의 PayPal의 계정에 있는 자

1) 이들 결제방법의 성격은 물품에 기초한 전자통화, 인세티브통화(incentive currency), 바터통화(barter currencies), 그리고 비공식적인 서비스로서의 특징을 가지고 있다.
2) 이병렬, 「국제전자상거래론」, 도서출판 대명, 2007.9, pp.137~147.
3) www.paypal.com

금의 인출 및 은행계정으로 자금을 이체하도록 PayPal에 지시만 하면 된다.

2. Billpoint

1998년에 설립되어 1999년에 eBay가 인수한 Billpoint는 위에서 언급한 PayPal과 함께 대표적인 온라인 지급서비스로서 전 세계 37개국에 사용자를 보유하고 있다. PayPal이 eBay에서 지급방법으로서도 더 큰 인기를 누리고 있지만 e-Bay의 역내거래(on-house)에서 가장 경쟁력 있는 지급방식은 역시 Billpoint이다. Billpoint는 사용자의 계정을 보유하고 있지 않다는 점만 제외하고는 PayPal과 유사한 지급방법으로 운영되고 있다. 그러므로 매수인은 신용카드 또는 ACH를 통하여 자금을 이체하여 지급한다.[4] 지급은 신용카드지급인 경우에는 즉시 매도인의 은행계정으로 자동적으로 입금이 되기도 하고 ACH이체인 경우에는 거래확인 이후 제 3영업일이후에 해당계정에 입금된다. 거래비용은 신용카드로 지급을 수취하는 경우 Billpoint의 거래비용이 PayPal 거래비용보다 조금 높다. 즉, Billpoint계정보유자들은 미화 15달러까지는 거래수수료로 0.35달러를 지급하여야 하고 그 이상의 거래금액에 대해서는 0.35 달러에다 거래금액의 3.0%를 추가로 지급하여야 한다.

3. ProPay

ProPay는 상기의 PayPal 및 Billpoint와는 여러 가지 면에서 차이가 있는 지급시스템이다. 그 중 대표적인 차이점은 거래과정에 중개기관으로서 지급서비스기관을 개입시키지 아니한다는 점이다. 즉 매수인이 실제 매도인으로부터 물품을 구입하면 매도인은 그들 자신의 신용카드 상업계정을 통하여 매수인의 신용카드로부터 대금지급을 청구할 수 있는 시스템이다.[5] 전통적인 신용카드와는 달리 ProPay를 이용하기 위해서는 거래개시비용, 기간에 따른 비용, 그리고 최소거래금액에 대한 자격요건은 없다. ProPay거래수수료는 ProPal, Billpoint 그리고 전통적인 신용카드계정을 이용하는 수수료보다 약간 높은 것이 단점이다.

4. 기타 P2P 온라인 지급서비스

상기에서 언급한 지급서비스 외에 온라인에서 이용되고 있는 P2P지급서비스로서는 다음과 같은 결제방식이 있다. 첫째, CCNow가 존재한다.[6] CCNow는 경매나 다른 온라인거래에서 소매상의 역할을 한다. 즉 이 서비스는 원매도인으로부터 물품을 구매하여 매수인에게 그들을 재 매도한다. 즉 생산지 직송(drop shipper)의 형태처럼 물품은 원 매도인에서 최

4) www.billpount.com/about_bp/news.html
5) www.propay.com/agreement.pdf
6) www.ccnow.com/agreement.pdf

종 매수인에게 직송되고 대금청구는 CCNow을 통하여 행하는 방식이다. 둘째, 상기의 지급 서비스 방식과는 전혀 다른 BidPay시스템이 이용되고 있다.[7] BidPay을 이용하여 온라인경매거래를 하기 위하여 매수인은 BidPay의 웹사이트에 접속하여 신용카드번호 및 관련 정보를 제공하여야 한다. BidPay는 매수인의 신용카드로 거래금액과 비용을 청구하고 매도인에게 Western Union 우편환(money order)으로 전송한다. BidPay가 메일로 우편환을 예탁할 때, e-메일로 그 사실이 매도인에게 전송되기 때문에 매도인은 그때 물품을 선적하거나 우편환을 수취할 때까지 기다릴 수 있다는 점에서는 경쟁기업인 EnergyFlow[8]와 유사하다. 그 외 에스크로우(Escrow)온라인서비스로 Tradenable(이전에는 i-Escrcw[9]로 명명)가 유명하다.

제2절 EBPP 시스템

1. Biller Web Site

Biller Web Site는 EBPP(Electronic Bill Presentment and Payment)의 3가지 시스템 중에서 대표적인 모델이다. 결제처리과정이 그 이름에서 알 수 있듯이 매우 단순하다. 또한 EBPP 시스템은 P2P시스템으로부터 발전된 모델은 아니다. 결제과정을 살펴보면 먼저 고객은 그가 구매한 물품에 대금을 지급하기 위해서는 Biller Web Site을 직접 방문하여 청구서를 확인하여야 한다. 사이트에서는 관련 정보를 담고 있는 청구서를 어음과 함께 e-메일로 고객에게 전송한다. 만약 고객이 청구서내용에 이의가 없을 경우 대금의 지급을 추심하도록 수권한다. 대금추심방식은 청구서제시자(biller)가 CheckFree와 같은 제 3자서비스의 제공자를 통하여 지급의 추심을 시작하거나 청구서 제시자가 직접 ACH을 통하여 고객계정에서 대금을 출금할 수도 있다. 전통적인 종이에 기반을 둔 청구서 처리과정과 비교하여, 이들 사이트들의 장점은 다음과 같다. 첫째, 청구서의 준비 및 우편발송을 포함하는 제반비용을 절약할 수 있다. 둘째, 대금에 관한 조회를 전화 대신 웹사이트시스템으로 할 수 있기 때문에 조회비용을 감소된다. 셋째, 웹사이트를 통한 대금결제·조회를 하기 때문에 표적광고(targeted advertising)가 가능하다. 따라서 많은 고객들은 전통적인 종이기반 시스템보다 이 시스템이 보다 편리하다고 느끼고 있다. 이 사이트들은 특히 신용카드발행자들의 기술개발비용을 감소시켜 시장에서 상당히 성공을 거둔 것으로 평가된다. 그러나 이 사이트들

7) www.bidpay.com/SellerFaq.htm
8) www.energyflow.com/help/Pricing
9) auction.msn.com/Scripts/FPFaqs.asp

의 가장 큰 문제는 각 청구서별로 지급을 하기 위해서는 각 고객들이 별도의 사이트를 각각 방문해야 하는 불편을 겪어야 된다는 점이다.

2. Internet Banking

인터넷뱅킹은 은행들이 결제사이트를 제공함으로서 Biller Web Site가 직면하는 가장 큰 단점을 극복할 수 있는 시스템이다. 지급방식은 은행사이트을 방문하여 고객이 대금지급 관련정보를 그 사이트에서 제공하는 일정한 양식에 입력하면 지급이 이루어진다. 지급방식도 중소규모 은행들과 대규모 은행간에 약간의 차이가 있다. 소규모의 은행은 CheckFree와 같은 제3자 제공자에게 관련 지급기능을 하청을 줄 수 있다. 대규모 은행들은 가장 효과적인 비용으로 자체지급시스템을 설치할 수 있다. 만약 수취인이 지방공공단체와 같은 거대한 법인이라면, 은행은 단일 ACH 거래를 통하여 그들을 묶음으로 지급처리할 수 있다. 이들 사이트들은 고객들이 제3자 청구서 제시기관보다 그들이 예탁관계를 체결하고 있는 은행에서 제공하는 금융정보를 더 신뢰하려고 하기 때문에 최근에 와서 성공적으로 운영되고 있다. 제3자가 제공하는 사이트들과 비교하여 또 하나의 장점은 운영이 단순하다는 점이다. 고객들이 이용하는 사이트의 방식이 어떠한 지에 관계없이 은행사이트를 이용하면 더 이상 불필요한 당사자가 필요가 없다는 점이다. 많은 은행들이 아직도 전자적으로 청구서를 전송하기보다는 전통적인 종이 청구서를 우편으로 발송하고 있는 점을 감안하면 매우 편리하다고 할 수 있다.

3. Third Party Providers

동 시스템은 고객이 모든 청구서를 직접 보면서 지급할 수 있다는 장점 때문에 EBPP 시스템 중 제3자에 의하여 운영되는 가장 인기있는 방식이다. 왜냐하면 이들 사이트들은 종국에 가서는 모든 청구서가 고객에게 전송되면 고객은 그 청구서에 지급을 할 수 있는 단일의 통합된 포털(portal)로서 기능을 하기 때문이다. 가장 큰 불편한 점은 사이트를 운영하기 위해서는 중개기관(예를 들면 CheckFree)이 사이트들을 대신하여 청구서를 제시하도록, 그리고 이들 청구서에 대한 정보를 표준 데이터 포맷으로 처리할 수 있도록 상당한 수의 biller와 약정을 체결해야 한다는 점이다. 동시에 중개기관은 사이트의 기술개발을 위한 고정비지출에 대한 타당성을 해당 사이트를 이용하는 고객들에게 충분히 설득하여 비용을 청구해야 하는 일이다. 고객에게 청구서가 제시되면 은행 웹사이트와 동일하게 고객은 청구서를 확인하고 이상이 없다면 지급을 수권한다. 중개기관은 고객예탁계정으로부터 ACH 추심을 통하여 biller들에게 대금을 지급한다. 직접 사이트를 운영하지 않는 biller들을 위하여, 제3자 사이트들은 청구서의 전자적 제시로부터 발생하는 비용절감 때문에 상당한 이익을 제공하지만 데이터 처리기술의 높은 난이도 때문에 시스템의 진보의 속도가 지연된다는 점이 단점이 있다. 만약 제3자 사이트제공자들이 기술적인 문제들을 극복한다면 궁극적으로는 시장에서 가장 경쟁력이 있는 모델이 될 것이다.

4. 신용카드를 기반으로 하는 결제시스템

신용카드를 이용하여 결제의 전자화를 달성하고자 하는 방법은 전자결제시스템의 최초의 표준적인 방법이다. 이는 인터넷을 통하여 신용카드정보를 판매자에게 전달하여 거래상의 결제가 이루어지는 시스템으로서 그 대표적인 예로는 CyberCash[10)]가 있다. 그 외에도 Collect All Relevant Information(CARI)시스템[11)], 가상신용카드(Virtual Credit Card; VCC)시스템[12)], Internet Keyed Payment(IKP)시스템, SET(Secure Electronic Transaction)[13)]시스템, Globe ID[14)], VeriSign[15)] 및 Cyber Cash wallet[16)] 등을 들 수 있다.

5. 전자수표

1) 전자수표의 의의

전자수표(Electronic Check)는 수표에 관한 정보를 네트워크를 통하여 결제하는 시스템이다. 즉 전자수표는 종이수표의 전자적 상응물로서 발행인이 거래은행에 대하여 일정한 금액의 지급을 위탁하는 형식의 전자문서이다. 따라서 전자수표는 종래 종이수표를 모델로 종이수표에 포함되어 있는 모든 정보를 포함하고 있지만 존재형태가 서면이아니라 전자적 형태로 존재하고 있다는 점이 다르다.

전자수표는 직접 은행에 전송되지 아니하고 전자우편 또는 월드와이드웹(www)과 같은 통신방법으로 수취인에게 전송된다. 전송받은 수취인은 배서하여 다른 당사자에게 양도

---

10) 이 시스템은 최초의 인터넷지급시스템으로서 1994년 10월에 First Virtual Holdings사가 첫선을 보였다. 이는 특수한 Wallet 소프트웨어를 사용하며 소비자들은 사이버캐쉬 가맹점을 이용, 신용카드를 사용함으로써 안전한 구매를 할 수 있는 것이 특징이다; www.cybercash.com

11) www.netresource.com/itp/cari.html

12) www.sun.com/solaris/html

13) SET시스템은 구매자, 판매자, 지불중개서버, 전송사 및 매입사가 서로 연결이 되어 결제가 이루어진다. 주문 및 결제는 구매자, 판매자 및 지불중개서버가 인터넷을 통하여 연결되어 처리한다. 이 과정에서 지불중개서버는 기존의 신용카드 결제망을 통하여 매입사와 전송사를 연결시켜 거래에 따른 승인과 동시에 결제를 처리하고 있다; www.mastercard.com/.shoponl.ne/set

14) www.globeid.com

15) www.verisign.com

16) 이 시스템은 소비자가 신용카드로 구매하는 동안 결제정보 내역과 메시지가 드러나지 않게 함으로써 개인정보가 보호되는 것이 장점이다.

할 수 있다.

2) 전자수표의 장단점

전자수표의 장점은 다음과 같다. 첫째, 메시지가 직접 은행에 전송되지 않고 수익자에게 전송되며 수익자는 여기에 배서하여 양도할 수 있어 편리하다. 둘째, 전자수표는 오늘날 기업간 거래에서 결제수단이 어음이나 수표에 의하여 결제가 이루어진다는 점을 고려한다면 고액의 거래 및 기업간 B2B거래에서의 결제수단으로도 적합하다. 셋째, 발행 및 지급시 암호화 기법을 도입함으로서 거래의 안전성이 보장되며 공개키를 이용한 전자서명방식을 사용하고 있어 안전하며 수취인 및 수취인의 거래은행에서 확인이 가능하고 신속하고 다양한 거래를 할 수 있다. 넷째, 전자수표는 어떠한 원본수표도 발행되지 아니하여 시기를 감소시킬 수 있다.[17] 다섯째, 전자수표는 종래 종이수표와 같은 기능을 함으로 사용하는 소비자의 교육을 단순화할 수 있다. 여섯째, 전자수표는 자본의 유동화기간을 만들어내고 새로운 상거래 기회를 제공한다.

반면 전자수표는 다음과 같은 단점을 가지고 있다. 첫째, 사용자는 은행에 신용계정을 보유하고 있어야 하는 불편함을 가지고 있다. 둘째, 시스템 고유의 특성상 발행인과 수취인의 신원에 의한 인증이 보안기법을 통해 수반되어야 하므로 이체에 따른 비용이 부가된다. 셋째, 전자수표로 거래하면 사용자의 신원, 거래일자, 장소 및 금액 등의 거래정보가 중앙의 데이터베이스에 기록됨으로서 정보의 이용성은 증가하나 프라이버시가 침해될 수 있고 익명성이 저하될 수 있다.

3) 전자수표의 유형

전자수표의 원형은 Neuman이 개발한 NetCheck이지만 현재 대표적으로 많이 사용하는 전자수표는 미국의 금융서비스 기술컨소시움(Financial Services Technology Consortium: FSTC)의 eCheck을 비롯하여 카네기 멜론 대학교 Net Bill, CheckFree사의 CheckFree Payment Service등이 있다.

(1) FSTC의 eCheck

금융서비스 기술콘소시움(Financial Services Technology Consortium; FSTC)[18]는 1993년 BOA, 보스턴 은행, 체이스맨하턴 은행, 씨티은행 등의 금융기관, 국책연구소, 대학, 산업계 등이 컴소시움으로 참가하여 미국의 금융정보서비스 산업의 경쟁력을 강화시키기 위하여 설립한 비영리조직이다. FSTC는 현재의 종이로 된 수표의 모델을 사이버(cyber)상 에서 그

---

17) 이병렬, 「전자상거래와 사이버무역」, 도서출판 대명, 2006.8, pp.157~167.

18) www.fstc.org/about.htlm

대로 구현하고자 하는 대표적인 전자수표 시스템으로서 현재의 은행 간 통로인 Electronic Check Presentment(ECP)와 ACH망을 이용하고 있다. 이 시스템의 특징은 높은 유연성을 지향하고 있어, certified check, cashiers check, credit card charge slip and traveller's check 등 여러 종류의 수표를 취급할 수 있으며 과거의 날짜로도 발행이 가능하고 또한 발행한도를 정할 수 있다. 또한 eCheck는 인터넷상에서 사용하는데 안전하며 모든 당사자에 대하여 사기 손실을 감소시킬 수 있을 뿐 아니라 수표내용과 유효기일의 확인을 자동적으로 행할 수 있고 지급중지와 조정이 용이하며 전통적인 수표의 성질을 제공하고 있다.

(2) NetBill

NetBill[19)]은 카네기 멜런 대학(CMU)에서 개발한 전자수표 또는 전자선불카드방식에 의한 결제시스템으로 주로 저가의 정보물품(소프트웨어, 신문, 잡지 등) 및 소프트웨어 구매와 판매에 적합하며, 소액거래를 지원하도록 설계된 시스템이다. NetBill을 이용하기 위해서는 구매자와 판매자는 신용카드를 통해 NetBill 계좌를 개설해야 한다. 브라우저에서 작동되는 NetBill의 소프트웨어(Money Tool)를 사용하여 거래정보를 교환하고, NetBill 서버에서는 소비자와 판매자 계좌를 유지/관리하고 있다. RSA 암호방식에 의한 사용자의 비밀키는 사용자가 기억하기 어렵기 때문에 사용자가 비밀번호를 사용하여 전자서명을 할 수 있도록 한다. 즉, 비밀번호입력으로 자동적으로 전자서명이 이루어지기 때문에 비교적 신뢰성 수준은 높은 편이다.

이와 같은 전자수표형 지급방식은 기존의 수표거래를 인터넷상에서 그대로 구현한 시스템으로서 단지 자필서명이 전자서명으로 대체된 점만이 다를 뿐이며 사용의 확대를 통하여 기업간 거액거래에서 지급수단으로 그 용도를 확대시킬 수 있을 것으로 판단된다.

그러나 현 단계로 NetBill은 다음과 같은 단점을 지니고 있다. 첫째, 익명성(Anonymity) 측면에서 한계를 노출시키고 있다. 즉 NetBill에 의한 모든 거래 정보는 NetBill 서버에 기록되며, 판매자는 소비자의 신원을 파악하고, NetBill에서는 거래를 추적할 수 있다 따라서 이 시스템에서 소비자와 판매자 모두의 익명성이 보장되지 않는다. 둘째, NetBill은 온라인 실시간 거래처리 시스템(On-line and realtime response)이므로 오프라인 능력이 제공되지 않기 때문에 NetBill 서버에 과부하가 발생할 수 있다 셋째, 시스템의 무결성은 네트워크 신뢰

19) 이 시스템은 카네기 멜론대학에서 개발한 소액지불시스템으로서 지불 프로토콜에 상품의 배송이 포함되어 있고 가격을 흥정하기 위한 프로토콜이 있는 것이 특징이다. 또한 구매자에게 익명성을 보장하기 위한 기능도 제공하고 있다; Benjamin Cox, J. D. Tygar, and Marvin Sirbu, "Netbill Security Transaction Protocol," Proceedings of the 1st USENIX Workshop on Electronic Commerce, 1995; Sirbu, M., and J. Douglas Tygar, "Netbill: An Electronic Commerce System Optimized for Newwork Delivered Information and Services," proc. IEEE Compcon '95. San Francisco, CA, March 1995; Carnegie Mellon University; www.ini.cmu.edu/ html.2000.

성 및 자료의 이용성에 의존하기 때문에 시스템의 확장성(scalability)이 제한된다.

(3) NetCheque

NetCheque는 South California University의 정보과학연구소(ISI) 세계 운영시스템 기술(Global Operating Systems Technology; GOST)센터에서 NetCash와 함께 개발한 전자수표시스템이다. NetCheque를 발급하는 은행의 계좌를 갖고 있는 사용자는 지급인 이름, 금융기관명, 계좌번호, 수취인명, 금액 등을 기재한 전자수표를 인터넷을 통해 발행하고 대금을 결제 받게 된다.

NetCheque는 거래의 안전성 보장을 위하여 전송되는 정보의 암호화에는 대칭키 암호화 알고리즘인 DES가 사용되며, 인증방법으로 전자서명을 사용하고 있다. 시험용 계정을 통해 시험 중에 있는 분산된 복수의 서버 운영을 하고 있는 다음과 같은 장점이 있다.

첫째, 처리속도 관점에서 공개키 암호방식 보다 효율적이라고 알려지고 있는 커버러스(Kerberos) 인증 시스템을 이용하여 전자서명, 정보의 기밀성, 자료의 무결성 등의 보안서비스를 제공하고 있다. 둘째, 전자수표는 배서 될 수 있으며 은행간에도 교환 될 수 있다는 특징을 가지고 있다. 셋째, 소액결제의 경우에도 사용이 가능하다. 그리고 전자수표의 무결성을 보호하고 전자서명을 지원하며, 브라우저와 연동되는 NetCheque 소프트웨어인 NC 프로그램도 개발 중에 있으며, NetCheque와 결합하여 사용할 수 있는 전자화폐의 일종인 NetCash도 개발 중에 있다.

그러나 다음과 같은 단점도 있다. 첫째, 시간인증(time stamping) 사용에 따른 문제점이 있다, 둘째, 커버러스 서버가 계속적으로 개발단계에 있으므로 지속적인 보완이 필요하다. 셋째, 여러 개의 인증서버에 사용자 비밀키가 공유되므로 비밀키 노출의 가능성이 높다.

(4) CheckFree Payment Service

1981년 오하이오주 콜럼버스에서 설립된 CheckFree사는 수표결제에 전자기술 이용하는데 있어 수위를 차지하고 있는 기업이다. 이 기업은 1995년 9월 인터넷상에서 CheckFree Payment Services라고 불리는 전자수표 서비스를 제공하였다. 고객의 요청에 의해 전자수표를 발행하고 고객과 판매상간의 자금이체를 처리하며, 필요에 따라서는 종이수표를 판매상에게 발행하기도 한다.

6. 전자화폐

1) 전자화폐의 의의

전자화폐(Electronic or Digital Money)는 전자수표가 소액지급(일반적으로 10달러 이하의 결제를 말함)에는 이용되지 아니하는 약점을 보완하기 위하여 발행되었다. 세계 최초로 1992년 9월 덴마크의 Danmont사가 전자화폐를 발행한 이후 현재 각 국에서 전자화폐를 발행하여 사용하고 있다. 한국은 1993년 광주은행(다목적 POS카드시스템)과 1994년 동남은행(폐쇄형 전자화폐)이 전자화폐를 발행하였지만 개별은행 차원에서의 발행하였기 때문에 이용범위의 한계로 사용실적이 저조하였다. 그 후 여러 가지 전자화폐가 발행되었으나 수익모델 창출에 실패하여 현재는 K-Cash외에는 영업을 중단하였다.

2) 전자화폐의 구분

전자화폐는 이용상의 특성을 기준으로 여러 가지로 구분할 수 있다. 첫째, 전자매체를 이용하는 방법에 따라 IC카드형과 네트워크형 두 가지로 구분된다. 먼저 IC카드형은 눈에 보이는 카드를 만들고 이를 집적회로(Integrated Circuit; IC)카드에 저장하였다가 지급수단으로 사용할 수 있는 형태로서 대표적인 것은 몬덱스, Visa Cash 등이 있다. 또한 전자화폐를 설정하여 컴퓨터에 저장하였다가 인터넷이나 컴퓨터통신상의 가상공간에서 사용할 수 있는 네트워크형으로는 eCash,[20] Net cash,[21] EMV Cash Cards,[22] CyberCoin[23] 그리고 Netcash Coins[24]가 있다.

둘째, 온라인(on-line)형과 오프라인(off-line)형으로 구분할 수 있다. 온라인형은 주 컴퓨터 시스탬과 통신망으로 연결되어 주 컴퓨터에 의하여 신분, 비밀번호 확인, 가치이전, 거래내역입력 등이 행해지는 형태이다. 반면 오프라인형은 주 컴퓨터 시스탬과 통신망으로

---

20) 이 화폐의 장점은 화폐발행 시 사용자는 자신이 직접 화폐번호를 만들어 이에 관한 발행자의 서명을 받게 되는데 이때 익명성을 보장하기 위하여 추적방지서명(blind signature)이라는 기법을 이용하고 있는 점이다. 단점으로는 중복사용의 검출을 위하여 사용된 화폐에 대한 기록이 너무 많아지는 것을 방지하기 위하여 일정기간만 보관하기 때문에 화폐를 일정기간 내에서만 사용하거나 주기적으로 재 발행하여야 하며 또한 결제가 이루질 때마다 은행이 중복사용여부를 확인하기 때문에 거래비용이 높고 불편하다는 점이다; www.digicash.com/html ; Wanter, P., "Digital Cash," Byte, Vol. 19, No.10, Oct. 1994, p.126.

21) 이 화폐는 제품이나 정보 또는 다른 통신망 서비스를 제공할 수 있는 정교한 결제 시스템이다. 사용자는 각자의 공·사적 key pair(Pkx, Skx)를 가지고 있어야 한다; Medvinsky, G., and B. Clifford Neuman, "Electronic Currency for the Internet." Electronic Markets, Vol. 3. No. 9/10, Oct. 1993, pp.23~24.

22) Europay International S.A., MasterCard International Incorporated, and Visa International Service Associaton, EMV'96:Integrated Circuit Card Specification for Payment Systems, June, 1996.

23) 이 시스템은 Online Electric Cash시스템과 유사하다. 소비자들은 Cyber Cash 시스템으로부터 Cyber Coin을 구입하여 신용카드와 은행의 계산서의 금액을 결제할 수 있다; CyberCash, CyberCash Web Server, Reston, VA, 1996; www. cybercash. com

24) 이 화폐는 전자화폐구조에 순간적으로 가치를 표시하는 자료를 가지고 있다. 따라서 복사하거나 재사용하기 쉬운 단점이 있다; www.gost.isi.edu/info/netcash/html

연결되지 않고도 자체적으로 신분, 비밀번호 확인, 가치이전, 거래내역입력 등이 가능하여 금융전산망 가동시간 외에도 사용이 가능하다.

셋째, 계좌형 전자화폐와 비계좌형 전자화폐로 구분할 수 있다. 계좌형 전자화폐는 전자화폐의 거래기록이 은행 등 주컴퓨터에 유지 및 관리되거나 추적이 가능한 형태이다. 그러나 비계좌형은 거래기록이 카드나 기록매체에만 기록되고 거래 시에는 기록이 단말기에는 나타나지만 은행 등 주 컴퓨터에는 거래량만이 전송되는 전자화폐를 의미한다. 전자의 대표적인 형태는 VisaCash와 후자의 대표적인 형태는 eCash가 있다.

넷째, 범용전자화폐와 단일목적용 전자화폐가 있다. 범용전자화폐는 사용목적이 특정목적에 한정되지 않은 형태이며 단일목적용은 선불카드처럼 특정목적만을 위하여 존재하는 전자화폐를 말한다.

마지막으로 전자화폐 보유자사이에 화폐가치를 자유롭게 이전이 가능한 개방형과 가치이전이 자유롭지 못하여 화폐보유자에서 가맹점으로, 가맹점에서 발행자로의 가치이전이 가능한 폐쇄형 전자화폐가 있다.

3) 선불지급수단과 비교

선불지급수단은 초기 단일목적용 전자화폐와 유사하다. 즉, 범용전자화폐는 사용목적이 특정목적에 한정되지 않기 때문에 다양한 용도의 결제수단으로 사용되지만 선불지급수단은 특정목적만을 위한 지급수단이다. 즉, 선불지급수단은 전자화폐가 가치소재형인데 반하여 가치표상형으로서 물품 및 용역에 대한 댓가로 결제할 수 있는 권리인 셈이다. 또한 사용범위에 제한이 있고 은행계좌에서의 직접적인 접근가능성이 없고 환급성이 보장되지 않는다는 점이 다르다.

7. 전자어음

1) 전자어음의 개념

전자어음은 전자어음법에 의하여 실물경제에서 사용되는 종이 약속어음 대신 전자어음 관리기관에서 전자문서로 작성되어 등록·발행·배서·지급 제시되는 전자유가증권을 의미한다.

전자어음은 종이어음처럼 발행하는 사람이 일정한 금전의 지급을 약속하거나 또는 제3자에게 그 지급을 위탁하는 유가증권인 실물 약속어음을 전자적 정보인 전자문서 형태로 바꾸어 놓은 것이다. 또한 전자어음법에 의하여 배서회수는 20회로 제한하며, 지급기일은 발행일로부터 1년을 초과할 수 없으며,[25] 약속어음을 전자적으로 바꾸어 놓은 것에 불과한 것으로 약속어음 및 환어음에 이은 제3의 어음이 아니라 기존의 어음과 병행 사용되고 있는 점이 특징이다.[26]

그리고 수표가 전자환어음과 같이 지급위탁증권임에도 불구하고 실제로 미국에서 전자적으로 이용되고 있는 것은 환어음의 지급인과는 달리 수표의 지급인은 은행으로 한정되어 있다는 점에서 수표의 유통성이 보호될 수 있자.[27]

〈표 13-1〉 전자어음과 종이어음의 비교

구분	종이어음	전자어음
유통	반드시 인편을 통해 전달	인터넷을 통해 발행 및 배서, 수신
접수	수작업 분류 및 입력작업	시스템을 통해 데이터 수신. 관리
관리 및 관리기관	자료 확인 및 편철 수작업, 없음	받을 어음, 결제어음. 어음번호별 다양한 조회기능으로 관리 각종 명세서 출력 및 관리 가능, 전자어음관리 기관(법무부장관이 지정)
보관	은행과 기업 별도 보관 공간 필요 (위조, 변조, 도난, 분실의 위험)	금융결제원 전산망에서 5년간 무료 보관 위조, 변조 도난, 분석 원천 방지
보관	은행과 기업 별도 보관 공간 필요 (위조, 변조, 도난, 분실의 위험)	금융결제원 전산망에서 5년간 무료 보관 위조, 변조, 도난, 분석 원천 방지
지급제시	만기일에 맞추어 은행 방문, 지급제시	은행방문없이 자동지급 제시
형식	서면	전자문서
지급	약속어음 및 환어음	약속어음
법규	어음법	전자어음의 발행 및 유통에 관한 법률
발행 및 만기	은행에서 어음용지를 교부받아 발행, 만기제한 없음	전자어음관리기관에 등록, 1년까지만 유효
배서 및 기간	기명날인 또는 서명, 무제한	전자문서에 전자서명, 배서 회수 20회

자료 : http://www.supercheck.co.kr

2) 전자어음의 특성

전자어음은 일반어음에 비해 다음과 같은 세 가지의 특성을 가지고 있다.

25) 전자어음법 제2조 제2항, 제6조 제5항, 제7조 제5항.

26) 전자어음법은 전자어음만의 사용을 강제하는 것이 아니며, 기업이 원하는 대로 현행 종이어음과 전자어음을 병행하여 사용할 수 있다.

27) 손진화, 「전자금융거래법」, 법문사, 2007, pp.235~239.

첫째, 전자어음은 약속어음이다. 전자어음법 제1조는 동법의 목적으로 "이 법은 전자적 방식으로 약속어음을 발행·유통하고 어음상의 권리를 행사할 수 있도록 함으로써 국민경제의 향상에 이바지함을 목적으로 한다"라고 규정하고 있다. 이는 전자어음이 어음법상의 약속어음임을 전제로 하되, 다만 어음의 발행과 양도가 전자적인 방식으로 이루어지므로 인해 종전의 어음법으로 시행이 불가능한 문제의 해결을 위해 동법이 제정되었음을 밝힌 것이다.[28] 한국에서는 유럽과 달리 환어음은 무역거래에서만 이용되고 국내거래에서는 거의 이용되지 않는다.

둘째, 전자어음은 전자문서로 작성된 것이다. 전자문서로 발행되고, 배서양도가 행해지며, 어음의 제시, 소구 등의 권리행사가 전자문서로 행해지는 것이다. 이러한 점이 유체물로 발행되고 그 유체물인 상태에서 배서양도가 행해지며, 그 유체물의 소지를 권리행사의 요건으로 하는 종전의 종이어음과는 차이가 있는 것이다. 하지만 전자어음은 출력해서 사용할 수 없으며, 모든 어음상의 권리 행사가 전자어음관리기관의 전자문서에 의해 이루어진다.

따라서 전자어음법은 전자어음을 약속어음으로 인식하면서도 그 존재양식이 전자적 형태를 가진다는 점 때문에 이에 적합한 관리방식을 규정한다는 데에 있다.

셋째, 전자어음은 종이어음에 없는 전자어음관리기관에 등록된 것이어야 한다. 전자어음법 제2조 2호에서 전자어음관리기관에의 등록을 전자어음의 개념요소로 규정하고 있고, 동법 제5조 제1항에서 "전자어음을 발행하고자 하는 자는 당해 전자어음을 전자어음관리기관에 등록하여야 한다"고 규정하고 있다. 뿐만 아니라 전자어음에 관한 방식적 규정들을 전부 전자어음관리기관과 연결지어 규정하고 있으므로 전자어음관리기관에 등록되지 아니한 어음에는 전자어음법의 적용이 불가능하다. 그러므로 전자어음관리기관에 등록되지 않은 채 전자문서의 형태로 발행된 어음은 전자어음법상의 전자어음이 아니다.

3) 전자어음관리기관

전자어음은 어음법상에서 약속어음의 일종이지만, 그 소재가 어음법이 예상하는 장소가 아니라 전자적 형태의 문서라는 점 때문에 일반 약속어음에서는 볼 수 없는 특수한 관리가 요구된다. 통상의 상업적인 서버를 이용한 일반적인 전자문서를 이용하여서도 전자어음을 발행하고 유통할 수는 있으나, 그렇게 할 경우 전자어음의 무결성이나 증명력이 크게 떨어지므로 지급결제수단으로서의 신뢰성을 확보하기 어렵다. 그러므로 전자어음법에서는 법무부장관의 지정을 받은 「전자어음관리기관」이라는 기구를 두어 전자어음의 거래를 관리하게 하고 있다.[29]

---

28) 최준호, "전자거래를 위한 전자어음의 효율적 운영방안에 관한연구", 「통상정보연구」, 제8권 제1호, 한국통상정보학회, 2006.3, pp.108~111.

전자어음관리기관의 자격은 다음과 같다.[30] 전자어음관리기관은 이용자가 전자어음관리기관의 시스템을 이용하여 안전하게 전자어음을 거래할 수 있도록 다음의 요건을 갖추어야 한다. 첫째, 정보통신기사 등 정보통신부장관이 인정하는 자격을 갖춘 자라서 공인인증업무에 관한 시설 및 장비의 운영 등에 관한 교육과정을 이수한 자, 금융업무 또는 신용분석업무에 3년 이상 종사한 자 등 해당분야경력자를 10인 이상 고용하여야 한다. 둘째, 100억원 이상의 순자산을 보유하여야 한다. 셋째, 이용자가 전자어음의 등록 · 발행 · 배서 · 보증 · 지급제시 · 지급 · 지급거절증서이 확인 등 권리행사를 할 수 있는 시설 및 장비 등을 갖추어야 한다.[31]

현재 전자어음관리기관으로 지정된 곳은 금융결제원이며, 전자어음관리기관의 감독은 법무부가 하게 되어 있다.[32]

전자어음관리기관은 전자어음의 생선과 이전에 필요한 모든 전자적 정보를 집중관리하며, 전자어음의 발행 · 배서 · 보증 등의 어음행위와 지급제시 및 소구와 같은 권리행사가 전자적으로 가능하도록 기술적인 지원을 해 주고 있다.

전자어음관리기관의 기능은 전자문서라는 소재를 관리하는 역할을 함에 그치고, 원치적으로 어음의 실체적인 법률관계에는 관여하지 않는다. 다만 전자어음의 신용을 확보하고 어음을 안정적으로 관리하기 위하여 발행인의 등록을 의무화하고 있으며, 발행인의 신용도를 고려하여 등록을 제한 할 수 있는 제도를 두고 있다.

〈표 13-2〉 전자어음 유통 절차

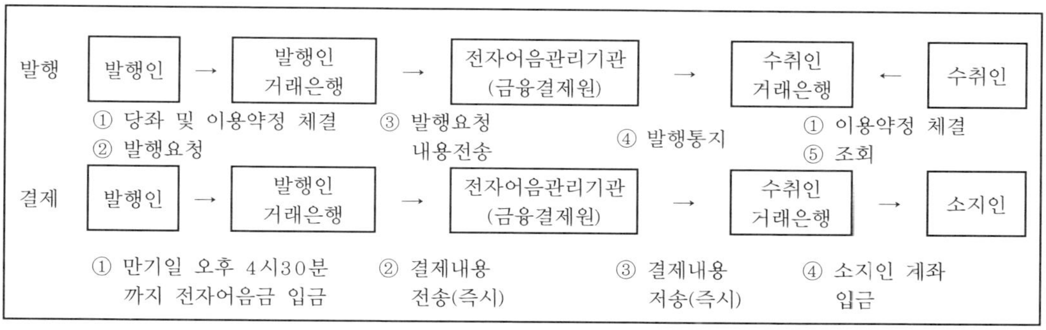

29) 전자어음법 제2조 4호, 제5조 제1항.

30) 전자어음법 시행령 제12조.

31) 법무부장관은 전자어음관리기관의 기술능력 · 재정능력 · 시설 및 장비의 안정운영 여부 등에 관하여 2년마다 정기검사를 하여야 하고, 필요하다고 인정하는 때에는 수시로 전자어음관리기관의 시설 · 장비 · 서류와 그 밖의 물건을 검사할 수 있도록 하고 있다.

32) 전자어음법은 어음법의 특별법으로 어음법의 주무부처는 법무부이다 ; 어음법 제83조.

제3절
전자무역결제시스템

최근에 DVP(Delivery Versus-Payment)시스템도 전자화 되어 국제간의 새로운 대금결제 관습으로 자리를 잡아가고 있다.[33] 물품(서류)인도를 동반하는 DVP결제방식은 시스템을 규율하는 규정의 제정주체에 따라 2가지로 구분할 수 있다. 첫째, 「Private Rule-making」으로서 볼레로(Bolero), 글로벌무역(@GlobalTrade) 그리고 무역카드(TradeCard) 둘째, 「Pubic Rule-making」으로서 전자신용장방식이 존재한다.

1. 전자식 선화증권의 등장

볼레로(Bill Of Lading Electronic Registry Organization; BOLERO)는 무역거래에 필요한 종이서류를 전자메시지로 전환하여 이를 안전하게 교환할 수 있는 기반을 제공하는 것을 목표로 세계의 무역상사, 운송회사, 은행 및 통신회사가 참여하여 1994년에 설립되었다.[34] 이 기구는 운송업계를 대표하는 TT CLUB(5,000여개의 운송관련조직으로 구성된 상호부보기관)과 금융계를 대표하는 SWIFT(7,000여개 은행이 참여한 세계 은행간 통신망)가 중심이 되어 운영하고 있다.

선화증권의 전자등록기구인 볼레로는 국가간 전자무역을 활성화시키기 위하여 선화증권의 전자화를 이룩하여 종이 선화증권에서 발생한 지연도착과 같은 문제점을 제거시켜 수입상에게 물품의 소유권을 용이하게 이전시키는 것이 목적이다. 즉, 다음과 같은 이유로 기존의 종이서류에 기반을 둔 선화증권을 전자식 선화증권으로 대체하였다.

첫째, 서류처리비용의 절감을 위해서이다. UN의 통계에 의하면 국제무역거래상 총비용의 7%에 해당하는 비용이 선적서류를 종이로 발행함으로써 발생되고 있으며 이는 매매당사자간의 물품가격을 증가시키는 요인이 되고 있다고 한다.

둘째, 선적서류의 인도지연으로 추가적인 비용의 발생 및 당사자간의 분쟁을 예방하기 위해서이다. 지난 30여 년 동안에 조선기술과 항해기술의 향상으로 선박은 개량되고 대형

33) Marc Lacoursiere, "Designing an Electronic Documentary Credit for Small and Medium-Size Enterprises", Banking & Financial Law Review,(Vol. 18), 2002/2003, pp.168~179.

34) 공식적으로는 「Bolero. net」라고 불리워지는 볼레로 프로젝트는 1999년에 시작되었다. 이는 웹에 기반을 두거나 종이 없는 무역양식을 통하여 서류와 물품의 소유권을 이체시키기 위하여 세계금융기관과 물류협회간의 합작투자로 이루어졌다. 이 프로젝트에 참여하는 당사자들로서는 수입업자, 수출업자, 프레이트 포워드(freight forwarders), 항만 당국, 검사기관, 운송업자, 선박대리인, 세관, 금융기관이 여기에 해당된다.

화 되었을 뿐 아니라 고속선이 등장하여 선박이 기존보다 더 신속하게 운행됨으로써 계약물품은 매매계약의 당사자간에 약정된 일자에 정확히 도착하였다 그러나 물품의 권리를 나타내는 선점서류는 기존의 은행에서의 서류심사에 대한 관행에 따라 처리될 뿐 아니라 우편으로 발송되었다. 따라서 서류의 처리가 선박의 가속화에 보조를 맞추지 못함으로써 서류보다 선박이 먼저 도착한 경우가 종종 발생하였다. 이는 선화증권의 상환증권적인 성격으로 수화인은 선화증권을 입수하지 않으면, 운송물품의 인도를 청구할 수 없기 때문에 운송인 또는 선장은 서류가 제시될 때까지 대기하거나 서류 없이 물품을 인도해야만 하는 위험을 감수하는 선택을 하게 만들었다. 또한 항구에서 선적서류의 제시를 기다리다 보니 약정된 일자보다 더 많은 시간을 항구에 정박하게 되어 양륙항에서의 체선료(demurrage)를 부담해야 하였다. 또한 선적서류의 제시보다 오히려 물품의 양화를 먼저 이루어져야만 하는 경우 수입상은 그의 거래은행으로부터 수입화물선취보증서(L/G)를 발행받아야 되는 불편을 초래하기도 하였다. 이와 같은 문제는 특히 일본 및 동남아시아 국가와 같은 근거리 지역으로부터의 수입이나, 고속컨테이너선이 운항되고 있는 북미지역의 경우에 더욱 심각하게 표출되었다.

2. 볼레로의 발전

볼레로의 출현은 국제무역에서 전자무역의 등장과 깊은 관련이 있다. 우선 1990년 "전자식 선화증권에 관한 CMI 규칙"이 제정되었다. 그리고 1996년 UN의 UNCITRAL의 전자상거래 모델법을 제정하는 등 범세계적으로 전자거래에 대한 법적 환경이 정비되기 시작하였다. 이에따라 전자 메시지의 안전성을 높일 수 있는 암호화 기법도 발전을 거듭함에 따라 이를 바탕으로 무역거래 전반에 선적서류 전체의 전자화를 상업화하려는 움직임이 나타났다. 그 구체적인 움직임은 1994년 6월 홍콩, 네덜란드, 스웨덴, 영국 및 미국 등의 해상운송회사, 은행 및 통신회사 등이 참여하여 컨소시엄 형태로 볼레로 프로젝트(BOLERO Project)가 시작되었다.

볼레로는 SWIFT와 TT Club에 의해 주도되고 있으며 이들이 합작으로 설립한 Bolero International Ltd는 사용자 그룹인 Bolero 협회와 함께 무역서류의 전자화를 통한 상업적 서비스를 제공하는 것을 목표로 1995년 7월부터 3개월간 법적, 기술적 타당성 검토를 위한 테스트를 거쳤다. 그리고 1999년 1월 전 세계 18개 무역권에 대한 법률 분석을 완료하고 시범서비스 기간(1999. 1~1999. 6)을 거쳐 상용서비스를 시작하였다.

볼레로는 볼레로시스템상에서 전자서류의 대금결제를 완벽하게 실행하기 위해서 세계 주요은행들과 함께 볼레로시스템의 CMP(Core Messaging Platform)에서 제공되는 서비스를 이용하여 수출상과 수입상이 합의한 내용과 제시된 서류내용을 점검하는 시스템인 SURF시스템을 개발하였다. 이 SURF시스템을 통하여 수출상이 제시한 모든 전자선적서류를 자동적으로 검사할 수 있으며 이상이 없으면 보증은행 또는 수입상에게 결제를 요구할 수 있다. 그러나 볼레로는 상용화가 되더라도 높은 거래비용(연회비 5천 달러) 등으로 인해 주 고객은 대기업으로 한정되어 이용이 보편적이지 못하는 한계를 가지고 있다. 국내에서는 2000년 6월 한빛은행이 가입한 것을 시작으로 외환은행과 삼성전자가 가입한 것으로 알려져 있고 현재 KTNET과의 제휴를 통해 국내에 진출하였다.

3. 볼레로의 운영

1) 사용자등록

첫째, 사용자는 전자서명의 진정성을 검증하기 위해서 비대칭암호화 방식에서 활용되는 공개키와 자신이 작성한 문서의 진정성과 무결성을 증명하기 위하여 활용하는 비밀키를 각각 작성하고 공개키를 등록기관(Registration Authority; R/A)으로 전송한다.

둘째, 등록기관은 사용자 ID와 공개키를 결합시켜 이를 인증기관(Certification Authority; C/A)으로 보낸다. 또 사용자에게는 IC카드를 발급하여 보낸다.

셋째, 인증기관(C/A)은 등록기관(R/A)으로부터 받은 사용자 ID와 공개키에 전자서명하여 공개키에 대한 증명으로써 저장소(S/R)에 전송한다.

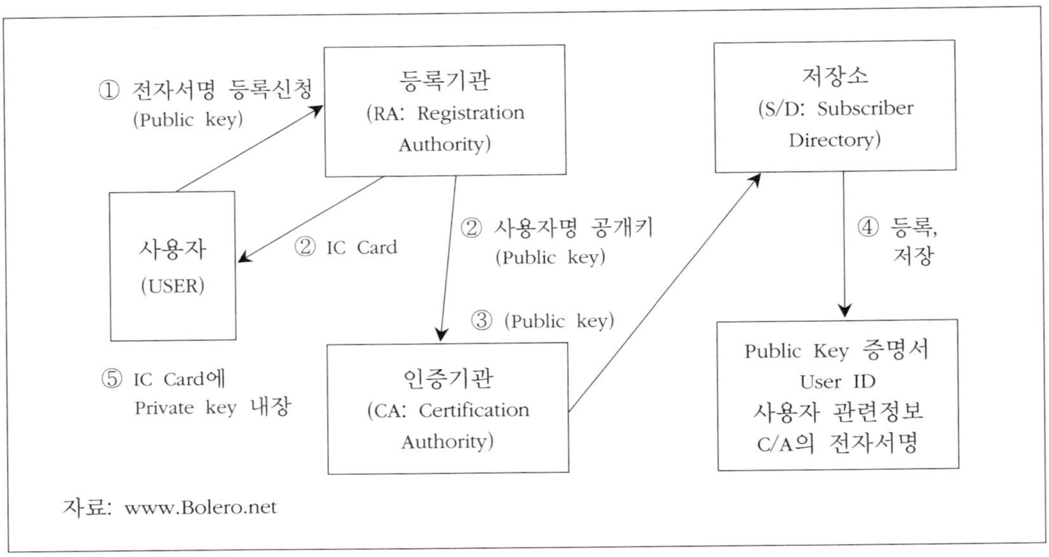

[그림 13-1] 사용자등록 절차

넷째, 저장소(Subscriber Directory; S/R)는 공개키 증명서를 등록하고 저장시킨다.

다섯째, 사용자는 등록기관(R/A)로부터 받은 IC카드에 자신의 비밀키를 저장한다.

2) 무역거래 처리절차(권리 등록 및 이전 기능)

첫째, 사용자는 PC나 단말장치를 통해 중앙등록소(Central Registry; C/R) 앞으로 메시지를 송신한다. 이때 비밀키나 내장된 IC카드를 사용함으로써 자동적으로 전자서명이 작성되어 전자문서교환(EDI)으로 메시지에 첨부된다.

둘째, 중앙등록소(Central Registry; C/R)는 사용자의 공개키를 S/R상에서 찾아, 이 공개키를 사용하여 전자서명이 된 메시지의 진정성 및 사용자의 신분을 확인한다.

셋째, 전자서명이 일치하고 사용자의 신분이 유효한 경우 메시지 DB를 갱신하고 이를 관련 거래당사자에게 전달한다. 또 처음 메시지를 송신한 사용자에게도 결과 메시지를 전달한다.

넷째, 사용자는 중앙등록소로부터 온 결과메시지를 확인한다. 이러한 메시지는 모두 송신자의 전자서명이 되어 있음을 확인하고 이를 공개키를 통해 검증하고 메시지를 단말기나 PC에 맞게 변환한다.

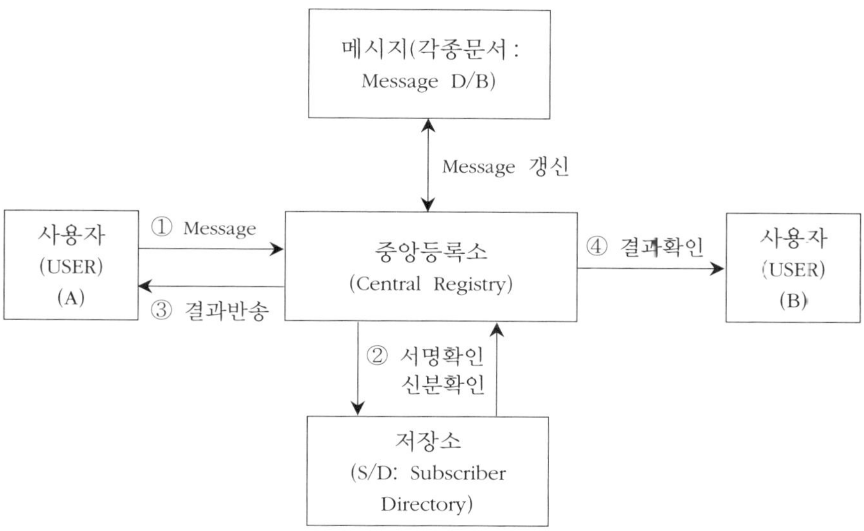

자료: www.Bolero.net

[그림 13-2] 무역거래 처리절차

4. Rulebook

1) 제정이유

새로운 상관습이 등장하여 발전하기 위해서는 기술적 장벽보다 오히려 법적 장애물이 더 크다. 왜냐하면 하나의 상관습의 정착되고 모든 관련 상인들이 수용하는 제도로 구체화되기 위해서는 상호간의 이해와 조정이 필요하고 전통적인 상관습을 대체하는데 오랫동안의 시간과 시행착오가 필요하기 때문이다. 따라서 법적인 문제는 이와 같은 상관습을 포괄적으로 수용하는 차원에서 해결되어야 할 것이다. 특히, 볼레로는 모든 당사자간 교환약정을 통하여 시스템 운영자와 모든 사용자 상환관계를 규율하는 것이 필요하다. 이러한 필요성에서 Rulebook은 제정되었다. Rulebook은 기존의 일대일 교환약정과는 달리 가입 및 서명과 동시에 모든 사용자와 거래가 가능하다.

2) Rulebook의 기능과 특징

Rulebook의 역할과 특징은 다음과 같다.

첫째, 볼레로의 Rulebook은 볼레로를 통하여 거래를 수행하는 당사자간에 전통적으로 이루어지는 매매계약, 운송계약, 보험계약 및 환계약 등을 전자적으로 체결하고 이행하는 것을 포괄적으로 규율하는 역할을 한다.

둘째, Rulebook에서 전자서명된 메시지는 원본의 수기 서명된 서류의 요건을 충족하는 것으로 합의하고 있으며, 사용자들은 서식의 문제로 인한 분쟁에서 탈피할 수 있다.

셋째, 전자서명된 메시지는 증거로서 문제가 없고 추정적 증빙이 된다.

넷째, 볼레로의 Core Messaging Platform을 통하여 전송된 메시지는 일단 수신된 것으로 추정한다. 특히 준거법으로 영국법을 채택하여 특정 서식을 요구하지 않으며 상대적으로 계약의 자유롭다.

5. 볼레로의 장·단점

1) 장 점

볼레로의 장점은 다음과 같다.

첫째, 새로운 시스템의 구축으로 무역결제시스템의 자동화를 촉진시킨다.

둘째, 신속하고 투명한 업무절차로 효율성 증대된다. 특히 SURF시스템에 의한 서류자동점검서비스는 전통적인 종이에 기초한 선화증권의 지연도착에 의한 체선료 및 당사자간의 분쟁발생의 주요인을 상당부분 해소시킬 수 있다.

셋째, 오류발생 최소화로 신뢰성 높은 시스템을 구현한다.

넷째, 보안시스템을 통해 사기를 방지할 수 있다.

다섯째, 기존 무역거래절차를 그대로 인정함으로서 실제 결제부분은 은행에 맡기는 대신 선화증권만 전자화하여 무역관습의 변경으로 인한 혼란을 최소화하였다.

여섯째, 각 지역의 법률을 반영하여 Rulebook을 제정함으로써 법적 안정성을 제공하고 있다.

일곱째, 중앙등록기구는 중립적 성격을 가진다. SWIFT와 TT Club이 중심이 되어 출자한 BOLERO International사는 중앙등록기관으로서 BOLERO 사용자, BOLERO 협회, BOLERO 등록기관에게 자기 자신 혹은 외부자원을 통하여 상업적, 기술적 운영서비스를 제공하고 있다. 이 중앙등록기관은 중립적인 특성을 지니고 기능별로 조직을 분리함으로써 정보흐름의 독점에 따른 폐해를 예방 할 수 있다.

여덟째, RSA 방식의 전자 서명과 IC Card를 활용할 수 있다. 메시지의 안전성 보장에 있어서 현재까지 가장 안전한 방법으로 알려져 있는 RSA 방식의 전자서명을 메시지 전송에 채택하고 있으며, 사용자 시스템의 접속에도 IC Card를 활용하여 안전성을 높이고 있다.

아홉째, 현존하는 SWIFT 금융망과 EDI와의 차별화다. 볼레로서비스는 SWIFT 금융망과는 달리 플랫폼만 제공될 뿐 인터페이스 및 접속경로는 시장에서 제 3자가 제공하는 다양한 제품과 서비스 중 이용기관이 선택할 수 있도록 하고 있다. 또한 기존의 EDI와는 달리 법적으로 구속력이 있는 계약서를 통신상에서 전송하여야 한다.

2) 단 점

볼레로의 단점은 다음과 같다. 첫째, 기존의 무역관습에서 선화증권만 전자화함으로써 기존 무역절차와 차별화가 없어 무역자동화의 효과에 미미하다.

둘째, 통신비를 제외한 기존거래비용은 상존하면서 높은 거래비용 때문에 거래가 빈번한 경우에 적합하다.

셋째, 기존 무역결제 시스템과 병행함으로서 혼란이 올 수 있다.

넷째, 당사자들은 새로운 법규범에 적응 필요하고 Rulebook만으로는 거래 당사자간에 발생되는 모든 분쟁을 해결할 수는 없다.

제4절
트레이드카드

1. 신용장방식의 한계와 트레이드카드의 등장

1) 신용장방식의 한계

신용장방식은 다음과 같은 본질적인 한계를 가지고 있다. 첫째, 전자무역시대에 전자메세지 실행의 문제점이다. 현재 신용장거래는 어느 정도까지는 이미 SWIFT 네트워크를 통해 은행에 의해 전자적으로 발행되어 제시되고 있다. 예를 들어 고객은 신용장발행은행에 신용장의 발행지시를 전자적인 방법으로 신청할 수 있고, 발행은행은 신용장의 수익자에게 발행된 신용장을 통지하기 위해 통지은행에게 신용장의 상세한 내용들을 전자적으로 전송할 수 있다. 따라서 수익자와 통지은행 사이의 전자적 연계는 이미 실행 가능한 상황이다. 또한 화환신용장거래를 위한 여러 가지의 UN/ EDIFACT메시지는 이미 개발상태에 있는데, 이들은 주로 신용장의 발행, 통지 및 조건변경을 위한 거래절차를 담당하고 있다.

그러나 현재 개발된 특정의 SWIFT나 UN/EDIFACT메시지는 신용장거래의 중요한 부분들을 담당하고 있지만, 무서류거래(Paperless)를 기반으로 하는 전자상거래시대에 적합한 완전한 형태의 전자거래는 아니기 때문에 TradeCard시스템과 같은 결제수단이 필요하게 되었다. 무역환경의 급속한 변화로 현행의 신용장관행은 최근의 상업적 및 기술적 발전이라는 새로운 요구에 충족되도록 새로워져야 할 필요가 있다. 이것이 "전자메시지에 의한 무서류의 신용장"개발이다. 중요한 것은 신용장을 전자적으로 발행하는 방법이 아니라 신용장의 조건과 일치하여 지급함에 있어 요구되는 전자메시지의 본질과 내용이다. 왜냐하면 한국과 같은 국가도 은행공동전산망에 의하여 작년 가을부터 전자적으로 신용장을 발행하는 방법을 이미 실무적으로 활용 중에 있기 때문이다.

둘째, 전자무역의 결제방식에서의 신용장의 본원적 한계를 들 수 있다. 전자상거래는 컴퓨터시스템이라는 "기계 대 기계"의 네트워크 관계에서 거래가 형성되고, 모든 거래에 대한 기록이 디지털 형태이므로 거래당사자가 내용을 유형적으로 서면을 통하여 확인할 수 없게 된다. 따라서 컴퓨터 네트워크와 인터넷을 활용한 전자상거래는 지금까지 종이에 의한 거래를 기반으로 한 기존의 법과 제도를 근본적으로 바꾸어 놓았다.

그러나 신용장은 서류거래를 본질로 하는 거래이므로 종이서류를 완전히 배제한 전자적 자료전송방식을 전면적으로 수용하는 것은 원천적으로 불가능하다. UCP 500에서도 서류에 의한 화환신용장의 사용을 규율하던 현재의 신용장통일규칙으로는 무서류를 전제로 한 EDI 방식에 의한 신용장을 거래를 규율할 수 없으므로 eUCP을 제정하여 UCP 500을 보충하기도 하였다.

2) 트레이드카드의 등장 및 발전

전자상거래의 급속한 발전은 오랫동안 국제무역거래에서 주요한 대금결제수단을 자리를 잡은 신용장제도의 한계를 노출시켰다. 이는 신용장 발행비용 및 관련 은행의 수수료에 의한 고 비용구조, 거래절차의 복잡성 및 서류심사의 한계로 인하여 신용장제도자체가 뛰어난 장점을 가졌음에도 불구하고 새로운 결제시스템이 계속 등장하였다.

TradeCard사는 무역거래에 필요한 서류의 자동화시스템이 가능한지 실험하여 1994년 세계무역센터(World Trade Center Association; WTCA)가 주관이 되어 완전한 무역서비스시스템(Full Service Trade System; FSTS)을 추진하였다. 1995년 5월 세계무역센터총회에서는 한국과 홍콩을 시범국가로 선정하였다. 1996년 1월에는 세계무역센터 협회의 자회사로 선정되었고 1997년에는 온라인 국제무역네트워크회사로 새롭게 탄생하였다. 1998년 미국 특허 및 상표국(U.S. Patent and Trademark Office)으로부터 기업간 결제시스템에 관한 특허(특허번호 #5,717,989)를 획득하고 1992년 E.M. Warburg Pincus사가 지분 51%를 확보함으로서 독립된 자회사가 되었다. 현재 본부는 미국 뉴욕에 두고 있다. 2000년 8월 국내 LG상사, SK글로벌 등 국내종합상사와 함께 합작법인을 설립하였다.

트레이드카드시스템의 출현 배경은 신용장거래는 서류에 기초한 결제방식이기 때문에 무서류를 지향하는 전자상거래의 결제방식과는 본질적으로 괴리가 있었다. 특히 신용장은 서류거래라는 신용장의 특성을 악용하여 사기가 발생할 가능성이 있으며, 복잡한 신용장조건과 서류의 불일치로 인한 대금결제와 화물인도의 지연이 발생할 수 있으며 신용장발행과 매입에 따른 과도한 행정비용이 발생하는 문제를 안고 있다. 이러한 문제를 근원적으로 해결하기 위해서는 대금결제 서류의 전자화 및 서류점검절차의 자동화가 필수적이었다.

이를 위하여 TradeCard는 수입업체와 수출업체, 금융기관, 보험회사 및 화물운송업체를 연결, 수출입계약에서 무역금융, 선적 및 대금결제의 전 과정을 전자적으로 처리할 수 있게 하는 전자무역카드시스템을 도입하였다. 동 시스템은 전자무역거래 및 전자금융서비스를 의미하며 Workflow개념을 도입하여 “Trade Supply Chain”으로 불려진다.

2. 트레이드카드의 운영

1) 회원가입절차

TradeCard사의 회원으로 가입하기 위해서는 먼저 TradeCard사의 홈페이지(www.tradecard.com)에 접속하여 On-Line으로 신청하여야 한다. 신청서 작성 시에 회사의 일반사항 및 은행계좌번호 등을 입력하고, 은행계좌 확인(매도인 및 매수인)을 위한 해당은행의 확인서를 획득한 후 가입신청서에 서명하여 뉴욕에 소재한 TradeCard 본사에 송부한다. 그러면 TradeCard 사에서 회원가입 신청자에게 회원 가입 승인서, ID, Password 및 Security Card 등을 제공한다.

둘째, 매수인이 회원가입 신청을 하면, TradeCard사는 프랑스 수출보험회사인 Coface에게 동 매수인에 대한 신용평가를 의뢰하여 Coface의 신용평가결과에 따라 회원으로 가입여부가 결정된다. Coface의 신용평가등급은 5개 등급으로 구분되어 있으며 이 중에 최하위 등급으로 평가되는 경우에는 회원가입이 허용되지 않는다. 평가결과 합격 등급으로 판정된 매수인은 TradeCard사를 통하여 회원에 가입할 수 있다. 별도로 Coface를 통하여 회원에 가입할 수도 있다.

셋째, 매도인은 회원가입에 대한 특별한 제한 없으며, 다만 연회비 250달러가 부과된다. 그러나 연회비는 후불제로서 연간 거래 건수가 2건 이상인 경우에는 면제된다.

넷째, 물류제공업체 및 검품업체 등과 같은 유관기관은 회원가입에 따른 제한 및 가입에 따른 비용부담이 없으며, 거래와 관련한 수수료가 부과되지 않는다.

2) 무역거래절차

트레이드카드시스템의 거래절차는 다음과 같다.

첫째, 매수인은 신용공여기관(신용공여기관은 반드시 은행으로만 국한시키지 않기 때문에 넓은 의미의 금융기관을 'funder'라 함. 한국에서는 한국산업은행이 참여하고 있음)에 신용공여한도를 신청하고, 신용공여기관은 매수인의 신용평가를 거쳐 신용공여한도를 설정한다.

둘째, 수출상과 수입상은 무역거래조건을 협상한다.

셋째, 매수인은 POPFI(매입주문서, Purchase Order; P/O 및 견적 송장, ProForm Invoice의 약자로 전자거래계약서가 됨)을 작성하여 디지털 서명을 첨부하여 트레이드카드의 중앙처리장치(System Administrator; SA)로 전송한다. 트레이드카드의 중앙처리장치는 매입주문서 또는 견적송장의 기재내용과 수입업자의 신용한도를 검토한 후 이를 매도인에게 전송한다.

넷째, 트레이드카드사는 대금지급보증(Assurance of Payment)을 매도인에게 제공한다.

다섯째, 계약조건에 따라 매도인은 적화보험(Cargo Insurance)을 부보한다.

여섯째, 매도인은 물품을 인도하고 인도의 증거서류(proof of delivery)를 운송인으로부터 수취하고, 검사보고서(Inspection Report), 상업송장, 포장명세서 등 계약에서 요구되는 서류를 전자문서로 트레이드카드 중앙처리장치에 전송한다.

일곱째, 트레이드카드의 중앙처리장치는 서류의 일치성(compliance)을 검토한다.

여덟째, 전자문서의 불일치가 있으면 이에 대한 협상 및 승인을 하고 당초 전자계약서인 매입주문서를 수정한다.

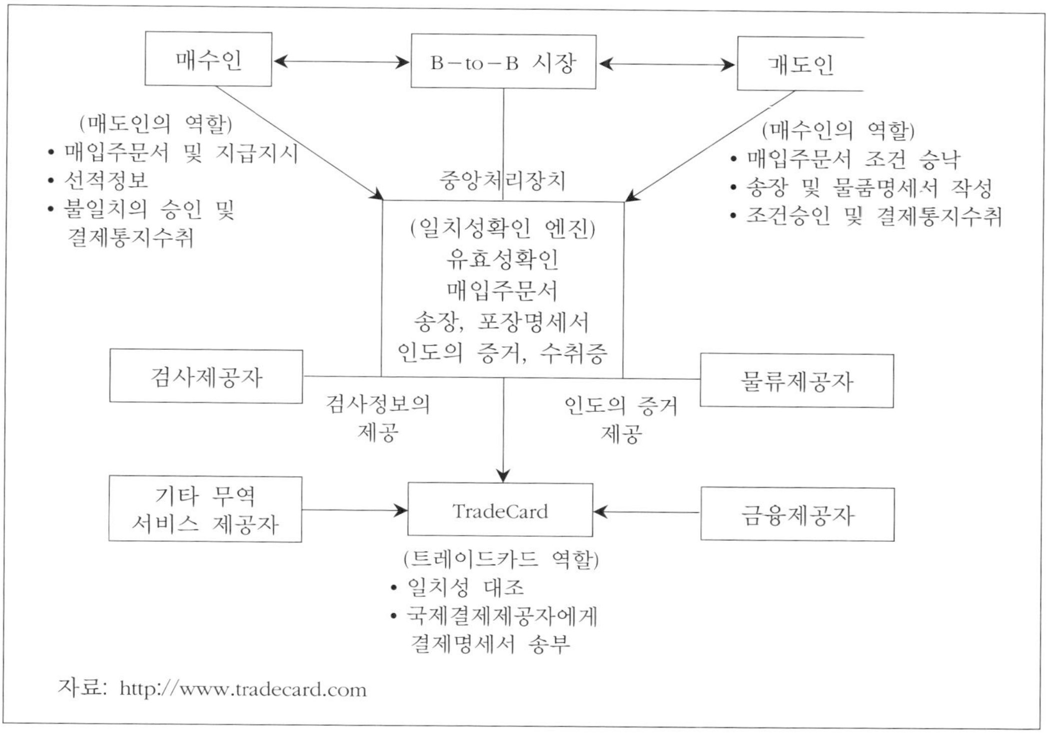

[그림 13-3] 트레이드카드의 거래절차

아홉째, 신용공여기관은 매도인에게 대금을 지급하도록 권한을 부여하며, 만일 기한부 지급인 경우에는 해당 기간 동안 지급지시를 보류한다.

열번째, 수입상은 전자식 운송서류를 선박회사에 제시하여 수입화물을 인도 받는다.

열한번째, 매매당사자에게 트레이드카드시스템에 의하여 결제가 완료되었다는 대금지급통지(payment notification)를 한다.

열두번째, 수입업자가 수입대금을 신용공여기관에 상환하면 거래한도가 회복된다.

3. 트레이드카드의 장·단점

1) 장 점

첫째, 보안성이 우수하다. 표준화된 신청서와 엄격한 회원 관리체계로 인하여 모든 당사자들에게 거래위험을 최소화시켜 준다. 또한 서버인증을 128 bit Digital Server ID을 사용하여 트레이드카드의 웹사이트를 보호하고 있다.

둘째, 자료의 접근성이 용이하다. 특정한 서류와 자료들을 자동으로 실시간 비교가 가능하고 웹 환경하에서 모든 작업이 가능하다. 또한 자료들의 일치성이 뛰어나다.

셋째, 무역거래를 단계별로 알 수 있어 거래당사자들간의 신뢰성이 제고된다. 또한 트레이드카드사의 지속적이고 정확한 정보를 바탕으로 회원 및 제휴사를 선택하기 때문에 신뢰성이 향상된다.

넷째, 시간과 이용비용이 절약된다. 대금결제의 측면에서 송장수수료는 송장금액의 0.25%, 지급보증수수료는 수출상이 Coface에 수출대금 지급보증을 의뢰하는 경우 송장금액 기준 0.08%를 추가할 뿐이다. 송금수수료는 JP Morgan의 경우 송금수수료는 건당 15불에 불과한 실정이다. 수수료의 총 상한선은 건당 250불이며 하한선은 건당 20불이다. 서류의 불일치의 통지도 일치성 검사 프로그램에 의해서 자동적으로 처리되어 시간도 절약된다. 또한 추가비용 없이 보험 기능도 가지고 있다.

다섯째, 편리성이다. 시간과 장소에 구애됨이 없이 전 세계 어디서나 다양한 방법으로 자료들을 검색이 가능하고 또한 필요한 자료들을 자신의 필요에 적합하게 정확히 작성할 수 있다. 따라서 이용자들을 자신의 상거래영역을 전 세계로 확장할 수 있어 새로운 무역거래의 기회를 제공할 수 있다. 또한 물류 제공자, 검품대행, 적하보험, 신용 자금 조달 및 외환 서비스를 연계할 수 있다.

2) 단 점

첫째, 운송서류의 전자화는 이루어지지 않고 있다. 따라서 선화증권(B/L)이나 원산지증명서(C/O) 등의 오프라인 작업이 필요하여 이중 작업이 불가피하다. 따라서 운송서류의 자동화를 이룩하고 있는 볼레로와의 제휴가 필요하다

둘째, 트레이드카드시스템은 전매가 필요 없는 거래에 사용하기에 간편하여 일부 중소기업에서 활용되고 있다. 하지만 물품에 대한 권리의 이전 문제와 은행 또는 운송인 등 이행보조자간의 권리 이전이나 담보권 확보에는 문제가 다소 있다.

셋째, 정형화되어 있는 사용료, 네고가 불가능(수출대금의 신속한 회수 불가) 및 사용국가에 제한이 있어 다양한 기업들이 이용할 수 있도록 유인책이 필요하다.

넷째, Coface가 지급보증을 하고 있지만 지급보증금액을 초과하여 거래하고자 하는 당사자들에게는 트레이드카드시스템을 이용할 수 없게 하거나 매수인이 별도의 수수료를 지급하여야 한다.

다섯째, 트레이드카드와 제휴기관인 Coface 및 Thomas Cook의 업무처리규정이 달라 이용자들이 불편하다.

4. 볼레로와 트레이드카드의 비교

볼레로는 신용장의 존재를 인정하고 선화증권(B/L)의 전자화를 통한 다른 무역서류의 완전한 전자화를 지향하는 시스템이다. 반면 TradeCard 시스템은 무역대금결제과정에서 신용장을 배제하고 시스템 내에서 계약 체결 및 이행을 증명하는 서류의 제공, 서류의 일치여부 점검 및 대금지급의 수권지시 등의 전자화를 수행하고자 함이 목적이다. 따라서 볼레로는 전자식 선화증권 및 무역서류의 전자화에 따른 진정성의 확보를 위한 전자서명의 인증기관으로서의 역할 둘째, 전자적 권리 이전을 위한 기록의 갱신 및 유지. 셋째, 전자적 권리이전에 필요한 통신방법을 제공한다. 그러나 전자문서의 권리이전 이외의 당사자의 계약 체결이나 계약의 이행과정에는 개입하지 않는다. 반면 트레이드카드시스템은 계약의 체결, 계약이행 여부의 확인, 대금 지급의 결정 등에 주체적인 역할을 한다.

〈표 13-2〉 Bolero Project와 TradeCard 시스템의 비교

	TradeCard	Bolero Project
상업화 목표	신용장 방식에서 벗어난 무역거래의 전자화	신용장 방식을 인정한 무역거래의 전자화
On-Line화	결제서류의 전자화	운송서류의 전자화
무역매매에서의 역할	전자적 계약체결 및 이행 서류일치여부 점검 대금지급의 결정	전자서명의 인증 전자기록 관리 및 갱신 통신방법의 제공
주요추진 주체	WTCA, TradeCard사	SWIFT, TT, Club
신용장과의 일치성확인 (서류점검)방법	TradeCard사의 컴퓨터에 의해 자동수행	종이로 출력하여 점검, 전산개발은 선택임
비용 절감	신용장 발행 비용의 절감	선화증권 도착지연과 관련된 비용 절감

제5절 @GlobalTrade

@GlobalTrade는 캐나다 법인인 CCEWeb 기업이 운영하는 인터넷에 기반을 둔 무역처리관리시스템(trade processing and document management system)이다.[35] @GlobalTrade을 구성하는 주요기관으로서는 무역금융부서와 같은 기능을 하는 서류정산센터(documentary clearance center)라고 할 수 있다. @GlobalTrade는 모든 무역서류, 즉 무역, 운송, 보험 및 금융서류들

35) www.tradecard.com/News/Articles/AmericanShipper_022001.pdf; www.cceweb.com.

을 처리하는데 전자신용장지급[36]을 포함하여 모든 당사자에게 무역서비스를 제공한다. 더욱 이 센터는 발행은행을 대신하여 통지은행 및 확인은행의 통지 및 확인을 거치지 못한 서류를 수익자에게 직접 통지하거나, 수익자가 제시한 서류를 컴퓨터가 아닌 전통적인 방법으로 검사하여 하자가 없다면 서류를 승낙함으로서 수익자에게 대금을 지급하여 결제를 완료시킨다.[37] 이 결제메카니즘의 단순한 결제구조는 저가의 거래비용 때문에 화환신용장에게 적합하게 보이지만 확인은행의 확인의 부재는 결제위험이 있는 국가의 수입자들에게는 치명적인 한계가 될 수 있다. 그러나 만약 센터가 발행은행의 대리인이 될 수 있다면 신용장 통일규칙(UCP) 제13조(a)항의 서류심사요구조건은 @GlobalTrade 프로젝트에서는 관계가 없을 지도 모른다. 그러나 이 점과 관련하여 CCEWeb는 침묵하고 있다.

@GlobalTrade는 무역당사자간의 물품의 소유권을 추적하기 위한 권리등록기관을 운영하지 않는다는 점이 볼레로와 다르다. 그러나 이 시스템은 전통적으로 전자식운송장(electronic way bill) 뿐 아니라 전통적인 선화증권과 운송장의 기능을 할 수 있다는 점[38] 그리고 CCEWeb의 설치비용과 매년 거래비용은 볼레로 넷의 운영 및 거래비용보다 저렴하다는 점은 특징이다. @GlobalTrade에서는 볼레로 넷과 비교하여 보다 완전한 전자지급시스템에 가깝다고 주장하고 있지만 서류심사를 손으로 한다는 점에서는 완벽한 전자결제메카니즘이라고 보기에는 어렵다.

---

36) 지급은 eLC카드 또는 전자신용장카드를 통하여 이루어진다; www.cceweb.com/elc_ card. asp

37) www.mantissa.co.uk/support/newtrade.htm

38) CCEWeb는 선화증권을 대신한 운송장으로 사용되기를 원한다. 그 이유는 선화증권이 전자식포맷으로 전환되기 어려울 것이기 때문이다. 관습이 전통적인 선화증권으로 "recourse"를 감소시킬 것이기 때문이다.

chapter 14

전자자금이체시스템

제1절 전자자금이체의 이해

1. 전자자금이체의 개념

전자자금이체(Electronic Fund Transfers; EFT)란, 어떤 은행의 계정에서 다른 은행의 계정으로 전자적인 통신결제지시의 수단을 통하여 자금을 이전시키는 행위를 말한다. 이러한 전자자금이체는 사용주체와 지급지시의 방향에 따라 크게 2가지로 구분될 수 있다.

일반적으로 전자자금이체의 시작은 고객이 그의 거래은행에게 자금이체를 지급지시를 함으로서 개시되는데 유형은 크게 다섯가지로 구분할 수 있다.

첫째, 자금이체가 직접 고객에 의해서 이루어지는 경우, 둘째, 자금이체가 고객이 이행하지 않다고 할지라도 고객의 실제 권한하에서 자금이체가 이루어진 경우, 셋째, 고객이 외견상 권한을 가진 상태에서 자금이체가 발생한 경우, 넷째, 핀이나 디지털서명을 입력함으로써 합의된 보안절차에 일치되게 자금이체가 이루어진 경우, 다섯째, 고객 또는 고객의 권한하에서도 아니고 합의된 보안절차에 일치함이 없이 자금이체가 이루어진 경우 등이다.[1]

여기서 첫 번째와 두 번째의 유형은 고객의 권한하에 이루어진 수권된 이체에 해당된다. 따라서 자금이체의 결과에 대해서 고객이 전적으로 책임을 부담한다. 심지어 자금이체가 완전히 진정성을 확보하지 않은 경우에도 고객은 책임을 부담하여야 한다. 세 번째 사례는 고객이 외견상 가진 권한의 인정여부는 대표성(representation)에 의존한다. 즉 제3자에 대하여 고객/본인이 지정한 대표성을 가졌는지 여부를 조사하여 결정한다. 대표성의 판단기준은 금융기관에 대하여 본인－고객－대표자간에 어떠한 사전통신이 존재하였는가에 따라 결정된다. 사전 통신이 없었다면 외견상 권한은 어떠한 대표성도 가지고 있었다고 볼

1) Benjamin Geva. “Consumer Liability in Unauthorized Electronic Funds Transfers”, Canadian Business Law Journal(Vol. 38), 2003, pp.226~227.

수 없다. 비록 고객과 금융기관간에 합의된 보안절차에 따라 누군가가 일치되게 행동하였더라도 이 경우는 어떠한 외견상의 권한도 발생하지 않는 것으로 인정된다.[2] 왜냐하면 합의된 보안절차의 이행은 수권된 대표성을 가지고 있지 않더라도 부정한 방법으로 누군가가 의도적이거나 계획적으로나 합의된 보안절차에 따라 일치되게 행동할 수 있기 때문이다. 따라서 금융기관을 포함한 전 세계의 상관습이 이러한 행위를 고객을 대표하는 행위(진정성) 및 고객을 구속하기 위하여 권한 받은 행동과 동일하게 취급하여야 한다면 이것은 금융기관에게 불공정한 일로 인식 될 것이다. 즉 누군가가 고객에게 제공된 신뢰를 부정한 의도로 잘못 사용하거나 초과하여 사용하였던 간에 고객이 그 사람에게 실제적인 어떠한 권한을 제공하지 않았다면 비록 보안절차에 일치되게 금융기관이 지급지시를 이행한 사실은 진정성 여부와는 상관없이 무권한이체에 해당된다. 따라서 외견상 진정성은 인정치 아니한다.

그러나 고객이 다른 사람에게 접근도구(비밀번호 또는 핀 번호)를 자발적으로 인도하여 실제 진정성을 보유하고 있는 경우라면 책임분담에 대한 법률적 접근방법은 달라진다. 즉 접근도구의 소유인인 고객이 상업적 대리인에게 합의된 계약에 따라 물품을 인도한 경우와 구매자가 판매자에게 자발적으로 물품을 구매하는 행위와는 동일하게 취급되어야 한다. 즉 상기의 두 경우 모두 소유권은 상업적 대리인이나 판매자로부터 접근도구를 취득한 순수한 제3의 당사자에게 전가된다. 왜냐하면 제3의 당사자는 소유권자의 권한 위임에 따라 행동함으로써 법적 소유자라는 견해가 타당하기 때문이다. 그러나 이러한 경우에도 상업적 대리인이 실제 권한을 초과하여 자금이체를 할 수 있기 때문에 고객은 상업적 대리인의 소유권행사에 대하여 경계를 가져야만 된다. 심지어 서명이 필요할 때, 카드소유자에 대한 적절한 확인이 좀처럼 실행되지 않은 실제 상관습으로 인해 단순한 신용카드의 인도는 고객이 그의 대리인에게 외견상 권한을 제공하는 행위로 간주된다. 미국법에서도 단순한 카드의 양도가 수권으로서 법률적 효과를 가지지 못한다고 인정하고 있다. 따라서 수권되지 아니한 자금이체, 단순한 카드의 양도, 수권은 되었지만 수권된 자의 무권한 카드의 오용은 정상적인 수권으로서 보호를 받기가 어렵다는 것을 시사하고 있다.

그러나 네 번째의 경우에서는 실제 권한과 외견상 권한 어느 것도 제공되지 아니한 이체로서 무권한 이체가 된다. 그럼에도 불구하고 금융기관이 합의된 보안절차에 따라 행동

2) 외견상 무권한 이체의 인정여부에 대해서는 일부 다른 국가에서는 다양한 견해가 존재한다. 특히 영국의 *Smith v. Prosser*사건에서 법원은 무권한 이행과 수표를 발행할 수 있는 수권된 서명자가 제시한 수표를 은행이 서명하여 발행한 것과는 구별이 있다고 판시하였다; 〔1907〕 2 K.B. 735 (C.A.); I. Ackermann, "Signature and Liability in the Law of Bills and Notes", *Banking & Financial Law Review(Vol. 8)*, 1993. p.295.

하였을 경우에 즉, 지급지시는 무권한이지만 진정성은 입증된 행위에 대한 타당성의 문제가 발생한다. 이 경우 무권한 이체로 인한 손실을 누가 부담하여야 하는지가 고객과 금융기관간에 주요쟁점이 된다. 이점에 대해서는 고객과 금융기관간에 사전약정이 필요할 것이다. 반면 다섯 번째 경우는 명백히 진정성도 입증하지 못하고 수권도 되지 못한 무권한이체에도 해당된다. 따라서 캐나다와 미국법제에서는 고객은 자금이체의 결과에 더한 책임을 부담하지 아니하며 금융기관이 책임을 부담하여야 한다. 결국 전자자금이체거래를 하는 고객의 권익을 보호하기 위해서는 당사자간에 이루어진 자금이체가 고객의 동의하에 권한된 지급지시에서 비롯되어야 하며 또한 지급지시가 고객과 금융기관간에 사전에 약정한 보안절차에 따라 진정성을 가진 인증에 의하여 이루어져야 할 것이다.

2. 전자자금이체의 구분

1) 사용주체에 따른 구분

전자자금이체의 사용주체가 기업인가 아니면 일반 소비자인가에 따라 기업간 전자자금이체와 소비자에 기반을 둔 전자자금이체로 분류할 수 있다.

먼저 기업간 전자자금이체(business－to－business EFT)는 은행, 기업체 그리고 정부 등에서 발생한 자금결제로써 규모가 큰 거액 자금 결제시스템을 말한다. 처음에는 연방준비제도이사회가 마련한 「규정(Regulation) J」에 의하여 규율되다가 1989년 미국 통일상법전 제4A편이 제정된 이후에는 이 법에서 규율하고 있다. 이 법은 Hospicomm, Inc. v. Fleet Bank N.A.사건[3]에서처럼 ATM을 이용한 무권한 사용에는 적용되지 아니하고 평균 결제금액이 거액인 자금이체에 적용된다. 즉 자동정산결제원(Automated Clearing House: ACH), 지로, 어음 및 타행 환과 같은 소비자간 거래에 기반을 둔 소액자금결제시스템은 다음의 1978년 연방전자자금이체법(Electronic Fund Transfers Act; EFTA)이 적용된다.

기업간 전자자금이체는 금융기관 또는 기업간 결제에 사용되기 때문에 그 규모가 거액이라는 점이 특징이며 주로 FedWire, 은행통신망(Bank Wire), CHIPS 및 SWIFT 등과 같은 결제시스템을 통하여 결제가 이루어지고 있다. 기업간 전자지급시스템은 다음의 세 가지 요건을 구비하여야 한다. 첫째, 거액이체와 관련된 메세지의 온라인 전자전송을 위한 은행간 통신망이 필요하다. 둘째, 자금결제를 위한 자동정산소가 필요하다. 셋째, 지급의 보증인으로서 행동하는 중앙은행이나 이와 동등하게 행동하는 중개기관이 필요하다. 그러므로 기업간 전자자금이체시스템은 이 시스템을 이용하는 은행, 정부 및 기업 등에게 자금이동의 신속성, 안전성, 정확성 그리고 적시성에 대한 욕구를 충족시켜 주고 있어 미국에서는 최근

3) 338 F. Supp. 2d 578, 54 U.C.C. Rep. Serv. 2d 1100(E.D. Pa. 2004)

그 사용이 매년 10% 이상 증가하고 있는 실정이다.

다음으로는 소비자거래에 기반을 둔 전자자금이체(consumer–based EFT)는 주로 소액의 자금을 이체한다는 특징을 지니고 있는데 이는 1978년에 제정된 전자자금이체법 및 「규정(Regulation) E」에서 주로 규율하고 있다.[4] 소비자간 전자자금이체시스템은 거액소량결제를 주로 취급하는 기업간 전자자금이체시스템과는 달리 거래는 빈번히 발생하면서도 거래금액이 적은 소액대량결제를 취급한다는 점이 특징이다. 따라서 제공하는 결제서비스는 소비자의 욕구를 충족시키기 위하여 기업간 전자자금이체시스템보다 다양하다.

소비자에 기반을 둔 전자자금이체시스템이 제공하는 다양한 결제 서비스를 살펴보면 다음과 같이 구분할 수 있다. 먼저 공과금 지급, 보험료 지급, 대출이자 지급, 급여지급 및 연금지급 등과 같이 정해진 기간에 정기적으로 이체지급을 하는 결제서비스가 있다. 두 번째는 물품대금지급 및 개인송금 등의 경우와 같이 비정기적인 이체지급을 위한 결제서비스를 제공하기도 한다. 이 방식은 또 다시 현금결제, 수표결제 및 신용카드를 이용한 결제처리방식 등과 같이 동일한 대면 거래방식과 정기적으로 거래명세서를 제공하여야 하는 타 행환, CD/ATM 및 ARS계좌이체와 같은 비 대면거래방식으로 구분될 수 있다. 이러한 소비자에 기반을 둔 전자자금이체는 소비자의 책임은 크게 감소시키고 서비스의 제공자인 은행의 책임을 증가시킨 것이 특징이다.[5] 또한 결제방식에 있어서도 기업간 전자자금이체는 모든 거래가 종료된 이후 차액결제 및 총액결제로 이루어지지만 소비자간 전자자금이체는 발생 건별로 즉시 총액결제가 이루어지는 점이 큰 차이점이라고 할 수 있다.

2) 지시방향에 따른 구분

전자자금이체는 결제를 위한 지급지시가 지급자에 의하여 이루어지는가 아니면 피지급자에 의하여 이루어지는가에 따라서 지급이체와 추심이체로 2 가지로 구분할 수 있다.

첫째, 지급이체(credit transfers)는 지급을 이행하는 자가 일련의 지급지시를 전송하면 그 지시는 은행시스템을 통하여 거래은행에 전송되고 해당은행은 피 지급인인 수익자에게 자금을 이체시키는 방법이다. 이 방법에 의한 전자자금이체시스템으로는 FedWire와 CHIPS가 있다. 이 시스템은 자금을 직접적으로 원지시인의 계정에서 수익자의 계정으로 거의 실시간으로 이체를 하는 것이 특징이다.

둘째, 추심이체(debit transfers)는 피지급인이 지급인에게 거래은행을 통하여 지급지시

4) 15 USC §1693.

5) 1978년 전자자금이체법에서는 무권한 전자자금이체와 관련하여 소비자가 부담하여야하는 책임은 거래가 무권한 이체라는 것을 신속하게 보고하는 한 미화 50 달러 또는 금융기관에 통지이전에 발생된 무권한 이체 중 적은 것을 초과하지 못하도록 규정하고 있다; 15 USC §1693(d)(C); 12 CFR §§ 205.7 & 205.9(b).

를 하는 방법으로서 마치 수표의 자금결제과정과 유사하다. 추심이체에서는 피지급인인 수익자가 지급인의 은행계정으로부터 자금을 취득할 권한을 지급인으로부터 갖는다. 그러므로 피지급인은 지급인의 거래은행에게 피지급인의 은행계정으로 자금을 이체할 것을 지시하면, 그 결과 지급인의 거래은행은 피지급인에게 지급을 하게 된다.[6]

한편 UNCITRAL의 전자자금이체에 관한 법적지침(Legal Guide on Electronic Fund Transfers)에서는 추심이체를 좀더 포괄적으로 정의하고 있다. 즉, 추심이처의 범위에 단지 추심지시만 전달하는 것 뿐 아니라 수표와 약속어음 등이 수반되는 경우도 포함시키고 있다. 여기에는 ACH의 추심이체와 한국의 자동계정간 이체가 해당된다. 이러한 추심이체는 매번 금액을 달리하면서 정기적으로 자금을 이체를 하여야 하는 경우에 특히 유용하다고 할 수 있다.

3. 당사자간의 법률관계

1) 채권채무관계

자금이체에서 가장 주요한 당사자인 고객과 은행간에는 채권 채무관계가 존재한다. 고객이 그의 거래 금융기관에 보유하고 있는 계정에 지급지시 금액에 해당되는 금액이상을 보유하고 있으면 채권자(은행은 채무자)가 되고 반대의 경우에는 채무자(은행은 채권자)의 신분으로 변경된다. 이것의 의미는 고객이 은행에 예탁해 둔 자금은 고객의 소유이다. 따라서 고객은 채권자로서 은행에 대하여 이의를 제기할 수 있다. 만약 고객의 이익을 위하여 수익자에게 자금을 이체지급한 경우에 이체된 금액은 수익자가 승낙하기까지는 고객의 자금이 되고(실수로 이체된 금액은 예외), 고객은 은행 그리고 수익자에 대하여 권리재산을 가질 수 있다.

영국판례인 Regina v. Preddy사건[7]에서 법원은 자금이체에서 전신이나 전자적인 방법 어느 것에 이루어졌느냐에 관계없이 지급인의 계정에 있는 신용잔고에 있는 권리재산(Chose in action)은 소멸되거나 감소되지 아니하며 피지급인에 의하여 새로운 권리재산이 발생한다고 판시하였다. 다시 말하면 지급인의 권리재산은 지급인인 고객의 승낙없이는 피지급인에게 이체되지 아니하며 단지 지급은행에 대하여 독립적인 권리재산이 발생할 뿐이다.

2) 본인과 대리인관계

자금이체에서 은행과 고객간에는 본인과 대리인의 관계가 존재한다. Royal Products Ltd

---

6) 미국 통일상법전 제4A편에서는 지급이체만 규율하고 추심이체는 그 규율범위에서 벗어난다. 따라서 추심이체는 소비자간 이체와 함께 1978년 전자자금이체법에 의하여 규율되고 있다; 15 USC §1693.

7) 〔1996〕 A.C. 815.

v. Midland bank Ltd 사건[8]에서 법원은 대리인인 은행이 본인(필요한 경우, 코레스은행을 통하여 행동)과 동등한 법률적 효과를 가지기 위해서는 즉, 은행의 계정에 보유중인 고객의 자금을 이체하기 위해서는, 지급지시의 이행에 필요한 권한(수권)을 가져야 한다고 판시하였다. 만약 은행이 코레스은행을 통하여 본인으로서 행동한 경우에도, 은행의 관리자나 직원의 행위에 대한 책임의 방법 및 범위와 동일하게 코레스은행의 행위에 대해서도 책임을 부담하여야 한다. 심지어 중개은행이 원지시인이나 수익자의 대리인이 아닌 경우, 이들의 태만에 의해 잘못이체 된 책임은 원지시인의 몫이다. 더 나아가 원지시인이 수익자에게 지급을 하기 위하여 중개기관을 선택한 경우 Silverstein v Chartered Bank사건[9]에서처럼 원지시인의 거래은행은 원지시인의 지급지시에 대한 어떠한 위반에 대해서도 책임을 부담하지 아니한다. 그 이유는 은행과 고객간에는 본인과 대리인관계로 보기 때문이다.

이와 같은 대리관계는 적어도 국제자금이체에서 3번 발생한다. 즉 첫 번째는 원지시인과 원지시인의 거래은행, 두 번째는 수익자와 수익자의 거래은행, 세번째는 중개은행과 원지시인의 거래은행 또는 중개은행과 수익자의 거래은행간에 발생한다.[10] 대리에 관한 보통법(common law principles of agency)하에서, 본인은 대리인에게 자금을 이체시키고, 대리인은 본인의 채무가 변제되기 이전에 파산한다면, 본인은 채무에 대하여 계속해서 책임을 부담한다. 이 경우 수익자의 거래은행이 수익자를 대신하여 자금을 수취한 이후에 파산한다면, 수익자는 그 거래에 대하여 책임을 부담하여야 할 것이다. 여기에는 수익자의 거래은행에서 발생한 지연과 손실위험이 포함된다. 왜냐하면 미국의 제4A편과 유엔의 표준법에서 인정하고 있듯이, 수익자가 정당한 본인이고 수익자의 거래은행이 수익자의 대리인으로서 계약을 체결하였기 때문이다.

수익자(또는 그의 거래은행)가 결제간의 위험들을 감당하는 반면, 원 본인(ordinary principal)과 대리인간의 관계에서, 원지시인(또는 그의 거래은행)은 지급이 완료될 때까지 이체에 관련된 위험에 대하여 책임을 부담해야 할 것이다. 만약 중개은행이 Fedwire에서처럼 원지시인과 수익자의 거래은행 둘 다에 대하여 본인으로서 역할을 취한다면 상항은 달라진다. 그런데 일본에서는 수익자의 거래은행은 원지시인의 거래은행의 종속대리인으로서 역할을 한다. 원지시인의 거래은행은 수익자의 거래은행의 과오에 대하여 원지시인에 대하여 책임을 부담할 수 있다.

8) 〔1981〕 2 Lloyd's Rep. 194.
9) 392 NYS 2d.
10) 이병렬, “기업간 전자자금이체에서 당사자간의 의무와 책임에 관한 연구”, 부산대학교 대학원 박사학위논문집, 2002.2, pp.40~48.

제2절 전자자금이체의 실제

1. 관계당사자와 권리의무

전자자금이체는 원지시인이 채무를 부담하고 있는 수익자의 이익을 위하여 지급지시를 전송하면 수신은행이 해당 지급지시를 승낙하여 수익자에게 해당금액을 이체지급을 하면 종료된다. 이와 같이 전자자금이체의 종료를 위하여 지급지시를 이행하는 과정에서 하나 이상의 수신은행이 필요하다. 미국 연방준비은행의 기업간 전자이체시스템에서는 일반적으로 수신은행으로써 기본적으로 2개의 은행을 필요로 하고 있다. 그러므로 전자자금이체의 관계당사자에는 원지시인(originator), 송신은행(originator's bank), 지급은행(beneficiary's bank), 수익자(beneficiary) 그리고 경우에 따라서 중개은행(intermediary's bank) 또는 중개기관(intermediary agent)이 포함된다.[11] 이러한 당사자들을 전자자금이체 진행과정별로 살펴보면 다음과 같다.

첫째, 원지시인은 전자자금이체에서 최초의 당사자라고 할 수 있다. 왜냐하면 전자자금이체는 원지시인이 지급은행에 계정을 가지고 있는 수익자에게 이체지급을 하기 위하여 송신은행에게 지급지시를 전송함으로서 시작되기 때문이다. 해당 지급지시를 수신하는 당사자는 항상 은행이 되어야 할 것이며 전송 당사자인 원지시인은 반드시 은행일 필요는 없다. 지급지시의 전송과 관련하여 원지시인은 자신이 전송하는 지급지시를 정확하게 전송하여야 할 주의의무를 부담한다. 만약 송신은행이 수익자를 위하여 이 지급지시를 승낙할 수 없는 경우 원지시인은 송신은행이 본인의 계정에서 이미 해당자금을 출금하였다면 자금을 환급 받을 수 있다.[12]

둘째, 원지시인의 지급지시를 수신하는 송신은행이 있다.

송신은행은 원지시인으로부터 지급지시를 수신하여 또 다른 수신은행에게 지급지시를 이행하는 역할을 한다는 측면에서 제1의 수신은행이자 제2의 지급지시인이라고 할 수 있다. 그러므로 송신은행은 원지시인의 지급지시를 수신하는 즉시 지급지시를 승낙 및 거절에 관하여 결정을 할 의무가 있다. 만약 송신은행이 원지시인의 지급지시를 승낙한다면 해당은행에 있는 원지시인의 예금계정에서 출금할 권리를 가진다. 송신은행도 원지시인으로

---

11) 기업간 전자자금이체를 규율하는 미국 통일상법전 제4A편과 국제간 전자자금이체를 규율하기 위하여 제정된 유엔 국제무역법위원회의 표준법은 지급이체(credit transfer)만을 규율대상으로 한다는 점에서 원지시인의 거래은행(originator's bank)을 송신은행, 그리고 수익자의 거래은행(beneficiary's bank)을 지급은행으로 표기한다.

12) 이병렬, 앞의 논문, 2002.2, pp.30~38.

부터 수신한 지급지시를 승낙하여 후속의 수신은행(지급은행)에게 지급지시를 이행한 이후, 지급은행이 해당지급지시를 승낙하지 않으면 송신은행 또한 자금환급보증에 의하여 보호를 받을 수 있다.[13)]

셋째, 송신은행으로부터 지급지시를 수신하는 중개은행 및 중개기관을 들 수 있다. 원지시인은 지급지시를 이행하는 과정에서 1개 이상의 중개은행을 지정할 수 있다.[14)] 만약 전자자금이체가 중개은행으로서 연방준비은행의 FedWire를 이용한다면 중개은행은 송신은행으로부터 지급지시를 수신하여 지급은행에게 지급지시를 이행할 의무를 부담한다. 미국의 기업간 전자자금이체에서 중개은행 및 중개기관으로서 이용되는 전자자금이체시스템[15)]으로는 양자간 결제시스템(Bilateral System)인 세계 은행간 금융통신 협회[16)](Society for Worldwide Interbank Financial Telecommunication; SWIFT), 다자간 결제시스템(Multilateral System)인 어음교환소 은행간 시스템(CHIPS) 및 실시간(Real Time) 결제시스템인 연방준비은행의 전송망(FedWire) 등 세 가지 방식이 이용되고 있다.

넷째, 송신은행이나 중개기관을 통하여 수신한 자금을 수익자에게 이체지급하는 지급은행이 있다. 송신은행이나 중개기관을 통하여 지급지시를 수신한다는 면에서 지급은행도 수신은행이라고 할 수 있다.[17)] 그러나 지급은행은 지급지시를 수신하기는 하지만 지급지시를 전송하기보다는 수익자의 계정에 이체지급하는 역할을 하기 때문에 이행은행이라 할

---

13) 지급은행이 지급지시를 승낙하지 않아서 자금이체가 종료되지 않는다면 그때 송신은행은 지급은행에게 이체하여야 채무를 면제받으며 자신이 이미 지급은행에게 대금을 지급하였다면 송신은행 또한 자금을 반환 받을 권리를 가진다. 수신은행의 이러한 자금환급보증의무는 지급지시의 전송자인 원지시인과 송신은행을 보호하는 중요한 안전장치가 된다.

14) 고객인 원지시인으로부터 중개은행 지정에 관련된 지시가 없는 경우, 송신은행은 만약 이 시스템의 이용이 합리적이라면 그가 원하는 어떠한 자금이체시스템도 이용할 수가 있다. 그리고 송신은행이 선의로 원지시인의 지시가 이행 불가능하거나, 원지시인이 지정한 이행수단이 자금이체의 이행을 지나치게 지연시킨다고 판단된다면 지시수단과 관련하여 원지시인의 지시를 무시할 수 있다. 또한 일부 경우에 있어 송신은행은 그의 은행에 수익자가 계정을 보유하고 있다면 해당 계정에 직접 이체함으로서 지급지시를 이행할 수가 있다; UCC §4A－302.

15) 전자자금이체에서 중개기관은 자금이체를 촉진시키기 위하여 제공된 통신시스템을 말하는데 이러한 시스템을 자금이체시스템이라 한다. 여기에는 전송자의 지급지시를 수신은행으로 전송할 수 있는 어떠한 시스템도 모두 포함된다. 이와 같은 시스템을 이용하여 자금을 이체할 경우 미국 통일상법전 제4A편과 연방준비은행의 전자자금이체시스템규정이 일치하지 않으면 약정에 따라 연방준비은행의 전자자금이체시스템의 규정을 미국 통일상법전 제4A편보다 먼저 적용할 수 있다.

16) SWIFT의 최대장점은 금융거래의 메시지텍스트의 표준화에 있다. 이러한 표준화에 의하여 자동처리, 통신에러의 삭감, 무서류(paperless)화가 가능하게 되어 사무의 합리화, 효율화의 성과를 거둘 수 있었다; 八尾 晃, 「國際取人と電子決濟」, 東京經濟情報出版社, 1997, 163－164面.

17) 미국 통일상법전 제4A편과 표준법에서는 송신은행과 지급은행을 합쳐 수신은행(receiving bank)이라고 정의하고 있기 때문에 본 문이하에서도 이들 은행을 수신은행이라고 표기한다; UCC §4A－301(a); UNCITRAL Model Law on International Credit Transfers (Model Law) §2(f).

수 없다. 지급은행은 수익자에게 이체지급에 관한 지급지시를 승낙하는 경우에단 송신은행으로부터 지급 받을 권리를 가진다. 그러므로 지급은행도 지급지시를 수신할 때 해당 지급지시를 거절할 수 있다.

지급은행이 이러한 권리가 있음에도 불구하고 영업일 이내에 지급지시를 거절하지 않는다면 지급지시를 수신한 날 이후 다음 영업일 시작시점에 지급지시는 승낙의 효력이 발생된다.

다섯째, 마지막 당사자로서 지급은행으로부터 이체지급을 받는 수익자가 존재한다. 상업적인 기업간 전자자금이체에서 지급은행은 수신한 지급지시를 정상적으로는 수익자에게 전화나 미리 약정한 전자통신의 형태로 통지하여야 한다. 그러므로 수익자는 지급은행이 지급지시를 승낙한 경우 지급은행으로부터 이체지급과 관련하여 통지 받을 권리를 가지며 이 통지에 따라 이체지급일에 지급은행으로부터 이체지급을 받을 권리를 가진다. 지급은행이 이체지급을 행한 경우에만 수익자에 대한 원지시인의 채무는 변제됨과 동시에 전자자금이체가 종료되어 지급지시는 더 이상 취소되지 않는다.

2. 전자자금이체매카니즘

FedWire을 통한 기업간 전자자금이체는 다음과 같은 이행 메카니즘에 따라 운영된다. 이 메카니즘에 따라 전자자금이체는 전체 3개의 지급지시의 전송으로 시작되고 종료된다. 지급지시를 수신하여 이행하는 당사자는 수신은행이다. 따라서 전자자금이체는 크게 원지시인, 수신은행 그리고 수익자에 의하여 진행된다. 그 중에서 지급지시를 전송하는 수신은행 중 특히 송신은행을 지급지시를 이행한다는 측면에서 지급지시의 금액을 수익자에게 이체지급하는 지급은행과 구별하기 위하여 이행은행(executing bank)이라 할 수 있다.[18] 그리고 당사자 구별 없이 지급지시를 전송하는 모든 당사자는 전송자가 된다.[19]

전자자금이체의 시작은 제일 먼저 원지시인의 지급지시로 개시된다. 즉, [그림 12-1]에서 원지시인은 송신은행에게 지급지시를 전송한다. 이때 원지시인이 전송하는 제1의 지급지시를 송신은행에게 원지시인의 지급지시금액을 위임한다는 법률적 권리의 이전이라는 측면에서 자금이체수권이라 할 수 있다. 자금이체수권을 받은 송신은행은 원지시인의 대리

18) 미국 통일상법전 제4A편에서는 '이행'이라는 용어를 지급은행이 아닌 수신은행이 지급지시를 전송하는 것으로 정의하고 있다. 그러나 표준법에서는 수익자에 대한 지급은행의 이체지급 역시 지급지시를 이행한다라고 규정하고 있다; UCC §4A-301(a); UNCITRAL Model Law §2(1); The Report of the United Nations Commission on International Trade Law on the work of Its Twenty-Twenty-Fourth Session, U.N. Commission on International Trade Law, 24th Session., No. 17, pp.279, 289 & 296, U.N. Doc. A/46/17, 1991.

19) 지급지시의 전송자에는 원지시인, 송신은행, 중개은행, 지급은행이 포함된다.

인의 자격으로 연방준비은행에 제 2의 지급지시를 전송한다. 연방준비은행은 송신은행의 지급지시를 수신 받아 후속의 수신은행인 지급은행에게 지급지시를 전송한다. 송신은행의 연방준비은행에 대한 지급지시와 연방준비은행의 지급은행에 대한 지급지시를 자금이체라고 할 수 있다. 그러므로 자금이체를 수신 받은 연방준비은행은 지급지시를 연결하는 중개은행으로서 행동을 한다.

만약 지급은행이 중개은행인 연방준비은행에 계정을 가지고 있다면 연방준비은행은 이 메시지를 직접적으로 지급은행의 FedWire의 접속망에 전송하고 동시에 지급지시의 금액만큼 수익자의 계정에 이체지급 한다.[20] 지급은행의 이러한 이체지급으로 수익자에 대한 원지시인의 채무는 변제되며 전자자금이체도 종료된다.

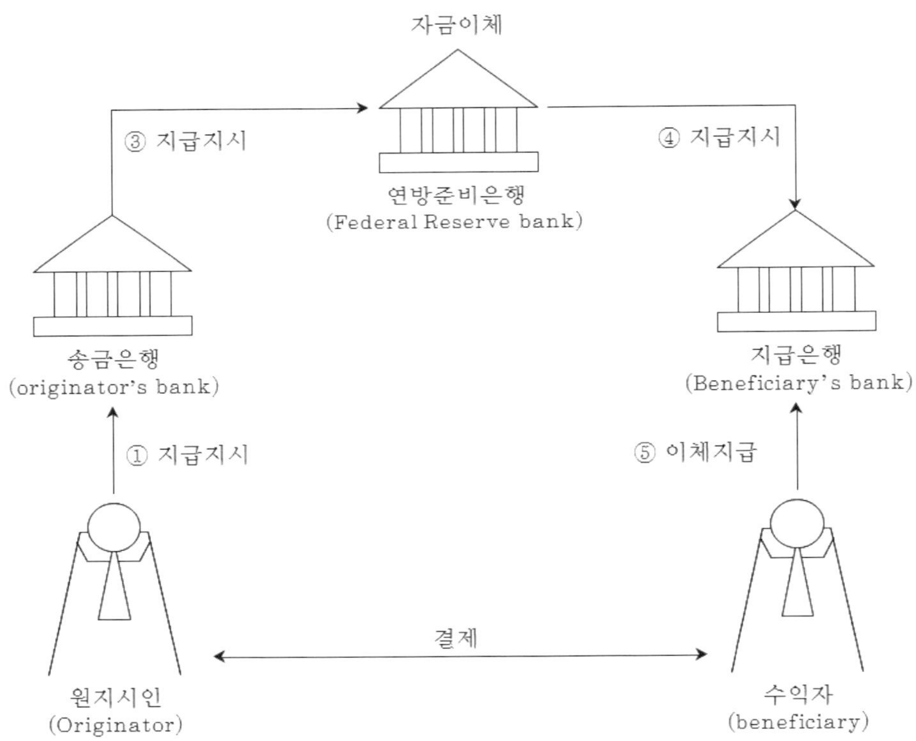

자료: Ronald J. Mann, Payment Systems and Other Financial Transactions, Aspen Publishers, Inc., 2ed, 2003, p.163.

[그림 14-1] Fedwire에 의한 전자자금이체시스템

20) Regulation J §210.29(a).

chapter 15

각국의 전자자금이체시스템

제1절 전자자금이체의 국제적인 동향

국제전자자금이체는 일국의 지급인의 은행으로부터 타국의 피지급인의 은행으로 자금의 이체를 의미한다. 피지급인의 은행은 지급인의 은행과 다르거나, 지급인의 은행이 하우스은행(house bank)[1]일 경우 그 은행의 지점이어야 한다. 지급인의 은행과 피지급인의 은행이 동일계정을 보유하고 있는 제3의 은행에 지급인의 은행이 지급한 경우 코레스 은행(correspondent bank)에게 지급한 것으로 규정된다. 이러한 성격의 이체는 이들 두 재판관할권 또는 제3의 재판관할권에 위치한 하나 이상의 중개은행을 통하여 이르어진다.

국제자금이체시스템은 국제차입 및 대부에서부터, 외환시장에서의 포지션, 단기화폐시장, 주식과 유가증권거래, 그리고 그들의 파생상품의 거래에 이르기까지 폭넓게 이용된다. 국제자금이체시스템에 참가하는 당사자들로서는 거래자들, 그들의 결제부서, 그리고 지급과 결제시스템을 포함한다. 이들 참가자들의 각각은 거래의 메카니즘에서 전문화된 기능을 수행한다. 먼저 거래자들은 그들의 거래은행을 통하여 또 다른 거래자들과 자금이체거래를 시작할 때 지급 및 수취의무를, 그리고 유가증권거래의 경우에서는 교환의무를 발생시킨다.

일단 거래가 이루어지면, 거래에 관련된 지급, 수취 및 교환지시가 거래자회사의 결제부서에 의하여 확인되고 실행된다. 두 번째, 결제부서는 지급 및 수취와 관련된 의무를 이행하기 위하여 결제시스템을 이용할 것이다. 결제부서가 수행한 기능은 결제시스템을 통하여 거래자가 개시한 거래를 종료시킨다. 거래자들은 거래과정에서 매우 적은 마진을 가지고 거래한다. 만약 거래에서 결제를 지연시키면 거래자들의 자금이용은 취소될 것이다. 또

1) 하우스은행이란, 해당은행의 동일지점 또는 다른 지점에, 지급인과 피지급인 둘 다가 하나의 계정을 가지고 있는 은행을 말한다.

한 시장가격의 변동, 당사자들 또는 중개기관 중 하나에 의하여 유발된 잠재적 위험과 같은 높은 위험에 한 당사자 또는 두 당사자 모두가 노출될 것이다. 결과적으로 저 마진에 의한 저비용과 신용위험과 시장위험을 감당하는 결제의 신속성이 거액전자자금이체시스템의 본질이다. 한편 결제부서에서 거래를 완료시키기 위해서는 거래자간에 체결한 주(근거)계약(underlying contract)의 법적 유용성 및 거래의 지급 및 결제의 최종성에 기초한다. 환언하면 지급 및 결제시스템은 참가자들의 통합성, 유동성 그리고 신뢰성에 의하여 유지된다. 그리고 자금이체의 개시기준, 결제추적 그리고 실행을 승낙할 지급결제시스템의 능력에 좌우된다.

이와 같은 기능을 수행하는 자금이체시스템에는 미국의 Fedwire와 CHIPS, 영국의 CHAPS, 일본의 BOJ－Net와 FEYCS, 스위스의 SIC, 유럽연합의 TARGET와 SEPA가 포함된다. 이들 시스템들은 소유 및 운영의 주최에 따라 다음 세가지로 구분된다. 첫째, 중앙은행이 소유하는 형태로서 미국의 Fedwire, 일본의 BOJ－Net. 그리고 유럽의 TARGET가 있다. 둘째, 은행협회가 소유하는 형태로서 미국의 CHIPS, 영국의 CHAPS, 그리고 일본의 FEYCS가 있다. 셋째, 스위스의 SIC는 중앙은행과 은행연합회가 공동으로 소유하고 있다. 또한 이들 시스템은 결제방식에 따라 차액결제시스템인 네팅시스템(Netting)과 총액결제시스템(RTGS)으로 구분된다. 차액결제시스템으로서 CHIPS가 대표적인 경우이고 총액결제시스템은 FEDWIRE, CHAPS, SIC, BOJ－NET, 그리고 TARGET가 존재한다. 그런데 일부시스템은 FEYCS처럼 두 형식 모두를 취하기도 한다. 총액결제시스템에서 결제는 건별로 즉시, 실시간으로 이루어진다. 네팅시스템은 지급 및 수취하기 위하여 중앙은행 및 정산소의 당사자의 계정에서 상쇄한다.

이처럼 전자자금이체가 대금결제관행으로 국제적으로 정착되고 있음에도 불구하고 현재 이에 관한 법을 제정한 국가는 미국을 비롯하여 소수에 불과하다. 예를 들면, 유럽국가들은 문서환에 의한 은행계정간 이체, 즉 지로제도를 규율하는 법을 전자자금이체에 그대로 적용하고 있다. 따라서 사실상 전자자금이체는 주로 은행들의 약관에 의하여 규율되고 있는 실정이다. 일본도 유럽의 영향을 많이 받아 특별히 제정된 법은 없지만 미국의 선례를 따라 구체적으로 입법을 하였거나 또는 제정작업을 진행 중에 있다.

제2절 미 국

1. Fedwire

Fedwire(이하 Fedwire 또는 패드라 함)는 12개의 미국 연방준비은행[1]에 의하여 소유 및 운영되고 있으며 매일 수 조 달러가 이체되는 통신 및 결제시스템이다. Fedwire는 실시간 수신은행의 주(master)계정에 즉시 지급이체하는 총액결제시스템(Real Time Gross System; RTGS)으로서 각 거래는 미국 전역에 약 7,400여개의 예금금융기관과 연결된 전국적인 전자 네트워크을 통하여 결제된다.[2] 사실 Fedwire는 국내거래를 주로 취급하지만 외국은행도 Fedwire을 이용하여 미국에 있는 그들의 지점, 대리인, 은행자회사를 통하여 접속할 수 있다. 또한 비참가자도 Fedwire참가자인 코레스 은행을 통하여 간접적으로 시스템에 접속이 가능하다. Fedwire는 전국적이며 자금이동이 신속하고 안전하며 동시에 최종성을 제공하는 총액결제시스템으로서 뿐 아니라, 동일한 날 결제가 이루어지는 가치이체시스템으로서 사용자들에게는 인기가 많다. 그럼에도 불구하고 동일한 날 이행은 반드시 보장되지 아니할 수 있다. 이 경우 자금은 수익자 거래은행에게 지급을 이행한 이후에 하루 만에 수익자에게 전송될 수 있다. 패드이체에서 연방준비은행은 원지시인, 원지시인의 거래은행, 중개은행, 수익자의 거래은행, 수익자가 될 수 있으며 만약 연방준비은행이 원지시인의 거래은행 또는 수익자의 거래은행의 기능을 할 경우라면 연방준비은행은 정부부서, 대리기관이 될 수 있다.[3] 연방준비은행이 거래은행이라면 원지시인이나 수익자는 금융기관들(은행)이 된다.

패드에서 원지시인과 수익자들은 원지시인의 거래은행과 수익자의 거래은행을 연결하고 있는 연방준비은행을 통하여 통신한다. 그리고 연방준비은행에서 전송자(원지시인의 거래은행)의 계정에 추심이체하고 수신은행(수익자의 거래은행)의 계정에 대응하는 지급을 이체한다.

패드는 자금이체에 관한 지급지시를 처리하기 위하여 미국 전역에 분산된 3개의 중앙집중식 전산시스템을 운영한다. 첫째는 on-site backup시스템, 둘째 hot backup 시스템, 셋

1) 미국 12개 연방준비은행은 다음과 같다. 보스톤, 뉴욕(버팔로 지점), 필라델피아, 클리브랜드(신시네티 및 피츠버그 지점), 리치몬드(발티모아 및 샤롯트 지점), 아틀란타(버밍험 및 잭슨빌, 마이애미, 내쉬빌, 뉴올리온즈 지점), 시카고(디트로이트 지점), 세인트루이스(리틀룩, 루이스 빌, 멤피스지점), 미네아폴리스(헬레나 지점), 캔자스(덴버, 오클라호마시티, 오마하지점), 델라스(엘파소, 휴스톤, 산안토니오지점), 샌프란시스코(로스앤젤레스, 포틀랜드, 솔트레이크, 시애틀 지점)

2) 1994년까지만 해도 Fedwire 시스템은 11,000개 이상의 참가금융기관들을 가지고 있었다. 그 이후 참가금융기관들이 감소한 것은 미국의 은행들이 통합되었기 때문이다.

3) 뉴욕의 연방준비은행 역시 이 은행의 외국중앙은행고객을 위하여 원지시인의 거래은행이 될 수 있다.

째는 warm backup시스템이다. 이 세가지 데이터처리센터는 자연적인 재앙으로부터 발생하는 장애를 방지하기 위하여 서로 원거리에 위치해 있다. 또한 세 개의 데이터센터는 다른 우발적 사건, 예를 들면 과다한 전력부하로부터 발생하는 위험에 대처하기 위하여 위험통제시스템, 이중 컴퓨터 및 네트워크 운영센터들, 그리고 적절한 보안장치를 가지고 있다. 실제적으로 패드시스템은 연방준비은행에 연결된 각 은행을 유지 및 관리하기 위한 작업계정(working balance)에 연결되어 있다. 각 이체는 전송자의 작업계정에서 추심이체되어 수신은행의 작업계정에 지급이체된다. 추심이체가 전송자의 작업계정에서 연방준비지급위험정책(Federal Reserve Payment Risk Policy)에서 허용하고 있는 과다인출금액을 초과할 정도로 과다인출이 된다면 해당계정은 감시대상이 되고, 자금이체는 더 이상 진행되지 아니한다.

전송은행과 수신은행 모두 동일한 연방준비은행(이하 연방은행이라 할 수 도 있음)에 각 각의 계정들을 보유하고 있는 상태에서 은행간 이체가 이루어질 경우 이를 지역내이체(intradistrict)라 하며. 각 은행들이 다른 연방은행에 각 각 보유하고 있는 계정간 이체는 지역간이체(interdistrict)라 한다.[4] 각 은행과 그들의 연방은행간 통신은 온 라인 또는 오프라인 중 하나에 의해서 이루지지만 두 연방은행간 이체는 FEDNET 상에서 이루어진다.

2. CHIPS

CHIPS(이하 칩스라고도 표기함)는 뉴욕에 기반을 둔 민간 정산소의 통신시스템이자 은행협회의 결제시스템이다. CHIPS는 결제네트워크 뿐 통신네트워크로서 국제거래를 위한 중앙 스위치정산시스템으로서 역할을 하고 있으며, 전 세계 국가들간의 모든 달러 지급의 95%이상을 취급한다.[5] 또한 CHIPS는 뉴욕에서 평일에 1조 3천억 달러이상을 결제한다. 이 금액은 약 242.000개의 거래건수에 해당되는데 여기에는 국내지급 뿐 아니라 외국무역지급, 외환, 유가증권결제 그리고 유로달러거래를 포함하고 있다. CHIPS와 종종 비교가 되는 미국의 Fedwire가 총액(실시간)결제시스템인데 반하여 CHIPS는 1981년(그 이전에는 익일결제)부터 당일 말(end of day)다자간 결제시스템으로 전환되었다. 이 시스템은 중앙스위치 통신결제시스템으로서, 53개의 참여은행이 CHIPS의 중앙컴퓨터에 각각 연결되는 전용 통신선으

---

4) 지역내이체(intradistrict)라 함은, 하나의 연방은행에 관리되고 있는 계정에서 입금되는 자금이체를 말함; 12 CFR § 210.26(g); 지역간이체(interdistrict)라 함은, 두 개의 연방은행에 관리되고 있는 계정으로의 입금을 포함하는 자금이체를 말함; 12 CFR § 210.26(f); 처리전망으로부터 지역내 이체와 지역간 이체간의 차이점은 모든 실무적인 목적을 위하여 연방은행이 Fedwire시스템을 처리하기 위하여 사용된 전산시스템을 집중화시킬 때 제거된다. 그런데, 「규정 J」에서는 법률적인 차이점은 남아 있다.

5) www.chips.org

로 수신된 지급메세지를 당일 교환해왔다. 그러다가 2001년 1월 22일 CHIPS는 하이브리드 시스템(hybriid system)으로 전환된 후 전송된 지급지시를 즉각 결제하는 최종성을 도입하였기 때문에 결제실패에 대한 위험은 없다.[6] 현재 칩스는 지급지시를 개별적으로 전송할 수도 있고 네트(netted; 양자간 또는 다자간)되어 전송할 수도 있다.

CHIPS는 주로 대형규모의 금융기관들에게 개방적 접근을 제공하는데 참여자들은 상업은행 또는 미국에 주재하는 외국은행의 뉴욕지사, 대리점 및 상업은행의 자회사들이다.[7] 상업금융기관[8] 또는 상업금융기관의 지점이나 자회사인 에지(Edge)기업도 다음의 기준에 충족되면 당사자가 될 수 있다. 당사자가 될 수 있는 주요 조건으르서는 첫째, 대일 개방포지션요구조건(opening position requirement)과 폐쇄포지션요구조건(closing position requirement)을 충족시켜 신속히 인출지급지시에 대하여 신속히 지급할 수 있을 정도의 충분한 신용 및 유동성을 보유하고 있어야 한다. 둘째, 시스템을 효율적으로 운영할 능력을 갖추어야 한다.[9]

CHIPS참가자들이 부담해야 하는 비용 및 과세는 3가지 종류가 있다.[10] 첫째, 지급비용은 특별히 정해진 것은 없지만 최소금액을 지급하도록 규정하고 있다. 이 비용계산은 각 참가자들이 참가자로서 자격을 갖추고 있는 달 동안, 참가자들이 수취하거나 전송된 컴퓨터메세지금액에 기초하여 월간으로 평가하여 지불한다. 둘째, 월간기준으로 각 참가자들은

---

6) 칩스에서 방출된 지급메세지의 실시간 최종결제를 도입하기 전에는, 칩스는 결제실패를 회피하기 위하여 일련의 위험 통제장치를 마련하였다. 양자 차변제한과 순대변갭에 추가하여, 더 큰 결제 최종성을 보장하기 위하여 모든 칩스당사자들간에 손실분담약정을 체결하였다. 약정한 각 당사자는 그들의 관련 결제의무를 충족시킬 수 없거나 시킬 의지가 없는 하나 이상의 당사자를 위하여 결제를 완성하기 위하여 필요한 자금의 일정부분을 제공하여야 한다. 손실분담약정을 체결한 각 당사자의 의무는 미국재무성 증권형태로 담보물을 제공하여야 한다.

7) CHIPS Rules 1.

8) 상업은행기관에는 국가, 주 은행 그리고 뉴욕은행법의 Article Ⅳ하에서 영업허가를 받은 민간은행들, 미국의 주(state)법하에 설립된 기업들 그리고 뉴욕은행법의 Article Ⅴ에 따라 뉴욕에서 은행업무를 수행하는데 필요한 허가를 획득한 기업들, 그리고 1978, 12 USC §3101의 국제은행법(International Banking Law)의 §1(b)의 범위에 포함되는 외국은행의 지점이나 대리점을 포함한다.

9) 그 외 부가적인 조간으로서 다음의 특정한 기준에 일치하여야 한다. (가) 미국 내 주소지 상업은행의 업무를 수행하여야 한다. (나) 미국 내 영업소는 연방 또는 주 은행관리당국의 구정에 지배를 받아야 한다. (다) 1991년 12 USC §4402(9)의 연방예탁보험공사 발전법(Ferderal Deposit Insurance Corporation Improvement Act)의 402(9)의 범위에 충족되는 금융기관으로서 자격을 갖추어야 한다. (라) CHIPS Rule. 6에서 요구하는 조건과 일치하는 접속을 통해서만이 CHIPS로브터 지급메세지를 수신하거나 CHIPS에게 지급메세지를 전송하여야 한다. (마) CHIPS Rule. 7의 요구조건과 일치하는 메인 및 백업 컴퓨터 시설을 유지해야 한다. (바) 이사장에게 참가자의 승낙을 받기 위해서 CHIPS 참가자의 약정서, 그 외 다른 서류, 그리고 사장이 요구한 정보를 제시하여야 한다.

10) CHIPS Rules, 11.

참가자들에게 제공된 원거리통신과 서비스제공으로 CHIPCo가 부담한 비용을 상환하여야 할 것이다. 셋째, 월간기준으로 각 참가자들은 CHIPCo에게 컴퓨터시설의 사용대가를 지불해야 할 것이다.[11]

또한 칩스 당사자를 펀딩(funding)참가자와 비펀딩(nonfunding)참가자로 구분할 수 있다. CHIPS 53개 참가자들 중에서 대략 절반이 펀딩참가자인데 이들은 CHIPS의 선 지급된 잔고계정약정(Prefunded Balance Account Agreement)을 체결한 참가자이다.

칩스를 통한 결제메카니즘의 주요한 Key는 칩스의 현행포지션이 어떻게 창출되며 당일동안 어떻게 변경되는 지를 이해하는데 달려있다. 칩스는 각 참가자에게 현행 포지션(current position)으로서 정산소에 기록되어 있는 달러금액까지 각 참가자의 지급지시를 이행한다. 결국 칩스를 통한 자금결제는 수신참가자에게 전송참가자의 지급을 정산소(Clearing House)에서 지급메세지의 방출을 반영하는 참가자의 포지션을 조정할 때 최종적으로 이루어진다. 참가자가 개방포지션을 당일동안 정산소에 개설하지 않으면 해당 일에 칩스메세지를 수신하거나 전송할 수 없다. 칩스참가자[12]는 펀딩참가자(funding participant)들이 공동으로 소유하고 있는 계정에 최종적이며 취소불가능한 자금을 전송함으로써 정산소에 개방포지션을 개설하거나, 뉴욕연방준비은행(Federal Reserve Bank of New York; FRBNY)에 계정을 개설 할 수 있다.[13] FRBNY에 공동계정으로 참가자가 자금을 이체하였을 경우, 정산소는 칩스결제를 위하여 참가자의 개방포지션의 금액과 이체된 금액을 반영한

11) 이병렬 · 이천우, "국제전자결제시스템으로서 CHIPS에 관한 연구", 「통상정보연구」, 한국통상정보학회, 제8권 제4호, 2006.12, pp.79~84.

12) 칩스에 참가하기 위한 조건은 다음과 같다. 중앙스위치 통신시스템으로서 칩스는 규모가 큰 많은 기관들에게 개방적 접근을 제공한다. 상업금융기관 또는 상업금융기관의 지점이나 자회사인 에지(Edge)기업도 다음의 기준에 충족되면 당사자가 될 수 있다. 즉, 매일 개방포지션 요구조건(opening position requirement)과 마감포지션요구조건(closing position requirement)을 충족시킴으로서 신속히 지급할 수 있을 정도의 충분한 신용 및 유동성을 보유하고 있어야 한다. 그리고 시스템을 어떠한 지체나 복잡성도 없이 효율적으로 운영할 능력을 갖추어야 한다. 그 외 부가적인 조건으로써 다음의 특정한 기준에 일치하여야 한다. 첫째, 미국에 위치한 사무실에서 상업은행의 업무를 수행하여야 한다. 둘째, 미국사무실은 연방 또는 주 은행관리당국의 규정에 지배를 받아야 한다. 셋째, 1991년 12 USC §4402(9)의 연방예탁보험공사 발전법(Ferderal Deposit Insurance Corporation Improvement Act)의 402(9)의 범위이내의 금융기관으로서 자격을 갖추어야 한다. 넷째, CHIPS Rule 6에서 요구하는 조건과 일치하는 연결을 통해서 만이 칩스로부터 지급메세지를 수신하거나 칩스에게 지급메세지를 전송하여야 한다. 다섯째, CHIPS Rule 7의 요구조건과 일치하는 메인 및 백업컴퓨터 시설을 유지해야 한다. 여섯째, 참가자가 되기 위하여 신청하는 칩스 참가자의 약정서를 비롯한 기타 서류 및 사장이 필요한 정보를 제시하여야 한다.

13) 참가자는 연방준비은행에 있는 그 자신의 계정에서 선지급된 잔고계정(prefunded balance ac-count)으로 자금을 직접 이체할 수 있거나 또는 연방준비은행에 계정에 보유하고 있는 별개의 금융기관을 통하여 간접적으로 자금을 이체할 수 있다; CHIPS Rules, 12(b)(2).

기록표(records)에 그 금액을 입력한다.

지급메세지가 칩스를 통하여 방출될 때, 정산소의 기록표(Reccrd)에는 전송참가자의 포지션이 감소되고 수신참가자의 포지션은 증가되도록 조정된다. 각 참가자의 개방 포지션의 정산소의 장부에 있는 일중 기록은, 지급메세지의 방출에 따라 기록된 모든 포지션의 증감을 반영하기 위하여 조정됨으로써, 참가자의 현행 포지션을 표시하고 있다. 칩스는 만약 전송참가자의 현행포지션이 제로(zero)이하로 떨어지거나 또는 수신참가자의 현행포지션이 개방포지션의 두 배 이상 금액으로 증가한다면, 어떠한 지급메세지도 방출되지 않도록 설계되어 있다. 칩스에서 결제의 완료는 지급메세지의 최종 결제와 수신참가자에게 지급메세지의 금액을 지급해야 하는 전송참가자의 지급의무의 최종면제를 의미한다. 전송참가자의 지급의무최종면제는 지급메세지가 칩스 컴퓨터에 의하여 방출될 때 이루어진다. 따라서 더 이상의 칩스에서 결제실패는 발생하지 않는다.

3. ACH

ACH(Automated Clearing House)[14](이하 또는 정산원으로도 표기함)에 의한 지급시스템의 당사자도 기본적으로는 원지시인(originator), 수신자(receiver), 지시이행 금융기관(originating depository institution; 원지시인 거래은행이라고도 표기함), 수신금융기관(receiving depository institution; 수신자 거래은행이라고 표기함), ACH운영자[15](operator)로 구성된다는 점에서 패드와 유사하다고 할 수 있다. 원지시인과 수신인은 결제의 직접적인 당사자가 된다.[16] 원지시인은 지급지시를 입력하지만 수신인은 출력된 데이터를 수신할 뿐이다. 패드가 지급이체(credit transfer)만을 대상으로 하는 데 반하여 ACH이체에서는 지급이체(credit transfer)와 추심이체(debit transfer)양자를 대상으로 하고 있다는 점이 특징이다. 지급이체에서는 원지시인이 지급인이고 수신인이 피지급인이다. 역으로 추심이체에서는 원지시인은 피지급인이

14) ACH 지급망(network)에는 520,000개의 금융기관, 500,000개 이상의 기업, 수백만 명의 소비자들이 이용하는 전국적인 전자결제시스템이다. ACH는 1970년대 초반 전통적으로 종이수표의 순환결제(되돌아오는 결제)의 대안으로써 전자적으로 결제하기 위하여 설립되겄다. 1972년 캘리포니아 정산소 협회(CACHA)가 무서류교환을 위한 최초의 ACH로서 설립되었다. 그 후 조지아주, 뉴일글랜드주 및 중서부주들에서 지역 ACH가 설립되었다. 1974년에 전미 자동정산소협회(NACHA)가 전국적인 규칙과 표준의 개정, 교육 프로그램의 개발 및 자동정산소를 개설하는데 기술적인 도움을 제공함으로써 전국적인 ACH설립의 기반을 구축하였고 운영은 1970년대 말 ACH 망의 지역간 교환을 촉진하면서 시작하였다.

15) ACH운영자는 지시이행금융기관으로부터 지급지시데이터를 수신금융기관으로 전달하는 중앙처리정산시설로서 NACHA와 체결한 약정을 이행하는 연방준비은행 및 민간운영자가 된다; ACH Rule 13.1.1.

16) 알래스카, 하와이 및 푸에르토리코도 이 시스템의 회원이다.

며 수신인은 지급인이 된다. 지급지시이행금융기관과 수신금융기관은 각각 원지시인과 수신인의 거래은행이 된다. ACH시스템에 참여할 수 있는 금융기관은 지급지시의 이행금융기관 없이 단지 수신금융기관으로서 존재할 수 있어 이 경우에는 당사자간에 지시이행금융기관이 수신금융기관으로서 행동하는데 동의하여야 한다. 이것은 소비자 ACH거래에서 수신금융기관이 최소인도기능으로서 역할을 하고 있기 때문이다.[17]

ACH이체에서 결제 데이터(지급지시)는 원지시인에서 원지시인의 거래은행을 통하여 ACH운영자에게 전송되고, 다시 수신자거래은행에게로 전송되어 최종 수신자에게 지급이체된다. 은행간 결제에서 실제 데이터는 East Rutherford, 뉴저지에 있는 연방준비은행의 처리시스템으로 수신된다.[18] 뉴욕에 있는 전자지급망을 포함하여 특별한 예외는 ACH운영자가 민간의 운영자일수도 있지만 지역간 통신은 연방준비은행의 통신을 통하여 이루어진다는 점이다. 패드의 접속은 온라인(on－line)방법과 오프라인(off－line)방법을 병용하고 있지만 ACH거래에 참여하는 은행들이 연방준비은행에 접속하기 위해서는 오직 전자적인 방법(on－line)으로 이루어진다. 참여 금융기관들은 일반적으로 ACH지역협회 회원들이다.[19] 지역 ACH협회는 NACHA(National Automated Clearing House Association)을 형성하고 이 NACHA는 ACH전국적인 활동과 연결되어 있다. NACHA와 대부분 지역 ACH협회는 단지 거래협회이지 데이터의 흐름에 참여하지 않는다. 또한 패드가 일중결제(Intraday Settlement)방식을, ACH는 일말결제방식(End－of－day Settlement)을 제공하고 있는 점이 다르다.

제2절 캐나다

캐나다의 LVTS(Large Value Transfer System)는 지급정산 결제법(Payment Clearing and Settlement Act; ACT)의 적용을 받는 정산 결제시스템으로서 캐나다 재무장관의 동의하에 중앙은행이 통제하고 있다. 이와 같은 이유로 캐나다 중앙은행은 LVTS 시스템에 결제의 보증과 유동성을 제공함과 동시에 중심참가자로서 역할을 한다.

LVTS는 캐나다 은행협회의 후원아래 운영되고 있는 국제 은행간 지급시스템(International

17) ACH이체는 크게 기업ACH와 소비자 ACH로 구분된다.

18) 이병렬, "신국제결제시스템으로서 전자자금이체에서의 고객보호에 관한 연구", 「국제상학」, 제19권 제3호, 한국국제상학회, 2004, pp.234~237.

19) NACHA의 지역 ACH협회 회원은 ACH참가자는 아니지만 현행규칙 및 주요한 정보를 제공한다. 그리고 교육과 훈련, 지역이나 국가적인 주요한 이슈에 대한 포럼을 개최한다. 운영자와 약정을 체결하거나 거래를 규율할 규칙을 제정하기도 한다. 금유기관들은 지역ACH협회의 회원이 아니라도 연방준비은행의 ACH 운영자에게로 접속도 가능하다.

Interbank Payment System; IIPS)을 대체하는 시스템이다.

LVTS는 캐나다 지급협회[20](Canada Payment Association; CPA)의 이사회가 1997년 11월 By-Law No.7 Respecting the Large Value Transfer System(LVTS By-Law)에 제정한 규정에 의하여 규율된다. 재무부의 제안에 따라, 이 By-law는 1998년 4월 2일 연방 내각에 의하여 승인되었다. 또한 LVTS By-law는 캐나다 지급협회법[21](Canadian Payment Association Act, 2002년 10월에 캐나다 지급법[22]; Canadian Payment Act; CP Act으로 개정)에서 요구한 대로 캐나다의 정부간행물(Canada Gazette)에 공표가 되어 1992년 2월 4일부터 거액전자자금이체에 적용되기 시작하였다.

LVTS의 통신시간대는 은행영업일과 일치한다. LVTS는 오전 7시에 로그온(log-on)하면서 개시된다. 그러나 실제 지급메세지의 교환은 오전 8시부터이다.[23] 고객의 지급마감시간은 오후 6시이지만 참가자간간 지급은 오후 6시30분까지 지속된다. 당일 캐나다중앙은행의 결제는 오후 7시 30분에 종료된다. 시스템의 위기와 같은 예외적인 사건이 발생할 경우 마감시간은 연장이 될 수 있다. LVTS을 통하여 교환된 지급메세지가 일단 승낙이 되면[24] 결제금액에 대한 제한은 없다.

제3절 영 국

1. CHAPS

CHAPS(이하 챱스라고 표기하기도 함)가 도입되기 전에는 영국에서 당일 정산시설 및 당

20) CPA는 이사회가 운영한다. 이사회구성은 공적 기관뿐 아니라 CPA 회원 중에서 이사회를 대표한다. 의장은 캐나다 은행이 임명한다. 이사회는 결제(settlement)관련문제 뿐 아니라 교환과 정산(exchange and clearing)에 대해서 관련법이 규정한 권한을 위임받고 있다. 이사회는 지급을 위한 청산결제와 관련하여 협회의 목적을 달성하기 위한 규칙(rule)을 제정할 수 있다; Benjamin Geva, The Law of Electronic Funds Transfers, San Francisco, Mattew Bender & Company, Inc., 2003, pp.4~68, 69. 또한 협회는 LVTS외에도 자동정산결제시스템(Automated Clearing Settlement System; ACSS)과 미국달러의 거액교환시스템(U.S. Dollar Bulk Exchange; USBE)도 운영한다. 이 협회는 두 가지의 ACSS와 관련된 지급항목에 핵심적인 데이터베이스도 관리하고 있다. 즉, 금융기관파일(Financial Institution File; FIF)와 기업신용확인번호(Corporate Creditor Identification Number; CCIN)도 포함된다; Deborah Wilson and Isabelle Lepage, "The Canadian Payments System-Recent Legislative Changes", *Banking & Financial Law Review*(Vol.18), 2002/ 2003, pp.261~263.

21) R.S.C. 1985, c. C121.

22) An act to Establish the Financial Consumer Agency of Canada, s. 217, S,C., 2001 c. 9.

23) 결제시간과 로그온시간의 갭은 LVTS By-law section 1에 규정되어 있다.

24) CP Act section 2(1).

일 이체한 자금을 보증하는 역할은 런던의 시티가에 있는(the City of London) 시 정산소(Town Clearing)가 수행해왔다. 시 정산소는 종이에 기반을 둔 시스템으로써 1995년 2월 24일에 위험을 통제하기가 어렵다는 이유로 폐쇄되기 전까지 런던의 지정된 시 정산영역이내에 존재하는 정산은행지점으로 지급되거나 정산은행지점이 발행한 거액수표 및 다른 지급수단을 당일결제 및 교환하는 기능을 해왔다. 시 정산 은행지점이 발행한 수표는 수표오른쪽 맨 위에 분류코드번호다음에 'T'자가 만들어진다. 최저 발행가격은 500,000프랑이다. 최대 및 최소금액은 정산소가 결정한다. 다른 수표와 비교하여 정산소가 발행한 수표는 전체 발행되는 수표 량의 1%에도 못 미친다. 그리고 발행된 수표가치의 90%이상이 소액이다.[25] 이 수표는 일반적으로 보험회사, 외환딜러, 주식 중개인, 상품거래자, 선박회사 및 은행들이 이용하고 있다.

시 정산소는 전형적으로 수표정산소의 성격으로서 수표의 처리절차는 당일에 완료된다. 여기에는 수표의 보증, 예탁, 제시 및 지급을 반영하는 은행간 결제의 보증과 선의의 소지인에게 수취은행의 지급의 결정까지 포함된다. 그런데 시 정산소는 다음과 같은 결점을 가지고 있다. 첫째, 육필로 처리 및 결제가 전제된 시스템으로써 업무량이 증가할수록 전통적 방법으로 처리되는 수표의 량에는 한계를 가지고 있었다. 둘째, 지급을 보증하지 않기 때문에 은행이 지급하는 금액은 발행은행이 지급을 부담한다. 따라서 수취은행은 당일 마지막에 정산이 완료될 때까지 수표를 보증하지 않는다. 셋째, 자동화된 시스템이 아니기 때문에 시 정산시스템자체는 시 정산소 지점, 원거리지점 및 고객간에 통신을 제공하지 않는다. 넷째, 당일동안 계속적인 지급의 교환이 발생되지 않으면 어떠한 지역 내 위험통제시스템(intra-day risk monitoring)도 효과가 없다. 특별히 네 번째 이유 때문에 시 정산소는 폐쇄되었다

그 후 1970년대 집입하면서 챱스가 시정산소의 단점을 보완하고 확대되는 글로벌무역거래와 국제금융시장에서 발생하는 거액 스털링지급을 효율적으로 처리하기 위해서 등장하였다. 챱스는 시 정산소의 결점을 보완할 뿐 아니라 정확한 현금관리의 필요성에 부응하는 새로운 기술을 가진 정산시스템로서 역할을 하고 있다. CHAPS는 당일 자동온라인 은행간 통신지급이체시스템으로서 은행정산소(Bankers Clearing House)가 1984년에 설립하였고 그 운영은 1985년에 설립된 지급정산서비스협회(Association for Payment Clearing Services; APACS)의 네트워크인 챱스 정산회사가 맡고 있다. 이 시스템의 도입목적은 당일 가치/결제지급서비스의 효율성과 신축성을 향상시키고 세계일류 금융센터로서 런던의 지위를 다시

25) 1987년 한해 수표발행최대금액은 10,000프랑이며 평균지급액은 1,800,000프랑이며, 일평균 발행건수는 20,000건에 불과하였다.

구축하기 위함이다.[26)]

찹스는 자동전자시스템을 통하여 그들의 고객을 대신할 뿐 아니라 그들 자신의 계정에 영국의 정산은행이 메시지를 전달하고 수신하는 네트워크로서 역할을 하기도 한다. 초기모델은 미국의 뉴욕에 기반을 둔 CHIPS와 유사하여 각 참가은행들은 특별히 제공된 터미널 및 전용선을 이용하여 CHAPS의 중앙컴퓨터 터미널과 연결되어 있다. 이 시스템은 초기에는 폐쇄적으로 설계되었으며 보안수준에도 문제가 있어 1980년대 초 최초 모델인 CHAPS1은 폐기되었고 보다 분산되고 신축적인 시스템인 CHAPS2모델이 등장하였다. 최초에 찹스는 순(net) 순(net) 당일 말 결제시스템이었지만 1996년 실시간 총액결제시스템으로 전환되었다. 처음에는 영란은행의 중개 없이 송신게이트웨이에서 수신게이트웨이까지 직접 전송되었다. 찹스가 1996년에 RTGS으로 전환된 이후에 방식이 변경되었는데 전송게이트웨이와 수신게이트웨이간에 통신은 영란은행에 있는 지급메세지의 결제에 앞서서 발생함으로써 전송게이트와 영란은행간에 메시지가 교환된다. 주 메시지에 의한 결제요청은 영란은행의 RTGS게이트웨이로 전송된다. 그러므로 주 메시지는 전송게이트웨이에 남겨 된다.

또한 찹스는 1999년 1월 4일 CHAPS Euro(이하 찹스 유로라고 표기함)라는 새로운 거액지급시스템을 개발하여 유로통화로 지급하기 시작하였다. 찹스유로에 대한 접속은 SWIFT을 통하여 이루어지고 영란은행이 당일 중앙결제시스템을 이용하여 총액 결제한다. 찹스유로는 영국이 그 당시 유로화를 채택하지 않았기 때문에 찹스 스털링과 병행하여 운영되어 왔다. 찹스유로시스템도 2001년 말까지 운영되다가 그 이후부터는 새로운 찹스프로젝트(NewCHAPS)가 유로화 및 스털링통화 모두에 스위프트 플래트폼을 제공하게 되었다.

2. NewCHAPS

영국은 NewCHAPS(이하 뉴 찹스라 표기함) 프로젝트을 통하여 스털링 및 유로지급을 병행하여 보다 발전된 RTGS서비스을 2001년 8월 27일부터 개시하였다. 이 시스템은 찹스스털링 지급을 위하여 제공된 전용통신망을 대체하는 새로운 시스템으로서 스위프트 핀 Y-copy mode를 이용한다. 전송은행은 지급메세지을 방출하여 직접 수신은행에게 제시하고 이 메세지를 다시 스위프트통신망을 통하여 스위프트에게 전송한다. 뉴찹스지급메세지는 RTGS처리기에서 처리되며 영란은행이 제공하는 담보물에 대한 어떤 수수료 없이 일중지급을 제공한다. 일광자금(daylight fund)은 영란은행이 판매 및 재 구매약정을 체결하여

26) 영국에서 통신부분과 관련된 전자이체망은 중앙스위치시스템(central switch)과 게이트웨이(gateway) 시스템 등 두 가지가 존재한다. 중앙스위치시스템은 연방준비은행시스템이며 게이트웨이시스템은 실시간 총액결제시스템으로 변형 될 때 까지 런던에 기반을 둔 스털링 및 유로를 위한 거액전자이체시스템인 정산소 자동지급시스템(Clearing House Automated Payment System; CHAPS)이다.

회원은행으로부터 고품질의 금융자산을 구입한 대가로 회원은행의 결제계정으로 이체시킨 다.[27] 은행들은 영란은행에 개설된 그들의 CRD(Cash Ratio Deposit)을 이용하여 당일 영란 은행에 판매된 모든 금융자산은 재 구매 되며 모든 CRD는 반환된다. 때문에 당일 말에 각 회원들은 결제계정에 적절한 자금을 보유하고 있어야 한다. 이 자금은 CRD을 교환하고 발행된 환매특약을 환급(reverse)하기 위한 일중유동성 담보금액에 해당된다.

뉴참스가 도입됨으로써 영국유가증권시장에서 중앙은행화폐로 DVP을 촉진하기 위하여 RTGS처리기와 CRESTO간에 동맹을 체결하였다. DVP메카니즘은 CREST결제주기에서 수행되는 유가증권을 이체하기 위하여 RTGS유동성을 할당하기로 전제되어 있다. 영국의 CREST서비스는 CRESTCO Ltd.,가 제공하는 96개의 시스템사용자가 소유하고 있으며 우량 주식거래를 결제하는 전산화시스템을 제공한다. 2001년 11월 26일 CRESTCO는 영란은행의 은행 간 거액지급시스템을 가진 CREST을 연결하여 중앙은행자금을 실시간으로 DVP (delivery－versus－payment)시스템을 도입하였다.

제4절 스위스

스위스의 SIC(Swiss Interbank Clearing)는 1987년 10월부터 스위스중앙은행(Swiss National Bank; SNB)이 운영하는 거액이체시스템이다. SIC는 지급이 즉시, 그리고 개별적으로 스위스의 국립은행의 계정(book, 장부)에서 결제되는 온라인 실시간 총액결제시스템이다. SIC는 24시간 스케쥴로 운영되지만 1999년 10월까지는 일중 신용 시스템(intra－day credit facility)을 제공하지 아니하였다. 스위스은행들 외에 SIC에 온라인으로 접속하는 기관들로서는 스위스 유가증권 브로커, 딜러들 및 원거리 회원들(여기에는 외국은행들, 외국의 감독을 받는 브로커들 및 딜러들)이지만 스위스에 있는 지점이나 자회사는 해당되지 아니한다. 2002년 말 현재 온라인 참가자들은 314개이며 81개의 외국회원들이 존재한다.[28]

SIC메인 컴퓨터는 SNB을 대신하여 민간기업과 스위스은행들이 공동으로 투자하여 설립한 스위스은행간 정산소(AG)가 소유하여 운영하고 있으며 SNB는 계정관리에 책임을 부담하고 있다. SIC는 은행영업일동안 지급 및 추심이체를 24시간 서비스를 제공하는 것이 특

27) www.bankofengland.co.uk/Links/setframe.html. 20 Fed., 2008.

28) SNB는 스위스 은행간 정산 AG 이사회(Board of Directors of Swiss Interbank Clearing AG)로 대표된다 이는 Telekurs가 모 기업이며 75%의 지분을 가지고 있는 대주주이다(나머지 25%는 소매지급에서 절대적인 역할을 하고 있으며 우편금융을 제공하고 있는 스위스우체국이 소유하고 있다) 또한 Telekurs는 스위스상업은행들이 소유하고 있다. 그러나 SNB는 Telkksurs와 스위스은행간 정산 AG에 어떠한 지분도 가지고 있지 아니하다.

징이다. 자금의 이체시간대는 당일 오후 6시에서 익일 오후 4시 15분까지 이루어진다. 그러나 일반적으로 대부분의 지급지시는 오후 3시에 종료된다. SIC는 서로 다른 지역에 위치하고 있는 국가들의 통화들과 외환거래를 결제하기에는 적합하다. 현재 스위스은행들은 SIC와 2002년 9월 이후에 네트워킹이 된 CLS을 통하여 외환거래를 결제하고 있는데 참가자들은 스위스 프랑과 다른 통화간의 외환거래시간을 조절함으로써 Herstatt위험을 회피할 수 있다.

SIC을 통한 외환거래는 전통적으로 주간 영업시간에 발생한다. 운영의 신뢰성을 보장하기 위하여 SIC컴퓨터센터에 백업시설뿐 아니라 중앙네트워크시설 및 SIC컴퓨터시스템의 하자가 발생할 것에 대비하여 원격지 백업시설도 갖추고 있다. 참가자의 컴퓨터시스템이나 중앙컴퓨터시스템의 에러가 발생할 경우에는 마감시간은 연장된다. SIC는 스위스 프랑으로 지급이체만 취급하고 지급금액에는 아무런 제한은 없다 따라서 1 스위스 프랑도 지급이체가 가능하지만 일간 약 100억 스위스프랑을 결제한다.[29)] SNB는 참가자에게 일간거래금액이 거액인 경우에는 1억 스위스 프랑으로 분리하여 거래할 것을 권고하고 있다.

SIC을 통한 각 지급은 SNB에 있는 전송 및 수신은행의 해당계정에 지급 및 추심이체를 통하여 SIC에 취소불능 및 최종적으로 결제된다. 지급은 SNB가 관리하는 준비계정을 통하여 처리된다. SNB 참가자의 준비계정은 다음의 두 가지로 구분된다. 첫째는 주 계정으로서 이 계정은 SNB 환트가 관리하고 현금인출 등 비 SIC거래에 이용된다. 둘째는 Telekurs에 있는 SIC 환트가 관리하는 SIC 계정으로써 SIC거래에 이용된다. 비록 물리적으로 이 계정들이 별도로 관리되지만 논리적으로는 양 계정은 동일한 권리와 의무를 수행하는 하나의 계정 단위로 형성되어 있다. 각 SIC 참가자들은 어떻게 두 계정을 구분하여야 할지를 결정하여 자금이 충분한 경우에만 방출 지급이 두 계정으로 분류된다. 1999년 10월 이후부터 자금은 SNB가 제공한 담보가 된 일중지급시스템을 통하여 유용하게 사용된다. 즉 정산 초기에 주 계정에서 SIC계정으로 SNB가 잔고를 이체한다. 자금은 정산일 동안 처리되며 오후 3시에 모든 자금은 이 자금들이 출금지급지시를 결제할 수 있도록 주 계정에서 자동적으로 SIC계정으로 이체된다.

제5절 일 본

일본에는 3개의 전국적인 전자지급시스템인 Zengin시스템, BOJ-NET자금이체시스템,

29) 2002년에는 전체 거래건수 중 5,000 스위스 프랑 이하의 거래가 83.2%을 차지하였다. 1백만 스위스 프랑은 거래 건수로는 1.3%에 불과하지만 총 거래금액은 95.9%를 차지하고 있다.

그리고 해외 외환 엔 정산시스템(Gaitame–Yen 시스템)이 설립되어 운영중이다. 3개의 시스템 모두는 최종결제를 수행하고 있다. 그러나 부분적인 통신은 Bank of Japan Financial Network System(BOJ–NET)을 통하여 수행된다. 네트워크의 중심은 동경에 위치하고 있는 컴퓨터센터로서 이 센터에는 4개의 호스트 컴퓨터를 보유하고 있다. 호스트 컴퓨터는 동경에 있는 Zengin컴퓨터센터와 BOJ 사무실에 있는 터미널과 연결되어 있다. Zengin컴퓨터는 일본 전신전화국(Nippon Telegraph and Telephone Corporation; NTT)의 통신망을 통하여 일본 전역에 위치하고 있는 참가은행들의 컴퓨터센터에 설치되어 있는 Zengin터미널과 통신할 수 있다.[30] 일본에서 운영중인 전자자금이체시스템을 살펴보면 다음과 같다.

첫째, Zengin시스템(Zengin Data Telecommunication System)은 국내소매거래를 위한 민간부문 동일한 날 순(net) 순(net) 결제시스템으로서 2002년 말 현재 1,816개의 참가자와 일본전역에 38,791개의 지점을 두고 있다. 동경 은행가협회가 운영하는 이 시스템과 필적할만한 시스템을 미국은 가지고 있지 아니하다.[31] 상대적으로 소액이체에 주로 이용되지만. 금융시장에서는 일부 거액이체도 Zengin을 통하여 결제될 수 있다. 지급이체을 주로 담당하며 지급메세지는 수익자계정에 지급이체될 때까지 취소가능하다. 이체과정에서 위험을 감소하기 위한 조치로서 담보와 보증, 그리고 전송자 순(net) 차변이체갭을 둘 수 가 있다. 2001년까지 은행간 결제실패가 발생한 경우 일본은행이 결제를 보증하는 형식으로 유동성을 제공하고 있다.

둘째, BOJ–NET자금이체시스템은 1988년 10월부터 일본은행에 의해 운영되는 거액엔지급을 위한 실시간 총액이체시스템으로서 은행간 자금이체거래와 국채자금이체 등을 처리하고 있다. 호스트컴퓨터는 역시 BOJ–NET사용자은행들에 설치되어 있는 터미널과 연결되어 있다. 이 시스템은 미국의 Fedwire, 스위스의 SIC 와 필적하다. 2002년말 까지 450개의 사용자를 두고 있다.

셋째, Gaitame Yen 시스템(FXYLS)에서 참가은행들의 컴퓨터들은 BOJ–NET 호스트컴퓨터와 연결될 수 있다. FXYLS는 해외엔화 거래를 포함하여 국경을 초월하는 동일한 날 순(net) 순(net) 결제시스템이라는 점에서 미국의 CHIPS와 동등하다. 이 시스템에는 2002년 말 234개 은행을 참가자로 두고 있으며 참가자의 약 30%는 해외은행이다. 이 시스템도 동경은행가협회(TBA)가 운영하고 있지만 결제처리는 BOJ–NET을 통하여 이루어진다. Gaitame Yen 시스템도 BOJ–NET시스템과 마찬가지로, 은행 대 은행, 제3자 고객이체를 수용한다.

30) Zengin시스템을 제외하고 나머지 2개의 결제와 통신은 BOJ–NET을 통하여 수행된다.
31) 미국의 시스템 중 소액자금이체에 적용되는 ACH와는 지급형식면에서 유사하다.

〈표 15-2〉 일본 자금이체시스템의 주요쟁점 비교

구 분	Zengin	BOJ-NET	Gaitame-Yen
결제특징	당일순 순결제	실시간 총액결제	당일순 순결제와 실시간 총액결제
지급형식	국내소매결제	국내도매결제	국제거래(외환거래를 포함)
BOJ컴퓨터와 연결여부	Zengin컴퓨터와 연결	참가은행의 터미널과 연결	참가은행의 호스트컴퓨터와 연결
설립년도	1973년	1988년	1980년 이후부터 BOJ-NET을 통하여 운영)
시스템관리	동경은행가협회(BOJ을 통한결제업무만)	BOJ	동경은행가협회(BOJ-NET을 통한 운영만)
참가하는 금융기관 수	1,816	378	234
BOJ에 계정을 보유하고 있지 아니한 간접참가여부	가능(직접참가자에게 결제신탁에 의하여)	불가능	가능(직접참가자에게 결제신탁에 의하여)
이행 시까지 지급지시 취소 가능 여부	수신은행이 자금환급메세지를 입력하면 가능	불가능	수신은행이 자금환급메세지를 입력하면 가능
위험관리	1) 전송자순채무캡 2) 담보 및 보증 3) 유동성제공은행	1) 실시간총액결제 2) 담보된일광과다 인출	1) 양자순채무제한 2) 손실할당 3) 담보 4) 유동성제공은행
이체완료시기	당일	실시간	당일 및 실시간
유사한 시스템	ACH와 지급형식만 유사	Fedwire 및 SIC	CHIPS 및 CHAPS
데이터입력시간	오전 8시 30분	오전 9시	오전 9시
데이터종료시간	오후 3시30분	1) 제3자당일이체; 오후 2시 2) 온라인 참가자를 제외한 BOJ 현행 계정보유자; 5시 3) 모든 참가자; 7시	1) BOJ의 계정을 통한 지급지시를 결제하는 참가자를 제외한 RTGS: 오후 5시 2) 모든 참가자를 위한 RTGS; 오후 7시

제5절 독 일

유럽통화동맹을 결성하여 단일통화로 출범한 유로화가 도입되면서 국제지급시스템은 실질적인 변화를 겪었다. 실제적으로 모든 국가의 실시간 총액결제시스템이 범유럽통합이체시스템(TARGET)과 연결되어 있기 때문에 각 국가의 LVTS는 자국통화를 기반으로 한 자국의 잇점(home field advantage)을 상실하고 있다. 이전에 자국통화를 자국 LVTS을 경유하여 처리하던 거래는 이제는 다른 EU국에 위치하고 있는 다른 유로시스템을 통하여 결제할 수 있다. 상기와 같은 국제경쟁적인 환경은 독일의 결제시스템의 전환을 가져오게 하였다. EAF을 범유럽 정산 시스템으로 전환시키고자 하는 계획은 무산되었고 대신 ELS와 EAF을 통합한 것보다 더 우수한 새로운 거액이체시스템인 RTGS plus을 출범시키기로 결정하였다.

이 결정에 따라 독일은 유로화 결제를 위한 거액이체시스템으로서 RTGS plus을 구축하여 운영중에 있다. 이 시스템은 중앙은행(German Bundesbank)[32]이 소유하고 운영하고 있고 2001년 11월에 두 개의 결제서비스인 EAF[33]와 ELS[34]를 통합·대체함으로서 그들의 각자의 차별화 된 요소를 복합적으로 보유함으로써 그 기능이 크게 향상되었다. RTGS plus는 유동성을 축적하는 실시간 총액결제시스템으로써 독일 주요은행 및 국제은행과 밀접한 파트너 관계를 유지하면서 발전하고 있다. 유동성을 축적하는 대표적인 방법으로서는 첫째, RTGS plus는 참가자에게 반드시 중앙은행통화가 아니라 전송은행의 대기열에서 기다리고 있는 양자적 수입지급을 상쇄시킴으로서, 지출지급을 수행하여 유동성을 축적하고 있다. 둘째, 참가자에게 지급인출을 먼저 실행시킴으로서 효과적으로 혼잡한 시간(sensitive time)에는 지급금액의 유동성을 보유할 수 있다. 셋째, 시스템을 첨단 대기 최적상태로 활용하여 대기열에서 지급과 인출을 동시에 상쇄시킬 수 있다. 넷째 RTGS plus에서는 참가자들이 방대한

32) 독일 중앙은행은 실행위원회(Executive Board)가 관리한다. 실행위원회는 대통령, 부통령, 그리고 6명의 위원으로 구성된다. 실행위원회는 이전의 중앙은행심의회가 행사하던 다양한 책임을 부담하고 있다. 그리고 중앙은행은 'Hauptverwaltung'라 불리는 9개의 지역지사를 운영한다.

33) EAF(Elektronische Abrechnung Frankfurt)의 영어식 표현은 'Euro Access frankfurt'이다. EAF는 순결제시스템과 하이브리드(hybrid)결제시스템인 총액결제시스템의 둘 다를 통합한 특징을 가지고 있다. RTGS plus시스템의 시작과 함께 폐쇄되었다.

34) ELS(Elektronischer Schalter)의 영어식 표현은 'Euro－Link system'이다. 이 시스템은 총액결제시스템으로서 일중과다인출은 허용되지 아니한다. 전송은행의 계정에 충분한 잔고가 없거나, 최우량의 유가증권에 의하여 보장된 일중 과다인출이 유용하지 않는다면 어떠한 이체도 수행되지 아니한다. ELS시스템은 2004년말까지 Bundesbank에 존재하는 계정에 대안적인 접근통로로서 존재하다가 그 이후에 서비스가 종료되었다.

정보 및 통제시스템을 이용할 수 있다.

TARGET시스템의 통합된 부분으로서 RTGS plus는 모든 TARGET 영업일에 개방되어 있어 고객들의 결제시간대는 유럽표준시간대(Central European Time)로 오전 7시부터 오후 5시까지이며 은행간 결제시간은 오후 6시까지로 1시간 연장된다.

동 시스템의 참가자는 직접참가자와 간접참가자로 구분된다. 직접 참가자는 모든 개별 RTGS plus/TARGET 지급이 이체되는 RTGS plus의 일중계정을 개설하여야 한다. 해당 계정은 스위프트에 연결되어 계정의 자금은 완전히 통제된다. 그러나 그들은 중앙은행에 자신의 모 계정을 반드시 개설할 필요는 없다. 모 계정을 개설하지 않은 참가자를 원격지참가자(remote participant)라 하며 이들은 중앙은행에 계정을 개설한 유럽의 비독일지은행에 계정을 개설할 수도 있다.

각 직접참가자는 RTGS plus에 인출 및 입금하고 지급은 별도의 일중계정에 이체된다. 이 계정은 유럽의 독일외의 중앙은행 또는 중앙은행 둘 중 하나와 거래하는 참가자의 유로 모 계정에 연결되어 있다. 매일 아침 유동성은 유로 모 계정에서 당 계정의 RTGS plus계정으로 이체된다. 당일동안 모든 RTGS plus활동은 이 계정을 통하여 처리된다. 당일 말에 남아 있는 신용은 유로 모 계정으로 다시 이체되며 유동성도 당일에 유로 모계정과 RTGS plus계정사이에 전후방으로 이체된다. RTGS plus계정이 신용잔고기준으로 독점적으로 운영되지만 어떤 일중과다인출시스템도 RTGS plus연계하여 운영되지 아니한다. 동시에 유로지역에 영업하고 있는 은행들은 그들의 유로 모 계정에서 비이자 일중 담보신용시스템에 접근할 수 있다.

간접참가자들은 전 세계 모든 은행들이 될 수 있다.[35] 그들은 RTGS plus에 접속하거나 유동성보증을 받기위해서 코레스계약을 통하여 직접 참가자을 이용하여야 한다. 간접참가자가 발행하는 모든 인출지급지시는 그들을 보증하는데 필요한 시스템의 정보 및 통제의 책임을 맡고 있는 해당 직접참가자를 경유하여 이행되고 결제된다. 간접참가자는 RTGS plus와 스위프트의 명부에 기록된다. 이 사실은 가까운 미래에 간접참가자들이 지급지시의 전송 및 수신, 그리고 지급지시의 정보 및 통제를 직접 하게 될 것임을 암시하는 일이다. 그럼에도 불구하고 간접참가자들의 지급은 직접참가자들의 RTGS plus 계정을 통하여 계속

---

35) 현재 호주에도 3개의 거액 RTGS시스템이 운용 중에 있다. 즉 SWIFT 지급인도시스템(Payment Delivery System; SWIFRPDS), RITS(Reserve Bank Information and Transfer System), 그리고 Austraclear Ltd가 운영하는 FINTRACS(Financial Transactions Recording and Clearance System) 등이다. 이중에서 호주의 핵심 RTGS시스템은 RITS이다. SWIFRPDS와 FINTRACS는 네트워크을 통하여 RITS에 제공하는 역할을 한다. 이들 3개의 시스템이 호주에서 교환되어 지급되는 금액은 전체 90%을 차지한다. 그리고 이들 시스템들은 준비은행(Australia's Central Bank)에 연결된 그들의 외환결제계정에서 자금을 이용하여 지급이 발생되는 대로 결제한다.

결제될 것이다. 이것은 직접참가자들이 간접참가자들의 유동성을 보증하는 역할을 하기 때문이다. 이 지급은 양자적 코레스은행을 통하여 고비용으로 처리되기 때문에 자국의 중앙은행을 통하여 TARGET에 접속하기 보다는 비 유럽계은행을 주로 이용한다.

제7절 유 럽

1. 범 유럽 실시간 총액자동결제시스템(TARGET)

유럽연합(EU)은 20세기말부터 유럽전체를 영업범위로 하면서 거액자금을 전자적으로 결제할 수 있는 지급시스템을 구축할 필요성을 느끼기 시작하였다. 이를 실천하기 위하여 기존의 유럽각국들이 운용 중인 거액전자결제시스템들을 상호 호환시키는 노력을 꾸준히 해오고 있었다.[36] 그러다가 1995년 5월 EMI 보고서를 발표하면서 본격적으로 준비하기 시작하였다. 약 4년간의 준비 끝에 드디어 1999년에 EU는 유럽통화동맹(European Monetary Union; EMU)의 출범과 함께 유럽연합지역에서 유로화를 안전하게 결제할 수 있는 실시간 총액결제시스템(Real－Time Gross System; RTGS), 즉, 원지시인이 지급지시의 전송을 요청할 때 건 별로 지급지시를 즉시 처리가 가능한 타겟시스템의 가동을 시작하였다.

1999년에 구축되어 가동을 시작한 초기의 타겟은 EU역내 16개 국가가 기존에 보유하고 있는 개별 총액결제시스템과 유럽중앙은행(ECB)의 결제시스템을 스위프트(SWIFT)[37]로 단순 연계한 분산시스템에 불과하였다. 따라서 타겟은 범용성, 개방성, 안전성 및 접근성면에서 많은 불편을 초래하면서 경제발전정도가 상이하고 금융시스템이 다양한 EU국가들의 입장에서는 쉽게 이용하기에는 한계가 있었다. 이에 따라 유럽중앙은행은 유럽통화동맹 3단계가 시작되는 2002년부터 EU의 제 국가들이 전자결제시스템에 접근하기 용이한 보다 범용성 있는 전자결제시스템의 필요성을 제기하였다.[38] 이에 따라 약 5년여 간의 준비 끝에 드디어 2007년 11월 19일에 유로지역에서 '유로화'라는 단일통화(ECU)로 결제할 수 있는 총액결제시스템에 기반을 둔 'TARGET2'를 설립하여 종전의 'TARGET'를 대체하여 운용하기

---

36) 진재석,"유로지역의 지급결제제도", 「지급결제와 정보기술」, 2008.10, pp.12~15.

37) SWIFT(Society for Worldwide Interbank Financial Telecommunication)란 국제은행간 통신협정이다. SWIFT는 1973년 5월 유럽 및 북미의 주요 은행이 가맹해 발족된 비영리조직으로서 1977년 5월 유럽 일부에서 시스템 가동을 개시하였다. 본부는 브뤼셀에 있다. 주요 기능은 각국의 주요 은행을 묶어 컴퓨터 네트워크를 구성하고 은행 상호간의 지급·송금업무 등을 위한 데이터 통신을 교환하고 있다.

38) 이병렬, "EU의 전자결제시스템에 대한 비교 연구", 국제상학, 제28권 제1호, 한국 국제상학회, 2013, pp.26~37.

시작하였다.[39]

2. 단일유로지급지역(SEPA)

유럽은 타겟2의 설립과 별도로 2002년 유로화 사용 이후 유럽연합 역내국가간 금융시장통합을 촉진하기 위하여 지급제도를 전반적으로 광범위하게 개혁하여 단일유로지급지역(SEPA) 또는 세파를 구축하기 시작하였다.[40] 세파는 역내 국가 간 소액지급결제의 효율성 및 편의성을 증진시키기 위하여 국가 간 자금이체 및 카드사용 등 지급거래와 관련된 처리 절차 및 제도를 표준화한 시스템이다. 세파의 설립배경을 구체적으로 살펴보면, 유럽연합은 우선 2002년도에 유로화를 도입한 이후 역내국가 간 비 현금으르 지급하는 거래에 지나치게 높은 송금수수료를 부과하였다. 또한 복잡한 거래절차와 카드사용에 대한 국가별 사용한도금액까지 상이하여 결제시스템이 비효율적이었다. 이에 지급제도를 개선해야 한다는 필요성을 느껴 유럽지역의 은행 및 금융기관 협회들은 2002년 3월에 유럽은행연맹(European Banking Federation; EBF)워크숍에서 공감대를 나눈 후에 2002년 6월 드디어 SEPA 설립을 하기 위한 백서를 발표하기에 이르렀다.

이 백서에 따라 2002년 6월에 SEPA설립을 위한 프로젝터를 추진하기 위하여 65개 유럽지역은행 및 3개의 유로지역 금융기관협회 및 유로은행협회(EBA)로 구성된 유럽지급위원회(European Payment Council; EPC)를 설립하였다. EPC는 2004년에 SEPA추진을 위한 향후 일정 등을 포함하고 있는 2004-2008 SEPA 로드맵을 발표하였다. 이 로드맵에서는 2004년 1월부터 2008년 12월까지 5년 동안 전체준비기간을 설계단계, 실행단계 및 이행단계 등 세 단계로 나누고 있다.[41] 첫 번째 설계단계(2004년 1월-2006년 6월까지)에서 EPC는 새로운 지급체계를 위한 규정과 관습을 제정하고 적용기준을 만들었다. 두 번째 실행단계(2006년 7월-2008년 1월까지) 기간 동안 각 참가국들은 자국내 SEPA의 실행 및 이행을 위한 조직 구성, 새로운 SEPA의 지급수단, 표준 및 하부구조의 실행을 준비하였다. 마지막 이행단계(2008년 1월-2014년 1월 또는 2016년 10월 30일) 동안에는 먼저 2008년 1월에 SEPA지금이체서비스를 개시하고, 2009년 11월에 SEPA추심이체서비스를 개시하기로 하였다. 또한 이 기간부터 지급서비스 제공자와 사용자는 세파가 제공하는 지급수단으로 결제하였다. 그리고 은행, 지

39) 유럽에는 총액 결제시스템인 TARGET2외에 차액결제시스템으로서 EURO1이 구축되어 사용 중에 있다. 유로지역 차액결제시스템인 프랑스의 PNS는 TARGET2의 도입과 함께 가동을 중지하였고 핀란드의 POPS는 계속 가동 중이나 결제규모가 상대적으로 미미한 실정이다.

40) 유럽은 상기의 2개의 시스템 외에 역내 국가별 상이한 증권결제관행 및 제도를 통일시키기 위한 역내 단일증권결제시스템인 TARGET-Securities(T2S)와 중앙은행간 거래대행방식(CCBM)에 T2S을 이용하는 CCBM2시스템을 보유하고 있다; 한국은행 금융결제국, 전게서, pp.1~3.

41) http://www.ecb.europa.eu/paym/sepa/about/html/index.en.html, 16 Jan., 2013.

급기관, 정산소, 결제하부구조, 카드회사들은 그들의 제품과 서비스를 세파에서 제공하는 금융상품과 서비스에 적용시키고 있다.

3. 양 시스템 비교

1) 지급시스템의 특징

타겟은 새로운 범 유럽 거액 총액전자결제시스템으로서 다른 시스템보다 비교적 늦게 구축되었기 때문에 설계단계에서 국제 전자결제시스템의 표준으로 자리를 잡고 있는 미국의 거액 전자결제시스템인 패드(Fedwire)와 스위스의 SIC(Swiss Interbank Clearing System)을 혼합시킨 모델에 가깝게 설계되었다. 그러나 타겟시스템은 상기의 시스템들이 단일국가의 대표적인 결제시스템인 반면 유럽연합에서 구축한 통합 시스템이라는 면에서 적용범위의 다양성을 가지고 있는 점이 특징이다.

또한 'TARGET2'는 단일 공유플랫폼(Single Shared Platform)을 사용하는 통합시스템으로써 EU 역내에 보다 효율적으로 자금운용이 가능할 뿐 아니라 통합시스템으로서 표준화 된 결제기능과 서비스, 국내 및 국제간 지급에 모두 적합하도록 단일의 수수료체계를 제공하고 있다. 이와 같은 타겟2시스템의 특징을 구체적으로 살펴보면 다음과 같다.

첫째, 타겟2시스템는 유럽연합전체를 관할하는 통합시스템이다. 그럼에도 불구하고 유럽연합 개별국가의 지급시스템과 거의 유사한 기술적인 인프라를 구축하고 있다. 따라서 각 국의 참가기관들이 용이하게 접근하여 이용할 수 있는 보편성을 가지고 있다.

둘째, 타겟2시스템은 지급결제 및 회계처리시스템(Payment and Accounting Processing Service System; PAPSS)과 고객서비스시스템(Customer Related Service System; CRSS)을 기반으로 하기 때문에 종전의 타겟과 다른 단일공유플랫폼을 기반으로 하는 통합성을 가지고 있다.[42)]

셋째, 타겟2시스템이 기술적으로는 단일시스템이지만 법적으로는 참가국 중앙은행이 운영하는 개별 총액결제시스템들로 구성된 분산시스템에 가깝다. 따라서 타겟2시스템은 각 국가들이 구축하여 운용중인 자국 내의 총액결제시스템과 기능상 호환이 가능한 분권형

42) 지급결제 및 회계처리시스템은 자금이체, 결제정보관리, 모니터링, 비상대응, 신용공여 등 타겟2시스템의 지급결제와 관련된 대부분의 업무를 처리하고 있다. 동 시스템은 지급결제모듈, 비상대책모듈, 모니터링, 상시정보운영관리, 결제정보모듈과 같은 필수모듈과 대기성 여·수신, 고유계정모듈, 지급준비금관리과 선택모듈 등으로 구성되어있다. 고객서비스시스템에서는 결제데이터 저장 및 용도별 데이터 생성, 시계열자료 및 회계보고서 생성, 참가기관 수수료 징수 등의 업무를 처리하고 있다. 그리고 중앙은행, 참가기관, 및 연계시스템의 공유플랫폼의 접속은 SWIFTNet을 이용하는데 그 중에서도 지급결제 관련정보교환에는 SWIFTNet FIN서비스를, 정보통제서비스제공 등에는 SWIFTNet InterAct, FileAct 및 Browse 등의 서비스를 이용하고 있다.

총액결제시스템이기 때문에 참가국 중앙은행은 직접 참가기관의 자격으로 자금결제업무를 수행할 수 있는 개별성을 가지고 있다.

넷째, 타겟2시스템은 기본적으로는 지급지시가 발생할 경우 건별로 처리되는 총액결제 방식을 택하면서 부분적으로 차액결제시스템에서 제공하는 다양한 서비스를 제공하고 있는 점이 특징이다. 이는 타겟2가 거액자금을 결제하기 때문에 해당계정에 잔고가 없음에도 불구하고 지급지시가 있을 때 일단 이체처리한 후 금융기관 영업시간 말에 일시에 대량이체를 가능하게 한다면 신용위험이 발생하여 시장경제와 관련당사자들에게 미치는 파급효과가 너무 큰 것을 우려하여 총액결제시스템을 근간으로 하면서 부분적으로 차액결제시스템의 구조를 택하고 있기 때문이다. 또한 차액결제시스템에서 내포하고 있는 신용위험을 방지하면서 다양한 결제방식, 예를 들면, 양자간이체, 유동성이체, 실시간이체, 다자간이체, 다자간표준결제, 그리고 전용 유동성이체 등을 적용함으로써 실시간 결제최종성의 확보는 물론 결제유동성을 절약할 수 있도록 설계되어 있어 다양성을 가지고 있다.

마지막으로 타겟2가 통합시스템이기는 하지만 시스템 운영기관의 중요도에 따라 운영, 개발 및 관리와 관련된 모든 권한과 책임은 ECB위원회와 유로시스템 중앙은행(Eurosystem CBs)으로 분리되어 있어 이원성을 가지고 있다.[43)]

다음 세파의 지급시스템의 특징을 살펴보면 첫째, 세파는 미국의 소액 소비자간 결제에 이용되는 미국의 자동정산원(ACH)처럼 입금이체, 출금이체 및 카드이체에 모두 이용된다. 이는 세파도 청산 및 결제의 하부구조로써 미국의 시스템처럼 PE－ACH(자동정산원)을 구축하여 어느 한 국가에 종속되지 않은 중립적 자동정산원을 통해 세파 전 지역에 서비스를 제공하고 세파시스템의 모든 은행들이 접근이 가능하도록 설계되었다는 점에서 타겟과 유사하다고 할 수 있다.

둘째, 지급수단과 관련하여 타겟2가 단일공유플랫폼을 기반으로 한 통합시스템으로 설계되어 있는 반면, 세파는 지급제도와 하부구조를 분리하여 이원화시켰다. 이는 은행과 하부구조 제공기관들간 서비스 선택의 폭을 넓혀서 상호 경쟁을 촉진시킬 수 있게 한 점이 특징이다. 지급제도는 지급서비스 제공기관간 합의된 규정, 관행 및 표준들로 구성되어 있다. 반면 하부구조는 지급서비스제공의 기초가 되는 물리적인 결제시스템 및 관련프로그램으로 구성되어 있다.

43) 정책위원회는 타제2의 최고의사결정기구로서 시스템에 대한 지시, 관리 및 통제 등에 관한 최종 권한 책임(Level 1)을 보유하고 있다. 또한 유로중앙은행시스템은 정책위원회가 규정한 세부방안수립 및 실행에 관한 권한과 책임(Level 2)을 보유하고 있다. 시스템 운영기관은 독일, 프랑스 및 이탈리아의 3개 중앙은행이 담당하며 정책위원회가 규정한 범위이내에서 시스템의 실제 운영관련 권한과 책임(Level 3)을 보유하고 있다.

셋째, 세파의 입금이체는 총액결제시스템에서 제공하는 입금지급지시가 있을 때 건별로 즉시 지급하여 신용위험을 방지할 수 있는 장점과 차액결제시스템에서 가능한 일시에 대량지급이 모두 가능하여 유동성위험을 방지할 수 있는 장점을 가지고 있다는 점에서 타겟2와 유사하다. 그러나 타겟이 총액결제시스템에 기반을 두었다면 세파는 근본적으로 차액결제시스템을 기반으로 하면서 일부 총액결제시스템의 구조를 가지고 있는 점이 차이점이다.

이는 타겟2가 거액자금을 결제하기 때문에 해당계정에 잔고가 없음에도 불구하고 지급지시가 있을 때 일단 이체처리한 후 금융기관 영업시간 말에 일시에 대량이체가 가능하게 한다면 신용위험이 발생하여 시장경제와 관련당사자들에게 미치는 파급효과가 너무 큰 것을 우려하여 총액결제시스템을 근간으로 하면서 부분적으로 차액결제시스템의 구조를 택하고 있기 때문이다. 즉 소액자금을 결제하는 세파입장에서는 신용위험을 감수하고서라도 다양한 소비자들의 서비스 수요를 만족시켜주기 위하여 양자간 이체(bilateral transfer), 다자간 이체(multilateral transfer), 그리고 은행그룹 내 이체(Intra－Bank/Intra－group) 등 금융서비스를 제공하는 것에 비중을 두고 있어 타겟2와 좋은 대조를 이룬다. 또한 세파는 새로운 금융서비스를 제공하기 위하여 계속 노력하고 있다.[44]

마지막으로 세파는 연금지급, 월급, 공공요금납부 및 보험료 등과 같은 일정한 시기와 패튼을 가지고 발생하는 반복적인 거래에 적합한 점이 부정기적인 거래에 주로 이용되는 타겟과 다르다. 반복적인 거래가 지속되기 위해서는 지급인과 수취인간의 사전약정이 필요하다는 점에 타겟과 차이가 있고 오히려 1978년 연방전자자금이체법의 적용을 받는 미국의 자동정산원과 유사하다고 할 수 있다.

2) 참가방법 및 결제메카니즘

타겟시스템을 이용하기 위해서는 직접적으로 접속(직접참가기관)할 수 있고 간접적으로도 접속(간접참가기관)할 수도 있다.[45] 또한 기본적으로는 간접참가기관에는 속하지 않지만 결제대상 BIC(Bank Identifier Code)[46]을 보유한 기관 등을 통해 참가방법을 확대시킬 수

---

44) 그 외 세파의 특징으로서는 '유로화'라는 단일지급수단, 유로지급처리를 위한 효율적인 지급하부구조, 공통의 기술적 기반 그리고 조화된 법적 기반을 구축하고 있는 점을 들 수 있다.

45) 현재 타겟2는 2011년 말 현재 976개의 직접참가자, 3,465개의 간접참가자, 외환거래약정을 체결하여 참가하고 있는 13,083개의 BIS기관이 있다. 매일 348,505개의 지급지시를 처리하고 있으며 일평균 6.8백만 유로를 이체하고 있다. 타겟지급거래의 67%는 5만 유로이하이며, 11%가 1백만 유로이상이다. 지금까지 거래 건수로서 가장 절정에 달한 시기는 2011년 1월 31일에 524,856건이었으며, 거래량으로서는 2011년 11월 30일에 3,713십억 유로였다.

46) 은행인식코드(BIC)는 금융기관간 자금이체에 이용되는데 국제표준화기구(International Organization for Standardization)에서 승인(ISO 9362)하고 등록업무는 스위프트(SWIFT)가 담당하고 있다.

는 있다. 참가방법을 구체적으로 살펴보면 다음과 같다.

우선 직접 참가기관에는 EEA(유럽경제지역; Europian Economy Area)에 소재한 예금기관의 본점 및 지점, EEA내에 소재하지 않으나 EEA에 소재한 지점을 통하여 결제업무를 처리하는 예금기관, 그리고 EU회원국 중앙은행 및 유럽중앙은행이 지정한 기관이 포함된다. 이들 기관들은 해당국 중앙은행에 타겟2시스템의 결제계정인 총액결제시스템계정을 보유하고 있기 때문에 타겟2시스템에 직접 접속하여 지급지시를 직접 전송하거나 수신할 수 있다.

다음 간접참가기관에는 EEA내에 소재한 예금기관으로서 직접참가기관처럼 해당국 중앙은행에 총액결제시스템계정을 보유하고 있지 않은 예금기관이 해당된다. 따라서 타겟2시스템에 접속하여 자금결제를 하기 위해서는 우선 직접참가기관과 사전약정을 맺어야 한다. 그 후 직접참가기관에 자금이체를 위한 지급지시를 전송하여 직접참가기관 명의의 총액결제시스템계정을 통해 간접적으로 자금결제를 수행할 수 있다.[47)]

그 외 BIC기관을 이용하여 타겟2시스템에 결제를 하는 방법이 있다. BIC기관도 기본적으로는 간접참가기관과 유사하지만 간접참가기관은'EU의 결제최종지침'(Settlement Finality Directive)을 통하여 법적 보장을 받는 반면 결제대상 BIC기관은 법적 보장을 받지 못한다는 점이 단점이자 차이점이라고 할 수 있다. 그러나 BIC기관은 직접참가기관의 지정을 조건으로 결제가능 BIC기관(addressable BICs)으로서 지역에 관계없이 타겟2시스템을 이용할 수 있는 장점이 있다. 결제가능 BIC기관도 간접참가기관처럼 타겟2시스템에 직접 접속할 수 없기 때문에 지급지시를 먼저 직접 참가기관에 발송하여 직접참가기관의 총액결제시스템계정을 통해 간접적으로 자금을 결제할 수 있다는 점에서 간접참가기관과 유사하다.

한편 타겟2시스템에는 2011년 말 현재 976개의 직접참가자, 3,465개의 간접참가자 및 외환거래약정을 체결하여 참가하고 있는 13,083개의 BIS기관들이 이용하고 있다. 또한 타겟은 매일 348,505개의 지급지시를 처리하고 있으며 하루 평균 6.8백단 유로를 이체하고 있다. 타겟지급거래의 67%는 5만 유로이하이며 11%가 1백만 유로이상이다. 지금까지 거래 건수로서 가장 절정에 달한 시기는 2011년 1월 31일에 524,856건이었으며, 거래량으로서는 2011년 11월 30일에 3,713 십억 유로였다.

한편, 타겟2결제시스템에서 참가기관간의 지급지시 메시지처리는 SWIFT FIN Y-copy 서비스를 이용한다. 상기에서 언급하였듯이, 중앙은행에 보유하고 있는 모든 직접참가기관들의 총액결제시스템의 계정은 타겟2의 단일공유 플랫폼상에 개설되어 있기 때문에 지급

47) 다음의 기관도 해당국 중앙은행의 승인을 받아 직접 참가가 가능하다. 첫째, 금융시장에 참가하는 EU회원국 중앙 및 지방정부의 재무부서 둘째, 고객계정을 보유하는 EU회원국 공공기관 셋째, 유럽경제지역내에 소재한 투자회사, 마지막으로 EEA내에 소재하고 관련 당국의 감시를 받는 청산결제기관 등이다.

지시의 수신기관이 타국의 중앙은행에 총액결제시스템계정을 개설하고 있더라도 전송기관은 수신기관의 BIC를 입력하여 자금을 직접 이체할 수 있다. 이때 총액결제시스템의 특성상 모든 지급지시는 건별로 즉시 처리되기 때문에 해당국 중앙은행의 참가기관들의 자금의 입금과 출금은 동시에 발생한다. 일단 이체가 이루어지면 이체지급은 최종적이며 취소가 불가능하다. 만약 상대기관에서 처리대상이 되는 대기지급된 지급지시가 없을 경우에도 총액결제로 처리한다.

타겟2의 결제메카니즘을 구체적으로 살펴보면 다음과 같다. 먼저 영업시간 중에 채무자인 A는 그의 거래은행(직접참가기관)A를 통하여 채권자인 B를 수신인으로 하는 지급지시를 전송한다. A의 거래은행은 고객A의 계정에서 지급지시금액을 출금한 것으로 처리하는 한편 동시에 B의 거래은행은 고객 B의 예금계정 앞으로 지급지시의 금액이 입금된 것으로 처리한다. 이로써 A고객과 B고객간의 채권·채무관계는 해결되었다. 그러나 고객A의 거래은행과 고객B의 거래은행간에는 실제 자금이동이 발생하지 않음에 따라 새롭게 채권·채무관계가 발생하였다. 이를 해결하기 위해서 당일영업시간 마감 후 유로시스템 중앙은행은 그의 은행에 예치되어 있는 A은행 당좌예금을 출금해서 B은행 당좌예금으로 입금한다. 이로써 고객A와 고객B간 및 A은행과 B은행간의 채권·채무관계가 완전히 해소되어 타겟2시스템의 거래는 종료된다.

한편, 타겟2가 거액자금을 결제하기 위하여 구축된 시스템이라면 세파는 소액자금을 결제하기 위하여 구축된 시스템이다. 따라서 세파의 참가자들은 세파지역내에 있는 개인이나 기업들이 세파의 참가자가 될 수 있다.[48] 여기에는 지급인, 지급인의 거래은행, 청산 및 결제기구, 수신인, 수신인의 거래은행이 포함된다. 따라서 결제 매카니즘면에서만 비교하면 세파는 기본적으로 미국의 연방준비은행의 전자자금이체시스템인 패드의 메카니즘과 유사하다. 그 이유는 패드가 거액자금을 결제하는 시스템이기는 하지만 개인이 참가할 수 있는 반면 유럽의 거액자금을 결제하는 타겟은 개인이 참가할 수 없는 대신 세파는 개인도 참가할 수 있다는 점이 미국의 결제시스템체계와 다르다. 현재 2012년 말 세파에 참가하는 개인은 5억 1천 3백만 명이며, 4,500개의 금융기관이 지급이체에, 3,900개의 금융기관이 추심이체에 참가하고 있다. 또한 3,400개의 금융기관이 기업간 추심이체를 이용하고 있다.

세파의 결제매카니즘을 지급이체와 추심이체로 구분하여 살펴보면, 우선 지급이체는

48) 세파에 참가하고 있는 유럽의 국가는 총 32개국이다. 이중 유로화를 사용하는 국가는 17개국(오스트리아, 벨기에, 사이프르스, 에스토니아, 핀란드, 프랑스, 독일, 그리스, 아일랜드, 이탈리아, 룩셈부르크, 몰타, 네델란드, 포르투칼, 슬로바키아, 슬로벨니아, 스페인)이며, 유로화를 사용하지 않은 유럽연합국가는 15개국(불가리라, 체코, 덴마크, 헝가리, 라트비아, 리투아니아, 폴란드, 루마니아, 스웨덴, 영국, 아이스란드, 모나코, 노르웨이, 스위스)이다.

지급인의 지급지시에 따라 수신인의 계정으로 이체입금이 이루어지는 거래이다. 지급이체는 지급인과 수신인간에 재화 및 서비스제공에 대한 결제 및 자금이전 요청에 의하여 개시된다. 따라서 타겟2와 다르게 자금이체의 출발은 지급인이 수신인의 계정으로 이체지급지시를 전송하면 지급인의 계정에서의 출금과 수신인의 계정으로의 입금이체정보가 청산 및 결제기구에 전송된다. 청산 및 결제기구는 해당정보를 수신인의 거래은행에게 전송하고 수신인의 거래은행은 수신인의 계정에 이체입금을 한다. 세파의 참가자들인 지급인과 수신인은 동일한 은행을 거래은행으로 하거나 타행으로 자금이체를 수행할 수 있다. 만약 지급인의 거래은행과 수신인의 거래은행이 동일한 은행일 경우에는 별문제가 없지만 동일한 은행이 아닐 경우에는 중개은행을 통해 중개서비스를 제공할 수 있다.

세파를 통하여 출금하기 위해서는 지급인과 수신인간에 사전에 약정을 하여야 한다. 사전약정에 따라 지급인은 그가 서명한 지급위임장을 서면 또는 전자적 방식으로 수신인에게 전송한다. 수신인은 출금이체를 하여야 할 경우 지급인에게 출금사실을 사전에 통보한다. 그 후 수신인은 위임관련 정보 및 출금이체에 대한 추심지시를 수신인의 거래은행으로 전송한다. 추심지시를 받은 수신인의 거래은행은 지정된 청산 및 결제기구를 통해 지급인의 거래은행으로 추심 및 위임관련정보를 전송한다. 해당 청산 및 결제기구는 결제에 필요한 준비절차를 수행한다. 지급인의 거래은행은 청산 및 결제기그를 통해 수신 받은 추심에 관한 계정상태를 확인하고 지급인의 계정에서 출금함으로써 채권·채무관계는 해제되고 세파결제시스템을 통한 거래는 종료된다.

3) 운영정책

타겟2시스템의 운영 및 관리는 이탈리아, 독일 및 프랑스 등 3개국 중앙은행이 맡아하지만 그 역할은 각각 다르다. 즉, 이탈리아(region1)와 독일(region2)은 결제시스템 주 운영센터를 보유하면서 직접 운영하는 반면 프랑스는 운영에는 직접 관여하지 않는다. 그러나 이탈리아와 독일도 동시에 운영하는 것이 아니라 동일한 역할을 6개월 간 교대로 수행한다. 이를 위하여 양국은 동일한 결제시스템을 갖추고 있되 특정 국가(지역)가 시스템의 운영을 맡으면, 다른 한 국가(지역)는 비상시를 대비하여 테스트 및 훈련을 한다. 상기의 역할을 원만히 하기 위하여 두 지역은 백업(backup)센터를 근거리에 두어 가동하고 있다. 반면, 프랑스에는 주 운영센터 대신 클라이언트 서버(client server)의 기능을 하는 센터를 두어 지급지시 및 결제와 관련된 데이터 보관 및 중앙은행 관련 서비스제공 등의 업무를 수행한다는 면에서 보조 역할을 한다고 할 수 있다.[49)]

타겟의 운영시간은 오전 7시부터 오후 6시이지만 일반 시중은행과 동일하게 고객들을

49) 한국은행, 「TARGET2의 운영구조」, 2008.5, pp.56~70.

대상으로 하는 지급허용시간은 조금 빠른 오후 7시 30분부터 다음날 7시까지이다. 타겟2시스템도 토요일 및 일요일을 포함한 타겟공휴일에는 가동을 중지한다.[50] 또한 시스템의 운영에 핵심적인 정책인 지급지시를 처리할 경우 부과되는 결제수수료는 월별로 산정하되 직접참가기관과 간접참가기관의 산정방식은 서로 다르다. 이들 기관들의 결제수수료 산정방법을 구체적으로 살펴보면 먼저 직접참가기관을 이용할 경우 결제수수료는 다음 두 가지 방법 중 한 가지를 선택하여 지급할 수 있다.

첫째, 매월 고정수수료로 100유로와 거래건당 0.8 유로를 추가하여 지불하는 방법이 있다. 둘째, 매월 고정수수료 1,250유로와 월 거래규모에 따른 건당 차등수수료를 적용하는 방법이 있다. 건당 차등수수료는 1건에서 10,000건까지 0.6유로를 지급하는 방법을 비롯하여 총 5가지 방법이 있다.[51] 직접참가기관은 수수료 외에 복수접근방식을 이용하면 BIC별로 매월 80유로를 지급하여야 한다.

다음 간접참가기관의 결제수수료정책은 우선 등록비로 20유로, 동일그룹 내 금융기관들의 실시간 총액시스템(RTGS)계정들을 하나의 계정그룹으로 지정하여 유동성을 관리하는 유동성 풀링(liquidity pooling)제도를 이용하면 계정그룹 내 각 계정 당 100－200유로를 추가로 지급하여야 한다.

또한 타겟2시스템이 결제를 실패하였을 경우 참가기관은 중앙은행으로부터 손해에 따른 보상을 청구하여 받을 수 있다. 보상을 받을 수 있는 경우로는 다음과 같다. 첫째 지급기관 또는 수취기관이 타겟2시스템에 기술적 장애 등이 발생하여 지급지시가 제출된 영업일에 결제되지 못하였을 경우, 둘째 기술적 장애 등으로 결제예정일에 자금을 수취하지 못하였을 경우 등이다. 즉 타겟2시스템에 기술적 장애가 발생하였을 경우 그로 인하여 입은 손실에 대하여 참가기관은 중앙은행으로부터 보상을 받을 수 있다. 보상비를 구성하는 요소는 관리비용 및 이자비용이 포함된다. 보상을 위한 관리비용산정은 미결제된 첫 번째 지급지시에 대하여 건당 50유로, 다음 4개의 미 결제지급지시에 대하여 건당 25유로, 다음 미결제 지급지시에 대하여 건당 1.25유로를 지급하여야 한다. 이자비용산정은 EONIA금리[52]와 중앙은행의 일일여신금리 중 낮은 금리를 적용하여 미결제 지급지시금액에 대하여 일일

50) 타겟2의 공휴일에는 1월 1일, 부활절 직전 금요일, 부활절 직후 월요일, 5월 1일, 12월 25일 그리고 12월 26일이 추가된다.

51) 건 당 차등수수료는 1건부터 10,000건까지는 0.6유로, 10,001건에서 25,000건까지는 0.5유로, 25,001건에서 50,000건까지는 0.4유로, 50,001건에서 100,000건까지는 0.2유로, 100,000건 이상은 0.125유로로 산정되어 있다.

52) EONIA(Euro Overnight Index Average)금리는 유로 단기금융시장에서 우량은행간 익 일몰 무담보 대출거래의 가중 평균금리를 의미하며 일일여신금리(marginal lending rate)는 EU회원국 중앙은행이 금융기관에게 제공하는 담보부 1일몰 대출 또는 1일몰 RP 금리를 의미한다.

산정한다.

한편 세파는 타겟2시스템처럼 고정 수수료정책을 실시하지 않는다. 따라서 세파를 통한 이체금액은 타겟2시스템처럼 원지급지시금액에 수수료를 차감하지 않고 수신인의 계좌로 전액 이체입금된다는 점에서 다르다. 반면 지급인은 지급인의 거래은행에, 수신인은 수신인의 거래은행에 각각의 해당수수료를 별도로 지급하여야 한다. 이때 수수료 기준 및 금액은 타겟2시스템처럼 고정된 것이 아니라 개별참가은행과 고객들간의 사전에 약정을 체결하여 자율적으로 결정되기 때문에 유동적이다. 지급이체의 최대결제기간은 이체승인일로부터 제 3영업일 이내이며 거래은행은 자발적으로 동 결제기간을 단축 할 수 있다. 출금이체의 최대결제기간은 일회성 출금이체 및 최초의 반복적인 출금이체는 제 5영업일, 이후의 반복적인 출금이체는 제 2영업일 이내로 제한한다.

4) 위험관리정책

타겟2시스템의 위험관리정책은 크게 다섯 가지로 구분할 수 있다.[53] 첫째, 가장 대표적인 위험관리정책으로서 일중신용(Intraday credit)정책이 있다. 일중신용정책은 금융기관 영업시간내에 계정잔고가 부족함에도 불구하고 지급지시금액을 이체하여 영업 마감시간까지 충당되지 않을 경우 발생할 수 있는 위험을 방지하기 위한 정책이다. 즉, 참가국 중앙은행의 총액결제시스템계정에 남아 있는 참가기관의 잔액이 실제 지급지시의 이체금액에 비하여 부족할 경우, 신용을 제공하는 정책이다. 그러나 미국의 전자결제시스템에서 일중신용정책은 차액결제시스템(DNS)에서 제공하는 데 반하여 타겟2시스템는 총액결제시스템임에도 불구하고 일중신용을 제공하여 위험을 관리하고 있는 점이 특색이다.

일중신용제공의 대상은 첫째, EEA내 소재예금기관(유로시스템의 통화정책 운용대상 이외 기관도 포함) 둘째, EEA 소재 투자기관으로 유로시스템의 통화정책 운용대상기관, 마지막으로 중앙 및 지방정부의 재무부서 등이 해당된다. 일중신용을 제공하는 방법은 담보부 일중대출이나 일중 RP(Repurchase Agreement; 환매조건부 채권)형태의 구이자방식으로 제공된다. 일중신용을 제공받기 위해서는 담보를 제공하여야 하지만 중앙은행의 요청이 있다면 정책위원회에서 중앙 및 지방정부의 재무부서에 한하여 담보를 면제해 줄 수 있다.

만약 일중여신을 제공받은 기관이 영업마감시간까지 일중신용을 상환하지 못할 경우 중앙은행 일일여신금리에 5%를 가산한 벌칙금리를 부담하여야 한다. 그러나 일중신용을 제공받은 기관이 이를 정해진 시간에 상환하지 못하여 지불하여야 하는 벌칙금리는 유로시스템 통화정책 운영대상 기관에는 적용되지 않는다. 이들 기관들은 중앙은행 일일여신금리만 적용되고 그 외 기타기관에 대해서만 미상환횟수에 따라 2.5%가 가산된 벌칙금리를

53) 한국은행 금융결제국, 전게서, pp.76~78.

적용한다.

둘째, 지급한도(Limit)를 설정하여 유동성을 제한하는 정책을 사용할 수 있다. 유동성을 제한하는 범위는 직접참가기관은 사전에 1백만 유로이상 지급한도를 설정할 수 있으며 일중에 수시로 변경할 수 있다. 지급한도 설정은 양자간 한도로 설정하거나 다자간 한도로 설정하는 2가지 방법이 있다. 먼저 양자간 한도 설정은 특정상대기관에 대해 1:1 방식으로 적용하는 한도로 상대기관과의 일중 순포지션이 해당한도를 초과할 경우에는 잔액이 충분하더라도 상대기관 앞 신규 보통 지급지시를 처리할 수 없다. 다음 다자간 한도설정은 양자간 한도를 설정하지 않은 여타 직접참가기관에 대해 포괄적으로 적용하는 한도로 이들 기관과의 일중 순지급포지션이 해당 한도를 초과할 경우 잔액이 충분하더라도 이들 기관 앞 신규 보통 지급지시의 처리를 할 수 없다.

셋째, 유동성 유보정책(liquidity reservation)이 있다. 이 정책은 총액결제시스템계정 내 유동성의 일부분을 긴급한 지급지시를 처리하는데 우선적으로 사용하도록 하기 위하여 유동성사용을 특정용도로 제한하는 정책이다. 유보된 유동성은 최긴급결제용이나 긴급결제용으로 사용이 가능하고 유보된 유동성이외의 자금은 보통지급지시를 결제하는데 사용한다. 그리고 유보된 유동성으로도 결제자금이 충분하지 못한 경우 유보되지 않은 나머지 유동성을 사용할 수 있다.

넷째, 유동성 폴링(liquidity pooling)제도가 있다. 동 제도를 통하여 유로지역 내 여러 곳에 산재해 있는 동일그룹 내 금융기관들 중 국제회계기준 제27호에 의거 결합재무제표공표가 의무화된 금융그룹의 총액결제시스템의 계정들을 하나의 계정그룹으로 지정하여 유동성을 관리한다. 유동성을 관리하기 위하여 통합계정 정보기능과 통합유동성 관리기능을 가지고 있다. 통합계정 정보기능을 이용하여 계정그룹 전체유동성 상황을 단순히 조회할 수 있고 통합유동성 관리기능은 가상계정을 통해 전체 유동성을 기초로 자금결제까지 수행할 수 있다.

마지막으로 대기관리(queue management)정책이 있다. 이 정책으로 타겟2시스템은 대기된 지급지시를 우선등급변경, 대기순서변경, 대기취소 등으로 구분하여 상황에 따라 결제순서를 변경해가면서 신축적으로 결제할 수 있다. 예를 들면, 우선등급변경은 긴급과 보통지급지시만 처리하고 변경된 지급지시는 새로운 우선 등급 내에서 최초 입력시간을 기준으로 대기순서를 정해 처리한다. 또한 대기순서변경은 동일 우선 등급 내 1순위 또는 최후순위로의 변경만 가능하다.

한편, 세파는 이체금액의 제한을 두지는 않고 있으나 지급인의 거래은행이 리스크의 관리차원에서 자율적으로 고객에 대한 신용수준 등 제반여건을 평가하여 이체금액한도를 설정할 수 있다.[54] 또한 지급거절[55], 지급반환[56], 지급환불[57] 등과 같은 결제실패가 발생하였을 경우 책임 및 위험할당정책에 대해서는 포괄적으로 규정하고 있으나 지급거부[58], 반대거래[59], 지급철회[60] 등의 기타의 예외적 거래에 대해서는 각 당사자간 약정을 체결하여 손실을 보상을 하고 있다.

54) Van Empel, M, "Retail Payment and the Arduous Road to SEPA", Common Market Law Review, Vol.46, No.3, 2009, pp.41~45.

55) 지급거절은 은행 간 거래가 이루어지기 전, 거래코드 및 BIC 또는 IEAN코드에 오류가 발생하였거나 해당계좌가 폐쇄되었거나 해당계좌에 자금이 부족하였거나 지급지시가 중복되어 거래가 정상적으로 승인되지 못한 경우에 발생한다.

56) 지급반환은 은행 간 거래가 이루어진 이후, IBAN코드에 오류가 발생하였거나 해당계좌의 폐쇄, 해당계좌의 자금부족 및 지급지시의 중복 등으로 거래가 정상적으로 승인되지 못한 경우에 발생한다. 지급지시금액의 반환은 출금이체일로부터 5일 이내 이루어져야 한다.

57) 지급환불은 지급인과 지급인의 거래은행과의 약정에 따라 승인되지 않은 거래 및 승인된 거래에 이의 제기가 있을 경우 발생된다. 지급환불은 결제일로부터 6주 이내 요청하여야 하며 환불은 요청일로부터 2일 이내 이루어져야 한다.

58) 지급거부는 지급인의 거래은행에 대한 지급거부 요청에 따라 발생한다.

59) 반대거래는 수신인의 청산결제 후 잘못된 거래에 대한 배상요청에 따라 발생한다.

60) 지급철회는 수신인의 거래은행이 지급지시를 승인하기 전에 추심지시철회 요청에 따라 발생된다.

chapter 16

주요국의 전자자금이체 관련법

제1절 미국법

1970년대 미국의 은행을 비롯한 금융기관들은 다국적기업의 등장과 해외직접투자의 증가 등으로 폭주하는 은행업무를 효율적으로 처리하기 위한 방안을 모색하기 시작하였다. 그 방안으로 1951년 통일주법전국위원회(National Conference of Commissioners in Uniform State Laws; NCCUSL)와 미국법협회(American Law Institute; ALI)가 공포한 통일상법전(Uniform Commercial Code; UCC)에 '자금이체'편을 새로 추가하는 형식으로 U.C.C. Article 4A[1])을 제정하여 당사자간에 자금이체를 통한 의무와 책임을 할당함과 동시에 지급지시 및 화폐를 취급하는데 사용되는 새로운 기술의 이용으로 발생되는 문제들을 규율하게 하였다.

그러나 미국은 전자자금이체를 규율하는 연방법으로서 1978년 전자자금이체법[2])(Electronic Funds Transfers of 1978)이 이미 제정되어 상거래에 적용되고 있었다. 이 법은 그 시행 규칙

1) 제4A편의 구성을 살펴보면 다음과 같다. 이 법은 전체 5개장으로 구성되어 있다. 우선 제1장은 동 법률의 적용범위, 지급지시 및 자금이체 등 기타에 대한 정의, 연방준비규정 그리고 운영회람에 대하여 규정하고 있다. 제2장은 지급지시의 전송과 승낙에 관한 규정이다. 제3장은 전송자에 대한 수신은행의 지급지시의 이행에 관한 규정을 담고 있다. 제4장에서는 지급에 관한 내용으로서 지급일, 지급은행의 이체지급의무 그리고 수익자에 대한 원지시인의 지급의무에 대하여 규정하고 있다. 마지막으로 제5장은 기타 규정으로서 자금이체시스템의 효력, 이자율 및 법의 선택을 규정하고 있다; 이병렬, "기업간 전자자금이체에서의 당사자의 의무와 책임에 관한 연구", 박사학위논문, 부산대학교 대학원, 2002, p.31.

2) 1978년 전자자금이체법은 사전절차(통지, 사전수권, 출금이체 등), 사후절차(기록의 교부, 오류해결절차 등) 그리고 금융기관과 소비자의 책임분담규칙(소위 50달러 규칙 등) 등의 내용으로 이루어져 있다. 또한 동 법은 소비자 보호를 목적으로 제정되었기 때문에 전자자금이체 중 거액자금이체(Wholesale Wire Transfer), 증권거래위원회(SEC)가 규율하고 있는 증권, 상품판매가 주목적인 지급이체 그리고 동일 금융기관 내에서의 계정이체 등은 다른 법률에 의하여 이미 규율되고 있거나 다른 법률의 규정에 의하여 규율되는 것이 적당하다는 사유로 적용대상에서 제외하고 있다. 그러므로 동법은 전자자금이체시스템을 이용하는 고객인 소비자들의 권리를 규정하는 것을 주된 목적으로 제정된 법이라고 할 수 있다.

으로 연방준비제도 이사회가 제정한 「규정 E」를 두고 있다. 그리고 이 「규정 E」는 연방준비제도 이사회가 정기적인 문답식으로 발행하는 공식 주석(Official State Commentary on Regulation E)에 의하여 보충되고 있다. 그러나 이러한 법들은 전자자금이체에 관한 소비자를 보호하기 위하여 제정된 법으로서 자연인인 소비자들의 소액거래를 규율하기 위한 법이라고 할 수 있다. 당시에는 기업간 거액전자자금이체로부터 발생하는 권리와 의무를 정의하고 있는 어떤 포괄적이며 체계적인 법은 없었다. 다만 당사자간의 약정이 자금이체에서 발생하는 충돌의 문제 중 일부를 규율하고 있었다. 그러나 이들 약정은 통일성이 부족하여 당사자간의 책임과 의무를 일관성 있게 규율할 수 없었다. 자금이체에 따른 약정으로 해결될 수 없는 분쟁에 직면한 법정은 수표로 결제되는 지급방식을 규율하고 있는 미국 통일상법전 제3편과 제4편 그리고 계약과 관련된 보통법원칙에 의존하여 왔다. 다라서 소비자들 외의 상업적인 성격의 기업간 전자자금이체는 이러한 법규범의 적용범위에서 벗어났다. 그러나 국제무역 및 해외투자의 증대와 자본자유화로 금융업구의 복잡화 및 다양화해지고 은행들의 결제업무가 폭증해지면서 전자결제 규모도 급증하자 기업간 전자자금이체를 규율하는 체계적인 법제의 필요성이 제기되어 기업 및 금융기관 상호간의 지급 망에 의한 소위 기업간 전자자금이체에 한정하여 당사자간의 권리·의무를 규율하는 입법을 하게 되었다.

미국 통일상전 제4A편(UCC 4A, 이하 제4A편으로 표기함)은 전자결제를 규율하기 위하여 기초된 법 중에서 최고의 전자결제법으로서 Harrah's Entertainment, Inc. v. ACE American Insurance Co사건[3]에서처럼 물리적 실체가 기업들이 제공한 화폐을 통한 결제에는 적용되지 아니하고 자금이체에만 규율한다. 제4A편은 전자결제시대에 기존의 결제방식에서 발생하고 있는 문제와 너무 상이한 당사자간의 분쟁을 해결하기 위한 명확한 법률적 체계를 제공하고 있다.[4] 또한 이 법은 Sheerbonnet, Ltd. v. American Express Bank Ltd사건[5]에서 알 수 있듯이 미국에서 기업간 전자자금이체를 위한 유용한 표준을 제공하고 있다.

---

3) 100 Fed. Appx. 387 (6th. Cir. 2004).

4) 미국 통일상법전 제4A편의 특징을 살펴보면 다음과 같다. 첫째, 기업간 전자자금이체를 규율하고 있다. 따라서 거래당사자는 기업, 금융기관, 그리고 정부 등이다. 그러므로 ACH를 이용하는 자금이체의 대부분은 1978년의 전자자금이체법에 의하여 규율하고 있는 소비자간의 이체이므로 미국통일상법전 제4A편에서는 규율하지 않는다. 둘째, 거래가 실시간으로 이행되는 전자자금이체를 규율하고 있다. 셋째, 거래비용이 저렴하고 당사자간에 위험을 할당하고 있다. 넷째, 기업간 거액전자자금이체와 유사한 비 소비자의 ACH에 의한 자금이체는 이체금액이 거액이기 때문에 미국 통일상법전 제4A편이 적용된다. 다섯째, 미국 통일상법전 제4A편은 국내자금이체에 적용되기도 하고 합의에 의하여 국제자금이체를 하는 당사자를 규율하는 법으로도 선택될 수 있다.

5) 905 F. Supp. 127, 28 UCC Rep. Serv. 2v (CBC) 330 (S.D.N.Y. 1995).

제2절 캐나다법

캐나다도 전자자금이체를 규율하기 위한 법제 및 규정으로서는 캐나다 연방법과 일부 주법, 그리고 사적 약정 등의 법제의 체계를 가지고 있다는 점에서 미국과 동일하다. 또한 거액달러 전자자금이체(Large Value Transfer System; 이하 LVTS로 표기함)를 규율하기 위하여 미국의 제4A편 및 「규정(Regulation) J」와 대비될 수 있는 By-law가 존재한다. 그러나 LVTS- By-law는 미국의 제4A편처럼 전자자금이체 당사자 전체를 규율하기 위한 포괄적인 제정법은 아니고 캐나다 지급협회(Canada Payment Association; 이하 CPA로 표기함)가 LVTS시스템을 이용하는 금융기관을 주로 규율하기 위한 규정에 불과하다. 따라서 캐나다에서는 은행과 고객간의 관계는 General Law에서 규율하고 수표 및 소비자가 발행하는 신용수단들은 외환어음법(Bill of Exchange Act)이 규율한다. 따라서 전자자금이체에서 고객이 포함된 당사자 전체를 규율하는 어떠한 법은 존재하지 않는다. 대신 연방법차원에서 소비자간 전자자금이체를 규율하는 규정은 존재한다. 즉 신용카드의 무권한 사용에 대한 카드보유자의 책임을 규율하기 위하여 연방재판관할권하에서 분류된 금융기관의 형태에 따라 적용가능한 별도의 규정을 두고 있다. 예를 들면, 면허를 받은 은행들이 발행한 신용카드의 책임범위는 연방은행대부비용규정(Federal Cost of Borrowing(Banks) Regulations)에서 규정하고 있다.[6]

다음으로 캐나다내의 일부 주에서도 소비자 보호규정을 가지고 있다. 퀘백주의 소비자보호법(Quebec Consumer Protection Act)이 대표적인 경우이다.[7] 이 법에서 고객은 발행자가 다른 수단, 서면통지, 전화 그리고 전보에 의해서 도난과 분실을 통지를 받은 이후에, 제3자가 그러한 카드를 사용함으로써 발생되는 부채에 대하여 어떠한 책임도 부담하지 않는다고 규정하고 있다.[8] 동시에 무권한 사용에 관한 통지가 제공되지 않는 한, 고객의 책임은 50 캐나다달러까지 제한되어 있다. 특히 퀘백주의 재판관할권에는 적법하게 카드를 소유한 사람의 카드를 남용하는 행위도 분명한 무권한 사용의 범위에 포함시키기고 있다. 즉 La Confederation des caisses populaires et d' e'conomie Desjardins du Quebec v. The'le'maque사건[9]에서 법원은 도난 및 분실을 규정짓는 권한도 가지고 있다고 판시함으로서 상기의 사실을 입증하였다. 그러나 연방법과 주법이 충돌할 경우. 캐나다에서는 연방법

6) Federal Cost of Borrowing(Banks) Regulations, s. 12(1)(c), (d), and (e).
7) R.S.Q.c. P_40.1.
8) Q.C.P.A. s. 123.
9) 〔1986〕 R.J.Q.2341 at pp.2344~45(C.P).

이 우선한다. 즉 연방법이 최고의 권위가 있는 법으로 인정된다는 점에서 미국과 동일하다고 할 수 있다.[10)]

또한 사적 약정으로서 소비자 추심(debit)카드서비스를 위한 캐나디언 관습규칙(Canadian Code of Practice)이 소비자 전자자금이체를 규율하는 중요한 법으로서 역할을 하고 있다. 동 관습규칙은 소비자의 대표기관, 금융기관, 소매업자, 연방 그리고 지방정부의 조언과 상담을 통하여 발전된 임의관습규칙(a voluntary code of practice)의 성격을 가지고 있다. 캐나디언 관습규칙은 1992년 5월 이후부터 발효되어 관련거래를 규율하다가 1996년에 개정되었다. 그후 2002년에 관습규칙자체의 용어가 변화된 것은 없지만 해석가이드(Interpretation Guide)에서 손실에 대한 책임을 규율하는 조항을 추가하기 위하여 개정되었다. 이 규칙에서는 추심카드와 핀, 추심카드소유자와의 약정, 손실책임 그리고 분쟁해결원칙을 담고 있다. 또한 동 규칙에서는 추심카드 서비스를 이용하는 소비자를 보호할 뿐 아니라 금융기관의 책임까지도 포함하고 있다.[11)] 이 규칙을 승인한 기관은 이 규칙에서 제공하는 소비자의 보호수준을 유지하거나 그 이상 수준으로 소비자를 보호하여 할 책임을 부담한다. 즉, 다른 법이나 표준약관에 의하여 제공된 보호도 이 규칙에서 인정하는 것이 특징이라 할 수 있다.

제3절 유엔법

유엔 국제무역법 위원회에서는 국제간의 전자자금이체에 관한 표준을 제공하기 위하여 1987년 '전자자금이체에 관한 법률지침'을 기초로 1992년 5월 미국 뉴욕에서 '국제지급이체에 관한 표준법'(이하 표준법이라 한다)을 제정하여 공포하였다. 이 법도 미국 통일상법전 제4A편의 영향을 받아 제정되었기 때문에 실제적으로 내용에 있어 유사성은 많지만 적용범위, 은행의 의무 및 법의 충돌과 관련해서는 상당한 차이가 있다.[12)]

이 법의 입안과정을 살펴보면 유엔 국제무역법 위원회가 1986년 제19차 회기에서 전자자금이체에 관한 표준규칙초안의 준비를 위하여 이 작업을 실무작업반에 맡기기로 결정하였다.[13)] 실무작업반은 이 작업의 초안을 1991년 UNCITRAL의 제24차 회기에 제출하여 심의

10) P.W.Hogg, Constitutional Law in Canada, student ed, Toronto, Carswell, 2001, p.402.

11) Canadian Code, s. 1(3).

12) 미국 통일상법전 제4A편과 표준법에서는 자금환급보증의무의 변경, 지급지시의 착오발견, 지급지시의 취소의 가능시점, 간접손실에 따른 보상, 지급지시의 이행에 따른 주의의무부담, 그리고 보안절차의 효력과 관련하여 달리 규정하고 있다; Bradley Crawford, "International Credit Transfers: The Influence of Article 4A on the Model Law", Kansas Business Law Journal, Vol.19, pp.166~170.

에 상정하였으며, 이 회의에서 심의한 결과 국제자금이체에 관한 표준법초안을 채택하였다. 최종검토를 마친 표준법초안은 1992년 뉴욕의 UNCITRAL의 제25차 회기에서 심의를 거쳐 유엔 국제무역법 위원회의 국제지급이체에 관한 표준법(Model Law)으로 최종 결정되었다.[14)]

이 표준법은 전체 4개장 19개조로 구성되어 있다. 제1장은 총칙부분이고 제2장은 당사자의 의무, 제3장은 자금이체의 불이행, 착오 또는 지연의 효과, 제4장은 지급이체의 종료에 관하여 규정하고 있다. 표준법의 현재의 제목은 실무작업반이 제18차 회기에서 채택하였다. 실무작업반은 각 국의 전자자자금이체의 사용여건을 고려해볼 때 유엔의 법이 각 국의 입법부에서 비준을 거쳐 국내에서 제정법으로서 효력을 발생시킬 것으로 믿고 있다.[15)] 또한 표준법에서 "지급이체(credit transfer) 및 전자적(electronic)"라는 용어는 유엔의 표준법의 적용범위가 추심이체(debit transfer)를 제외하면서도 전자자금이체와 서면자금이체 모두 적용되기 때문에 사용하고 있다.

또한 유엔 국제무역법 위원회에서는 이 표준법을 국제간의 자금이체에만 적용하기로 하였다. 그 이유는 국내자금이체와 국제자금이체에서 발생하는 법률문제가 차이가 있고 나아가 국내의 자금이체와 관련된 분쟁해결이 각국마다 동일하지 않으므로 그 결과 표준법이 모든 자금이체 적용되도록 함으로써 나타날 수 있는 여러 가지 문제를 유발시키는 것은 바람직하지 않다고 판단하였기 때문이다.

제4절 유럽연합법

1. 타 젯

유럽중앙은행의 정책위원회는 타젯을 이용하는 참가자들을 규율하기 위해서 다양한 법적 기반을 구축하였다.[16)] 대표적인 법으로써 2007년 4월 26일에 채택한 'TARGET2에 관한 ECB의 가이드라인'(Guideline of the ECB on a TARGET2)이 있다. 이 '가이드라인'은 유로존의 중앙은행들에게 적용된다. 동 '가이드라인'은 총 4장 16개 조항으로 구성되어 있는데 그

13) 김종칠 · 이병렬, "국제금융거래에서 새로운 대금결제 방식의 도입에 관한 소고", 「산업경제연구」, 제16권 제4호, 2003.8, pp.63~64.

14) A/47/17, UNCITRAL YEARBOOK, Vol. XXIII: 1992(N.Y UN, 1994), Annex Ⅱ.

15) 전자자금이체에 관한 국제적인 통일법이 아직 존재하지 않고 있기 때문에 국제간의 케이블이체 또는 전신망이체와 같은 공유된 시스템과 관련된 거래는 판례법이나 사적 계약에 의존하여 당사자의 권리와 의무를 규율하고 있는 실정이다.

16) http://www.ecb.europa.eu/paym/t2/legal/html/index.en.html, 20 Jan., 2013.

내용을 구체적으로 살펴보면 다음과 같다. 우선 제1장은 타겟2의 개요 및 지급시스템의 범위, 정의, 시스템의 개별참가시스템, 비참가회원국들의 참가방법을 제시하였다. 제2장에서는 관리수준을 규정하고 있다. 제3장에서는 타겟2시스템에 참가하기 위한 제 조건들, 즉, 시스템의 참가 및 탈퇴기준, 참가기관의 의무, 계정관리, 지급지시의 처리, 수수료, 유동성관리, 비상대책, 일중신용공여, 연계시스템, 비용배분, 보안 및 감사 및 분쟁해결 등에 관한 사항을 규정하고 있다. 마지막 제4장에서는 잠정 및 최종조항부분으로써 분쟁해결과 준거법, 공유플랫폼(SSP)로의 이행, 잡칙 및 잠정조항, 이행조치 및 매년 보고서 등을 규정하고 있다. 타겟2의 '가이드라인'은 각국의 법률체계와 충돌하지 않은 범위 내에서 각국 중앙은행의 법률규정을 최대한 조화롭게 수용하는 방향으로 제정되었다는 점이 특징이다.

둘째 타겟2시스템은 자체 약정(Agreement)을 가지고 참가국들을 규율하고 있다. 그러나 이 약정은 타겟2결제시스템에 각 국의 중앙은행의 결제시스템이 연결되어 있지만 유로화를 채택하지 않은 국가의 중앙은행에만 적용된다.

셋째 결제최종지침(Settlement Finality Directive)이 있다. 이 '결제최종지침'은 지급 및 증권결제의 안정성을 보장하고 시스템의 위험을 최소화하기 위하여 제정되었다. 동 지침은 유럽연합내의 모든 지급시스템 및 정산소에 적용된다. 또한 유럽중앙은행 및 회원국들의 중앙은행 또는 그들의 시스템에 참가하는 참가자들에게 적용된다.

마지막으로 'ESCB내 분쟁해결절차에 관한 양해각서'(MOU on an Intra-ESCB Dispute Settlement Procedure)가 있다. 동 각서는 타겟2참가국 중 유로화를 도입한 국가의 중앙은행인 유로시스템 중앙은행간에 분쟁이 발생하였을 경우에 적용된다.

2. 세 파

세파(SEPA)도 참가자들을 규율하기 위한 다양한 법적 체계를 보유하고 있다. 우선 가장 기본적인 법적 체계로서는 '세파로의 이행을 위한 일몰규정'(SEPA migration end-date regulation)이라고 하는 규정(Regulation) No 260/2012을 들 수 있다. 이 '규정'은 유럽집행위원회가 유로화를 이용하여 지급이체 및 추심이체를 하기 위하여 전 유럽에 적용되는 규정을 2010년 12월에 제정하여 2012년 2월에 유럽의회가 채택하였고 2012년 3월 31일부터 발효중에 있다. 동 '규정'에 따르면 유럽연합 내에 유로화를 사용하여 지급이체와 추심이체를 하는 모든 거래는 국제은행계정회원(International Bank Account Numbers; IBAN), 기업인식코드(Business Identifier Codes; BIC), 금융서비스 메세지표준(ISO 20022 XML)을 이용할 것을 요구하고 있다. 또한 동 '규정'은 유럽연합국 중 유로화를 사용하는 국가들의 지급이체와 추심이체의 개시와 처리에 적용된다. 이에 따라 유로화를 사용하는 17개국에게는 2014년까지 세파로 이행하여야 하며, 비 유로지역 15개국들은 2016년 10월30일까지 세파로 이행하여야 한다.[17]

다음 2005년 말에 제정되고 2007년 4월 유럽의회의 승인을 받아서 2007년 10월 유럽이사회에서 채택된 '지급서비스 지침'(Payment Service Directive; PSD)이 있다.[18] 동 지침은 다음과 같은 세 가지 중요한 기본원칙으로 구성되어 있다. 첫째, 공공에게 지급서비스를 제공할 수 있는 권리(제2장) 둘째, 투명성 및 정보요구사항(제3장) 셋째, 사용자와 지급서비스제공자의 권리와 의무(제4장) 등이다.[19] 또한 두 부문에 중점을 두고 있는데 먼저 지급거래관련 특정 영역 즉, 지급거래의 시기, 서비스제공기관의 수수료 및 책임 등에 대한 최소한의 기준을 확립하였고 예금을 취급하지 않은 비은행금융기관에게 지급거래관련서비스 제공권한을 보장하는 것이다.[20] 따라서 본 지침에 적용을 받는 지급서비스제공기관은 예금취급기관, 전자화폐발행기관, 우체국, 지급기관, ECB 및 각국 중앙은행, 회원국 및 회원국의 지방자치단체 등이다. 본 지급서비스지침은 기존의 자국 내 지급거래에도 적용되고 있다.

제5절
미국법과 유엔법의 비교

미국법과 유엔법의 주요쟁점을 비교하면 다음과 같다. 우선 양 법의 입법방향[21]을 비

---

17) 타겟2시스템에는 EU회원국(28개국) 중 유로화를 도입한 15개국(스페인, 그리스, 아일랜드, 이탈리아, 핀란드, 룩셈부르크, 프랑스, 오스트리아, 포르투칼, 네델란드, 독일, 벨기에, 사이프르스, 몰타, 슬로벨니아)의 중앙은행과 유럽중앙은행, 5개의 유로화 미 도입국가(덴마크, 폴란드, 라트비아, 리투아니아, 에스토니아)가 참가하고 있다. 스위스의 경우는 EU회원국이 아니지만 자체적으로 euroSIC시스템(RTGS)을 구축하여 프랑크푸르트에 설립한 SECB(SWISS Euro Clearing Bank)을 통해 타겟2에 연결하고 있으며 종전 타겟 참가국 중 영국과 스웨덴은 타겟2에 불참하고 대신 사이프르스, 리투비아 등 6개국이 신규로 참가하고 있다; 한국은행 금융결제국, 전게서, p.46.

18) Skinner. chris, John Wiley & Sons, op. cit., pp.135~150.

19) Ruth Wandhfer,"EU Payments Integration; The task of SEPA, PSD and Other Milestones Along the Road", Palgrave Macmillan, 2010, pp.62~75.

20) 그 외 Regulation(EC) No 924/2009, Regulation No 2560/2001, Directive 2007/64(PSD), Regulation payment information(No 1781/2006), Directive 2006/48/EC, Directive 2009/110/EC, Directive 2009/44/EC 등이 있다.

21) 양 법의 또 하나의 중요한 차잇점은 제4A편이 은행의 전송시설 또는 다른 통신시스템과 같은 자금이체시스템의 중요성을 인식하여 통신시설에 대한 정의를 하고 있으며 또한 당사자의 권리와 의무는 자금이체시스템의 규칙에 의하여 변경되는 것을 허용하고 있는 반면 표준법에서는 전송시설에 대한 정의를 하지 않고 있다. 더우기 자금이체시스템규칙 자체가 표준법을 변경시키는 것을 용인하고 있지 않다; Richard F. Dole, "Receiving Bank Liability for Errors in Wholesale Wire Transfers," Tulane Law Review, Vol. 69, March 1995, p.885.

교 하면 먼저 제4A편은 거액이면서 신속한 전자자금이체를 규율하기 위하여 제정된 반면 표준법의 적용범위는 상기의 제정동기에 밝혔듯이, 신속히 자금의 전자적 이체를 규율하기 보다는 국제간의 자금이체에 적용됨으로써 국제간에 이루어진 서면 자금이체와 전자자금이체 모두를 규율하기 위하여 제정되었다.[22] 또한 제4A편은 전자자금이체를 규율하기 위한 미국 법제들의 통일성을 제공하기 위하여 입법되었고 표준법은 입법과정에서 서류에 기초한 자금이체에 경험이 많은 유럽국가들의 주장을 상당히 수용하여 제정되었다.

둘째, 지급지시의 착오발견과 관련하여 제4A편과 표준법에서는 착오를 범한 당사자에게 착오에 따른 손실책임을 부과하고 있다는 점에서는 동일하다. 그러나 제4A편의 규율을 받는 CHIPS 및 FedWire에서처럼 자동으로 전송된 지급지시의 착오는 원지시인에게 책임을 부담시키고 있다. 왜냐하면 자동적으로 전송된 지급지시는 수신은행이 이체하기전에 착오 여부를 검사하기가 사실상 불가능하기 때문이다. 그러나 수신은행은 지급지시가 수동으로 전송되었다면 분명한 착오들을 무시한 태만에 따른 책임을 부담하여야 할 것이다.[23] 한편 표준법에서는 자동으로 전송하는 전자자금이체시스템에서 원지시인이 수익자지정의 착오 및 데이터전송의 착오를 하였다면 수신은행은 확인된 원지시인에게 적절한 시간에 그와 관련된 사실을 통지할 의무를 부과시키고 있다. 원지시인의 지급지시상의 착오와 관련하여서도 수신은행에게 책임을 일부 인정하고 있다. 따라서 제4A편과는 달리 표준법에서는 자동 및 수동으로 지급지시를 전송하는 과정에서 발생된 원지시인의 과실에 대하여 원지시인과 수신은행에게 책임을 공동 부담시키고 있다.

셋째, 자금환급보증권리의 변경과 관련하여 제4A편과 표준법에서는 수신은행이 전송자의 지급지시를 승낙한 후 해당지시가 정상적이지 않아 자금이체가 종료되지 않았다면 전송자가 그의 계정에서 이미 출금된 자금을 환급받을수 있는 권리(자금환급보증, money-back guarantee)를 전송자에게 인정하고 있다. 그러나 제4A편에서는 자금환급보증의무를 변경할 수 없다고 규정하고 있으며 표준법에서는 변경을 일부 허용하고 있다. 그러나

---

22) NCCUSL와 ALI은 공동으로 1999년7월 연례회의에서 또 다른 통일법으로서의 "전자 정보거래에 관한 통일 법"(Uniform Copmputer Information Transaction Act: UCITA)을 제정하기도 하였다; University of Pensilyvania, http://www.law.upenn.edu/library/ulc. htlm.2000; Kathleen Patchel and Robbyn L Meadows and Carl S Bjerre, "The Uniform Commercial Code survey: Introduction," The Business Lawyer, Vol. 54, Aug 1999, p. 1827. 그 밖에도 현재 및 장래의 전자적 기법 또는 컴퓨터화 한 기법을 이용한 거래과정(상거래 및 정부 거래 포함)을 지원하기 위하여 일반 계약법을 수정한 통일법으로서의 1999년 "계약거래에 있어서의 전자통신에 관한 통일 법"(Uniform Electronic Communication in Contractual Transaction Act: UECCTA)을 제정하였다; D. B. Beard, "Preliminary Issues, Apr. 1997 Reporter's Memorandom; Second Draft of the Uniform Electronic Transactions Act," Reporter's Memorandom, Nov 1997.

23) UCC §4A-202.

양 법은 자금을 환급할 경우 원금과 이자까지 포함시킬 것을 규정하고 있다는 점에서 유사하다.

넷째, 제4A편과 표준법에서는 전송자에 의한 지급지시의 취소를 인정하고 있다. 그러나 두 제정법은 지급지시의 취소효력과 관련하여 몇 가지 달리 규정하고 있다.[24] (i) 지급지시의 취소가능 시점을 제4A편에서는 정상적으로는 수신은행이 지급지시를 승낙하기 전인 전송자의 계정에서 수신은행이 출금하기 직전까지로 보고 있다. 반면 표준법에서는 지급지시의 취소가능시점을 지급지시의 승낙전후를 구별하고 있지 아니하고 있다. 다만 명시적으로 전송자와 수신은행에게 승낙되지 않은 지급지시는 취소 불가결하다는 것을 약정할 것을 위임하고 있을 뿐이다. (ii) 지급지시의 취소변경여부와 관련하여서 제4A편에 의하면 지급지시의 취소는 관련당사자간의 약정 뿐 아니라 대부분의 경우 자금이체규칙에 의하여 변경될 수 있다고 규정하고 있다. 하지만 표준법에서는 관련당사자간에 약정에 의하여 변경될 뿐 자금이체시스템규칙이 표준법에 종속되기 때문에 표준법의 조항을 변경시킬 수 없어 지급지시의 취소는 변경되지 않는다고 할 수 있다.[25]

(iii) 제4A편에서는 지급은행이 지급지시를 승낙한 이후 지급지시의 취소에 따른 지급은행의 동의 없이 처리 될 수 있도록 한 규정 및 지급지시의 취소를 위한 4가지 법률적인 요건 중 적어도 한 가지 요건을 구비할 것을 요구하고 있다. 한편, 표준법에서는 수신은행이 그가 이미 승낙한 지급지시를 전송자가 취소하는 데는 수신은행의 동의가 필요 없다고 규정하고 있다. (iv) 지급지시의 취소방법과 관련하여 제4A편에서는 보안절차에 따를 것인지는 당사자간에 결정하여야 할 문제라고 규정하고 있는 반면 표준법에서는 반드시 보안절차에 따를 것을 요구하고 있다.

다섯째, 제4A편은 간접손실[26]을 포함한 부가적인 손실은 그러한 손실을 위하여 서면에 의하여 체결된 명시적인 약정에 의하여 보장된 범위까지 배상되며 그 외의 손실은 배상되지 않는다고 규정하고 있다. 따라서 체결된 약정이 없는 경우 수신은행은 간접손실에 대하여 수익자에게 배상하는 것을 금지하고 있다.[27] 이러한 점은 표준법에서도 동일하다.[28]

---

24) 이병렬·김종칠, "국제전자결제시스템에서 수신은행 당사자의 역할에 관한 연구", 「국제상학」, 제21권 3호, 2006.9, pp.145~147.

25) 이병렬, "전자자금이체에서의 지급지시 승낙에 관한 연구", 「통상정보연구」, 제9권 제2호, 2007.6, pp.131~133.

26) 간접손실 또는 결과적 손실(consequence damages)이란, 지급이체지연 등에 의하여 자금이 예정된 일시, 장소에 도착하지 않았던 탓에 수익자에게 계약위반에 관하여 제공하는 손실 또는 수익자가 상행위의 기회를 상실하여 발생하는 손실을 의미한다: UCC §4A-305.

27) UCC §4A-305(c)(d).

28) 제4A편에서는 다음과 같은 경우는 예외적으로 지급은행에게 간접손실로 발생된 책임을 부여하고 있어 어떤 경우에도 간접손실을 금지하고 있는 표준법과는 다른 입장을 취하고 있다고 할 수 있다.

여섯째, 지급지시이행에 대한 주의의무 부담여부에 대해서 제4A편과 표준법은 분명한 대조를 이루고 있다. 제4A편은 수신은행에게 전송자와 약정한 보안절차에 따라 이행하는 과정에서 원지시인이 어떤 의도로 지급을 지시하고 있는지에 관하여 조사할 어떠한 의무도 부과하고 있지 않다. 다만 자금이체의 원지시인에게 엄격한 주의의무를 부과하고 있을 뿐이다.29) 그러나 표준법에서는 지급지시이행에 따른 주의의무와 관련하여 수신은행에게 훨씬 적극적인 의무를 부담시키고 있다. 예를 들면 원지시인이 발행한 지급지시가 수익자명이 일치하지 않아 수신은행이 계정번호에 의존하여 지급지시를 이행하여 결과적으로 지정된 수익자명 이외의 계정으로 이체지급을 하였다면 수신은행은 이 지급지시이행으로 발생한 손실에 관하여 책임을 부담하여야 한다.

마지막으로 양 법은 사기와 착오를 발견하기 위하여 전자자금이체 당사자에게 보안절차를 확립할 것을 권고하고 있다. 그러나 보안절차의 책임범위에 관하여 양 법은 달리 규정하고 있다. 제4A편에서는 전송자는 수신은행과의 확립된 보안절차에 따라 약정에서 합의된 착오를 발견하였을 경우에만 착오에 따른 책임으로부터 면책된다고 규정하고 있다. 그러나 표준법에서는 약정한 보안절차가 착오를 발견하였을 때 그러한 책임으로부터 전송자는 면책된다고 규정하고 있다. 따라서 제4A편에서는 보안절차의 확립과 관련하여 착오에 따른 전송자의 면책범위를 제한하고 있는데 반하여 표준법에서는 무한한 면책을 제공하고 있다.

또한 제4A편과 표준법은 자금환급비용을 수신은행에게 부담시키고 있다는 점에서는 동일하지만 제4A편에서는 확립된 보안절차에 따라 발견된 착오에 관하여 상당한 기간 내에 원지시인이 수신은행에게 통지를 하지 않음으로서 수신은행이 자금환급비용이 증가된 경우 원지시인은 이 비용을 부담할 것을 요구하고 있다.30) 그러나 표준법에서는 이러한 손실 및 비용도 수신은행에게 부담시키고 있다.

그리고 보안절차의 입증책임에 대하여 양 법은 달리 규정하고 있다. 즉, 제4A편은 원지시인에게 그가 발행한 지급지시가 수신은행과 약정한 보안절차에 일치하여 발행하였다는

첫째, 지급은행이 전송자가 전송한 전자자금이체에 따른 특별한 환경과 관련하여 통지를 수신한 경우이다. 둘째, 지급은행이 지급지시를 정상적으로 이행하지 않으면 간접손실이 발생할 수 있다는 특별한 사실을 통지 해달라고 원지시인에게 요구를 한 이후에 지급은행이 수익자에게 이체지급을 거절하여 수익자에게 손실이 발생되었다면 지급은행은 그에 따른 손실책임을 부담하여야 할 것이다. 그러므로 일부 자금이체환경에서 간접손실을 허용하는 제4A편과 간접손실을 완전히 금지하고 있는 표준법과는 상이하다.

29) 김종칠 · 이병렬, “전자자금이체상의 당사자의 권리와 의무상의 문제점 및 시사점”, 「통상정보연구」, 제6권 제2호, 한국통상정보학회, 2004.8, pp.345~347.

30) UCC §4A－204.

사실을 입증할 책임을 부여하고 있다. 한편, 표준법에서는 약정한 보안절차를 이용하여 착오를 발견할 수 있는 능력을 가진 수신은행에게만 착오를 발견하기 위한 책임을 부과하고 있다.[31)]

제6절 미국법과 캐나다법의 비교

미국은 이미 1968년에 신용카드의 전자화에 대비하여 연방소비자보호법으로써 대부진실법 및 이 법을 이행하는 「규정 Z」를 제정하였다. 그리고 1978년에 본격적으로 소비자간 전자결제를 규율하기 위한 연방차원의 전자자금이체법을 입법함과 동시에 「규정 E」를 제정하여 이를 이행하도록 하고 있다. 또한 미국의 각 주들도 1980년대 들어 본격적으로 전자자금이체거래에서 고객의 보호를 규정하기 위한 제도적 정비를 단행하였다. 예를 들면 캔자스주는 1981년, 콜로라도주, 몬타나주, 그리고 미시간주는 1987년, 미네소타주 등은 1988년에 관련법을 각각 제정하여 적용하고 있다. 한편 1989년에는 거액이며 상업적 전자자금이체를 규율하기 위하여 미국 통일상법전 제4A편을 제정하여 상업적 고객을 보호하기 위한 법제를 마련하였다. 그러나 미국은 이와 같은 법들의 제정에만 머물지 않고 최근까지도 관련제정법 및 각종 하부규정들을 시장의 변화에 반영시키기 위한 노력을 계속하였다. 즉, 최근의 개정사례를 살펴보면 연방전자자금이체법과 대부진실법은 2000년에, 「규정 E」 및 「규정 Z」는 2003년에 각각 개정하여 관련 거래를 규율하고 있다.[32)]

이에 비하여 캐나다는 전통적으로 영국을 비롯한 유럽국들의 정서를 반영하고 있어서인지 전자자금이체에서 고객을 포함 당사자 전체를 포괄적으로 규율하는 제정법은 아직 존재하지 않는다. 다만 연방차원에서 전자자금이체를 규율하는 규정(연방은행대부비용규정)을 가지고 있다. 퀘백주처럼 소비자 보호규정을 가지고 있는 주도 있다. 또한 사적 약정으로서 소비자 추심카드 서비스를 위한 캐네디언 관습규칙이 소비자 전자자금이체를 규율하는 중요한 법(a voluntary code of practice)으로서 역할을 감당하고 있다. 이 규칙은 1992년 5월에 발효하여 거래에 적용해오다가 1996년에 개정하였다. 또한 미국의 통일상법전 제4A편에 비교될 수 있는, 거액전자자금이체의 법률적 체계를 제공하기 위하여, 1980년에 설립된 캐나다지급협회의 이사회가 1997년 11월에 제정하고 1998년 4월 연방내각이 승인한 LVTS By-law가 존재한다.

31) UNCITRAL Model Law §5.
32) 이병렬, 앞의 논문, pp.233~239.

이처럼 양국의 전자자금이체에 관한 법제를 비교하면 미국에서는 제정법으로서 이미 법률적 기반을 구축하여 당사자를 포괄적으로 규율함으로서 상거래에 상당한 영향력을 미치고 있음에 반하여 캐나다에서는 제정법보다는 규칙 또는 사적 약정의 형식으로 존재함으로서 부분적으로 당사자를 규율하고 있다. 물론 향후 입법을 하게 되면 이와 같은 관련 규정들이 법률적 체계를 제공할 것이다. 따라서 양국의 거래규모 및 법제의 구축실적을 통하여 평가한다면 미국의 전자결제시스템 및 제도가 보다 체계적이며 시장의 요구를 잘 반영하고 있다고 할 수 있다. 그 만큼 미국에서 전자자금이체거래로 인한 당사자간의 분쟁이 빈번히 발생하고 그 내용 또한 복잡하다는 것을 알 수 있다. 즉, 상관습의 변화가 법제의 개정 및 발전을 촉진하는 동기라고 한다면 미국이 캐나다보다 전자결제시스템의 도입으로 그만큼 많은 갈등과 해결의 경험을 가지고 있는 것으로 풀이할 수 있다.

chapter 17

비정상적 거래

제1절 무권한 행위

1. 무권한 행위의 정의

전자금융시스템에서 무권한 행위란, 금융거래를 할 정당한 권한이 없는 자가 카드, 전화기, 컴퓨터 등을 이용하여 암호화 된 비밀번호와 함께 은행의 컴퓨터단말기에 입력하여 현금인출, 지급지시 또는 정당하게 지급지시한 내용을 변경하는 것을 말한다. 전자금융과정에서의 범죄는 소유자의 허락 없이 친구의 패스워드를 도용하거나 사적인 온라인 데이터베이스에 임의대로 접근하는 행위와 같이 컴퓨터 사용자부분에서 주로 표출된다.[1] 따라서 전자금융방식에서의 범죄의 대부분은 컴퓨터자체에 저장된 정보가 표적이 된다. 그러므로 범인들은 그들의 목적을 이루기 위하여 컴퓨터에 내재되어 있는 데이터에 접근, 복사, 변경 및 파괴하기를 원한다. 그리고 일부 경우에 있어서는 다른 범죄를 실행하기 위해서 컴퓨터의 적법한 소유권자로부터 권리를 절도하기도 하여 주로 컴퓨터가 도구로 사용되기도 한다. 이러한 측면에서 1987년의 유엔 국제 무역법위원회(UNICITRAL)의 법률지침(Legal Guide)에서는 사기를 "합법적이지 않은 지시, 입금되어야 할 계좌 변경 또는 입금액의 변경"이라고 정의하고 있다.[2] 또한 미국 통일상법전 제4A편에서도 무권한 거래를 유발하는 무권한 지급지시를 전송자가 누구인지 입증되지 않은 자로부터 발생된 지급지시라고 정의하고 있다. 또한 미국의 연방 전자자금이체법(Electronic Fund Transfer Act of 1978; EFTA)에서도 자금이체를 개시할 수 없으며 현실적인 대리권없이, 소비자 외의 자에 의하여 개시되는 전자결제로서 그 자금이체로 인하여 고객이 아무런 이익을 얻지 못하는 경우라고 정의

1) 최해범 · 이병렬, "국제금융시스템에서의 무권한 행위에 관한 고찰", 「국제상학」, 제18권 제1호, 한국국제상학회, 2003.4. pp.91~96.

2) UNCITRAL, Legal Guide on EFT, Ⅲ 4.

하고 있다.

전자결제는 컴퓨터전산망을 이용하여 지급지시가 전송되기 때문에 당사자의 물리적인 사전 확인 없이 이행된다. 그러므로 그 이행과정에서 의도적인 인간의 직권남용, 의도를 가장한 우연한 실수 뿐 아니라 소프트웨어나 하드웨어의 작동불량 그리고 당사자의 부주의에서 비롯되어 범죄행위로 연결되고 있는 실정이다.[3] 전자결제과정에서 무권한 행위는 지급지시의 착오보다 당사자에게 더욱 빈번하고도 심각한 자금의 손실을 가져오기 때문에 분쟁의 주요한 원인이 되고 있다. 그러므로 무권한 금융행위를 방지하여 신용사회를 정착시키기 위하여 미국의 연방과 대부분의 미국의 각 주들은 별도의 법을 제정하고 있다.[4] 또한 연방에서도 두 개의 법을 제정하고 있다. 즉, 컴퓨터 사기남용법(Computer Fraud and Abuse Act; CFAA)과 전자통신 프라이버시법(Electronic Communications Privacy Act; ECPA)이 그것이다. 이들 법들은 전통적인 제정법들만으로는 증가하는 컴퓨터 범죄와 컴퓨터와 관련되어 발생될 수 있는 모든 범죄를 규율하기에 한계가 있어 이를 극복하기 위하여 제정되었다. 관련법에 따르면 금지된 온라인 범죄행위에는 컴퓨터에 무권한적으로 접근[5], 무권한적으로 다른 고객의 전자자금이체와 관련된 데이터를 변경, 컴퓨터 서비스의 절도, 다른 범죄를 범하기 위하여 컴퓨터를 이용한 절도, 컴퓨터에 다른 사람 접근의 부인, 패스워드의 무권한 소유, 그리고 자금을 세탁하는 행위 등을 들 수 있다. 실제 전자결제과정에서 무권한 행위가 빈번히 발생되고 있는 유형을 중심으로 살펴보면 다음과 같다.

2. 무권한 행위의 유형

1) 컴퓨터에 무권한적으로 접근

사실상 미국의 모든 주에서는 컴퓨터에 무권한적으로 접근하는 것을 금지하고 있다. 예를 들면 일리노이즈주에서는 접근(access)이라는 의미는 컴퓨터가 제공하는 서비스를 달리 이용하거나 컴퓨터로부터 데이터를 가로채거나 검색하는 것, 데이터저장을 지시하는 것을 의미한다. 무권한적으로 컴퓨터에 접근한다는 것은 첫째, 컴퓨터의 소유자의 허락없이

---

3) UNCITRAL, Legal Guide on EFT, Ⅲ 4.

4) 대표적인 주들로서는 콜로라도, 몬타나, 뉴욕, 사우스다코타 그리고 버지니아주 등이 있다; Colo. Rev. Stat. §§18-5.5-101(10), 18-5.5-102 (1986); Mont. Code Ann. §§45-6-310, 45-6-311 (1993); N.Y. Penal Law § 156.05 (Mickinney 1988); S.D. Codified Laws Ann. §§43-43B-1 (1994), 43-43B-3 (1994), 43-43B-4 (1994), 43-43B-5 (1988), 43-43B-6 (1988); Va. Code Ann. §18.2-152.2 et seq. (Michie 1988).

5) 무권한적으로 컴퓨터에 접근하는 한다는 것은 첫째, 컴퓨터의 소유자의 허락 없이 접근하거나 또는 컴퓨터에 접근하는 것을 허용 할 위치에 있는 사람의 허락 없이 접근하는 것 둘째, 접근하는 것은 허락 받았지만 허락의 범위를 넘어서는 컴퓨터의 이용을 의미한다.

접근하거나 허용하는 것을 허락할 누군가의 허락없이 접근하는 것 둘째, 원래 부여된 허락의 범위를 넘어서는 접근을 의미한다.

무권한 접근(access)을 금지하고 있지 않은 주들은 무권한 이용(use)을 금지하고 있다. 예를 들면, 콜로라도[6], 몬타나[7], 뉴욕[8], 사우스다코타[9], 그리고 버지니아주[10]는 컴퓨터의 모든 무권한적 이용을 금지하고 있다. 그러나 이들 두 단어의 의미는 매우 유사하게 사용되고 있다. 즉, Stat v. Rowell사건[11]에서 일부 주들은 실제 'make use of'로서 'access'를 정의하고 있다. 그러나 대부분의 미국 주들의 컴퓨터 범죄와 관련된 법들은 의도성을 가지고 있을 때만 컴퓨터에 무권한적으로 접근하는 것을 금지하고 있다. 예를 들면, 피고용인이 우연하게 컴퓨터에 입력시키는 과정에서 프로그램이 수정되거나 삭제되는 경우와 고용주의 지시에 의해서 프로그램을 수정하거나 삭제되는 경우에는 처벌되지 아니한다. 그러나 임금을 관리하는 피고용인이 그 회사의 임금대장 프로그램에 접근할 수 있는 그의 신분을 이용하여 그의 주급을 25%나 추가적으로 더 지급하게 만들었다면 그의 이러한 행동은 의도성이 있고 권한 접근을 초과하는 행위이기 때문에 범죄를 구성하게 된다. 그러므로 사이버공간에 무권한적으로 접근하는 과정은 실질 세계에서의 가정이나 기업에 침입하는 것과 동일하다. 그리고 다른 사람의 컴퓨터에 불법적으로 접근하는 것은 적어도 한 개주 이상의 법을 어길 수 있다. 가령 아이오아주에 있는 컴퓨터에 접근하기 위해서 캘리포니아주의 컴퓨터를 이용한다면 두 개주에서 무권한적인 접근을 함으로서 범죄를 저지런 결과가 된다.

한편, 연방법에서도 다음과 같은 컴퓨터에 무권한적인 접근은 금지하고 있다. 예를 들면, 정부컴퓨터, 분류되거나 제한 된 정부 정보[12](국가방위나 해외관련 데이터), 금융기관컴퓨터[13](금융기록을 취득하기 위한), 신용카드 발행자의 컴퓨터[14](신용카드정보를 취득하기 위해), 소비자 보고기관 컴퓨터(신용정보를 취득하기 위하여), 연방이자컴퓨터[15](A federal interest computer) 등이다.

컴퓨터사기 남용법(Computer Fraud and Abuse Act; CFAA)에 의하면 정부가 독점적으로

---

6) Colo. Rev. Stat. §§18−5.5−101(10), 18−5.5−102(1986).
7) Mont. Code Ann. §§45−6−310, 45−6−311 (1993).
8) N.Y. Penal Law § 156.05 (Mickinney 1988).
9) S.D. Codified Laws Ann. §§43−43B−1 (1994), 43−43B−3 (1994), 43−43B−4 (1994), 43−43B−5 (1988), 43−43B−6 (1988).
10) Va. Code Ann. §18.2−152.2 et seq. (Michie 1988).
11) 119 N.M. 710. 895 P.2d 232 (N.M. Ct. App. 1995), citing N.M. Stat. Ann. § 30−45−2(A).
12) 18 USC §1030(a)(3) (1995).
13) 18 USC §1030(a)(2) (1995).
14) 18 USC §1030(a)(2) (1995); 15 USC§1602(n) (1995).
15) 15 USC §1681; 18 USC§1030(a)(2) (1995).

사용하는 컴퓨터에 접근을 하여도 책임을 부담하여야 한다고 규정하고 있다.[16] 이 법에 따르면 다른 컴퓨터에 무권한적으로 접근하는데 따른 책임을 부담시키기 위해서는 추가적인 요건을 제시하고 있다. 예를 들면 정보의 획득, 의도적인 사기 또는 손실유발, 미화 1천 달러를 초과하여 프로그램에 손실을 일으키는 행위 등이다.

2) 데이터의 변경이나 파괴

무권한적으로 다른 사람의 데이터를 수정, 삭제, 파괴 및 변경을 가하면 대부분의 주들은 중죄로 다스리고 있다. People v. Versaggi 사건[17]에서 뉴욕법정은 컴퓨터를 숏다운(shut down)시킬려고 명령하는 단순한 지시도 컴퓨터의 프로그램이나 데이터를 무권한적으로 변경하는 것이라고 판시하였다. 피고는 계속적인 전화서비스를 제공하기 위해 설계된 두 개의 컴퓨터프로그램을 의도적으로 변경함으로서 컴퓨터를 함부로 조작한 댓가로 유죄를 선고받았다. 법정은 'alter'라는 의미는 'to change or modify'라는 원래의 의미를 포함하고 있다고 강조하였으며 'in any manner'으로의 변경도 범죄를 구성한다고 언급하였다.

역으로 Newberger v. State사건[18]에서 플로리다 법정은 개인의 신용관련사항을 체크하기 위하여 신용부서에 신용카드고객의 정보가 자동적으로 송부되는 특징을 무시하고 컴퓨터에 정보를 추가할 경우, 새로운 신용평가 분석가는 컴퓨터 데이터나 프로그램을 수정해서는 안된다고 판시하였다. 만약 삭제된 데이터가 회복 가능하다그 할지라도 무권한적으로 컴퓨터의 데이터의 삭제는 불법이라는 점을 분명히 하였다. 그러나 Burleson v. State사건[19]에서 텍사스법정은 피고인이 그가 삭제한 기록이 물리적으로 지워진 것이 아니고 다만 그들이 여전히 존재한다는 점에서 논리적으로 삭제되었다고 주장하는 항변을 기각하였다. 따라서 불법적인 데이터의 변경 및 수정된 자료가 복원가능여부에 관하여 플로리다주와 텍사주간에는 판례의 다툼이 있다.

3) 컴퓨터 서비스의 절도

대부분의 주들은 컴퓨터 서비스의 절도를 금지하고 있다. 그러나 불법행위를 구성하는 컴퓨터 서비스의 정의 관해서는 각 주별로 조금씩 상이하다. 그 중에서 뉴햄퍼셔주의 컴퓨터 서비스에 대한 정의는 미국 주들 중에서 가장 전형적인 예에 해당된다. 즉, 이 주의 법에 의하면 컴퓨터 서비스는 컴퓨터에 접근하여 데이트 프로세싱 및 데이터를 저장하는 행위를 포함시키고 있다.[20] 뉴멕시코주의 정의는 좀더 상세하다.[21] 컴퓨터 서비스란 컴퓨터

16) 18 USC §1030(a)(2) (1995).
17) 83 N.Y.2d 123, 629 N.E.2d 1034(N.Y. 1994).
18) 641 So.2d 419(Fla. Dist. Ct. App. 1994).
19) 802 S.W.2d 429, 436-437(Tex. Ct. App. 1991).

시간(time), 컴퓨터 시스템, 컴퓨터 네트워크의 이용, 컴퓨터를 이용한 컴퓨터 데이터나 프로그램, 컴퓨터 네트워크내에 저장된 데이터, 컴퓨터, 시스템, 네트워크, 소프트웨어를 이용한 다른 기능을 수행하거나 데이터의 프로세싱을 포함한다고 정의하고 있다.

4) 내부공모

내부공모(Internal collusion)에 의한 사기의 방법도 있다. 이 경우는 State v. Joyner사건[22]을 통하여 알 수가 있다. 이 사건에서 테네시의 한 신용상담역(Counselor)은 관련 직원과 공모하여 그의 계정을 체크하는데 나태한 고객의 계정에 들어가서 이 고객의 채무상태를 악화시켜서 기업으로부터 받을 수 있는 주식대금일부를 자기계정로 이체시켰다. 이에 법정은 고객의 내부신용정보를 이용하여 부당한 이익을 취득한 행위도 무권한 금융행위에 해당된다고 판시하였다. 따라서 내부공모에 의한 방법도 전자결제시스템에서 주요 범죄의 유형이 되고 있음을 시사하고 있다

5) 자금세탁

자금세탁(Money Laundering)이란 불법적인 자금이 외관상 적법성을 가지도록 하는 정상적이지 못한 금융활동을 말한다. 대부분의 금융거래에서는 사람이 포함된 자금이동의 흔적은 있다. 범죄인들은 종이의 흔적 때문에 크레디트카드, 수표와 같은 전통적인 결제수단의 이용을 회피한다. 대신 익명이라는 점 때문에 현금의 이용을 더 선호한다. 그런데 물리적인 현금은 이동하기가 어렵고 부피가 크다는 점이 단점이다. 이러한 단점을 해결하기 위하여 범죄인들은 최근에 자금을 세탁할 때 사이버결제를 선호하는 추세이다. 일반적으로 이용되는 자금세탁의 과정은 다음의 세 가지 단계를 거친다.

(1) Placement

이 단계는 자금세탁의 첫 단계로서 물리적인 통화가 금융기관에 입금되는 단계로, 불법적인 자금이 발견되기가 가장 쉽다. 불법자금이 각 금융기관에 예탁될 때 Placement가 발생한다. 범죄기업들이 현금을 이용하여 실행하는 자금구매지시는 또 하나의 Placement이다. Bank Secrecy Act (BSA)의 관련규정은 현금을 포함한 어떠한 금융거래에 대해서도 규율한다. 그들의 활동을 숨기기 위해 자금세탁자들은 적법한 금융시스템을 완전히 우회하거나 BSA의 기록관리 규정을 어긴다. 따라서 금융기관과 협조하여 일하고 있는 법 집행 관리들만이 이 단계에서 자금세탁을 방지하기 위해 노력하고 있는 유일한 당사자들이다.

---

20) N.H. Rev. Stat. Ann.§638:16 IV(1986).
21) N.M. Stat. Ann. §30－45－2F(Michie 1989).
22) 759 S.W.2d 422(Tenn. Crim. App. 1987).

(2) Layering

Layering이란 'dirty money'가 남겨 놓은 흔적을 숨기기 위한 활동이다. layering단계에서 자금세탁자들은 자금과 해당자금의 불법적인 원천간의 층을 만들기 위한 일련의 금융거래를 할 수 있다. 예를 들면 은행간의 자금이체가 layering을 구성할 수가 있다. 이러한 활동들은 자금의 흔적을 추적하기 위한 조사를 어렵게 만든다.

(3) Integration

자금세탁의 마지막단계로서 불법자금이 주(또는 국가) 경계분야로 진입함으로서 적법한 상업활동으로부터 나온 자금으로 통합된다. 불법자금은 외관상 적법하게 보인다. 불법자금의 적법자금으로의 통합은 결산의 흔적이 placement나 layering단계동안 있지 않으면 발견하기가 매우 어렵다.

이처럼 자금세탁과정은 매우 복잡하다. 자금세탁에는 전통적인 금융시스템과 비전통적인 금융시스템들을 활용할 뿐 아니라 수많은 중개기관까지도 이용된다.[23] 자금세탁의 성격과 범위는 이를 진행하는 금융기관들의 창조성(의도성)에 의해서만 제한된다. 국제불법 마약거래자들은 여러 가지 자금세탁기술과 설계를 사용한다. 발전된 컴퓨터와 통신기술들이 마약과 관련된 자금세탁운영의 효율성과 보안을 향상시키는데 이용되고 있다.

이러한 자금세탁에 의한 사기거래의 대표적인 사례로는 BCCI(Bank of Credit and Commerce Internationa) 一興銀사건이 있다. 이 사건에서 해당은행은 룩셈부르그에 본점을 두고 동경을 포함한 세계주요도시에 지점을 두고 운영 중이었다. 그런데 최근 자금을 세탁하다가 영업정지명령을 받았다. 전자자금이체시스템을 통한 자금세탁을 방지하기 위해 미국재무성은 송금자와 수익자간에 더 많은 정보를 얻기 위해 전자자금이체를 처리하는 금융기관이 필요하다는 법안을 제시했다. 그리고 금융기관들은 의심스러운 이체거래를 발견하기 위해 스마트시스템을 개발할 것을 요구받고 있다. 이 시스템은 정상적이지 못한 지급은 대규모 자금이체 데이터가 매일 보고되는 동일한 방법으로 재무성에 보고하도록 되어있다. 예를 들면, 금융기관들이 자금세탁을 방지하기 위해서는 각 금융기관들은 미화 1만달러를 초과하는 모든 전자자금이체거래를 보고하도록 하는 것이다. 이러한 사기의 문제들이 더욱 증가하는 이유는 고객과 자금이체통신망과 자동화된 back-office처리에 위해서 금융기관들은 과도한 자금이체능력을 가지게 되어 그 결과 자금거래의 비용은 하락하게 되었고 금융기관들의 경쟁은 더욱 치열하게 되었기 때문이다.

---

23) Roger C. Molander, David A. Mussington, Peter A. Wilson, Cyberpayments and Money Laundering, Critical Technology Institute, 1998, pp.5~6.

3. 무권한 행위로부터 고객보호

1) 고객의 책임 한계

미국에서 소비자간 소액거래를 규율하는 대표적인 규정들인 「규정 Z」[24]와 「규정 E」[25]는 연방준비시스템의 총재위원회(Board of Governors of the Federal Reserve System)가 발행하고 이행한다. 두 규정 모두 무권한 신용카드지급과 무권한 전자자금이체의 경우에서 신속한 통지실패에 관련되는 경우를 제외하고, 무권한 지급에 대한 고객의 위험노출에 대한 책임의 상한선을 두고 있다는 점에서 동일하다. 그러나 두 규정은 다음의 2가지의 문제에서 분명한 차이가 있다.[26]

첫 번째, 두 규정은 무권한 지급에서 신속한 통지실패와 관련되는 경우외에는 고객의 위험노출에 대한 상한선을 가지고 있다. 그러나 대부진실법과 「규정 Z」는 무권한 손실과 관련하여 「규정 E」보다 폭넓은 고객보호규정을 두고 있다고 할 수 있다. 즉 고객의 책임은 만약 고객이 카드가 도난당한 사실을 은행에 통지하지 않을지라도 미화 50달러를 초과하지 않는다. 또한 만약 판매자가 합의된 대로 이행하지 않으면 권한된 거래일지라도 지급을 철회할 수 있도록 규정하고 있다. 고객에게 대금을 철회할 권리는 판매자의 사기행위에 대항할 수 있는 고개의 중요한 권리이다. 반면 「규정 E」의 고객보호에 관한 기본원칙은 고객은 무권한 이체에 대해서 책임을 부담할 뿐 아니라 신속히 그 사실을 무권한 이체를 제한하기 위하여, 은행에 통지할 시간까지 은행에 통지하지 못한 책임도 고객의 부담이라고 규정하고 있다.[27] 그러나 고객은 무권한 이체에 대하여 미화 50달러 또는 금융기관에 대한 통지 이전에 발생한 무권한이체의 금액 중 적은 경우에만 책임을 부담한다. 약속된 제한시간까지 그러한 통지를 하지 못한 경우, 고객은 통지기간만료 이후에는 모든 무권한 금액에 대하여 책임을 부담하여야 한다. 그러나 적절한 시간에 통지하지 아니하는 행위를 제외한 무권한 이체를 유발하는 고객의 태만은 고객에게 책임을 귀속시키는 요소가 될 수는 없다.[28] 즉, 「규정 Z」는 동일한 미화 50달러 제한규칙이 적용되지만 무권한 이체에 대한 인지나 금융기관이 발행하는 정기계산서에서의 불일치에 대하여 60일까지 통지하지 아니한 경우를 제외하고 고객의 책임을 미화 50달러까지 명시한 「규정 E」와 적용범위를 달리하고 있다.

두 번째, 두 규정은 적용거래 즉 「규정 E」는 출금(debit card)카드를 가진 거의 현금거래에 적용되며 「규정 Z」는 신용카드에 의한 차입(borrowing)거래에 적용된다. 그러나 「규정

---

24) 12 CFR §226(2003).
25) 12 CFR §205(2003).
26) Reg. E§205.2.
27) 15 USC §1661(i); 12 CFR §226.12(c).
28) Reg. E§205.12(a).

E」는 고객의 계정에서 출금하거나 입금하기 위하여 은행에 수권하는 어떠한 전자자금이체도 적용된다. 여기서 고객의 계정은 자산계정을 말하고 신용계정은 배제된다. 그 외에도 두 규정간에는 고객에 대한 정의, 무권한거래에 대한 차별적인 보호, 그리고 착오(error)로부터의 고객의 보호문제에 약간의 차이가 존재하지만 그 외의 차이는 상식적인 거래에서 용인할 수 있는 차이에 불과하다.

또한 미국의 제4A편은 전자자금이체로부터 발생하는 당사자간의 권리와 의무를 정의하기 위한 포괄적인 법이기는 하지만 주로 기업간 전자자금이체를 그 적용범위로 하고 있다. 따라서 거래당사자는 기업, 금융기관 그리고 정부 등이다. 자금이체의 어느 것이라도 일부분이 소비자 연방 거래로서 1978년 전자자금이체법에 의하여 규율된다면 그 자금이체에 관한 미국 통일상법전 제4A편은 적용되지 않는다. 그러나 이 갈의 의미는 미국 통일상법전 제4편에서는 소비자의 자금이체에 적용되지 않는다는 것은 아니고, 다만 1978년 전자자금이체법이 적용되는 범위 내에서는 미국 통일상법전 제4A편 등 다른 법의 적용이 없다고 규정하고 있을 뿐이다. 따라서 소비자관련 전자자금이체라 하더라도 1978년 전자자금이체법에 해당규정이 없을 경우에는 미국 통일상법전 제4A편의 관련규정이 있다면 적용될 수 있다. 그러므로 자동정산소(Automated Clearing House; ACH)를 이용하는 자금이체의 대부분은 1978년의 전자자금이체법에 의하여 규율하고 있는 소비자간의 이체이므로 미국통일상법전 제4A편에서는 규율하지 않는다. 그러나 기업간 거액전자자금이체와 유사한 비 소비자의 ACH에 의한 자금이체는 이체금액이 거액이기 때문에 미국 통일상법전 제4A편이 적용된다. 또한 National Union Fire Ins. Co. of Pittsburgh, PA v. Bank of America사건[29]에서처럼 동 법의 적용여부는 거래수단에 의하여 결정된다. 즉, 자금이체가 전자터미널, 전화, 컴퓨터 또는 마그네틱 테입에 의하여 이루어졌다면 제4A편이 적용되기보다는 「규정 E」가 적용된다. 그러나 동 법은 고객의 책임한계에 대한 조항은 가지고 있지 아니하다.

또한 고객과 금융기관간에 무권한 이체에 대한 책임분담에 영향을 미치는 요인으로서 다음의 두 가지를 들 수 있다. 첫째, 고객이 접근도구의 도난을 인지하고 있는지 여부와 그에 따른 당사자의 통지의무의 준수여부이다. 먼저 미국의 「규정 Z」에서는 금융기관은 카드의 도난과 손실에 대한 통지를 받을 수 있는 수단과 고객의 최대허용책임에 대하여 적절한 통지를 제공하여야 한다고 규정하고 있다. 「규정 E」에서는 보다 구체적으로 무권한 이체에 대한 책임분담을 위한 특정한 금액을 정하기 위해서, 은행은 고객에게 책임의 정도에 대해서 공시를 하여야 한다. 또한 은행에 통지하기 위하여 전화번호 및 주소, 그리고 은행의 비즈니스 일을 공시하여야 한다. 역시 은행의 정기명세서의 발송에 나타난 무권한 이체 또는

29) 240 F. Supp. 2d 455, 49 U.C.C. Rep. Serv. 2d 875(D.Md. 2003)

접근도구의 도난 및 손실 중 어느 것이라도 은행이 고객에게 통지하기 전에 발생하는 무권한 이체에 대해서 고객의 책임을 제한하고 있다. 이에 따라 고객이 접근도구의 도난과 손실을 알지 못하는 경우, 무권한 이체를 포함한 정기적인 명세서의 전송 이후에 60일까지 발생하는 무권한 거래에 대해서는 고객은 책임을 부담하지 않는다. 그러나 고객이 접근장치의 도난과 분실을 인지한 한 이 후 은행의 제2 영업일까지 이 사실을 통지하지 않았거나 또는 은행이 정기적인 명세서를 발행한 이후 그 은행의 정기적인 명세서에 제시된 무권한 이체에 대하여 은행에게 고객이 60일 이내에 통지하지 아니한 경우에는 미화 50달러 책임제한 정책은 적용되지 아니한다. 이 경우 고객의 책임범위는 최대 미화 500달러까지 확장될 수 있다.

그러나 통지기간은 고객에게 참작할만한 상황에 따라 변경이 가능하다. Regatos v. North Fork Bank 사건[30]에서 법정은 고객이 계정에서 출금되어 지급에 대한 실제통지를 수취했을 때 무권한 지급지시의 개시에 대하여 이의를 제기를 할 수 있는 상당한 시간으로 90일을 초과하지 않는다고 판시하였다. 그러나 고객이 통지기간의 지나친 확장을 원한다면 그 이유의 입증책임은 고객에게 있다. Kruser v. Bank of America NT&SA사건[31]에서도 법원은 정해진 기간 동안 은행명세서를 수취하였다는 사실을 인정한 고객에게는 통지기간 확장에 대한 참작상황을 고객이 입증하지 못하였기 때문에 이로 인해 발생한 손실은 고객의 책임이라고 판시하였다.

그러나 4A편에서는 무권한이체에 대한 책임분담의 기준으로 고객의 인지여부보다는 금융기관의 고객에 대한 통지의무에 보다 더 중한 무게를 두고 있다. Manufacturers Hannover Trust Co. v. Chemical Bank 사건[32]에서 법원은 송신은행이 지급지시를 이행하는 과정에서 하자가 있었지만 이 지급지시에 대하여 원지시인에게 조회하지 않고 송신은행이 독단적으로 처리하였다면 송신은행에게 그 책임이 있다고 판시하였다. 이러한 결과는 1년 후에 발생된 Security Pacific. International Bank v. National Bank 사건[33]에서도 그대로 인정되었다. 그러므로 지급지시의 이행과 관련하여서 송신은행이 조회의무를 태만히 하였다면 그에 따른 책임을 부담하여야 할 것이다. 그리고 금융기관으로부터 자금이체결과에 관한 정기명세서를 수취한 이후 금융기관에게 이 사실을 보고할 의무기간도 1년으로 확장하고 있다. 만약 원지시인이 이행과 관련하여 먼저 통지할 것을 요구하는 경우에는 송신은행은 원지시인에게 이체의 현황과 이행에 관하여 지체없이 보고를 하여야 한다. 이 의무는 원칙

30) 257 F. Supp.2d 632(S.D.N.Y. 2003)
31) 281 Cal. Rptr 463(Cal. App. 5th Dist. 1991)
32) 559 N.Y.S. 2d 704, 708－9(App. Diu. 1990). appeal denied. 568 N.Y.S. 2d 15(1991)
33) 772 F. Supp. 874, 867－8(W.D, Pa. 1991)

적으로 원지시인의 법적 대리인과 상속인에게도 존재한다. 심지어 원지시인과 수익자가 동일한 은행에 계정을 두고 있는 이체의 경우에도 지급지시의 금액이 수익자에게 이체지급되었는지 여부에 관하여도 보고를 하여야 한다.

둘째, 무권한 이체를 유발한 원인이 고객의 태만여부에 있는지에 따라 책임분담에 영향을 미친다. 「규정 E」의 기본원칙은 고객은 무권한 이체에 대해서 책임을 부담하고 또는 신속히 그 사실을 무권한 이체에 제한된 금액을 위하여, 은행에 통지할 시간까지, 은행에 통지하지 못한 책임도 부담한다는 것이다. 약속된 제한시간까지 그러한 통지를 하지 못한 경우, 고객은 통지기간만료 이후에도 모든 금액에 대하여 책임을 부담하여야한다. 적절한 시간에 통지하지 못하는 것 이외에, 무권한 이체를 유발하는 고객의 태만은 고객에게 위험을 전가시킬지를 결정하는 요소는 아니다. 따라서 미국법에서는 적절한 통지이외의 다른 고객의 태만은 인정하지 아니한다.

제2절 결제실패

1. 결제위험의 종류

전자결제시스템이 거래당사자들로부터 신뢰를 획득하여 전통적인 결제시스템을 대체하는 제도적 기반을 구축하기 위해서는 두 가지 중요한 공공의 정책적 목적 즉, 안전성과 효율성을 갖추어야 한다. 따라서 만약 결제시스템이 이와 같은 목적에 부합하지 못한다면 결제업무를 수행하는 금융기관은 조직적으로 붕괴되어 당사자간에 더 깊은 불신을 유발할 수 있다. 즉, 전송데이터가 직면할 수 있는 위험을 불충분하게 보호하면 은행간 거액전자결제는 결제실패로 이어질 것이다. 보통 결제과정에서의 실패는 해당결제시스템에 참여한 어떤 은행의 결제의무의 불이행으로 발생된다. 따라서 의무불이행에 따라 모든 당사자간에 은행간 결제는 완료되지 아니할 수가 있다. 이는 어떤 은행의 의무불이행은 후속 은행의 연속적인 의무불이행을 유발하여 결제의 최종성을 저해하기 때문이다. 은행간 온라인 결제시스템에서도 결제실패를 유발하는 위험들이 상존하고 있다. 여기에는 신용위험, 유동성위험, 법률적 위험, 운용상의 위험, 그리고 시스템 위험 등 다섯 가지로 구분가능하며 다음과 같이 설명할 수 있다.[34]

첫째, 신용위험으로서 참가자들이 미래 어떤 시점이나 기한이 될 때 그 결제시스템이

34) 이병렬 · 이천우, "은행간 결제시스템에서의 결제실패에 관한 고찰", 「국제상학」, 제20권 제1호, 한국국제상학회, 2005.3. pp.153~160.

내에 금융의무를 충분히 충족시킬 수 없는 위험을 말한다. 신용위험은 금융기관의 파산으로 이어진다.

둘째, 유동성 위험은 비록 당사자들이 미래 특정한 시점에 그들의 결제의무를 이행할 의지가 있을지라도 예상되는 결제시점에 결제시스템 내에 금융의무를 이행할 충분한 자금을 보유하고 있지 못할 경우의 위험이다. 신용위험과는 다르게 유동성위험은 일시적이다. 신용위험과 유동성위험은 만약 금융당국이 파산은행을 폐쇄하는 시간이 가끔 은행영업일 사이일수가 있기 때문에 한밤중에 발생된다면 더 악화될 수 있다.

셋째, 법률적 위험은 미비한 결제시스템을 규율할 아직 법률적 체계가 구축되어 있지 못하거나 또는 법률적 불확실성이 존재하여 금융거래에 참여하는 당사자들의 신용이나 유동성위험을 악화시키거나 유발하는 위험이다.

넷째, 운용상의 위험은 전자결제시스템자체의 기술적 오작동 및 운용상의 실수로 인하여 발생되는 위험요소로서 신용 또는 유동성위험을 유발시키거나 악화시킨다.

다섯째, 시스템 위험은 결제시스템의 당사자중의 일방이 그의 의무를 이행할 수 없는 무능력을 가졌거나 결제시스템자체가 붕괴 및 파괴된 경우는 다른 시스템참가자에까지 연쇄반응을 일으켜 그들의 결제를 불가능하게 만들 경우에 발생할 수 있다. 심지어 지급기일이 된 다른 금융시스템의 금융기관들에게까지 그들의 의무를 이행시킬 수 없는 무능력을 가져올 수 있는 위험으로서 한 참가자의 의무 불이행에 대한 도미노효과로서 발생되는 위험이다. 즉. 하나의 조직적인 결제실패는 폭 넓은 유동성 또는 신용위험을 가져올 수 있다. 따라서 이 위험은 전체 금융시장 및 시스템의 안정성을 위협할 수 있다. 결제실패를 이끄는 신용과 유동성위험은 1차적 위험이며 법률적, 조직적인 위험은 1차적 위험을 악화시키거나 그 위험을 유발시키데 기여하는 2차적 위험으로 간주된다.

2. 결제의 최종성과 완료성간의 갭(gap)

결제실패는 은행의 연속적인 의무불이행을 유발하여 결제의 최종성(Settlement Finality)에 도달하지 못하였음을 의미한다. 일반적으로 미국에서 '완료' 또는 '결제완료'(제4A편에서는 이와 같은 용어들을 사용하지 않는다)로도 인용되기도 하는 은행간 결제의 최종성은 제4A−403조하에서 전송은행이 수신은행에게 지급이 이루어진 때 결정된다. 이러한 측면에서 결제실패의 판단기준으로서 결제의 최종성은 두 가지 특징을 가지고 있다. 첫째, 은행간 결제처리과정에서 결제의 최종성이라 함은 은행간 이행의무의 완료를 의미한다. 이 경우에 결제최종성은 의무달성의 시간 뿐 아니라 결제처리의 시점을 포함한다. 상기의 특징을 가진 은행간 결제는 5가지의 방법이 존재하지만 정상적인 방법은 앞의 3가지 결제방법이 주로 사용된다.[35] 그 다섯 가지 방법을 살펴보면 다음과 같다.

첫째, 최종결제형식으로 이루어지는 지급은 연방준비은행, 또는 자금이체시스템을 통하여 이루어지는 가장 일반적인 최종결제방법이다.

둘째, 전송 또는 어떤 다른 은행에 보유하고 있는 수신은행의 계정으로 지급이체함으로서 결제가 이루어진다. 이것은 결제의 최종성이 결제의 완료보다 선행하여 발생함을 의미한다.

셋째, 수신은행이 보유하고 있는 전송은행의 계정으로 추심이체에 의하여 지급이 이루어지는 경우이다.

넷째, 은행어음을 발행하거나, 현금을 지급하여 부채를 결제하는 방법이다.

다섯째, 양자간 네팅에 의한 방법이다. 이는 다른 은행이 가지고 있는 각 은행의 의무결제가 일반적으로 매일, 순환주기의 끝에 이루어질 것을 약정 하에 두 은행이 지급지시를 교환하는 방법이다.

결제의 최종성의 두 번째 특징은 이미 이루어진 결제는 취소불가능하며 이는 결제가 완료된 이후에 특별한 위험이 없음을 의미한다. 예를 들면, 결제의 최종성이 달성되었다면 더 이상 결제이행을 거부하거나 재개를 허용해서도 안되며, 그리고 원래 은행간 결제의무를 부활시켜서도 안된다. 결국 결제의 최종성은 결제의 확실성(certainty of settlement)을 제공한다는 의미이기도 하다. 이는 결제이후에 추가적인 위험이 발생되지 않음을 의미한다. 최종성의 두가지 특성인 은행의 이행의무완료와 취소불가능성은 일반적으로 결제의 종국과 동시에 발생한다고 할 수 있다.

즉, 결제의 최종성은 '결제의 완료성'(completion of settlement)과는 차이가 있다. 따라서 결제의 최종성과 완료성은 동시에 발생할 수도 있고 동시에 발생하지 않을 수 있다. RTGS의 체계를 가진 Fedwire을 통한 결제시스템에서는 결제의 최종성은 전송은행의 계정에서 지급이체와 동시에 발생한다. 또한 결제의 최종성과 결제의 완료성는 양자적 네팅에 의하여 지급이 이루어지는 경우에도 동시에 나타난다. 하지만 CHIPS처럼 DNS시스템인 경우에, 즉 결제의 최종성을 중앙은행이 보증하는 경우에는 결제의 최종성은 결제의 완료에 앞서 발생하기도 한다. 즉 중앙은행이 전송은행의 의무를 대신할 경우 결제완료 이전에 최종성은 발생될 수 있다. 그 이유는 지급이 결제시스템에 의하여 승낙되는 시간과 결제완료시간 사이에서 참가자들은 유동성위험과 신용(대변이체)위험에 노출될 수 있기 때문이다. 심지어 RTGS시스템에서조차도 각 지급이 처리되어 결제되는 경우에 결제를 포함하여 지급처리와

35) Benjamin Geva, Interbank Settlement in Wire Transfers, *Uniform Commercial Code Law Journal*, Vol. 35, No.3, Winter 2002, pp.63~64.

그 시스템으로의 지급의 제시(submission)간에 시간의 래그(lag)가 발생하여 위험에 노출될 수 있기 때문이다.

제3절 착 오

1. 착오의 유형

미국의 제4A편에서 규정하고 있는 착오의 유형을 살펴보면[36] 첫째, 원지시인(originator)의 지급지시의 착오를 들 수 있다. 원지시인은 지급지시를 전송하면서 거래은행 또는 수익자를 지정하여야 하는데 이 과정에서 계정번호 또는 명의를 착오하여 계정번호 및 알파벳을 부정확하게 지정하는 착오를 범할 수 있다. 둘째, 거래은행도 지급지시를 이행하면서 원지시인이 지정한 금액 및 수익자를 달리하여 수익자의 거래은행에게 착오적으로 이행할 수 있다.[37] 즉, 거래은행은 전송자의 지급지시를 이행하는 과정에서 이행착오를 초래한다. 거래은행의 이행착오는 경상의 규칙(Mirror Image Rule), 지급일 효과(Effect of a Payment Date) 및 시간과 수단의 규칙(time and Manner Rule)을 위반하여 이행하였을 경우 발생한다.[38]그리고 거래은행 중에서 수익자의 거래은행은 원지시인이 지정한 수익자의 계정을 착오하여 다른 계정으로 자금을 이체지급 하는 착오를 범할 수 있다.

그러나 미국 연방법에서 제시하는 착오의 유형은 착오의 주체보다는 그 행위자체 즉 원인을 기준으로 구분하고 있다. 이는 소비자간 이체는 다양하고 발생건수가 매우 많기 때문에 당사자별로 착오의 유형을 구분하기가 쉽지 않기 때문이다.

한편 한국의 전자금융거래법에서는 미국의 제도에서 마찬가지로 착오에 대하여 정의는 하고 있지만 구체적으로 어떤 행위가 착오적인 행위에 포함되는지에 대한 언급은 없다. 다만 착오의 유형을 착오의 정의를 통하여 유추할 수 있는데, 한국에서는 착오를 '이용자의 고의 및 과실 없이 전자금융거래가 전자금융거래계약 또는 이용자의 거래지시에 따라 이

36) 이병렬, "미국의 전자자금이체제도에서 착오의 효력에 관한 연구", 「무역연구」, 제8권 제2호, 한국무역연구원, 2012.6 pp.58.

37) 수신은행의 이행착오는 전송자에게 이자, 우발적인 경비, 및 거래비용과 같은 약간의 손실을 보상함으로써 해결될 수 있다; 제4A－305.

38) 구체적으로는 수익자에게 지급지연, 자금이체의 비 완료, 원지시인이 지정한 중계은행의 이용 실패, 원지시인의 지급지시조건과 일치하지 않은 지급지시의 발행, 및 은행이 명시적 약정을 위반하여 지급지시이행 등이 포함된다. 부적절한 자금이체는 때로는 자금이체약정의 해제를 야기하기도 하고 간접손실(consequential damages)을 유발할 수도 있어 당사자간에 또 다른 분쟁의 원인을 제공할 수 있다.

행되지 아니한 경우'라고 규정하고 있다. 따라서 한국은 착오의 주체를 이용자와 금융기관으로 구분하고 있다는 점에서 미국의 제4A편의 구분과 유사하다.[39] 즉, 이용자인 고객의 착오구성 요건으로서는 고의성을 들 수 있고, 금융기관의 착오는 전자금융거래를 전자거래계약 또는 이용자의 거래지시에 따라 이행하지 않은 경우로 제시하고 있다는 사실을 알 수 있다.

2. 착오에 따른 책임원칙

1) 고객의 착오

미국의 제4A편에서는 최초 지급지시를 전송하는 고객인 원지시인(originator)이 범한 착오로 발생한 손실을 할당하기 위해서는 2가지 규칙 즉, 일반규칙과 특별규칙을 적용하고 있다. 일반규칙에 따르면 고객인 전송자는 자신의 착오에 대하여 책임을 부담하여야 한다. 특별규칙은 원지시인이 지급지시하는 과정에서 오기(misdescription)하였을 경우와 보안절차를 이용하여 지급지시를 전송하는 과정에서 착오가 발생하였을 경우로 구분하여 적용할 수 있다. 이 규칙을 적용하면 전송자의 착오에 대한 효력은 일반규칙의 결과와 달라진다. 구체적인 효력을 살펴보면 다음과 같다.[40]

첫째, 전송자가 지급지시를 전송하면서 수익자를 명의 및 계정번호를 이용하여 의도한 수익자가 아닌 다른 사람을 지정하거나 확인할 수 없는 수익자를 지정하였을 경우에는 누구도 수익자의 권리를 가지지 못하고 지급지시의 승낙도 발생할 수 없다.

둘째, 전송자가 원지시인의 거래은행을 명의가 아닌 계정번호로만 지정하는 경우에는 계정번호의 착오가 발생하였더라도 원지시인의 거래은행은 계정번호에 따라 지급지시를 이행하여야 하며 계정번호가 은행을 정확하게 지정하고 있는지를 판단할 필요는 없다.[41] 따라서 전송자는 거래은행이 잘못된 계정번호에 의지하여 지급지시를 이행함으로써 발생한 손실 및 비용에 대하여 거래은행에게 보상할 의무가 있다.

셋째, 전송자가 수익자를 계정번호 및 명의 모두 지정하고 있다면(일반적으로 수익자는 계정번호로 지정하지만), 거래은행이 명의 및 계정번호가 다른 사람이라는 것을 알지 못하는 한, 거래은행은 명의는 무시하고 계정번호에 근거하여 지급지시를 이행하여야 한다.[42]

넷째, 전송자는 착오로 중계은행 또는 수익자의 거래은행을 명의 및 계정번호 두 가지

---

39) 전자금융거래법 제2조 제8호.

40) 이병렬, "전자자금이체에서 비정상적 거래에 관한 한 미간 비교", 「국제상학」, 제27권 제1호, 한국국제상학회, 2012.3 pp.55~64.

41) 제4A-208(a)(1).

42) 제4A-207(b)(1).

모두를 이용하여 지정하거나 명의와 계정번호가 서로 다른 사람을 지정하여 손실이 발생하였다면[43] 전송자가 손실을 부담하여야 한다.[44] 그러나 은행이 명의와 계정번호가 서로 다른 사람이라는 사실을 알고 있는 상태에서 명의 또는 계정번호 둘 중 하나에 의지하여 지급지시를 이행하였다면, 발생된 모든 비용 및 손실은 불일치 사실을 알고 지급지시를 이행한 은행이 부담하여야 한다.[45]

마지막으로 전송자가 지급지시의 착오를 발견하기 위하여 거래은행과 보안절차를 이용하기로 합의하였을 경우, 착오로 인한 손실책임은 전송자로부터 거래은행에게로 이전될 수 있다.[46] 그러나 특별규칙을 적용하여 손실책임을 전송자에서 거래은행에게 전가시키기 위해서는 전송자는 착오적인 자금이체를 발견하기 위한 통상의 주의를 기울려야 하고 상당한 시간 즉, 수신은행으로부터 자금이체 결과통지가 담긴 정기명세서를 수취한 이후 90일을 초과하지 않는 시간 이내에 발견된 착오사실을 거래은행에게 통지하여야 한다. 만약 전송자가 통지할 의무를 만족시키지 못하였고 그 결과로써 거래은행에게 손실을 제공하였다는 것을 거래은행이 입증한다면, 착오로 인한 손실책임은 다시 전송자에게 이전될 것이다.

2) 금융기관의 착오

금융기관인 거래은행도 고객의 지급지시를 이행하는 과정에서 착오를 범할 수 있다. 제4A편에서도 거래은행은 경상의 원칙(mirror image)에 따라 전송자의 지급지시와 일치하게 이행하여야 할 의무가 있다고 규정하고 있다.[47] 따라서 거래은행은 전송자의 지급지시와 일치하게 이행하여야 하며 전송자의 착오를 발견하기 위한 어떠한 의무도 없다. 그러나 거래은행은 지급지시를 이행함에 있어 이행실패 및 이행지연 등과 같은 행위 즉, 부적절한 이행이 아니 한, 즉 전송자의 지시와 일치하여 이행하지 못하여 이행착오를 범한 경우, 제한된 금액의 이자와 비용을 부담하여야 할 것이다. 거래은행이 지급지시를 이행할 때 범할 수 있는 착오의 유형을 상기에서 언급하였듯이 크게 4가지로서 구분하여 각각의 효력을 분

---

43) http://www.frbservices.org/regulation.

44) 제4A－208(b)(1).

45) 제4A－208(b)(4).

46) 제4A－205(a); 특별규칙은 지급지시의 내용상에 착오가 발생한 경우에만 적용되고 이행실패 또는 이행지연 등과 같은 착오에 대해서는 적용되지 않는다. 또한 전송자가 수신은행과 합의한 보안절차와 일치하여 지급지시를 전송하였을 경우, 수신은행이 합의한 보안절차와 일치하지 않게 이행하였을 경우 및 전송자가 수신은행이 보안절차에 따라 지급지시를 이행하였다면 착오가 발견될 수 있다는 사실을 입증한 경우 등에 적용된다.

47) 제4A－302(a)(1) ; 수익자의 거래은행은 지급지시를 이행하지 않기 때문에 착오적인 이행에 책임을 부담하지 않는다.

석하면 다음과 같다.

첫째, 거래은행이 전송자의 지급지시 금액보다 초과하여 지급지시의 금액을 착오적으로 이행한 경우, 거래은행은 전송자의 실제 지시금액만큼 전송자에게 지급받을 권리가 있을 뿐 초과한 금액을 지급할 것을 요구할 권리는 없다.[48] 또한 거래은행이 전송자로부터 지시받은 금액보다 적은 금액으로 지급지시를 이행하였을 경우, 거래은행은 지급지시를 이행한 만큼 지시금액만큼 지급받을 권리가 있다.

둘째, 거래은행이 전송자의 지급지시 금액과 동일한 정확한 금액으로 지급지시를 이행한 후 최초 지급지시를 이행하였음에도 불구하고 중복하여 또 다시 제2의 지급지시를 이행하였을 경우에는 거래은행은 중복이체 한 금액은 초과이익을 수신한 수익자로부터 실수와 회복의 법(the law of mistake and restitution)하에서 허용하는 정도까지 반환받을 수 있다.

셋째, 거래은행이 지급지시를 이행할 때 착오하여 전송자의 지급지시에서 지정되지 아니한 사람에게 지시금액을 이체한 경우, 즉 수익자를 착오하여 이체지급 한 경우 전송자는 거래은행에게 지급할 그의 지급의무로부터 면제된다.[49] 전자자금이체매카니즘 상 이전의 모든 전송자 역시도 그들의 지급지시에 대한 지급을 면책을 받는다.

마지막으로 거래은행이 수익자의 정확한 계정 외에 다른 계정으로 이체지급 한 경우는 지급지시의 승낙으로 인정되지 않는다.[50] 수익자의 거래은행이 지급지시를 승낙하지 않으면 자금이체는 완료되지 아니한다. 이로 인하여 자금환급보증규정이 적용되고 전자자금이체메카니즘상 수익자의 거래은행에 지급지시를 전송한 자를 포함하여 이전의 모든 지급지시의 전송자들은 지급의무를 면제를 받고 그 결과 자금이체계약은 해제된다.[51]

따라서 수익자에 대한 원지시인의 채무는 면책되지 않고, 수익자는 원지시인으로부터 자금을 지급받을 권리가 유지되며 수익자의 거래은행은 실수와 반환의 법에 따라 잘못 이체지급한 당사자로부터 자금을 반환받기 위한 수단을 강구할 권리가 부여된다. 또한 수익자의 거래은행이 지정된 수익자의 계정 외에 다른 계정으로 자금을 지급이체 하기 이전 또는 이후인 수익자의 거래은행이 전송자로부터 자금을 지급받거나 전송자의 지급지시를 승낙하였다면 법적 효력은 달라질 수 있다. 수익자의 거래은행이 지급지시를 승낙하게 되면 자금이체는 완료될 것이며 원지시인의 채무는 면책된다. 수익자는 수익자의 거래은행이 이전에 잘못 지급한 자금을 반환받을 수 있는 지에 관계없이 수익자의 거래은행으로부터 지급받을 권리가 있다.[52]

48) 제4A－303(a) & (b).
49) 제4A－303(c).
50) 제4A－209(b)(1).
51) 제4A－402(c) & (d).

다음 수익자의 거래은행이 지급지시에서 지정한 수익자의 올바른 계정에 이체지급을 하였지만 금액이 지급지시상의 지정된 금액보다 적다면 원지시인의 채무는 수익자의 거래은행이 승낙한 지급지시의 금액만큼 면책된다.[53] 그리고 자금이체는 완료되고 수익자의 거래은행은 수익자에게 차액만큼 부채를 부담한다. 또한 수익자의 거래은행이 지급지시상에서 지정한 정확한 계정에 이체지급을 하였지만 지급지시상의 금액보다 과다한 금액을 이체지급을 하였을 경우, 원지시인의 부채는 청산되고 수익자의 거래은행은 실수와 반환의 법에 따라 수익자에게서 그 차액만큼 반환을 청구할 권리가 있다.

수익자의 거래은행이 명의와 계정번호가 다른 사람이라는 것을 모르고, 계정번호에 기초하여 지시를 적절하게 처리하였을 경우 발생된 효력을 분석하면 다음과 같다. 먼저, 원지시인이 은행일 경우, 원지시인이 손실을 부담한다.[54] 이는 은행이 업무를 처리하는데 있어 사전에 명의가 아니라 계정번호를 이용하여 지시를 처리하여야 한다는 사실을 인지하고 있어야 하기 때문이다. 또한 원지시인이 은행이 아니라면, 원지시인의 거래은행은 수익자의 거래은행이 계정번호에 기초하여 지시를 처리하였다는 것을 사전에 원지시인에게 통지하지 않았거나 통지를 하였지만 그 사실을 입증하지 않으면 손실을 부담하여야 하고, 입증하였다면 원지시인이 부담한다.

3. 착오의 정정

1) 원지시인의 착오정정

원지시인이 범한 착오를 정정하기 위하여 일반규칙을 적용하면 상기의 Community Bank v. Stevens Financial Corp. 사건[55]에서 법원이 내린 판결에서 잘 알 수 있듯이 원지시인은 착오로 이체한 자금을 수익자의 거래은행으로부터 반환받을 수 없기 때문에 손실할당만 존재하고 착오의 정정은 할 수 없다. 그리고 특별규칙이 적용되면 정정은 다음과 같이 이루어진다.

첫째, 원지시인인 전송자가 지급지시를 전송하는 과정에서 수익자를 명의 및 계정번호를 이용하여 의도한 수익자가 아닌 다른 사람을 지정하거나 확인할 수 없는 수익자를 지정하는 경우에는 누구도 수익자의 권리를 가지지 못하고 지급지시의 승낙도 발생할 수 없기 때문에 정정자체는 이루어지지 않는다.

둘째, 전송자가 원지시인의 거래은행을 명의가 아닌 계정번호로만 지정하여 계정번호

52) http://www.federalreserve.gov.
53) 제A－406.
54) 제4A－207(c)(1).
55) 966 F. Supp. 775, 778(N.D. Ind. 1997).

의 착오가 발생하였거나 전송자가 수익자를 계정번호 및 명의 둘 다로 지정하고 있었을 경우(일반적으로 수익자는 계정번호로 지정하지만), 그리고 명의와 계정번호가 서로 다른 사람을 지정하였을 경우에는 거래은행은 계정번호에 따라 지급지시를 이행하여야 할 의무가 있기 때문에 그에 따른 책임만 존재하기 때문에 이 경우 역시 정정은 발생하지 않는다. 따라서 전송자의 수익자에 대한 지정이 계정번호와 수익자의 명의가 일치 하지 아니하였을 경우 거래은행은 수익자의 명의보다는 계정번호를 더 우선하여 이행한다고 해석할 수 있다.

셋째, 전송자가 지급지시의 착오를 발견하기 위하여 거래은행과 보안절차를 이용하기로 합의하였을 경우, 착오의 정정절차는 전송자가 자금이체가 이르어진 이후 거래은행으로부터 자금이체 결과통지가 담긴 정기명세서를 수취한 이후 90일을 초과하지 않는 시간 이내에 발견된 착오사실을 거래은행에게 통지하면 착오는 정정될 수 있다.

한편 한국의 제도에서는 착오의 발견을 위한 고객의 책임에 대한 구체적인 규정은 없다. 다만 한국은 전자자금이체에서 고객인 원지시인의 범한 착오의 효력보다는 착오를 발견한 이후 금융기관에게 통지함으로서 착오를 정정할 수 있도록 제도적 장치를 마련해놓고 있을 뿐이다. 그러나 이 규정도 고객이 금융기관에게 통지할 시점으로 미국의 연방법에서는 60일, 제4A편에서는 90일을 두고 있지만 한국의 제도에서는 통지기간과 관련된 규정은 없다. 따라서 미국의 제도에서는 착오발견 후 금융기관에게 통지기간을 규정하여 착오정정절차 및 시한을 분명히 명시하고 있지만 한국에서는 명확한 정정시한규정은 없다고 할 수 있다.

2) 금융기관의 착오정정

제4A편에서 거래은행의 지급지시를 이행하는 과정에서 착오를 범하였을 경우 다음과 같은 정정절차를 두고 있다.

첫째, 거래은행이 전송자의 지급지시 금액보다 적은 금액으로 지급지시를 이행하였을 경우, 거래은행은 전송자의 지급지시의 금액 중 부족한 금액만큼 제2의 지급지시를 이행함으로써 착오를 정정할 수 있다.

둘째, 거래은행이 전송자의 지급지시 금액과 동일한 정확한 금액으로 지급지시를 이행한 후 최초 지급지시를 중복한 제2의 지급지시를 이행하였을 경으에도 거래은행은 중복이체 한 금액은 초과이익을 수신한 수익자로부터 '실수와 회복의 법'(the law of mistake and restitution)에 따라 허용하는 정도까지 반환받을 수 있다.[56]

---

56) Benjamin Geva, "*Payment Finality and Discharge in Funds Transfers,*' Chicago-Kent Law Review, Vol.633, 2008, pp.23~25.

셋째, 거래은행이 지급지시를 이행할 때 착오하여 전송자의 지급지시에서 지정되지 아니한 사람에게 지시금액을 이체한 경우에도 거래은행은 '실수와 회복의 법'에 따라 허용하는 정도까지 지급을 수신한 당사자로부터 반환받아 정정이 가능하다.

마지막으로 거래은행이 수익자의 정확한 계정 외에 다른 계정으로 이체지급 한 경우는 지급지시의 승낙으로 인정되지 않는다.[57] 따라서 수익자에 대한 원지시인의 채무는 면책되지 않고, 수익자는 원지시인으로부터 자금을 지급받을 권리가 유지되며 수익자의 거래은행은 '실수와 반환의 법'에 따라 잘못 이체지급한 당사자로부터 자금을 반환받을 수 있다.

또한 미국의 연방법에서도 금융기관의 착오에 대한 정정절차를 두고 있다. 즉 금융기관은 이체서류, 정기계산서의 전송 또는 사전수권서 지급이체에 관하여 통지를 한 후 60일 이내에 고객으로부터 착오의 통지를 받은 경우 통지받은 착오를 조사하여 착오가 발생하였는지를 여부를 결정하여 착오가 발생하였다면 정정내용을 10일 이내에 고객에게 통지 및 우송하도록 규정하고 있다.[58] 만약 고객으로부터 착오에 대한 통지를 받은 후 정정절차에 따라 이행하지 않았을 경우 금융기관은 고객으로부터 착오의 통지를 받은 후제 제10영업일 이내에(무권한 이체에 관하여는 적용 가능한 경우 이자의 대기를 포함하여) 통지받은 착오의 금액을 고객의 계정에 임시로 재 이체하고, 착오에 대한 조사를 종결하던지 아니면 착오발생 여부의 결정을 45일까지 연장할 수 있다. 미국의 연방법에서는 고객이 착오의 여부를 조사하는 기간이 연장되었을 경우 임시로 재 이체된 금액을 자유로이 이용할 수 있게 함으로서 고객의 재산권의 행사를 최대한 보장하고 있다.

한편 한국의 제도에서는 착오의 정정과 관련하여 다음과 같은 규정을 두고 있다. 즉, 한국에서의 착오 정정절차를 살펴보면 금융기관 또는 전자금융업자는 제1항의 규정에 따른 착오의 정정요구를 받은 때에는 이를 즉시 조사하여 처리한 후 정정요구를 받은 날로부터 2주 이내에 그 결과를 이용자에게 알려야 한다고 규정하고 있다.[59] 또한 금융기관 또는 전자금융업자는 스스로 전자금융거래의 착오가 발생한 사실을 안 때에는 이를 즉시 조사하여 처리한 후 착오가 발생한 날로부터 2주 이내에 이용자에게 그 결과를 통지하여야 한다고 규정하고 있다.[60]

따라서 한국의 제도에서는 착오가 발생하였을 경우 금융기관이 착오의 진정성여부를 조사하기 위한 기간으로 미국이 10일이라는 구체적인 기간을 두고 있는데 반하여 한국에서는 단순히 '즉시' 라고만 규정되어 조사기간에 대한 규정을 두고 있지는 않다. 또한 미국의

57) 제4A－209(b)(1)항.
58) EFTA §908(a)항.
59) 전자금융거래법 제8조(2)항.
60) 전자금융거래법 제8조(3)항.

제도에서는 착오에 대한 조사가 정정절차에 따라 이행되지 않았을 경우 고객을 보호하는 장치로써 조사기간을 45일까지 연장할 수 있도록 하여 착오를 규정된 정정절차에 따라 해결하도록 하고 있지만 한국에서는 착오를 조사하여 정정하기 위한 절차준수 및 조사기간의 연장, 조사기간이 연장되는 동안 고객의 계정에 착오금액을 이체하여 임시로 사용할 수 있도록 배려하는 조치와 같은 규정은 없다. 즉, 미국의 제도보다 착오의 발생 후 정정 절차가 구체적이지 않아 오히려 고객과 금융기관사이에 통지기간에 대한 혼란이 발생할 수 있어 이에 대한 제도적 보완이 필요하다고 판단된다.

찾아보기

(ㅇ)

저자소개

이 병 렬

부산대학교 대학원(경제학박사)
York University Post-doc fellowship
창원대(겸임교수), 부산대, 한국방송대, 신라대 등에서 강의

【주요저서 및 논문】

- 국제무역결제론(대명)
- 전자무역실무(대명)
- EU의 전자결제시스템에 대한 비교연구
- 전자자금이체에서 비정상적 거래에 관한 한·미간 비교
- 전자결제제도에서 거래은행간 자금이체에 따른 주요쟁점비교
- 한국과 미국의 전자결제제도 비교연구 외 다수

최 해 범

부산대학교 경제학과 졸업
부산대학교 대학원 경제학과 졸업(경제학석사)
부산대학교 대학원 경제학과 졸업(경제학박사)
제23회 행정고시 합격(1979)
재무부, 관세청(1980~1987.2)
창원대학교 경상대학장 겸 경영대학원장 역임
창원대학교 교무처장 역임
창원대학교 총장직무대행역임
(사)한국관세학회 회장역임
경남신문사 비상임논설위원 역임
현 경남지방노동위원회 공익조정위원
현 5급 행정직 문제선정 및 채점위원
현 창원시 인사위원
현 창원대학교 국제무역학과 교수

【주요저서 및 논문】

- 경제학원론(박영사, 공저)
- 무역학원론, 외환론, 국제금융론(두남)
- 국제재무론(대명)
- 최신국제통상론(대학문화, 공저)
- 한국 관세체제의 산업보호효과
- 국제수지의 화폐론적 접근법
- 한국의 여신변화와 국제수지 및 환율과의 상호관계분석
- 산업기지개발의 지역파급효과 측정
- 외환선물거래의 헷징효과에 관한 분석
- 부산신항만의 경제효과에 관한 연구
- 한·중·일FTA 효과분석
- 한·중, 한·북 무역구조분석
- Exchange Rate Trends, Portfolio Balance, and Relative Prices 외 다수

수출입대금결제론

초판 인쇄 2013년 9월 9일
초판 발행 2013년 9월 16일

지은이 이병렬 · 최해범
발행인 박노일

주 소 경기도 고양시 일산동구 강송로 153
310-1501(마두동, 강촌마을)
전 화 070)7550-3758 팩 스 02)718-8554
홈페이지 www.pncmedia.co.kr 이메일 pnc@pncmedia.co.kr

발행처 피앤씨미디어
출판신고번호 제396-2012-000203호

ISBN 978-89-98786-52-6 (93320)

정 가 20,000원